Standard Setting

준거설정

Gregory J. Cizek · Michael B. Bunch
성태제 역

학지사

Standard Setting
by Gregory J. Cizek · Michael B. Bunch

역자 서문

유학 간 지 얼마 되지 않아 개설된 '준거참조검사' 라는 강의를 듣게 되었다. 강의에서는 준거에 대한 정의와 개념, 준거참조검사를 제작하는 방법, 다양한 준거설정 방법에 대한 소개와 적용, 장단점 그리고 미래 연구 동향 등을 배울 수 있어 놀랐다. 합격과 불합격, 통과와 미달 등을 구분하는 철학뿐만 아니라 절차와 방법 그리고 평가를 실시한 후 미치는 영향 등에 대한 분석이 너무도 과학적이고 체계적이라서 감탄하였고, 이런 절차를 밟고 있는 미국의 교육학자들이 존경스러웠으며, 교육측정 · 평가 분야가 독창적인 학문 분야임을 확인할 수 있어 유학 온 보람을 느꼈다.

귀국 후, 준거설정 방법을 적용할 기회가 거의 주어지지 않다가 독학고사로 학위를 수여하는 독학고사 출제 작업에 참여하였다. 검사를 실시한 후 학위 수여 여부를 결정하는 데 실망한 것은 준거설정에 대한 논의는 전혀 없고, 국가 단위의 검사나 평가에서 모두 60점으로 합격 여부를 결정한다는 것이었다. 60점을 준거로 설정하여 학사 학위를 주게 되니 수십 억 원의 예산을 들여 독학고사를 실시하고도 합격한 사람은 단 3명이었다. 예산 대비 효과의 문제가 제기될까 봐 관계자가 난감해 하며 준거설정에 대한 아이디어를 제공하였으나 그 당시 총무처에서 못 박아 놓은 60점을 합격점으로 하지 않으면 감사에 지적을 받는다고 하였다. 참 한심하다는 생각을 갖지 않을 수 없었다.

준거설정이라는 주제가 언젠가는 우리나라의 교육발전을 위하여 넘어야 할 산이기에 대학원생들을 위하여 강의를 개설하였다. 상대비교에 의하여 평가하는 시대를 빨리 벗어나서 준거참조평가, 즉 절대평가를 실시하여야 하고, 나아가 능력참조평가와 성장참조평가로 나아가야 한다고 주장하였다. 그러나 준거나 준거설정에 대한 이해 없이 절대평가를 실시하고 있으며, 이는 모래 위에 성을 쌓는 것이고, 가능하지도 않는 일이기에 준거설정에 대한 책을 집필하겠다는 욕심을 갖게 되었다. 책을 저술하기 위하여 10년 간 자료를 모으고 현장에서 적용하기가 용이하고 도움이 되는 책을 쓰려고 준비하며 목차를 만들고 강의를 준비하던 중 Cizeck과 Bunch가 집필한 책이 출간되었음을 알고 강의 교재로 채택하였다. 2007년 2학기에 이 책으로 강의하면서 두 분이 존경스러워짐과 동시에 내가 책을 써야겠다는 욕심보다는, 이 책이라도 제대로 소개해야겠다는 생각을 하게 되었다. 왜냐하면 이 책은 준거설정에 대한 논의뿐 아니라 각 방법에 대한 역사, 변화과정, 개념과 방법 설명, 그리고 각 방법을 적용하는 과정에서 필요한 작업지, 위원회 운영, 준거를 설정한 후 준거설정자 간의 일치도를 높이는 방법, 준거를 결정하고 난 이후 미치는 영향 등에 대하여 너무너무 자세한 내용을 포함하고 있기에 근 10년 이상 미루었던 의욕을 접게 되었다. 내가 평생동안 준거에 대한 책을 쓴다고 해도, 이 책을 능가하기는 불가능하다고 판단한 것이다.

강의를 하면서 대학원생들과 읽고, 모르는 것은 또 읽고 해서 수업시간은 새로운 사실을 안다는 즐거움으로 한 학기가 지나갔고, 2009년 2학기부터 번역을 하게 되었다. 일단 수업을 수강한 대학원생들이 관심 있는 각 장에 대하여 일차 번역을 실시하였으며 모여서 용어에 대한 번역과 정의를 재정리하였다. 그리고 나서 역자가 다시 번역을 3차에 걸쳐 수정하였으며 윤문을 통하여 글을 다듬었다. 윤문과정에서 원서의 내용과 다소 다르게 전달되지 않도록 각별히 신경이 쓰여 윤문 후 다시 확인하고 보완하였다. 가능하면 독자들이 편하게 이해할 수 있도록 의역을 하였고, 영어에서 풍기는 뉘앙스는 그대로 전달하려고 노력하였다. 물론 내용을 강화시켜 주거나 이해를 도와주는 형용사나 부사어가 번역에 방해가 될 때는 과감하게 생략하였다. 이런 과정을 통하여 '번역은 제2의 창조로 저술보다 더 어렵다.' 는 선배들의 조언을 직접 체험하였다. 이런 번역과 의역과정을 통하여 잘못 전달되는 부분이 있다면 이 역시 역자의 전적인 책임이다.

준거참조평가 강의를 수강하고 1차 번역에 참석한 대학원생은 권승아, 김나진, 박장희, 임미경, 장윤선이며, 이후 수정작업이나 윤문 후 작업 등을 도와준 분은 장윤선, 이영주와 전현정 박사다. 이 작업은 2009년 초에 시작하여 2010년 3월 전에 출간 예정이었으나 역자가 2010년 4월 8일 부로 한국대학교육협의회 사무총장으로 일을 수행하게 되어 출간이 늦어졌다. 욕심으로는 9월 전에 출간하고 싶었으나 업무도 있고 서두르는 것보다는 여유를 가지고 책을 출간하는 것이 보다 쉽게 이해되는 책이 될 것이라는 기대 때문이었다. 앞에서 소개한 분들의 도움이 없었다면 출간은 더욱 늦어졌을 것이기에 깊이 감사드린다.

최근에 와서 중등교육 현장의 문제점을 개선하고 홍익인간의 교육목적을 구현하기 위하여 학교 내신이 절대평가로 전환되어야 한다는 주장이 대두되는 상황에서 이 번역서가 많은 도움을 줄 것이라 기대하고 확신한다.

교육학의 일반서적이 아니라서 많은 이익을 주지 못함에도 불구하고 이 책의 번역을 위한 번역권을 얻어 주시고 작업을 지원하여 주신 학지사 김진환 사장님과 관계자님들께 감사드린다. 교육학뿐 아니라 의학, 법학, 공학, 간호학, 경영학 모든 분야에서 자격증을 부여하기 위한 평가에 많은 도움을 주기를 기대하면서 대교협의 사무총장 임무 중임에도 불구하고 공부를 할 수 있는 기회를 만들게 해 준 원서의 저자 Cizek와 Bunch 그리고 모든 분께 진심으로 감사드린다.

등촌동 봉제산 산자락 쪽서재에서

서 문

1982년 Livingston과 Zieky가 분할점수 설정에 관해 집필한 71쪽 분량의 유명한 책으로 *Passing Scores*가 있다. *Passing Scores*는 그 시절 가장 유명한 준거설정 방법에 대해 요약한 책이다.

지금 서문을 읽고 있는 독자들은 이 책이 출판된 이후 많은 것이 변했음을 잘 알고 있을 것이다. 성취준거로 불리는 분할점수는 이전보다 더 필수적이고 중요시되었다. 과거에는 주로 자격시험의 합격과 불합격 여부를 가늠하기 위해 하나의 분할점수가 필요하였다. 그러나 지금은 고등학교 졸업시험의 결과를 3개 이상의 성취수준으로 학생들을 분류하거나 초 · 중등학교의 여러 학년과 교과를 아우를 수 있는 분할점수 체계로 확대되었다. 또한 성취기준을 설정하는 방법 역시 다양하게 개발되었다.

이 책은 적합한 준거설정 방법을 선택하여 실시하거나 전체 준거설정 절차를 감독 또는 담당해야 하는 사람들을 위한 것이다. 따라서 이 책은 이전에 Livingston과 Zieky가 쓴 책처럼 준거설정과 관련하여 이론적이고 학문적인 논의에 초점을 두기보다는 보다 실용적이고 실질적인 준거설정을 위한 실시방법에 초점을 두었다. 그러나 *Passing Scores*가 출간된 시기에 비하면 현재는 준거설정에 관한 관심과 고려사항의 범위가 폭넓게 확대되었고 좀 더 복잡하고 다양한 준거설정 방법이 개발되었다.

이 책을 통한 우리의 목표는 독자들에게 간단하지만 기본적인 준거설정 이론과 논리적 기초를 제공하고 최신 준거설정방법에 대한 기본적인 연구를 제시함에 있다. 또한 독자들이 준거설정 방법을 직접 선택하여 실시할 수 있도록 준거설정에 대한 우리의 지식과 경험을 바탕으로 충분히 구체적이고 실용적인 정보를 제공하고자 한다. 뿐만 아니라 제시한 방법의 구체적인 실행 절차는 상황에 따라 변경되거나 삭제 또는 추가되어야 할 것이다. 아마도 대부분의 독자는 우리가 제시한 기본적인 준거설정의 절차를 수정해야 할 것이다. 따라서 우리는 각 장의 마지막 부분에 '대안적 절차와 제한점'이라는 부분을 통해 다양한 상황에서 필요한 기본 절차의 수정에 대한 몇 가지 제안을 제시하였다.

이 책은 크게 세 부분으로 구성되어 있는데, 첫 번째 부분에서는 준거설정의 기본적 개념에 대해 다루고 있다. 제1장에서는 개인, 기관, 사회적 이익을 위한 준거설정의 필요성과 중요성에 대해 기술하고, 준거설정 방법이 사용되는 다양한 상황에 대해 설명하였으며, 준거설정의 결과와 그에 따른 정책적 영향에 대해서도 구체적으로 밝히고 있다. 제2장에서는 **준거설정**의 정의, **내용준거**와 **성취준거**의 차이점, 문항별 준거와 전체 검사성취준거 사이의 관계, 그리고 준거설정 절차를 시작하기 전에 반드시 고려해야 하는 주요 정책과 실질적 결정 사항을 다루고 있다. 제3장은 어떠한 준거설정 방법을 사용하는가에 상관없이 반드시 논의되어야 하는 준거설정의 **성취수준명**, **성취수준기술** 등과 같은 공통요소를 설명하고 있다. 또한 준거설정 방법 선택에서 중요하게 고려해야 하는 사항에 대해서도 제시하였다. 아울러 준거설정자 선정과 훈련, 준거설정 절차의 평가를 위한 틀, 타당하고 합리적인 준거설정 실시를 위한 지침과 전문적 기준에 대한 정보도 제공하고 있다.

두 번째 부분은 실제 준거를 설정하기 위한 단계별 작업에 대한 정보를 제공하며 최근에 주로 사용되는 13가지 준거설정 방법에 대해 기술하고 있다. 이들 방법 중 특정 방법은 초·중등학교의 성취도 검사와 같은 영역보다 자격을 부여하는 검사 영역에서 주로 사용되기 때문에 때로 독자들에게는 다소 낯설게 느껴질 수도 있다. 또한 두 번째 부분을 구성하는 각 장의 길이가 눈에 띄게 차이가 나는데, 특히 상대적으로 간단한 방법(예를 들어, Nedelsky 방법)에 비해 다소 복잡한 방법(예를 들어, Bookmark 방법)에 대한 장은 다소 길게 구성하였다.

마지막 부분에서는 준거설정의 활용과 관련한 과제들과 앞으로의 방향에 대해 기술하고 있다. 제13장에서는 준거설정을 완수하기 위해 가장 실질적이지만 어려운 작업인 준거설정을 위한 필수 활동의 일정을 수립하는 데 도움을 줄 수 있는 작업 틀을 제공하고 있다. 제14장에서는 초·중등학교 교육의 여러 학년과 교과 영역을 아우르는 검사 체계를 위해 필요한 준거설정의 새로운 기술에 대해 소개하였다. 이 새로운 기술은 **수직적 준거설정 방법**(vertically-moderated standard setting: VMSS)이라 하며 여러 수준과 내용준거를 아우를 수 있는 일관된 준거설정 체계를 구축하는 데 도움을 준다. 제15장은 K-12 교육체제에서 발생할 수 있는 특별한 문제 중 하나인 심각한 학습장애를 가지는 학생들을 위한 성취수준 개발 및 검사 형식, 내용, 용어 **조정** 등에 대한 정보를 다루고 있다. **대안평가**라 불리기도 하는 이런 검사들은 준거설정과 관련해 특별한 문제를 안고 있다. 마지막 장인 제16장에서는 준거설정에서의 몇 가지 특별한 주제에 대해 간단하게 요약하고 이와 관련하여 발생 가능한 문제에 대해 논의하였다.

또한 이 책에는 독자들의 이해를 도울 수 있는 몇 가지 특징이 있다. 이 책 뒷부분 '용어 해설'에서 정의한 용어들은 본문에 진하게 표시하였다. 또한 다양한 자료와 엑셀(Excel) 프로그램 등과 같이 독자들이 다운받아 실제 준거설정에 사용하거나 활용할 수 있는 전자 자료를 연결시켰다.

이 책의 출간을 위해 여러 사람이 많은 도움을 주었다. 먼저 우리가 이 책을 쓰기 전에 NCME(National Council on Measurement in Education)의 학술지 *Educational Measurement: Issues and Practice*에 투고하였던 몇몇 자료(예, Cizek, 1996a, b)를 사용할 수 있도록 허락해 준 NCME에 감사의 뜻

을 전한다. 다른 많은 연구자의 훌륭한 작업에 비하면 우리의 작업은 준거설정의 문헌연구에 아주 작은 부분이라 생각한다. 따라서 여러 헌신적인 학자들의 연구가 없었다면 이 책은 출판되기 어려웠을 것이다. 또한 우리는 사회과학 분야에 여러 중요한 서적을 출판해 왔으며, 오랜 역사를 가진 출판사 SAGE에도 감사를 드린다. 특히 SAGE의 Lisa Cuevas Shaw, Rachel Livsey 그리고 Phyllis Cappello가 보여 준 끝없는 열정과 조언에 감사드리며 많은 도움을 준 편집자인 Mary Tederstrom에게도 감사의 마음을 전한다.

개인적으로 우리의 작업에 많은 지원을 해 주신 여러분께 감사의 뜻을 전한다. 먼저 나(Michael B. Bunch)에게 이번 작업을 함께해 보기를 권해 준 Greg에게 깊은 감사를 전한다. 여러 해에 걸쳐 준거를 설정해 왔으나 이와 관련하여 다른 글을 써 본 경험이 없던 나는 이번 작업을 통해 Greg와 **기술자문위원회**(TACs)의 여러 학자와 함께 작업할 수 있는 기회를 얻었다. 또한 방법론적으로 보다 정확하게 생각할 수 있도록 도와준 TACs의 여러 위원과 다양한 준거설정을 실시해 볼 수 있도록 기회를 주신 여러 의뢰인에게 감사를 드린다. 그리고 해당 기관의 준거설정을 실시하고 이를 위한 계획과 진행에 협조해 주신 Arkansas, Georgia, New Jersey, Ohio, Virginia 주의 교육부와 CCSSO(Council of Chief State School Officers)의 담당자들에게도 감사를 드린다.

또한 이 작업에 참여할 수 있게 기회를 주신 나의 상사 Hank Scherich와 지난 20년 이상 준거설정을 계획하고 실시하는 데 많은 도움을 준 동료들에게도 감사의 뜻을 전한다. 그들이 있었기에 이번 작업의 많은 아이디어를 생각해 낼 수 있었으며, Elliot Inman에게도 진심으로 감사를 드린다. 특히 Maryland 대학의 준거설정을 위한 교육에 초대해 준 것은 물론, 그의 저서를 통해 많은 아이디어를 얻을 수 있었다. Maryland 대학의 Robert Lissitz와 복잡한 준거설정 절차에 대해 적절한 질문으로 나의 명확한 개념화에 도움을 준 Assessment and Evaluation Services의 Thomas Hirsch에게도 감사의 마음을 전한다.

마지막으로 이 책의 상당 부분을 검토해 주고 좋은 의견을 준 나의 아내 Kathryn에게 감사의 마음을 전한다.

Mike Bunch와 책 출판 작업뿐만 아니라 여러 측정학적 문제와 관련한 작업을 할 수 있었던 것이 나(Gregory J. Cizek)에게는 큰 행운이었다. 이번 작업을 통해 학문적 · 이론적 상황에만 익숙했던 나는 다양한 상황에서 실제로 준거를 설정할 수 있는 값진 기회를 얻었다. 또한 Mike Bunch와 함께했던 이번 기회로 수많은 전문 지식을 얻을 수 있었다. 그는 내가 만난 사람 중 가장 사려 깊고, 분석적이며 철저한 전문가라 할 수 있다. 뿐만 아니라 Mike Bunch의 통찰력, 근면함, 진실함 그리고 우정에 깊은 감사의 마음을 전한다.

이번 작업에는 그의 상당한 공헌 이외에도 준거설정에 대한 심리측정학 분야의 뛰어난 학자들과의 비공식적 토론을 통해 많은 것을 얻을 수 있었다. 여러 학자들과의 토론을 통해 나의 생각을 명확하게 할 수 있었고, 이는 이번 작업에 큰 영향을 주었다. 그리고 Massachusetts 대학의 Ronald Hambleton 교수, Rutgers 대학의 Gregory Camilli 교수, Michigan State 대학의 명예교수 William Mehrens, Nebraska 대학의 명예교수 Barbara Plake, Pearson Educational Measurement의 Jon Twing 박사, the American Institutes of Research의 Steve Ferrara 박사, the Ohio Department of Education의 E. Roger Trent 박사, ACT, Inc.의 Matthew Schulz 박사, SAS, Inc.의 Elliot Inman 박사, Chapel Hill에 있는 North Carolina 대학의 박사 과정생 Heather Koons 그리고 Massachusetts 대학의 Steve Sireci 교수에게 감사의 뜻을 전한다. 이 모든 저명한 학자들의 현명한 조언에 감사드리며, 이 책에 남아 있는 몇몇 오류는 오직 저자들의 잘못에 의한 것임을 밝히고자 한다.

또한 이번 작업을 위한 Chapel Hill에 있는 North Carolina 대학의 사범

대학에서 제공한 많은 지원과 Thomas James 학장의 협조에도 감사의 뜻을 전한다. 마지막으로 끝없는 지원을 해 준 나의 아내 Rita와 우리의 아이들 A. J. Caroline, David 그리고 Stephen에게도 고마움을 전한다.

MBB/GJC
Durham and Chapel Hill, North Carolina

차 례

역자 서문 • 3
서 문 • 6

제 1 부 **준거설정의 기초 • 16**

제1장 현대 준거설정: 지속적인 수요 • 19

의사결정의 필요성 • 21 / 준거설정의 이점 • 22
준거설정의 일반적 접근 • 24 / 준거설정에 관한 현재 맥락 • 26

제2장 준거설정이란 무엇인가 • 29

준거의 종류 • 30 / 준거설정의 정의 • 31
정치적 논쟁과 준거설정 • 37
항목점수 준거와 종합검사 성취준거 • 48 / 결 론 • 52

제3장 성취준거를 설정하는 기본 요소 • 53

목 적 • 54 / 준거설정 방법의 선택 • 60 / 성취수준명 • 63
성취수준기술 • 65 / 핵심개념화 • 67
준거설정자의 선발과 훈련 • 68
준거설정자들에게 피드백 제공 • 73
준거설정에 관한 전문적인 지침 • 77
준거설정 평가 • 80 / 결 론 • 85

제 2 부 준거설정 방법 • 88

제4장 Nedelsky 방법 • 91

Nedelsky 방법의 절차 • 92 / 대안적 절차와 한계점 • 95

제5장 Ebel 방법 • 99

Ebel 방법의 절차 • 100 / 대안적 절차와 한계점 • 102

제6장 Angoff 방법과 변형 방법 • 105

Angoff 방법의 절차 • 107 / Angoff 방법의 다양한 절차 • 112
대안적 절차와 한계점 • 119

제7장 직접합의 방법 • 123

직접합의 방법의 절차 • 124 / 대안적 절차와 한계점 • 129

제8장 대조집단과 경계선집단 방법 • 133

대조집단 방법의 절차 • 134 / 대조집단 방법의 예 • 137
경계선집단 방법 • 141 / 대안적 절차와 한계점 • 142

제9장 Body of work 방법과 다른 총체적 방법 • 147

JPC 방법 • 148 / DP 방법 • 149 / AJ 방법 • 151
3가지 총체적 방법의 요약 분석 • 152 / BoW 방법의 개관 • 154
BoW 방법의 절차 • 155 / 로지스틱 회귀분석 결과 해석 • 170
BoW 방법의 적용 • 171 / 대안적 절차와 한계점 • 183

제10장 Bookmark 방법 • 189

Bookmark 방법의 개관 • 192 / Bookmark 방법의 실행 • 211
대안적 절차와 한계점 • 225

제11장 IDM 방법 • 229

IDM 방법의 절차 • 231 / 대안적 절차와 한계점 • 238

제12장 Hofstee와 Beuk 방법 • 243

Hofstee 방법 • 245 / Beuk 방법 • 248
대안적 절차와 한계점 • 251

제 3 부 준거설정의 과제와 향후 방향 • 254

제13장 준거설정 일정 계획 • 257
교육적 평가의 준거설정 일정 계획 • 257
자격검사의 준거설정 일정 계획 • 279 / 결론과 제언 • 288

제14장 수직적 준거설정 방법(VMSS) • 291
상호 연계된 문제 • 293 / VMSS의 역사 • 296
VMSS는 무엇인가 • 297 / VMSS에 대한 접근 • 299
VMSS의 적용 • 302 / VMSS 절차에 대한 예 • 306
대안적 절차와 한계점 • 318

제15장 대안평가를 위한 준거설정 • 321
대안평가의 시도 • 322 / 대안평가 체계를 위한 필요조건 • 325
일반화된 총체적 방법 • 332 / 대안적 절차와 한계점 • 342

제16장 특별한 주제와 다음 단계 • 345
소수점 처리 • 346 / 분할점수를 조정하는 방법 • 347
불확실성 처리에 대한 결정 • 351 / 준거의 일반화 가능도 • 355
판정의 일치성과 정확성 • 356 / 다양한 방법 적용 • 367
준거설정자 훈련 발전시키기 • 369

용어 설명 • 373
참고문헌 • 381
찾아보기 • 394

제 1 부
준거설정의 기초

이 책은 준거설정의 이론과 실제를 알고자 하는 사람, 준거설정을 수행해야 하는 사람, 준거설정에 대해 검토하고 평가를 해야 하는 사람, 준거설정 절차를 감독하거나 의사결정을 해야 하는 사람을 위해 씌었다. 즉, 이 책은 준거설정의 실제적 측면에 대한 내용을 담고 있다.

각 장 서론에서는 준거설정이 무엇인지, 왜 필요한지, 무엇이 필요한지 등의 준거설정에 대한 기초적인 질문을 다루고 있다. 물론 모든 사람이 이 같은 질문에 답할 정도로 전문가가 될 필요는 없지만, 준거설정에 대한 다양한 관점을 독자에게 이해시키기 위해서 중요한 부분이다.

제1부에서는 주로 준거설정에 관한 연구를 수행하며, 학생들을 지도하고 준거설정을 실시하는 기관에 조언을 제공하는 일을 수행해 온 저자와 실제 준거설정을 실시하는 기관과 직접 계약을 체결하여 일을 수행해 온 또 다른 저자의 다양한 시각을 바탕으로 기술하였다. 제1부는 준거설정의 이론적 내용과 이해관계자(자격증 발급기관, 주 또는 연방정부의 교육기관 등)에게 실제 분할점수를 설정하는 데 도움을 줄 수 있도록 내용의 균형을 맞추는 것을 목표로 한다.

또한 자격검사, 초·중등학교 현장의 학업성취도평가와 같은 다양한 상황의 준거설정자에게 유익한 정보를 제공하고자 한다. 아울러 참여하는 준거설정자의 수나 예산 규모 등에 관계없이 모든 상황의 준거설정에 대한 정보도 제공하고자 한다.

이 책의 제1부에서는 준거설정에 대한 기초 지식과 준거설정을 시작함에 있어 필요한 실질적 정보를 제공하며, 준거설정의 필요성에 대해 설명한다. 현대 생활에서 검사는 다양한 의사결정을 위한 중요한 정보이며, 우리는 검사 점수에 의해 판단하기도 한다. 어떤 경우에는 제1장에서와 같이 준거설정이 생사를 가르는 것과 같다고 설명하기도 한다. 비록 이렇게 심각한 상황이 아닐지라도 어떤 결정에 대한 정당성은 입증되어야 한다. 즉, 잘 연구되고 효과적으로 실시된 준거설정 절차에 기반을 둔 결정은 많은 이점을 가질 수 있기 때문이다.

제2장에서는 '준거설정이란 무엇인가?'에 대해 다루었다. 여기서는 무엇이 준거설정이고, 무엇이 아닌가에 초점을 맞추었으며, 혼돈하기 쉬운 개념을 명확히 하는 것에 초점을 두었다. 그리고 합격과 불합격을 결정하기 위한 검사의 분할점수 설정에 사용되는 방법의 다양한 실질적 문제와 정책적 문제에 대해서도 논의하였다.

비록 다양한 준거설정 방법이 존재하지만 각각의 준거설정 방법은 서로 공통점을 가지고 있다. 따라서 제3장에서는 모든 준거설정 방법의 공통요소에 대해 기술하였다. 어떤 방법을 사용하는가와 무관하게 준거설정자는 항상 판단을 해야 한다. 사람들이 어떤 절차에 따라 어떻게 판단하든지 그 판단은 항상 일관되어야 하며, 내용면이나 절차상의 과정에 대해서 훈련받아야 한다. 일반적으로 준거설정자는 여러 라운드의 의사결정에 참여한다. 몇 년 전에는 언급되지 않았을 수도 있는 일반적인 요소로 성취수준기술이 있다. 준거설정을 시작하기에 앞서 Angoff의 '최소 능력 보유자'를 고려해야 한다는 조언을 상기한다면 성취수준기술은 Angoff의 조언이 최소 능력 보유자에 대한 자세한 기술로 대체된 것이라고 할 수 있다.

준거설정 영역은 지난 50년 동안 빠르게 진화하고 있고, 앞으로의 진화되는 모습을 보는 것 역시 매우 흥미로운 일이다. 이 시점에서 우리는 준거설정에 대한 연구가 왜 중요한지에 대해 생각해 볼 필요가 있다.

제1장

현대 준거설정 : 지속적인 수요

준거설정에 대한 넓은 의미인 종합적 정의는 다음 장에서 설명하겠지만, 이 책을 시작하기 전 준거설정에 대한 기본적인 정의를 간략하게 소개하고자 한다. 준거설정은 검사에서 하나 이상의 분할점수를 설정하는 과정이며, 분할점수는 피험자의 검사점수분포를 둘 이상의 범주로 분류하는 것이다.

면허나 자격시험에서는 주로 합격과 불합격, 면허 부여 여부 또는 자격인증과 보류와 같이 두 개의 범주로 구분하기 위해 분할점수가 필요하다. 다른 경우에는 두 개 이상의 범주를 만들기 위해 다수의 분할점수를 사용한다. 예를 들어, 미국 초·중등 교육을 위한 'NCLB' (No Child Left Behind Act, 2001)' 와 'IDEA(Individuals with Disabilities Education Act, 1997)' 는 특정 학년 과목의 학업성취도를 '기본(basic)', '숙달(proficient)', '우수(advanced)' 로 분류하여 평가한다. 이렇게 세 개의 범주로 검사 결과를 분류하려면 두 개의 분할점수가 필요하다. 하나는 기본과 숙달을 나누는 경계이고, 다른 하나는 숙달과 우수를 나누는 경계다.

수행범주의 경계를 구분하는 작업은 분류 결과와 연관될 수 있으므로 검사의 개발과 시행 그리고 보고과정에서 필요한 중요한 작업 중 하나다. 이렇게 중요한 범주설정 과정은 간호사, 재무사, 지압사, 변호사, 의사, 부동산 중개사, 피부미용사와 같은 자격시험 또는 독해와 수학 영역에서 미국 학생들의 성취도를 측정하기 위한 검사에만 국한되는 것은 아니다. 한 연구자가 지적한 것처럼 분할점수를 설정하는 것은 생사의 문제가 될 수도 있다.

> 미국 연방대법원의 Atkins v. Virginia(2002) 판례에서 분할점수 설정의 중요성이 드러났다. 탄원서를 낸 Daryl Renard Atkins는 살인 혐의로 사형을 선고받았다. 이 선고는 2002년 6월 20일 연방 대법원에서 번복되었는데, Atkins가 'Wechsler 성인지능검사' 에서 받은 지능점수가 59점으로 정신지체인으로 판정되었기 때문이다. 뿐만 아니라 정신지체인에 대한 사형집행은 미국 헌법 'the Eighth Amendment' 에 의해 금지되어 있다. 또 다른 예로, 1986년 Georgia에서 Jerome Bowden이 살인 혐의로 사형선고를 받았다. Jerome은 Atkins와 같이 항소를 하였고, 재판 결과를 기다리고 있는 동안 사형집행이 유예되었다. 그러나 Jerome의 지능점수가 65점으로 측정되었고, 이튿날 사형이 집행되었다. 만약 법원이 지능점수에만 의존해서 사형집행 결정을 내렸다면, 생사를 결정하는 분할점수는 59점과 65점 사이에 있었다는 것을 알 수 있다(Wainer, 2006, p. 63).

분할점수와 관련된 결과의 영향이 크든 작든 상관없이 준거설정을 검사 개발단계에서는 고려하지 않고, 검사를 개발하거나 시행하고 난 후 준거를 설정하는 실수를 흔히 범한다. 따라서 검사가 의도한 목적, 선택된 문항, 수행과제의 형태 등에 부합하게 검사 초기에 준거설정을 충분히 고려해야 한다. 검사 개발의 초기단계에서 분류의 타당성을 충분히 납득할 수 있는지, 분류에서 그 증거가 체계적으로 수집되고 분석 가능한지, 피험자의 학습 준비 상태 또는 준거의 범주와 수행 구분에 관한 폭넓은 이해가 반영되었는지를 고려해야 한다. 실제로 개인을 특정 수행범주로 분류하는 검사의 경우, 검사 개발의 초기단계에서 각각의 범주가 어떤 특성을 내포하는지에 대한 신중한 논의가 이루어져야 한다. 수행범주에 대한 명확한 이해는 검사 개발, 보고, 점수 해석 그리고 타당도에 이르기까지 모든 단계에 걸쳐 긍정적으로 영향을 끼친다.

의사결정의 필요성

익히 알고 있는 것처럼 수많은 분야에서 범주를 설정하여 분류하는 일은 많다. 자동차 면허시험처럼 법으로 정해진 경우도 있고, 특정 전문직을 위한 신뢰성 있는 검사와 같은 경우도 있다. 미국의 고등교육기관들은 TOEFL, GRE, SAT, ACT와 같은 검사 결과를 보고하는 데 있어 해당 검사의 담당 기관에서 자체적으로 분할점수를 제시하고 있다. 이러한 분할점수와 그에 따른 입학 허가 및 학생과 그 가정, 그리고 기관을 지원해 주는 장학금 수여 결정과 같은 결과는 제한된 자원을 효율적으로 활용하도록 해 준다.

Mehrens와 Cizek(2001)이 논의했던 것처럼 준거설정을 피할 수 있는 방법은 없다. 예를 들어, 한 학생은 고등학교를 졸업하고 다른 학생은 졸업하지 못했다면 이러한 결정은 공식적 또는 비공식적인 고등학교 졸업시험에 의한 것이다. 메이저리그의 야구 감독들은 비록 비공식이지만 그간의 경기 결과를 근거로 한 평가를 통해 선수를 선발한다.

이와 같이 분류는 수많은 상황에서 피할 수 없는 일이다. 예를 들어, 고등학교 음악 교사는 제1플루트 연주자를 결정해야 하며, 대학은 학부나 대학원 지원자들의 입학 여부를 결정해야 하고, 대학교수는 동료 교수들의 종신 재직을 결정해야 한다. 그리고 주정부는 의학 또는 그 외의 전문직을 위한 신뢰성 있는 자격시험과 그에 적합한 분할점수를 설정해 전문직에 종사할 수 있는 자격을 갖춘 사람을 제한적으로 선별해야 하는 책임이 있다.

모든 야구 선수가 선발 선수로 선택될 수 없고, 모든 플루트 연주자가 제1연주자가 될 수는 없다. 대학 역시 지원하는 모든 학생을 입학시킬 수는 없으며, 모든 강사를 자질에 관계없이 종신 고용할 수도 없다. 의사, 간호사 또는 약사처럼 특정 분야에 대한 지식과 경험을 활용해야 하는 전문직에 대해 주정부가 제한적으로 자격을 부여해야만 국민의 건강이 보호된다. 그러므로 앞의 예시에서 보듯이 준거를 설정하는 일은 피할 수 없는 작업이다. 이에 대해 Mehrens와 Lehmann(1991)은 측정과 평가에 관한 저서에서 의사결정의 필요성과 이를 위한 측정의 관계를 다음과 같이 요약하였다.

> 의사결정은 매일 이루어지는 일이다. 사람들은 날마다 수백 가지의 결정을 내린다. 그리고 보다 현명한 결정을 내리기 위해 정보를 필요로 한다. 측정의 역할은 정확한 관련 정보를 사람들에게 제공하는 것이다. 이 논의의 가장 중요한 원리는 측정과 평가는 타당한 교육적 결정에 필수적이라는 것이다(p. 3).

준거설정의 이점

준거설정에 대한 심리측정학적 견해에 따르면 분류나 결정은 양질의 자료를 기반으로 이루어져야 하며, 이 자료는 체계적이며 재생 가능하고, 객관적 · 논리적으로 설명이 가능해야 한다. 만약 분류 결정이 반드시 이루어져야 한다면 이때의 결정은 보다 폭넓은 관점에서 공정하고 현명하며, 개방적이고 효율적인 동시에 논리성을 갖춰야 한다. 그러므로 논란의 여지가 없는 명백한 준거에 근거한 분할점수를 만들어 낼 수 있는 정확하고 체계적인 작업이 필요하다.

준거설정은 측정학적 관점에서 말하는 공정성과 타당성 외에도 또 다른 이점이 있다. 한 예로, 명확한 평가의 준거가 정해지면 참여자들은 성공적으로 일을 수행할 수 있다고 판단하는 준거에 관심을 가지게 된다. 일정한 수준을 충족시키기 위해 자격증 또는 인증서를 준비하는 학생이나 수험생, 이들을 돕는 교사, 전문 프로그램 담당자, 시험 대비 강사들은 더 많은 시간과 돈을 투자하며 노력한다. 이렇게 확실한 준거에 도달하기 위한 높은 관심이 선의의 경쟁을 유도한다.

더불어 준거설정은 명확한 준거를 통해 검사에 대한 대중의 신뢰와 이해를 얻을 수 있다. Mehrens와 Cizek(2001)은 학업성취도평가(또는 교사자격증과 같은 검사)가 만들어진 이유는 이러한 검사가 명확한 준거를 갖추기 전에는 검사 결과에 대한 대중의 신뢰를 얻지 못했기 때문이라고 말했다. 1970년대 몇몇 기업가들로부터 "졸업장을 가진 고등학교 졸업생을 채용하였는데, 읽고 쓰지도 못한다."라는 불만이 쇄도하게 되자 학업능력검사 실시를 강조하게 되었다. Popham(1978, p. 297)은 "최소수행능력평가제도가 최저능력 수준을 낮게 설정하므로 오히려 고등학교 졸업장의 가치를 평가 절하하여 여러 주(州)가 어려움을 겪고 있다."라고 밝혔다. 또한 Burton(1978, p. 263)은 "교육에서의 **준거참조**검사의 활용은, 중요한 교육적 결정의 책임을 개별 교사로부터 보다 획일적이고 과학적인 기술로 이전시키는 것으로 보인다."라고 언급하였다 .

비록 이러한 검사들이 위험한 운전자들의 운전을 금지시키는 것과 같이 확실한 이점을 주는 것은 아니지만 교육, 의료, 여타 전문직종에 대한 대중의 신뢰도를 높일 수 있는 준거설정의 장점을 간과해서는 안 된다. Lerner(1979, p. 15)는 준거설정의 가장 중요한 역할은 준거가 "다양한 사회문화의 특성을 유지하면서도 이들을 잘 조화" 시키는 것이라고 주장한다.

또한 준거설정 작업 자체가 갖는 어려움을 간과해서는 안 된다. Lerner는 범주를 정의하는 분할점수를 도출하는 과정의 어려움을 인정하며, "분할점수 문제는 판사나 변호사들이 항상 겪어야 하는 문제로 어디에서 어떻게 선을 그어야 하는가의 문제와 아주 비슷하다."라고 언급하였다(1979, p. 28).

준거설정의 일반적 접근

다음 장에서는 준거설정을 위한 여러 방법을 소개할 것이다. 측정전문가들은 논리적 기반으로 준거설정 방법을 구조화하고 집단화하여 분류를 시도하였으나, 이러한 분류 작업은 부정확하거나 무의미하다. Jarger(1989)는 *Educational Measurement*(제3판)에서 준거설정 방법을 '피험자 중심'과 '검사 중심'이라는 두 개의 유형으로 분류하였다. 준거설정자가 주로 검사의 내용과 문항을 중심으로 분할점수를 만들었다면 이를 '검사 중심' 유형이라 정의하였고, 피험자들에게 관심을 두었다면 '피험자 중심' 유형이라 정의하였다. Kane(1994a, pp. 4-5)은 준거설정 방법의 분류에 관한 대안을 제시하였는데 성취도나 능력이 통합적이라고 가정하는 '총체적 유형'과 성취도를 수행의 비교적 작은 부분이나 샘플로 평가할 수 있다고 가정하는 '분석적 유형'으로 구분하였다.

준거설정 방법의 세 번째 분류 방법은 '규준참조'와 '준거참조' 방법으로 나누는 것이다. 규준참조(Norm-referenced) 방법에는 피험자의 상대적 성취도를 고려하는 방법이 포함된다. 예를 들어, 연간 동일한 검사에 응시한 피험자의 75%를 합격(또는 면허나 자격 부여 등)시키는 일정한 준거를 만들 수 있다. 규준참조 방법은 비교적 피험자 집단의 특성이 매년 비슷하거나 일관된 세부 사항에 의해 검사 형태가 구성되는 경우 또는 이 방법이 검사 목적에 적합하다는 증거가 있다면 그 타당성을 확보할 수 있다. 규준참조 방법은 대략 1950년대 후반까지 일반적으로 사용하였고, 오늘날까지도 많이 사용하고 있다. 실제로 1976년 후반, Andrew와 Hecht는 "오늘날 합격과 불합격 선택에 가장 많이 사용되는 절차는 규준참조 방법과 관련되어 있으며, 이런 방법으로 설정된 준거는 피험자의 수행을 다른 피험자들과 비교하는 기능을 한다."고 기술하였다(p. 45).

규준참조 방법과 대조적인 것으로 준거참조 방법이 있다. 준거참조(Criterian-referenced) 방법은 규준참조 방법의 '상대적' 특성과 대비되어 종종 '절대적' 방법으로 여겨진다. Nedelsky(1954)의 초기 연구는 당시 사용되던 상대적 준거에 반대하여 절대적 준거에 대한 개념을 정립한 것이다. Nedelsky는 절대적 준거를 '한 학생이 특정 과정을 통과하기 위해 반드시 갖춰야 할 지식과 능력'으로 정의하였다. 그는 준거참조 방식과 규준참조 방식의 차이에 대한 설명으로 합격점에 대해 다음과 같이 말하였다.

> 합격점은 특정 집단의 여타 학생과의 상대적 수행 정도의 비교가 아닌 한 학생의 성취도를 고려한 교수자의 판단에 근거해야 한다. 이것은 합격점을 결정하는 데 활용된 기준이 절대적임을 의미한다(p. 3).

K-12 교육체제에서는 준거참조 방법의 변형인 기준참조(standards-referenced) 방법이 지지를 얻고 있다. 이것이 준거참조 또는 기준참조라고 하는 것과 상관없이 이들 방법에서 준거는 대조집단에서 한 피험자의 상대적 수행 정도가 아닌 특정 지식, 기술, 목표, 내용 또는 숙련도를 표

현한다.

피험자 중심과 검사 중심, 총체적과 분석적 또는 규준참조와 준거참조 방식과 같은 이분적 분류법이 좋은 반응을 얻고 있으나, 실제 준거설정이 요구되는 상황과 각 준거설정 방법의 특성을 고려했을 때 이들 방법을 단순하게 구분할 수는 없다. 뿐만 아니라, 실제로 준거를 설정할 때 보다 효율적인 작업을 위해 준거설정자들은 두 가지 측면을 모두 고려해야 한다.

예를 들어, 피험자 중심과 검사 중심으로 분류하는 경우, 어떠한 준거설정 절차든지 반드시 검사 내용과 피험자에 대한 정보를 모두 가지고 있어야 한다. 준거설정자가 특정 피험자의 지식 수준과 능력 기대치에 대한 정보 없이 그들에 대한 평가를 내리는 것은 불가능하다. 반대로 준거설정자가 피험자에게 제시된 검사 내용에 대한 충분한 고려 없이, 피험자에 대한 평가를 내리는 것은 불가능하다. 이처럼 준거설정자가 해당 피험자 집단의 능력 수준에 관한 지식 없이 '절대적' 수행 수준을 평가하는 것은 불가능하다. 이것은 규준 정보에 대한 최소한의 고려 없이 준거참조평가가 이루어질 수 없음을 의미한다.

결론적으로 이 책에서는 다양한 준거설정 방법과 관련해 '검사 중심' 또는 '준거참조'와 같은 용어를 계속 사용하지만 우리는 준거를 설정하고자 하는 사람들에게 분류를 위한 명칭의 한계뿐만 아니라 현실적으로 분할점수를 설정하는 단순한 분류 작업, 그 이상으로 검사의 특성에 대한 보다 정교한 이해를 바탕으로 이루어졌다는 것을 일깨워 줄 것이다.

준거설정에 관한 현재 맥락

준거설정은 다양한 상황에서의 여러 요구조건으로 인하여 매우 복잡하고 어려운 작업이라 할 수 있다. 자격검사의 경우, 준거를 설정해야 하는 사람과 분할점수 선정의 권한을 가진 사람 간의 논쟁, 불화, 이해관계를 반드시 고려해야 한다. 피험자들이 선택한 직업을 통해 추구하고자 하는 헌신과 야망, 그리고 준비가 덜된 전문가들로부터 대중을 보호해야 하는 면허 부여 기관의 의무 간에 적절한 균형을 유지해야 한다. 뿐만 아니라 이들 기관은 전문 지식 및 능력을 높이기 위하여 경쟁을 유도하는 동시에 현직 전문인들의 지위와 자격의 가치를 향상시켜야 한다.

학업성취도평가에서 준거설정은 더욱 어려운 작업일 수 있다. 앞에서 언급한 NCLB와 IDEA와 같은 법규는 모든 학생을 평가하도록 규정하고 있다. 과거에는 '전형적' 학생의 모집단을 참고하여 평가준거를 만들었고, 단순하고 전통적인 검사 형식과 조건에 의하여 준거설정에 상대적으로 적용하기 쉬운 방법을 활용하였다. 그러나 최근에는 평가와 준거를 매우 다양한 상황과 내용, 학생집단, 형식, 조건을 고려하여 개발해야 하므로 준거설정을 위한 기술을 급격하게 변형하거나 종합적인 새로운 기술로 개발하여야 한다.

예를 들면, NCLB와 IDEA은 모든 학생을 '평균'과 '우수'로 평가하도록 규정한다. 또한 제2외국어 영역에서 뛰어난 학생을 판단하기 위한 검사와 성취준거도 필요하다. 아울러 인지적 · 감성적 · 신체적으로 심각하게 부진한 학생들이 무엇을 얼마만큼 할 수 있는지를 판단하는 성취준거 역시 필요하다. 많은 주에서 학년 수준과 내용 영역에 대한 구체적인 내용의 세부 항목, 검사, 성취준거의 필요성이 점차 증가하였다. 또한 어떤 지식과 능력은 수행과제 또는 **구성형 응답** 형식을 통해서 가장 측정이 잘되기 때문에 이러한 영역에서의 준거설정도 필요하다. 뿐만 아니라 이러한 의무적 검사와 이와 관련한 준거가 보다 다양한 학년 수준에 적용되어야 하는데, 여기에는 성취준거에 대한 논리적 일관성이 반영되어야 한다. 이러한 요구를 충족시키기 위하여 최근의 준거설정 방법(VMSS라 불리는 **수직적 준거설정**, 제14장 참조)을 서둘러 소개하였다.

끝으로 자격증, 인증, 교육 또는 그 밖의 많은 영역을 막론하고 모든 준거설정은 정치적 · 사회적 · 경제적 · 역사적 상황을 피할 수 없다. 준거설정자는 특정한 측정 방법을 떠나 앞에서 언급한 상황은 물론, 주어진 준거설정의 결과가 만들어 내는 중요한 역할을 인식해야 한다. 따라서 준거설정의 다양한 상황에도 불구하고, 준거설정은 결과를 잘 활용하여 궁극적으로 타당성을 제시할 수 있도록 기술적 · 비기술적 요소를 종합적으로 고려하여 진행해야 할 필수적이고 유용한 과정이라 할 수 있다.

제2장

준거설정이란 무엇인가

기본적으로 준거설정은 한 검사에 대하여 한 개 이상의 분할점수를 만들어 내는 과정을 뜻한다. 제1장에서 논의한 것처럼 어떤 면허, 자격검사에서는 합격이나 불합격, 인증 여부와 같은 분류를 위한 하나의 분할점수만이 존재한다. 그러나 K-12 학업성취도평가에서는 특정 학습목표, 결과와 목적을 종합적으로 고려하여 성취 정도를 두 개 이상의 수행범주로 분류하기 위한 다수의 분할점수가 필요하다. 분할점수는 검사점수를 두 개 이상의 영역으로 구분해 수행 정도를 구분하거나 피험자를 분류하는 기능을 한다.

그러나 앞에서 소개한 간단한 정의에서는 준거설정에 대한 복합적인 특성을 배제하고 있다. 실제 준거설정에 참여하는 준거설정자는 전문가 집단, 학계, 교육위원회, 정부기관에 근무하는 사람들로 준거를 설정하기 위하여 권한과 책임을 지닌다. 그러므로 정확한 의미의 준거설정과정이란, 분할점수의 채택, 승인, 거부, 조율, 적용에 권한을 지닌 관련자들에게 정보를 제공해 주는 '준거권고(standard recommending)'다. 우리는 이러한 구분이 중요하다고 인식하지만 준거권고라는 용어를 보편적으로 활용하기에는 적절하지 않기 때문에 특정한 방법을 적용하여 분할점수를 산출하는 행위를 '준거설정'이라 하였다.

준거의 종류

준거라는 용어는 검사 프로그램과 관련하여 여러 방법으로 사용된다. 예를 들면, 자격증과 인증 프로그램은 자격 요건과 필수교육 사항 그리고 응시자가 자격시험에 참여하기 위해 반드시 갖춰야 하는 조건을 제시하는 적절한 준거가 있어야 한다.

컴퓨터 활용검사와 컴퓨터능력 적응검사, 웹기반검사 등과 같이 전자매체를 이용하는 검사 사이트는 검사 시행을 위한 조건, 보안 절차, 컴퓨터 장비의 기술적 세부 항목과 같은 검사 시행을 위한 준거를 가지고 있어야 한다.

이 책의 여러 부분에서 'the Standard'라는 단어가 쓰이는데, 이는 *Standards for Educational and Psychological Testing*(AERA/APA/NCME, 1999)의 축약어로 앞으로 자주 사용할 것이다. 또한 이 책은 '준거'에 대한 전문적 설명과 사례를 다루고 있다.

최근 K-12 학업성취도평가에서 '**내용준거**'라는 개념이 소개되었다. 교육적 평가 상황에서 내용준거는 검사의 결과와 교육과정 목표나 검사를 구성하는 영역을 고려하여 개발된 특정한 수업목표에 대한 종합적 설명이라 할 수 있다. 따라서 검사점수로 예측할 수 있는 학생의 수행 정도는 내용준거의 관점에서 해석되어야 한다.

이 책 후반부에서는 **성취준거**에 초점을 맞춰 논의를 진행할 것이다. 또한 앞에서 말했듯이 기본적으로 성취준거를 분할점수, 준거, 합격점수와 동의어로 사용할 것이다. 그러므로 '성취준거설정'은 Kane(1994b)이 설명한 추상적 개념을 의미하는 것이 아니라, 척도점수에 따라 분할점수를 도출해 내는 구체적 활동을 의미한다.

준거설정의 정의

제1장에서 검토했던 것처럼 준거설정을 '검사를 위한 분할점수 설정'이라고 정의할 때는 준거설정의 실질적 측면이 강조된다. 그러나 준거설정 개념에 대한 완전한 이해를 위해 이 용어에 대한 이론적 기초가 필요하다. 정교하고 이론에 근거한 준거설정에 대한 정의는 Cizek(1993)이 제안하였다. 그는 준거설정을 "수행 정도의 차이를 구별하기 위해 수를 할당하는 합리적이고 적합한 규칙 또는 절차(p. 100)"라고 정의하였다. 이 정의는 준거설정의 절차적 측면을 강조하고 있으며, 적절한 법적 절차와 측정의 전통을 중시하고 있다.

그러나 이 정의는 합법적 원칙의 측면만을 강조함으로써 적어도 하나의 결함이 내재되어 있다. 관련된 법적 이론에 따르면, 한 사람의 생명, 자유, 재산과 관련된 중요한 결정은 반드시 합법적 절차를 거쳐야 한다는 것을 알 수 있다. 여기서 합법적 절차란, 사전에 논리적으로 명시되어야 하고, 균등하게 적용되며 항소의 가능성을 포함한 것이다. 이 이론은 나아가 합법적 절차의 개념을 두 개의 측면으로 나누는데, 그중 하나는 절차적인 합법 절차이고, 다른 하나는 실재적인 합법 절차다. 절차적인 합법 절차는 어떠한 절차적 요소가 필요한지에 관한 지침을 제공한다. Cizek(1993)의 정의는 근본적으로 논리적 · 체계적 · 합리적 · 지속적으로 적용할 수 있는 분류 원칙의 필요성에 초점을 맞추었다. 이것은 그의 정의가 준거설정의 절차적 측면을 강조했음을 알 수 있다.

절차적인 합법 절차와는 대조적으로 실재적인 합법 절차가 있다. 실재적인 합법 절차는 절차 결과에 관심을 둔다. 법률 용어로서 실재적인 합법 절차라는 개념은 근본적으로 공정한 결정 또는 결과를 이끌어 낼 수 있는 절차의 필요성을 요구한다. 준거설정에서 동일한 자격과 관심을 가진 사람일지라도 특정 준거설정의 절차가 체계적이고 합리적인가에 대한 의견은 서로 다를 수 있다. 공정성에 대한 개념은 다소 주관적이기에 한 사람의 선호도, 관점, 편견과 가치에 따라 달라질 수 있다. 이처럼 근본적 공정성에 대한 관점은 Messick(1989, p. 84)이 밝힌 '검사 사용의 필수적 근거'와 관련이 있다. Messick은 검사점수의 해석을 위한 다양한 이론적 증거를 제시하였다.

준거설정에 관한 개념적 특성을 강조하려는 정의는 Kane(1994b)에 의해 이루어졌다. Kane은 "점수척도에 의해 정의된 합격점수와 특정 목적을 위한 최소한의 적합한 수행 정도라고 정의된 성취준거를 구분하는 것이 바람직하다."라고 보았다. 뿐만 아니라 "성취준거는 요구되는 능력 수준에 대한 개념적인 해석이며, 합격점수는 기능적인 해석이다(p. 426)."라고 주장하였다. [그림 2-1]은 이 두 개념 사이의 관계를 보여 준다. 그림의 A부분은 가상의 수행 연속선(Hypothetical Performance Continuum)을, B부분은 검사의 점수척도를 나타낸다. 준거설정자들은 검사의 목적에 맞게 적합한 수행 수준과 그렇지 않은 수준을 나누는 가상의 수행 연속선상의 한 지점을 개념화한다. 이 지점이 그림의 'x'다. 분할점수를 설정하기 위해서 이 추상적 개념(성취준거 또는 x)을 체계적인 방법을 통해 검사의 점수척도상 한 점(즉, 분할점수)으로 변환한다. 이 점이 그림의 'y'가 된다.

준거설정을 위한 Kane의 정의와 관련하여 성취준거와 분할점수의 분류는 다음과 같은 측면에서 타당성이 확보되어야 한다. 첫째, Kane이 성취준거와 분할점수를 구분하려는 의도에 동의하더라도, 이 두 개념을 구

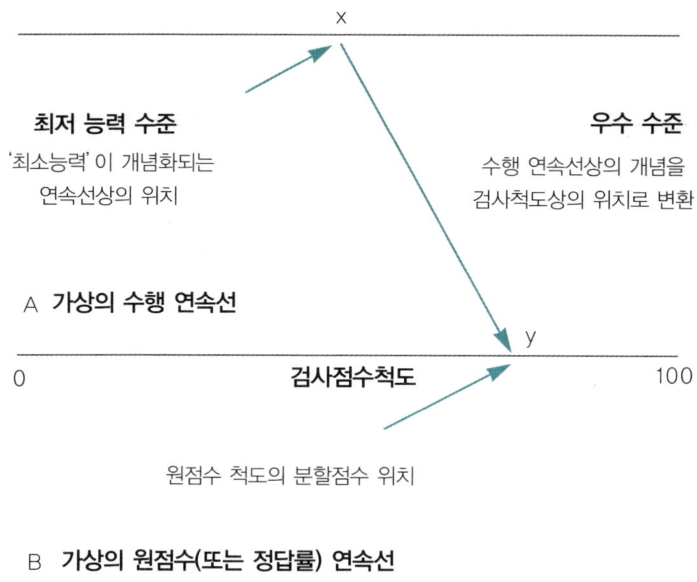

[그림 2-1] 수행준거와 분할점수와의 관계

분하는 것이 항상 모호하다는 것을 알 수 있다. 준거설정이 아닌 '준거권고' 라는 용어를 선호하는 것처럼, 일반적으로 성취준거는 주로 분할점수, 성취 수준, 준거 또는 합격점수와 동의어로 사용된다. 이들 용어를 구분하지 않고 사용하는 일반적 경향에 따라, 이 책 역시 이들 용어를 동의어로 사용하고 있다.

둘째, Kane의 정의에서 핵심 개념이 되는 '추론' 의 개념에 대한 설명이 필요하다. 이 정의에 함축된 내용은 합격점수가 일정한 성취준거를 충족하거나 그렇지 못한 사람들을 구별하기 위해 의미 있는 분류범주를 만들어 낸다는 것이다. 그러나 아무리 신중하게 준거설정 절차가 설계되고 실시된다 하더라도 가장 중요한 것은 이러한 분류에 대한 추론이 필요하다는 것이다. 왜냐하면 '추론' 의 개념은 준거설정에서 기본이 되며 타당도의 기본이 되기 때문이다. 그러므로 이러한 측정학적 개념을 잘 설명하는 것이 적절하다.

*Standards for Educational and Psychological Testing*에 따르면, 타당도는 검사를 개발하고 평가하는 데 있어 가장 근본적으로 고려되어야 할 요소다(AERA/APA/NCME, 1999, p. 9). *Standards*에서는 타당도를 "검사의 사용 목적에 따른 검사점수 해석의 이론적 증거 정도(p. 9)"라고 정의한다. 저명한 심리측정학자인 Ebel은 "타당도는 측정학자에 있어 판테온 신 중에 하나"라고 타당도를 은유적으로 표현하기도 하였다. 그러나 "타당성이 전 세계적으로 인정받고 있지만, 이와 관련한 연구는 상대적으로 적다(1961, p. 640)."고 덧붙이고 있다. 타당도의 중요성을 명확히 이해하기 위해서는 해당 검사의 보다 세부적인 개념을 이해해야 한다.

엄격히 말하면 검사나 검사점수는 타당하거나 타당하지 않다고 말할 수 없다. Messick(1989)은 타당도의 현대적 개념은 검사점수를 기반으로 만들어진 해석 또는 추론의 적합성임을 강조한다. 이 근본적인 개념은 일찍이 Cronbach와 Meehl이 만들었는데, 이들은 1955년에 "한 개인이 아닌 추론 원칙이 검사를 타당하게 만든다(p. 300)."라고 주장하였다.

추론이라는 것은 피험자의 보이지 않는 지식 · 기술 · 능력에 대한 해석, 결정 또는 의미를 부여하는 것을 뜻한다. 이런 관점에서 타당도는 지필검사, 면접 등과 같은 검사에서 피험자의 수행관찰을 바탕으로 만들어 내는 추론의 정확성을 의미한다. Kane(2006)은 Messick의 연구를 추론의 활용성에 직접적으로 초점을 맞춰 재정리하였다. Kane은 타당도를 확보하는 일은 검사의 사용 목적 및 점수의 해석을 뒷받침할 근거를 개발하는 일을 포함한다고 설명하였다. 더불어 타당도는 제시된 결과에 대한 해석과 그 결과의 사용이 적절한지를 판단해야 하는 측면도 있다고 주장하였다.

그러므로 검사의 목적, 의도하는 추론, 검사점수 해석의 중요성은 준거설정의 정의를 이해하는 데 필수적이다. 분할점수에 의한 피험자 분류의 정확성이 준거설정의 최대 관심이므로 정확한 점수 해석이 타당도와 직접적으로 연결된다.

마지막으로 준거설정의 정의에 대한 논의를 마무리하면서 준거설정이 아닌 경우에 대해서도 언급할 필요가 있다. Cizek, Kane과 모든 현대 준거설정 이론가들은 준거설정을 알기 쉽거나 추정 가능한 모수로의 변환으로 개념화하는 것에 대해 반대한다. 준거설정은 연속적인 능력을 특정 수행범주로 나누기 위해 분할점수를 찾는 작업이 아니다. 비록 심리측정학자들이 앞과 같이 사용하는 경우도 있지만 이것은 마치 그들이 사회과학통계학자의 관점으로 본 것과 비슷하다. 그 예로 Jaeger(1991)는 다음과 같이 서술하였다.

> 준거설정에 참여할 만한 자격이 있는 모든 준거설정자가 권고하는 평균을 모수치로 간주할 수 있다. 이와 비슷하게 표집된 준거설정자들이 권고하는 준거의 평균을 모수 추정값으로 여길 수 있다(p. 5).

'모수추정 패러다임(parameter estimation paradigm)' 이라 불리는 것과 대비되는 것으로 준거설정은 점수척도를 의미 있고 유용한 범주로 분류하기 위해 합리적이고 논리적인 방법으로 이루어지는 인간의 이성적 판단으로 보는 견해가 대두되고 있다. Jaeger(1989, p. 492)는 준거설정을 모수추정체계라고 보는 기존의 관점을 거부하고 이러한 새로운 관점에 동의하여, "준거설정에서의 올바른 해결책은 준거설정자들의 생각을 배제하고 존재할 수 없다."라고 하였다. Shepard(1979, p. 62)도 이같은 논점을 언급하며 현대 이론가와 실천가들이 사용하고 있는 준거설정 방법을 다음과 같이 기술하였다.

> 만약 표면적 진리도 없고, 성공적 삶을 위한 필수적이고 충분한 최저 역

> 량에 대한 기준이 없다면 모든 준거설정은 논란의 여지가 있다. 경험적 방법은 판단과정에 도움은 될 수 있겠지만, 만약 이들 방법이 인간의 의견 및 가치와 독립적으로 존재한다면 준거를 찾아내는 데는 사용될 수 없을 것이다.

준거설정에 어느 정도 사람들의 의견과 가치가 포함되어 있기 때문에, 준거설정은 기술적 · 심리측정학적 방법과 정책 결정의 결합체라고도 볼 수 있다. 교육의 예를 들면, 어느 정도의 수행 수준이 고등학교를 졸업하기 위해 필요한지를 결정하는 수학시험의 준거설정 절차에 사회적 · 정치적 · 경제적 집단이 영향을 끼칠 수 있다. 자격 인증과 관련해서 준거설정자들이 누가 진정으로 필수적인 지식과 능력을 갖추었는지 판단하여, 자격증을 부여하는 과정에서 공공보건과 안전에 관한 상대적 비용을 고려하지 않을 수 없다.

*Standards for Educational and Psychological Testing*에서는 준거설정은 "기술적 · 경험적 고려는 물론 가치 판단도 포함한다(AERA/APA/NCME, 1999, p. 54)."고 언급하고 있다. Cizek(2001b, p. 5)은 "준거설정은 심리측정학의 한 분파일 수 있는데, 이는 준거설정이 다른 작업에 비해 보다 예술과 정치, 문화적 요소를 적절히 혼합한 심리측정의 한 분파라 할 수 있다."고 표현하였다. 이렇게 보면 준거설정은 준거설정자들이 점수척도를 결정해야 하는 정치적 행위를 다른 형식으로 표현하기 위해서, 그들의 판단을 반영할 수 있는 특별한 방법을 활용하는 절차를 말한다. 즉, 준거설정은 특정한 범주를 만들어 내는데, 이런 변환은 절대적으로 순수하게 통계적 · 심리측정학적일 수 없으며, 비정치적이거나 어느 한쪽에 치우치지 않고 이론적으로 중립적일 수 없다는 것이다. 다시 말해, 준거설정은 가치와 관련된 작업이라는 것이다.

정치적 논쟁과 준거설정

준거설정 방법의 실제 활용에 관한 명확한 사전 지식의 유무와 상관없이 성취준거가 만들어질 때 반드시 고려해야 하는 정치적 논쟁이 있다. 경험에 비춰볼 때, 일반적으로 중요한 정치적 논쟁이 준거설정 과정에서 전혀 고려되지 않고 있다. 그러나 이러한 논쟁을 고려하지 않았다고 해서 그 결과에 결점이 있다는 것은 아니다. 예를 들면, 한 가정이 식료품, 주거, 교통, 보험, 여가 등을 계산하여 한 달 예산을 세우는 것과 같다. 이 예산에는 기부금과 같은 자선 활동을 위한 여유 비용이 포함되어 있지 않다. 예산을 세울 때 이 항목을 포함하지 않으려고 한 것은 아니다. 기부금 목록은 중요하게 생각하지 않았기 때문에 누락한 것이다. 그러나 이 누락이 예산 결정과정에 문제가 있음을 쉽게 이해할 수 있다. 이 경우 기부금의 예산 금액은 0이다.

물론 예산에 기부금이 책정되지 않은 이유가 다른 항목 간의 우선순위와 가치 · 자금 등 여러 요소를 고려한 후에 결정된 것일 수도 있다. 기부금을 할당하지 않은 결정이 신중히 이루어졌는지, 기부에 대한 가정의 가치관 또는 가계비 지출이 우선순위에서 반영해 만들어졌는지의 문제는 중요하지 않다. 이러한 결정은 전적으로 그 가정의 권한이다.

우리는 여기서 이 결정이 윤리적으로 옳은지, 그른지는 따지지 않는다. 조금 더 나아가 이 부분에서의 우리의 논점은 어떠한 정치적 행위가 옳은지를 말하려는 것이 아니라, 특정한 정치적 문제가 반드시 고려되어야 한다는 것이다. 이러한 문제를 고려하지 않을 때의 문제는 한 조직이 검사 개발단계 초기에 준거를 설정할 때, 조직의 목적과 준거를 일치하도록 만드는 정치적 판단을 누락하게 되는 것이다. 다음 단락에는 이와 관련된 네 가지 주제에 대해 살펴볼 것이다.

점수화 모형

일반적으로 검사의 점수화 모형은 총점을 계산하거나 합격/불합격, 기본/숙달/우수 등의 범주로 구분하기 위하여 문항, 하부 검사 또는 부분 점수를 조정하는 방법이다. 가장 흔히 검사에 사용되는 점수화 모형은 **보상모형**(compensatory scoring model)이다. 보상모형이란 피험자가 검사의 특정 문항, 하부 검사 또는 구성 요소에서 높은 수행을 보였을 때, 다른 영역에서 상대적으로 낮은 수행을 보충하는 모형이다. 보상모형의 반대 개념은 **결합모형**(conjunctive model)이다. 결합모형을 적용할 때는 성공적인 평가를 얻기 위해 피험자는 반드시 평가체제의 각 요소에서 일정 수준 이상을 달성해야 한다.

보상모형과 결합모형의 차이점을 다른 방법으로 설명해 보고자 한다. 예를 들어, 안과의사 자격을 위한 검사인 경우 피험자는 우선 200개 선다형 문항으로 구성된 검사를 통과해야 한다. 또한 이 검사에는 20개의 문항으로 구성된 10개의 하부 검사가 포함되었다면, 총 200문항은 안의학 지식의 세부 내용을 잘 반영해야 한다. 한 예로, 망막에 대한 하부 검사는 안와, 굴절, 빛과 렌즈의 물리적 지식 등을 평가하는 문항으로 구성된다. 자격 부여 결정을 위해서 평가위원회는 각 10개의 분야별 하부 검사 점수가 아닌 피험자의 전체 검사 총점을 사용할 수 있다. 이런 방식을 보상모형이라 한다. 이 경우 분할점수에 따라 망막에 대한 일정 수준 이상의 지식이 없는 피험자가 합격할 수도 있다. 이는 다른 하부 영역에 대한 피험자의 지식이 망막 문항과 관련된 지식의 부족을 보완할 수도 있기 때문이다. 그러나 일반적으로 보상모형을 사용해 자격 부여 여부를 결정할 때 자격심사위원회는 검사의 하부 영역 간의 높은 상관관계가 있거나, 해당 자격은 하나의 특정 분야에 전문성을 가지는 피험자에게 부여하는 것이므로 모든 하부 영역에 대한 지식이 필수적이지 않다는 것을 입증해야 한다. 뿐만 아니라 자격심사위원회는 여러 경험적 증거와 이론을 반영해 이러한 결정을 내리기 전에 충분한 논의를 거치는 것이 중요하다.

또 다른 예로, 주정부가 고등학생들이 졸업을 위해 반드시 치러야 하는 수학, 읽기, 쓰기, 과학, 사회의 다섯 과목으로 이루어진 검사를 실시했다고 가정해 보자. 이때 주정부가 각 검사의 합격점수를 관대하게 설정하고 다섯 과목의 검사를 독립적으로 실시해 보상모형을 사용했다면, 읽기 점수가 낮은 학생이라도 과학 점수가 월등히 높다면 졸업장을 받을 수 있게 된다. 만약 정책입안자가 이러한 결과를 원하지 않는다면 결합모형을 선택할 것이다. 결합모형을 사용한다는 것은 한 학생이 졸업하기 위해 다섯 과목에서 모두 합격점수 이상을 받아야 함을 뜻한다.

표면적으로 보면 결합모형을 적용하는 것이 신중한 결정처럼 보이지만 사실 결합모형을 사용하는 것과 관련한 이론적 논리와 비용, 그리고 실제로 이 모형을 적용할 경우 발생하는 문제점 등 모든 사항이 고려되어야 한다.

앞서 제시한 경우, 결합모형을 사용한다면 한 학생이 고등학교를 졸업할 실제 확률은 개별 항목의 독립적 확률로 계산된다. 만일 각 하부 검사에서의 합격 확률이 0.85라면, 전체 검사에서 합격할 수 있는 확률은 0.85×0.85×0.85×0.85×0.85로서 0.44가 된다. 이 경우 정책입안자들은 44%의 학생들에게만 고등학교 졸업장을 수여할 의도로 결합모형을 채택하지는 않았을 것이다. 졸업생 비율이 44%로 낮은 것은 각 검사가 독립적이라고 가정하였기 때문이다. 하부 검사 간의 상호관계가 있다면 졸업률은 높아질 수 있으나 이 경우 결합모형을 채택함으로 인하여 의도하지 않은 결과를 얻게 될 수 있다.

앞의 예는 주정부가 학생들에게 각 검사의 합격을 위한 복수응시기회를 허락한다거나, 아주 강력한 구제 방법이 있거나 각 검사가 완전히 독립적이지 않다는 등의 가능성을 고려하지 않은 경우에 해당된다. 여러 가지 가능성을 고려하더라도 검사 수행 정도만 고려하여 졸업장을 받을 확률은 0.85 이하다. 주정부는 결합모형을 적용하여, 각 시험에서 85%의 학생들이 합격할 것이라는 잘못된 가설에 의해 성취준거를 만들었을지도 모른다.

결합모형을 사용하게 되면, 또 다른 결과를 야기할 수 있다. Hambleton과 Slater(1997)는 결합모형은 **부정적 판정오류**를 증가시키는 경향이 있기 때문에 준거설정의 일관성과 정확성을 떨어뜨린다고 밝혔다.

보상모형이나 결합모형이 유일한 점수화 모형은 아니다. 계속해서 읽기, 수학, 쓰기, 과학, 사회 과목의 검사가 분리된 성취도검사의 경우를 보면, 주정부는 부분적 보상모형을 활용할 수 있다. 즉, 한 학생이 읽기와 수학에서 두 과목 모두 무조건 통과해야 하는 결합모형 요소와 특정 영역(과학)에서 우수한 학생이 상대적으로 취약한 다른 영역(사회)에서의 부족한 부분을 보충할 수 있는 보상모형 요소를 모두 적용할 수 있다.

준거설정에 관한 연구

우리는 한 검사를 위하여 하나 이상의 분할점수를 설정하는 절차를 '준거설정 연구'라고 하며, 이 경우를 주변에서 쉽게 접할 수 있다. 실제로 준거설정 절차는 분류를 위해 검사의 척도 위에 하나 혹은 둘 이상의 점을 설정하는 데 필요한 정보를 제공하는 연구다. 이때 성취준거를 설정하는 담당자는 종종 심리측정학적의 조언을 참고하는데 주로 상담가, 준거기술자문위원회, 검사 제작사, 대학 연구소 등에서 조언을 구할 수 있다.

그동안의 경험으로 비추어 볼 때 외부 조언가를 통해 우리가 알지 못했던 통찰력, 경험, 아이디어 등을 얻는 것은 준거설정 절차의 질을 향상시키고 결과의 타당성을 높이는 데 매우 유익하다. 그러나 이들은 준거설정 위원회에서 수용하기 어려운 목표와 관점을 가지기도 한다.

여기서 강조하는 것은 준거설정을 위한 연구 지향성이다. 비록 개념에 대해 명확하게 구분한다 해도 학문적 관점이나 연구는 절차와 참여자, 그리고 개별 조직이 필요로 하는 것 이상의 결과를 위한 정보를 도출하는 절차를 만들어 내며, 이는 외부 조언자를 통해서 이루어진다. 이러한 준거설정 연구는 준거설정자들이 가장 적합한 분할점수를 도출하기 위해 시작한 것이라고 볼 수 있다.

준거설정에 관한 기본적 정보와 어느 정도의 학문적 정보는 준거설정에 반드시 필요하다. 하지만 좀 더 시간적 여유와 비용적 측면에서 효율적으로 분할점수를 산출하려면 가능한 최소한의 심리측정학적 지식이 필요하다. 이렇게 상충되는 관점의 상대적 비중이 실제 준거설정 절차에 앞서 다루어져야 한다. 궁극적으로 준거설정을 책임지고 있는 위원회는 외부 전문가의 조언 중에서 타당한 분할점수를 설정하기 위해 필요한 정보와 해당 기관의 목표에 부합되지 않는 정보를 구분해야 한다. 또한 검사 프로그램을 총괄하고 정책을 결정하는 기관은 준거설정에 관한 연구의 일반적 연구 틀에 대한 사전 논의를 통해 합의를 이루어야 한다.

소수점 처리

부수적 문제에서 가장 먼저 발생할 수 있는 일이 소수점 처리 문제다. 여기서 소수점 처리란 수학적으로 아주 정확한 값부터 비교적 덜 정확한 값까지 두루 살피는 과정을 말한다. 보통 소수점 처리 규칙은 대개 초등학교에서 배우는 것으로 주어진 수와 가장 가까운 정수를 찾는 작업을 뜻한다. 예를 들어, 소수점 처리를 반올림 규칙에 따르면 17.3은 17이 되고 17.6은 18이 된다.

그러나 준거설정에서 이 소수점 처리 문제는 매우 중요한 부분이다. 한 가지 상황을 들어 설명하면, 준거설정 절차에서 도출된 분할점수는 맞은 문항 수와 같은 정확한 원점수 척도로 표현되는 것이 아니라, 문항반응이론(item response theory)의 능력척도와 같은 로지트 척도로 표현된다. 로지트 척도상에서 준거설정자들은 능력척도로 표현되는 분할점수를 산출한다. 그러나 대부분의 검사점수는 맞은 문항 수의 합으로 표현되며, 이는 일률적으로 항상 정수가 된다. 게다가 준거설정자들이 검사에 통과하거나 숙달 수준으로 분류되기 위해 도달해야 한다고 판정한 능력척도의 수준을 정수로 변환하는 일은 그리 간단하지 않다.

이를테면 자격 부여를 위해 준거설정 절차를 거쳐 평가위원회가 최종 채택한 능력척도의 분할점수가 −1.2308인 경우를 생각해 보자. 이 경우 원점수 17점은 능력척도의 −1.2682와 같고, 원점수 18점은 −1.2298과 같다. 이때 평가위원회가 채택한 분할점수 값은 원점수 17점과 18점 사이에 존재하므로, 어떤 원점수 값을 실제 평가에 사용할 것인지 결정해야 한다. 만약 원점수 17점이 실제 분할점수로 사용된다면 여러 피험자는 준거설정자와 평가위원회가 요구한 기준에 미달해도 합격으로 평가될 것이다. 그러나 반대로 원점수 18점이 실제 분할점수로 적용된다면, 실질적인 합격점수는 평가위원회가 정한 분할점수보다 다소 높아지게 된다.

바로 여기에 프로그램을 주관하는 담당 기관이 직면하는 딜레마와 정책적 문제가 놓이게 된다. 준거설정에 의해 정해진 능력척도를 원점수척도의 분할점수로 변환하기 위해 어떻게 소수점을 처리할 수 있을까? 만약 평가위원회가 준거설정에 의해 정해진 능력척도 값을 가장 가까운 정수로 변환해 앞으로 실시할 검사에 반영한다면, 검사의 합격 기준이 다른 검사에 비해 불규칙적으로 높거나 낮게 산출될 것이다. 또한 평가위원회가 합격 기준이 준거설정에 의해 산출된 능력척도 값을 항상 초과하도록 하는 정책을 채택한다면, 이 정책 결정은 규칙적으로 각 검사의 준거설정 절차를 통해 산출한 합격 기준에 비해 항상 높은 합격 기준을 갖게 될 것이다. 이러한 딜레마는 피험자들에게 척도점수를 원점수와 함께 제공하거나 척도점수만 보고하는 경우 더 복잡해질 수 있다.

따라서 소수점 처리 문제는 검사 프로그램 담당 기관이 준거설정에 앞서 이를 고려해야 하며, 모든 검사 시행에서 명백한 논리에 따라 일관성 있게 적용해야 한다. 소수점 처리 문제는 근사치를 찾거나 단순히 일반 수학 규칙에 의해 소수점을 결정하는 것이 아니라 검사 프로그램 담당 기관의 책임과 검사의 목적에 부합할 수 있도록 하는 정책적 결정이다. 가령, 의사자격시험의 경우 소수점은 버리고 정수로 준거를 설정한다면, 평가위원회는 일정 수준의 지식과 능력을 갖추지 못한 피험자에게 자격증을 부여하는 결과를 가져오므로 이는 대중을 보호해야 하는 역할에 부합하지 않는다.

분류 오류

앞에서 논의한 소수점 처리 문제는 분류 오류라는 또 다른 문제를 야기한다. 설명한 것처럼 검사점수의 분할점수 채택에 의해 결정되는 합격/불합격 또는 그 밖의 여타 범주는 필히 추론적 결과다. 이것은 피험자가 소유한 실제 지식과 능력 수준 또는 피험자의 정확한 등급 분류에 해당하는 실질 증거를 기반으로 만들어진 추측을 의미한다. 양질의 검사와 훌륭하게 고안되어 적용된 준거설정 절차는 피험자를 정확하게 분류할 확률이 높다. 그러나 모든 검사는 제한된 증거에 기초하여 추론해야 하므로 점수 해석과 범주 분류는 대부분의 경우 완벽하게 정확하지는 않다.

구체적으로 숙달 수준 또는 합격으로 분류하거나 자격을 받을 만한 수준의 지식과 기술, 능력을 가진 피험자가 숙달의 하위 범주 또는 불합격으로 판정되거나 자격 부여가 거부되는 경우가 있다. 이러한 분류 오류를 **부정적 판정오류**라고 한다. 역으로 가끔 피험자가 정말 합격할 수 있는 지식과 능력을 갖추지 않은 경우에도 적합 판정을 내리고, 자격을 부여하거나 진급 또는 학위를 수여하는 경우가 있다. 이것을 **긍정적 판정오류**라고 한다.

부정적 판정오류와 긍정적 판정오류의 개념을 언급하는 이유는 다음과 같다. 첫째, 비록 보통의 상황에서 정확하게 분류하기는 어렵고 판정오류는 어디서나 존재하지만 타당한 의사결정을 위해서는 이 오류를 반드시 고려해야 한다. 둘째, 각 판정오류에 수반되는 부가비용 및 결과가 다르기 때문에 이 둘의 관계를 서로 비중 있게 고려해야 한다.

첫 번째 논점을 설명하기 위한 예로, 우리는 여러 평가기관이 종종 피험자의 복수 응시 기회를 허용하는 것을 볼 수 있다. Millman(1989)은 이러한 복수 응시 기회가 긍정적 판정오류에 끼치는 영향을 설명하였다. 이 경우 응시자들은 합격할 때까지 응시 기회가 더 많이 허용되면 나중에는 최저 수준의 지식과 능력이 부족한 응시자가 통과할 가능성이 더욱 높아진다. [그림 2-2]는 Millman의 연구를 그래프로 표현한 것으로 x축에는 응시 횟수가, y축에는 합격률이 표시되어 있다. 그리고 70%의 숙달 수준에 대한 합격 준거는 모든 응시 횟수에서 동일하게 적용하는 것을 가정하였다.

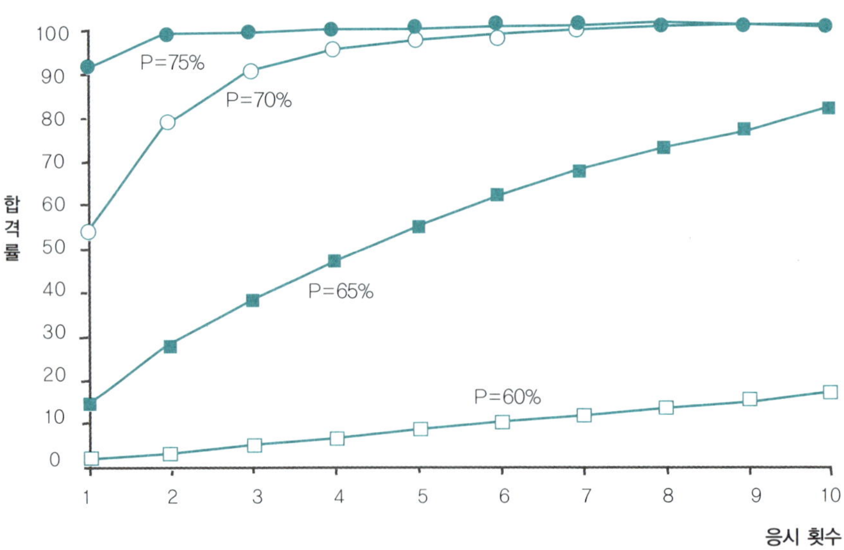

[그림 2-2] 네 가지 능력 수준으로 본 피험자들의 응시 횟수에 따른 합격률의 변화

출처: Millman(1989).

그래프상 네 개의 곡선은 다른 능력 수준을 가진 네 명의 피험자 사례를 보여 준다. 제일 아래 있는 선은 합격준거 이하인 60%의 숙달도를 가지고 있는 피험자를 의미하는데, 이들의 합격률은 응시 횟수에 관계없이 낮다. 심지어 10번 이상의 응시 이후에도 이 피험자의 합격률은 15%에 지나지 않는다. 또 다른 극단적인 예로, 합격기준을 월등히 뛰어넘는 75%의 숙달도를 지닌 피험자는 첫 응시에서 90%의 합격률을 보였고, 이 확률은 두 번째 응시에서는 100%에 가깝게 상승한다. 합격준거와 정확히 일치하는 70%의 숙달도를 지닌 피험자는 첫 시도에서 약 50%의 합격률을 보이지만 두 번째 이후의 합격률은 눈에 띄게 증가한다.

65%의 숙달도를 가진 피험자를 나타내는 선은 이 피험자가 세 번의 응시 후에 40%에 가까운 합격률을 보여 준다. 또한 이 피험자는 고작 5번의 응시 후에 50% 이상의 합격률을 갖게 된다. 요약하면, 검사 프로그램 담당 기관의 정책 결정에 의한 분류 오류는 어디에나 존재할 수 있기 때문에 이러한 정책이 만들어질 때 반드시 분류 오류가 고려되어야 한다.

각기 다른 목적을 가진 두 검사의 예를 통해 두 번째 논점을 설명해 보자. 의사자격시험과 읽기 보충학습 대상자 선정을 위한 검사를 생각해 보자. 일정 수준 이상의 지식을 갖추지 못하였거나 의료 현장에서 필요한 기술이 부족한 피험자에게 자격을 부여한 경우, 그 결과는 상대적으로 적은 비용과 경미한 손해(예를 들어, 어깨 재활치료가 필요한 경우, 물리치료에 더 많은 횟수를 처방하는 것)부터 생명을 잃는 것과 같은 엄청난 비용을 수반하는 심각한 경우(예를 들어, 잘못된 약 처방이나 수술 시 빚어지는 실수)까지 이를 수 있다. 긍정적 판정오류의 비용 또는 결과가 이처럼 심각할 경우에, 준거설정 절차에서 다수의 긍정적 판정오류를 예방하기 위해 아주 높은 합격기준을 권고해야 한다. 그리고 자격 부여 담당 기관은 긍정적 판정오류가 환자들에게 미칠 잠재적 피해를 막기 위해 준거설정 절차에서 제안한 분할점수보다 더 높은 분할점수를 적용해야 한다.

교육적인 검사는 의사자격시험의 경우와 반대일 수 있다. 예를 들어, 한 학교에서는 학생들이 상급 학년 과정 시 요구되는 적절한 읽기 수준을 갖추지 못한 채 상급 학년으로 진급하는 것을 막기 위해 이른바 2, 5, 8학년의 진입단계에서 치러야 하는 검사를 시행한다고 가정해 보자. 그리고 2학년 평가에서 한 학생이 적정 수준의 읽기 및 여타 능력을 갖추지 못한 경우에도 방학 동안에 읽기 전문가의 개인 보충교육을 받아 3학년으로 진급했다고 가정하자. 이 경우 우리는 의사시험 사례와는 달리 긍정적 판정오류와 부정적 판정오류를 다르게 정의한다. 의사시험에서는 불합격이 부정적 결정이 되지만(물리치료사에게 미치는 경제적 또는 경력상의 잠재적 영향 때문에), 여기에서처럼 학생에게 얻어지는 교육의 잠재적 이익 때문에 특별 보충교육을 적용한 불합격은 긍정적 결정으로 설명할 수 있다.

의사자격시험 예시처럼 긍정적 판정오류에 따른 비용과 결과가 있듯이 읽기 시험에서는 부정적 판정오류에 따르는 비용과 결과가 있을 수 있다. 교육검사 예시에서 긍정적 판정오류와 부정적 판정오류를 일반적인 개념과 정반대로 정의했으나 용어의 사용에는 일관성이 있다. 긍정적 판정오류란 용어는 항상 부적절하게 자격 및 보상 등을 부여한 것을 설명할 때 사용되고, 부정적 판정오류는 적절한 자격 및 보상이 부여되지 않을 때 사용된다. 그러므로 교육시험에서의 긍정적 판정오류는 학생이 보충수업이 필요가 없어도 보충수업 대상자로 선정할 때 사용하며, 부정적 판정오류는 보충수업이 필요한 학생이 대상자로 선정되지 않았을 경우에 사용한다.

의사자격시험과는 반대 방법으로 서로 다른 두 종류의 오류에 수반되는 비용과 결과의 상대적 중요성을 읽기시험에도 적용할 수 있다. 한 예로 학교이사회가 긍정적 판정오류에 따른 비용과 결과를 무시할 만큼 작다고 결정할 경우, 학생은 실제로 필요하지도 않은 보충수업을 받으며 방학 동안의 자유 시간을 낭비하게 된다. 또한 학교이사회는 긍정적 판정오류가 보충수업이 필요하지 않은 학생들에게도 제공되어 이로 인해 지출되는 담당 교사의 월급, 연금, 교수 · 학습 자료와 같은 실질적인 재정 비용을 고려하게 된다. 그러나 이사회는 도움이 필요한 학생을 필요하지 않은 학생범주로 분류해 부정적 판정오류가 가져오는 심각한 비용과 결과를 더 중요하게 여길 수 있다. 회계장부에는 경비와 관련하여 항상 모든 학생이 학년을 무사히 통과해야 한다는 바람과 충분한 읽기 능력을 갖추지 못한 학생들의 관리 비용, 그리고 학생이 자퇴하는 등의 여러 위험이 혼재해 있다. 각 분류 오류의 상대적 비용을 고려할 때, 아마도 학교이사회는 부정적 판정오류가 긍정적 판정오류에 비해 수반되는 결과의 심각성과 예산 문제가 훨씬 더 중요하다고 여기는 정책을 채택할 것이다.

물론 검사 프로그램과 성취준거설정을 담당하는 기관이 이 두 가지 분류 오류를 동등하게 중요시 하고, 이와 같은 오류의 가능성을 똑같이 50대 50으로 만드는 분할점수를 설정할 수도 있다. 사실 긍정적 판정오류와 부정적 판정오류를 동등하게 고려하는 것은 일반적으로 상대적 비용 문제와 관련 없는 경우에만 적용할 수 있으나 이는 적절한 방법이라 할 수 없다. 이제까지 다룬 정책 문제에 대한 논점처럼 이 문제에 대한 충분한 논의가 이루어지지 않아도 분류 오류의 문제를 고려할 수 있는 정책을 선택해야 한다. 이 문제가 가진 잠재적 중요성과 이것이 수반하는 심각한 결과가 존재하기 때문에, 준거설정 담당 기관은 어떠한 분할점수를 적용하기에 앞서 무엇보다 이 문제에 관심을 갖고 분류 오류의 상대적 비용과 관련하여 합리적인 입장을 밝혀야 한다.

항목점수준거와 종합검사 성취준거

이 부분에서는 밀접하게 연관되어 있는 세 가지 개념으로 성취준거(performance standards)와 항목점수준거(item scoring criteria), 그리고 성취수준기술(performance level descriptions)의 구분을 다룬다(성취수준기술에 관한 자세한 설명은 제3장 참조). 이전 부분에서 우리는 성취준거를 한 피험자가 반드시 가져야 하는 숙련도로 설명하는 양적 개념과 관련지어 설명하였다. 성취준거는 내용에 관한 숙련도를 의미하며, 이는 모든 검사에서 한 학생이 반드시 달성해야 하는 정도를 나타낸다. 성취준거와 비슷한 것으로 항목점수준거가 있다. **항목점수준거**는 피험자가 내용을 얼마나 잘 이해했는지를 좁지만 구체적인 내용으로 명시한 것이다. 항목점수준거는 다분으로 채점되는 문항(즉, 맞고 틀리고가 아닌 문항에 대한 응답의 질과 특성에 따라 부분 점수가 부여되는)에서 특정 부분 점수를 얻기 위해 요구되는 수행 수준을 말한다. 항목점수준거는 채점표(rubric)라고도 알려져 있는데, 이는 구성형 문항유형채점표와 수행과제에 적용할 수 있다.

〈표 2-1〉은 주 단위 수학 성취도검사를 위해 고안된 항목점수준거를 보여 주고 있다. 채점표는 각 4가지 점수 항목(0점에서 3점까지)에 해당하는 채점지침을 제공하고 이에 따라 부여된 점수의 의미를 설명한 것이다. 이런 지침은 학생들이 동일한 수준의 지식과 기술을 발휘하였다면, 이들에게 동일한 기준과 방법으로 점수를 부여하도록 도와준다. 설명이 함께 제시된 답지, 채점된 응답 예시, 채점 훈련 세트의 사용과 개발을 거치면서 채점표는 점차적으로 정화된다. 그러나 채점표는 평가하려는 영역에서 학생의 전반적인 숙련도를 일반화하려는 것이 아님을 주지해야 한다.

이제 〈표 2-2〉에 제시된 고등학교 졸업 시험의 읽기 영역에서 사용된 성취수준기술을 검토해 보자. 항목점수준거와는 달리 성취수준기술에는

〈표 2-1〉 자유 응답형 수학 문항을 위한 평가 안내

점 수	응답 특징
3	주어진 문제의 수학적 필수 개념을 완전히 이해한 경우다. 학생은 답안 작성을 완벽하게 마무리하고 모든 문항에 응답하며, 심각한 오류는 거의 없다. 응답은 어떻게 주어진 문제를 풀었는지에 대한 자세한 설명을 명쾌하게 작성하여, 읽는 사람이 어떻게, 그리고 왜 그러한 과정을 택했는지 따로 추리하지 않아도 된다.
2	주어진 문제의 수학적 필수 개념을 대부분 이해한 경우다. 학생은 답안 작성을 거의 마무리하고 대부분의 문항에 응답하며, 몇몇 오류가 있을 수 있다. 주어진 문제를 어떻게 풀었는지에 관한 자세한 설명은 명쾌하지 않을 수 있어, 읽는 사람에게 추론하게 한다.
1	주어진 문제의 수학적 필수 개념의 일부분만 이해한 경우다. 학생은 응답 과정을 완전히 마무리하지 못하고, 이 또한 중대한 오류를 포함한다. 주어진 문제를 어떻게 풀었는지에 관한 설명이 불완전하여 어떻게, 그리고 왜 그러한 과정을 택했는지 질문하게 만든다.
0	주어진 문제의 수학적 필수 개념을 거의 이해하지 못한 경우다. 응답에 중대한 오류가 있을 수 있다. 해결 방법에 대한 설명이 없을 수도 있고 읽는 사람이 이해하지 못할 수도 있다.

학생들의 역량과 숙달 정도 또는 수행에 대해 전반적인 기술에 초점을 둔다. 다시 말해, 성취수준기술에는 학생의 특정 항목에 대한 구체적인 성취 정도를 예측하지 않는다. 채점기준은 오직 한 문항에 대한 기술인 반면 성취수준기술은 전반적 · 일반적인 수행 정도를 설명한다.

이러한 특징은 준거설정을 계획하고 실행하는 과정에서 뚜렷하게 나타난다. 일반적으로 준거를 설정하는 과정에서 검사에 대해 최대한 많은 정보를 제공한다. 준거설정자들은 종종 직접 검사를 치른 후, 평가전문가들이 사용하는 정답과 지침을 활용하여 채점하고 분류 항목에 접근한다. 그러나 준거설정자들의 또 다른 경향은 분할점수를 설정하기 위해 선택된

〈표 2-2〉 독해검사를 위한 수행수준기술

우수	우수 단계의 학생은 본문 내용을 분석하는 데 전반적으로 높은 수준을 보이며, 이론적이고 정교한 사고 능력을 보인다. 학생은 본문의 의미와 적절성에 영향을 끼치는 개념을 지속적으로 주지하고 있다. 또한 본문 내용에 대한 구조적 이해 지식을 활용하여 모르거나 복잡한 단어의 뜻을 설명할 수 있다. 뿐만 아니라 학생은 작가의 상징적 언어에 대해 토론할 수 있다.
숙달	숙달 단계의 학생은 본문 내용을 분석하는 데 전반적인 이해 능력을 보인다. 일반적으로 작가가 본문 내용에 사용한 여러 개념을 이해하고 설명할 수 있으며, 주어진 정보의 적절성을 평가할 수 있다. 또한 작가의 상징적 언어에 관해 적절한 설명을 할 수 있으며, 본문에서 얻은 단서 또는 단어 구조에 대한 기본적 이해를 활용하여 모르거나 복잡한 단어의 뜻을 설명할 수 있다.
기본	기본 단계의 학생은 내용에 대한 부족한 이해도를 보이며, 어느 정도 본문 내용 해석 및 분석적 판단이 가능하다. 학생은 본문을 통해 얻은 단서를 활용하여 모르거나 복잡한 단어의 뜻을 설명할 수 있고, 더욱 복잡한 단어를 정리하고 이해하는 데 필요한 정보를 선별할 수 있다.
기본 이하	기본 이하 단계의 학생은 단순한 읽기 수행 능력은 가능하지만 아직까지는 기본 단계에 이르지 못한다.

특정 절차에 의해 의사를 결정할 때, 성취수준기술보다 점수를 사용하려는 것이다. 즉, 〈표 2-1〉에서 준거설정자가 '만약 한 학생이 이 문항에서 최소 2점(또는 3점)을 받지 못한다면 이 학생은 숙달 수준으로 분류할 수 없다.' 고 의견을 제기할 수 있다. 만약 이 준거설정자가 총체적 준거설정(holistic Standards-setting; 제9장의 Body of Work 방법)을 활용한다면, 그는 학생의 응답을 다시 채점하여 해당 항목에서 얻은 점수를 기반으로 4개 중 하나(예를 들어, 3점은 우수, 2점은 숙달, 1점 기본, 0점 기본 미달)로 분류할 것이다. 그리고 이 준거설정자는 비슷한 방법으로 남은 문항을 모두 재채점한 뒤, 각 문항 점수의 평균이나 최고점을 전체 점수로 분류할 것이다. 이와 비슷하게, 준거설정자가 Bookmark 방법이나 다른 문항연계 준거설정

방법(제10장 참조)을 사용한다면, 그는 적어도 처음으로 3점을 부여할 수 있는 응답을 볼 때까지 숙달 수준의 분류를 보류할 것이다.

앞의 두 사례에서 준거설정자들은 채택한 준거설정 방법이 제시하는 절차와 다르게 준거설정을 실시할 수 있다. 그러나 전체 성취준거를 설정하기 위해 적절한 전문성을 사용하지 않는 것이 더 큰 문제가 될 수 있다. 총체적 준거설정 방법에서 준거설정자들은 반드시 모든 문항과 함께 각 문항에서 얼마나 좋은 점수를 받았는지에 초점을 맞추어, 그 학생의 수행 수준에 관해 전반적인 평가를 내려야 한다.

이와 비슷하게 Bookmark 방법에서는 준거설정자들이 주어진 성취수준기술과 문항 사이의 관계에 초점을 맞추어야 한다. 구성형 문항의 경우 성취수준기술과 응답 예시 사이의 관계에 초점을 맞추어야지 특정 응답에 부여된 점수 자체에 초점을 맞추어서는 안 된다. 준거설정자들이 오류를 범하지 않으려면 준거설정 회의에서 효율적인 지시와 주의가 필요하다. 때로는 어떤 준거설정자의 경우 그가 발견한 쉬운 방법을 다른 준거설정자에게 설명하는 경우도 있다.

준거설정자들이 항목점수준거를 이해하는 것은 기본적으로 필요하다. 전반적인 성취준거는 성취수준기술을 정의하기 위한 수치적 분할점수로 개별 문항의 점수보다는 전체 점수를 반영해야 한다. 전체적으로는 숙달 수준에 적합한 점수(분할점수에 도달하거나 수준을 넘은 경우)를 가진 학생이 특정 문항에서 다소 낮은 성취 수준을 보일 수도 있다. 적어도 숙달 수준에 속한 몇몇 학생은 어떤 문항은 해결을 하지 못하였을 수도 있다. 이와 마찬가지로 기본 수준의 몇몇 학생은 특정 문항에서는 우수한 수행 정도를 보일 수도 있다.

항목점수준거, 성취준거, 성취수준기술을 구별하는 것은 준거를 설정하기 위한 필수요소이며, 준거설정자들은 준거를 설정하는 작업을 실시하기 전에 오리엔테이션과 훈련을 통해 반드시 이들 개념을 이해해야 한다(제3장

참조). 성취수준기술에 대한 소개에서는 개별 문항의 채점기준과 구체적인 대조를 통해 분할점수 산출 시 개별 문항의 채점기준이 아닌 성취수준기술을 사용할 수 있도록 해야 한다. 그리고 이들 개념의 차이에 대한 이해는 준거설정의 평정 사이에 진행하는 토의를 통해 더욱 강화되어야 한다.

결 론

이 장을 한마디로 요약하면, 준거설정은 '실질적'인 것과 '개념적' 측면으로 구분할 수 있다. 실질적 측면에서 보면 점수화 모형의 선택, 소수점 처리 규칙에 대한 결정, 연구 활동에 이용할 강조점, 분류 오류로 인한 상대적 비용에 대한 정책적 결정이 이루어져야 한다. 그러므로 검사 프로그램을 총괄하는 사람들이 이러한 중대한 결정을 내리기보다는 준거설정 위원회에서 논의하고 결정해야 한다.

개념적인 측면에서는 준거설정이 예술과 과학의 교차점에 놓여 있다는 것으로 결론 내릴 수 있다. 준거설정은 신중한 연구와 단호한 결정 행위를 모두 포함한다. 그러나 동시에 우리는 실제 삶에서 나타난 결과를 반영하기 위해 매번 의사결정을 해야 한다. 준거설정과 관련하여 여러 이론의 정책적 측면을 놓고 볼 때, 이들이 서로 중복되거나 모순되는 것을 알 수 있다. 이 장에서는 이를 이해하는 데 있어 혼란이 발생할 수 있는 주요 사항을 강조하였고, 이 책 전체에 걸쳐 추가적으로 논의할 것이다.

이 장에서 무엇이 준거설정이고, 무엇이 아닌지 준거설정의 정의를 세워 보았다. 현재 준거설정은 여러 사람에 의해 그 용어가 오용되고 있다. 내용준거, 전문적 준거, 윤리적 준거와 성취준거 등의 여러 용어가 사용되고 있으나, 그중에서 성취준거는 분할점수 산출과 관련하여 다음 장과 이 책 전체에서 논의를 이어 나갈 핵심이다.

제3장

성취준거를 설정하는 기본 요소

다양한 준거설정 방법이 존재하지만, 일반적으로 공통된 단계를 거쳐 수행된다. Hambleton(1998)은 공통적인 단계를 〈표 3-1〉과 같이 정리하였다. 그는 특정 방법을 선택하고 실시하기 위해 필요한 세부적인 내용보다는 일반적인 수행과정에 초점을 둔다. 즉, 준거설정과정의 중요한 단계를 서술하였는데, 이는 준거를 설정할 때 일어나는 실질적 문제를 해결해 나가는 데 도움을 주고자 했기 때문이다. 예를 들면, 준거설정 책임자들은 적절한 준거설정자를 선발해 훈련시키고, 이들을 모아 오리엔테이션과 준거설정 회의를 개최하는 것은 물론 그들을 감독하고 필요한 피드백을 제공하며, 타당도를 입증할 수 있도록 자료를 잘 구안하여 수집하고 정리해야 한다.

이 장에서는 각종 준거설정 방법의 공통점에 대해 설명한다. 예를 들어, 성취수준명(performance level label), 성취수준기술(performance level description), 준거설정자 선정과 훈련, 준거설정과정에서 준거설정자에게 제공하는 각종 자료가 있다. 더불어 준거설정 방법을 선정하는 기준과 이후에 진행하는 과정과 결과를 평가하는 데 유용한 기준을 함께 제시하고자 한다. 그러나 가장 중요한 공통점은 준거설정의 목적이다.

〈표 3-1〉 준거설정을 수행하는 일반적인 단계

단 계	설 명
1	집단을 대표하는 다수 혹은 준거설정자를 선정한다.
2	준거설정 방법을 설정하고, 사전훈련 자료와 준거설정 회의 의제를 준비한다.
3	수행범주(즉, 성취수준기술)별 설명을 준비한다.
4	채택된 준거설정 방법을 사용할 수 있도록 준거설정자들을 훈련시킨다.
5	준거설정자들이 개별적으로 준거설정한 결과를 모아서, 요약 정리 후 피드백을 위해 준거설정자들에게 다시 제공한다.
6	준거설정자들이 1차 준거설정 결과에 대한 논의를 하도록 독려한다.
7	준거설정자들이 2차 준거설정을 시행하도록 하고, 이후에 5, 6단계의 과정을 반복한다.
8	준거설정자들이 이전 단계의 결과를 검토하여 최종적으로 준거설정을 하고, 각 성취준거에 대한 최종안을 제안하도록 한다.
9	준거설정과정에 대한 준거설정자들의 평가를 진행하는데, 이때 준거설정자별로 준거설정과정과 결과에 대한 확신의 정도를 묻는 내용도 포함시킨다.
10	타당성을 입증할 만한 적절한 자료를 수집하되, 여기에는 준거설정과정과 다른 증거들이 포함된다.

출처: Hambleton(1998).

목 적

*Standards for Educational and Psychological Testing*에 의하면 검사를 적

절히 사용할 경우, 개인이나 프로그램에 대한 판단을 현명하게 내릴 수 있으며, 교육이나 고용 시에 폭넓고 적절하게 접근하도록 도와준다. 검사를 개발하고 시행하며 결과를 보고하는 일련의 과정 속에서 가장 중요한 것은 바로 검사의 목적을 분명히 하는 것이다. 검사의 목적은 검사가 무엇을 측정하고자 하는지, 시행조건, 보고할 정보의 종류와 대상, 타당도를 확보하기 위해 반드시 수집해야 하는 근거자료 등을 결정한다. 그러므로 준거를 설정하기에 앞서 검사목적을 구체적으로 개발하고 명료화하는 것이 필요하며, 명시된 목적을 반드시 고려하여 준거를 설정하여야 한다.

예를 들어, 의사자격시험을 위해 준거를 설정할 때 의사로서 갖추어야 할 지식과 기술을 제대로 갖추지 못한 사람들로부터 국민을 보호하는 것이 의사자격시험의 목적이라 한다면, 비록 해부학 시험 하나라도 궁극적으로는 의사의 지식과 기술에 부합할 수 있도록 해야 한다. 반면 동일한 해부학이라 해도 의과대학 신입생들에게 해부학 시험을 치르거나, 의과대학 과정을 지속할 수 있을지를 판단하기 위해 시행한다면 보다 낮은 수준의 준거가 설정되어야 한다. 결국 준거설정에서의 분할점수는 검사점수를 범주로 묶기 위한 것이며, 각 범주로 분류하는 목적을 분명하게 기술해야 한다.

이러한 이유 때문에, 우리는 성취준거를 설정하기 전에 '준거를 설정하기 위한 목적은 무엇인가?'라는 가장 근본적인 질문에 대한 답을 생각해 보아야 한다. 모든 준거설정 상황에서 목적은 검사점수 추정의 타당성을 검증하기 위한 기본적인 문제다. Kane(1994b, p. 427)은 검사의 목적이 다음과 같이 핵심역할을 한다고 기술하고 있다.

> 준거설정 방법을 정하기 이전에, 분할점수를 산출하는 것이 이 검사에서 필수적이거나 실용적인지를 고려해야 한다. ……일단 분할점수를 산출하는 것이 필수적이거나 실용적이라면, 무엇으로 합격/불합격 여부를

결정할 것인가를 명확히 구분짓는 것이 중요하다. 이는 준거설정의 각 단계에서 결정할 때 지침이 될 수 있다.

준거설정의 목적을 명확하게 문서화하는 작업이 간과되는 경우가 있으며, 그렇지 않다 하더라도 종종 검사 개발이나 시행 후에 이를 고려하는 실수를 범하기도 한다. 〈표 3-2〉는 검사 개발의 전형적인 단계별 활동에 대해 보여 주고 있다. 이 표에서는 단계 12를 준거를 설정하는 단계로 기술하였으나, 가끔 피험자의 검사 결과를 사용하지 않을 때는 단계 11에서 시행되기도 한다. 그렇지만 성취준거와 구체적인 준거설정 방법에 대한 고려는 단계 12 이전에 이루어져야 한다. 즉, 검사문항의 형식을 결정하는 단계 4에서 고려하거나 또는 그전에 검사목적을 명시하는 단계 1에서 이루어질 수 있다.

검사 상황은 다양하기 때문에 준거를 설정해야 하는 적합한 시기를 논하는 것은 어려운 일이다. 준거설정을 검사 개발 이전 단계나 검사 시행 이전에 실시하는 경우 공정성을 위해 적절한 합법 절차를 반영해야 한다. 다시 말해, 피험자가 합격에 필요한 수행 수준에 대한 정보를 사전에 알지 못한 채 검사에 적용하는 것은 다소 부적절한 것으로 보인다. 반면, 예비검사 시행 후 분할점수를 설정할 경우 검사 결과에 의존하게 된다. 왜냐하면 준거설정과정에서 대개 여러 번의 라운드를 수행하는데, 각 라운드 사이의 토의에서 피험자들의 실제 수행자료를 제공하기 때문이다. 그러나 예비검사를 통해 수집된 피험자들의 검사 결과는 잘 알려진 대로 불안한 것이 사실이다. 예비검사는 주로 실제 검사 대상보다 동기가 부족한 상태에서 실시되는 경향이 있어 이들의 결과에 어느 정도 오차가 개입되었는지에 대해서는 알 수 없다.

요약하면, 준거설정의 목적이라는 근본적인 문제를 다시 고려해 보아야 한다. 준거설정의 역할, 시기, 방법은 검사의 목적 및 선정된 문항을

〈표 3-2〉 검사 개발과 보고과정의 전형적인 단계

단계	설명
1	검사의 목적을 명확하게 한다.
2	검사할 영역(domain)을 기술한다(예, 교육과정 검토, 직무 분석).
3	내용준거인 구체적인 목표를 개발한다.
4	문항과 검사의 상세한 내용으로 형식, 길이, 비용을 결정한다.
5	문항, 과제, 채점 가이드를 개발한다.
6	문항/과제를 검토한다(편집, 타당성, 내용과의 관계, 민감도).
7	검사문항을 나열한다.
8	열거한 검사문항이나 수행과제를 검토한다.
9	문제은행을 만든다.
10	검사의 상세한 내용에 근거한 문항으로 검사를 제작한다.
11	검사를 실시한다(부가적인 예비 검사문항을 포함한다).
12	분할점수를 설정한다.
13	예비적인 문항/과제와 피험자 수행을 평가한다. 정답을 재확인한다.
14	검사를 채점한다. 준거를 적용한다.
15	점수를 보고한다.
16	검사를 평가한다. 검사과정을 상세히 기록한다.
17	문제은행을 갱신하고, 개발 절차를 교정한다. 단계 5~10, 12~16을 반복한다.

과제 형식과 함께 충분히 고려해야 하며, 범주 분류에 대한 타당도를 확보하기 위해 근거를 수집해서 분석해야 한다.

준거를 설정할 때 고려해야 하는 첫 번째 공통 요소가 준거설정의 목적인

데, 이를 정하는 것은 그리 어려운 일이 아니지만 종종 간과하거나 큰 비중을 두지 않는 경향이 있다. 준거를 설정하는 기관은 검사 사용의 타당한 이론적 근거를 제시하기 위해서 법적 지침, 공익, 선정의 제약 등을 고려해야 한다. 예를 들어, 미국전문의시험원(American Board of Medical Specialties)에서는 다음과 같이 목적을 기술하고 있다. '충분한 수행이 가능하다고 국민에게 확신을 주기 위해 양질의 의료행위를 위해 갖추어야 할 지식과 경험 그리고 기술을 측정하기 위한 평가다.' (Langsley, 1987, p. 11)

이와 같은 내용은 중요하지만, 이를 위한 근거를 보다 광범위하게 포함시켜야 한다. 예컨대, 대중이 무엇으로부터 보호받아야 하는지, 평가해야 할 지식, 기술 그리고 기술의 내용, 양질의 의료행위 요소가 무엇인지 등이다.

검사의 목적은 성취준거의 설정 및 해석과 관련 있으며, 이는 주로 구인에 대한 기술에 초점을 두는 경우가 많다. 이때 구인이란 직접 측정 불가능한 특성으로 어떤 저자는 구인에 대한 가설적인 개념으로 '사회과학자들의 과학적 상상의 산물'이라고 소개하기도 하였다(Crocker & Algina, 1986, p. 4). 예를 들어, 의사 자격시험의 구인은 독립적인 진료에 대한 준비, 전문 지식, 최소 능력 등을 포함한다. 교육에서는 구인으로 수학 계산 능력, 독해력, 창의력, 생활기술 등과 같은 인간행동의 측면이 포함될 수 있다. 실제적으로 특정 구인은 더욱 자세한 범위를 정하고 맥락화되어야 한다. 일례로, 9학년 학생의 작문 과목에서 최소 능력이란 한번에 3쪽 분량의 이야기 형태의 수필을 쓰는 것이다. 우리의 경험에 비추어 보면 검사 개발과 준거설정에서 핵심적인 역할을 하는 구인은 검사 초기단계와 준거설정과정의 처음부터 종종 모호한 상태로 방치되거나 잘못 규정되고 있음을 알 수 있다.

검사의 목적을 명확하게 하지 않는 경향은 아마도 검사 결과의 공개를 제한하고 있는 사실과 연관지을 수 있다. 따라서 자격검사를 주관하는 집단은 전문인으로서 필요한 지식이나 실기 능력을 갖추고 있는지를 검증하는 것이 주요 목적이라고 할 수 있다. 자격 부여기관은 준거설정을 통해 자격 부여를 제한함으로써 해당 자격의 가치를 높이고자 하는 목적을 달성할 수도 있다(비록 수요와 공급의 원리는 준거설정 시 검사전문가들이 고려하는 사항은 아니지만)(Shimberg, Esser, & Kruger, 1973). 반면, 전문가 단체에서는 시장의 원리를 고려하지 않고 단지 조직의 생존을 위해 구성원을 늘리고, 자격증이 보다 널리 사용될 수 있도록 인센티브를 제공하는 경우도 있다.

이러한 갈등은 성취준거를 설정하는 다른 상황에서도 발생할 수 있다. 예를 들면, 고등학교 졸업시험에서 높은 준거를 설정한 이유는 바로 "졸업장의 가치를 유지하기 위해서"라고 주장하고 있다. 하지만 이러한 목적은 연방법인 NCLB에 상충되는 것으로 NCLB는 교육 성취도의 성장을 요구하고 있다. 이에 K-12 교육체제는 지속적인 졸업률의 증가, 성취도 향상, 그리고 일정 기간 내에 모든 학생의 수준이 숙달 수준에 도달하게 하여야 한다. NCLB에서는 적어도 세 가지 수행범주를 구분하도록 했는데, 이는 3개의 범주를 구분하기 위한 2개의 분할점수를 요구하는 것이다. 하지만 준거설정의 결과는 NCLB의 목적으로는 거의 사용되지 않고 있으며, 오히려 진단 정보, 주정부의 책무성이나 성적표 용도, 교사들의 학습지도를 위한 정보, 교육과정의 기획 및 수정 자료 등의 목적으로 확대되었다.

결론적으로, 모든 준거설정의 첫 번째 공통점은 목적을 분명히 할 필요가 있다는 데 있다. 준거설정을 실시하기에 앞서 검사에서 평가하고자 하는 구인이나 특성을 분명하고도 충분히 기술해야 한다. 아울러 제안된 분할점수와 검사 및 성취준거와의 관계를 명확히 해야 한다. 검사 프로그램과 수행준거의 목적은 다양하면서도 때론 상충되기도 한다. 그럼에도 불구하고, 검사와 준거설정의 목적이 분명히 기술된다면, 구체적인 준거설정 방법과 수행 분류의 해석에 대한 타당한 증거를 모을 수 있다.

준거설정 방법의 선택

*Standards for Educational and Psychological Testing*에 따르면 "모든 검사와 목적에 맞는 분할점수를 결정하는 방법은 존재하지 않을 수도 있으며, 준거설정 방법의 설득력을 확보하기 위한 유일한 절차가 존재하는 것은 아니다."라고 기술되어 있다(AERA/APA/NCME, 1999, p. 53). 준거설정과정에서 새로운 대안적 방법이 제안되고, 실제 상황에서 다양하게 변형하여 적용되는 것은 물론, 많은 연구를 통해 기존의 방법이 확실하게 발전되고 있지만 특정 상황에 맞는 준거설정 방법을 선택하는 것이 쉬운 일은 아니다.

준거설정 방법이 분할점수에 미치는 영향에 대해서 정리한 연구 결과가 있다. 가장 보편적으로 사용되는 준거설정 방법을 고안한 Angoff(1988, p. 219)는 준거설정 방법 내, 그리고 방법 간 차이에 따른 다양한 결과에 대해 다음과 같이 언급하였다.

> 분할점수 설정에서, 여러 준거설정 방법 간에 서로 일치하는 결과를 도출하지 못했을 뿐만 아니라, 하나의 준거설정 방법을 반복 시행해도 같은 결과를 도출하지 못함을 발견했다.

몇몇 연구에서는 준거설정의 일괄적인 변화를 밝혀냈다. 한 예로, Nedelsky 방법은 문항평정의 방법으로 인해 다소 낮은 분할점수가 설정되면서 높은 합격률이 나타났다. 그러나 전반적인 엄격함이나 관대함으로 인한 결과가 체계적으로 영향을 주지는 않았다. 그동안의 경험으로 비추어 볼 때, 특정한 준거설정 방법보다는 목적의 명확성, 준거설정에 참가한 자들의 배경과 능력, 훈련의 적절성, 피드백 자료의 질과 제공 시점 등과 같은 요인이 더 큰 영향을 끼쳤기 때문이다.

준거설정 방법을 선택할 때 몇 가지 고려해야 할 사항이 있다. 그중 가장 중요한 사항을 제시하고, 그 이유에 대해 이론적 근거를 들어 설명해 본다.

첫째, 이미 기술한 바와 같이 준거설정 방법을 선택할 때는 검사의 목적을 염두에 두어야 한다. 만약 일정 비율의 피험자를 선택하여 상을 수여하거나, 배치를 하거나, 자격을 부여하기 위해 분할점수가 필요한 경우에는 간단하게 규준참조 방법을 사용하는 것이 적합할 것이다. 그러나 만일 준거설정이 학생의 쓰기 영역 학업성취평가와 교사의 전문성 개발이라는 이원적인 목적을 가진다면, 교사가 학생들의 응답 예시를 채점기준에 근거해 평가하는 훈련을 하는 동시에 실제 학생들의 응답을 검토하고 판단하는 작업 방법으로 선택이 제한될 수 있다.

둘째, 준거설정 방법은 검사를 통해 평가하고자 하는 지식, 기술, 능력의 복잡성 정도에 적합하게 선택해야 한다. 예를 들어, Nedelsky 방법(1954; 제4장 참조)은 기본 지식을 평가하기 위한 이분 문항, 선다형 문항 등에 적절하고, Body of Work 방법(Kingston, Kahl, Sweeney, & Bay, 2001; 제9장)은 좀 더 복잡한 다차원적 샘플을 판단해야 하는 경우에 적절하다. 이는 준거설정 모형을 분석적 또는 총체적 방법으로 나눈 Kane(1994a)의 분류법을 연상시킨다.

셋째, 검사 유형인데, 이는 평가하고자 하는 구인과 결과의 복잡성과 관련되어 있다. 무엇보다 문항 유형에 따라 적용 방법이 달라지는데, 어떤 방법은 다양한 유형의 문항과 수행에 적용할 수 있는 반면, 유형에 제약을 받는 방법도 있다. Nedelsky 방법(1954)은 선다형 문항에서만 사용되었고, Angoff 방법과 확장된 Angoff 방법(1971; 제6장)은 선택형이나 구성형 문항에 적용할 수 있다. Bookmark 방법과 같은 문항 연계절차(Mitzel, Lewis, Patz & Green, 2001; 제10장)는 상대적으로 구성형 문항이 선택형 문항보다 작을 때에는 선택형과 구성형 문항을 혼합한 경우에도 사용할 수 있다. 집단비교 방법(Livingston & Zieky, 1982)과 Hofstee 방법(1983)은 문항이나 과제의 유형을 고려하지 않는 특징이 있다.

넷째, 수행범주의 수다. 하나의 분할점수를 사용하여 합격/불합격과 같은 두 개의 범주로 구분하는 검사의 경우 이 책에서 기술한 모든 방법을 사용할 수 있다. 그러나 3개 이상의 범주를 만들기 위하여 여러 개의 분할점수가 필요한 검사도 있다. 요구되는 범주의 수는 준거설정을 제한할 수 있으며, 더욱 중요한 것은 각 범주의 명확한 구분과 신뢰롭고 타당하게 준거를 설정하기 위한 기술이다. 예를 들어, NCLB에 의한 학업성취도평가에서는 기본, 숙달, 우수의 3개 범주를 모든 시험에 적용하고 있다. 고등학교와 같은 고학년과 일부 교과 영역에서는 상대적으로 높은 수준을 다루고, 검사시간도 길어서 수학 50문제를 통해 2개의 분할점수를 산출하는 것이 그리 어렵지 않을 수 있다. 그러나 3학년과 같은 저학년이나 다른 교과 영역에서 25문항이나 하나의 작문시험을 보는 경우 2개의 분할점수를 설정하는 것은 어려운 일이다. 일부 주정부에서는 NCLB가 요구하는 범주의 수 이상으로 범주를 정해 준거설정자들이 많은 어려움을 겪기도 한다. 예를 들어, Ohio 주의 입법자들은 모든 주 단위 학업성취도평가는 나이, 학년, 교과 영역에 관계없이 5단계의 수행[기본 미달(below basic), 기본(basic), 숙달(profidient), 속진(accelerated), 우수(advanced)] 수준을 제공할 것을 요구하였다.

다섯째, 현실적인 문제로 준거설정을 위해 지원할 수 있는 자원의 정도다. 경험상 검사 프로그램에 책임이 있는 단체는 재정, 소요시간, 일정 등을 따져 봐야 한다. 며칠에 걸쳐 수차례의 라운드를 진행하는 매우 심도 있는 준거설정 절차는 대개의 경우에는 바람직하지만 다음과 같은 경우에는 문제가 된다. 즉, 편견 여부에 대한 재검토, 문항 개발, 예비검사 등과 같은 검사의 다른 활동에 필요한 자원을 준거설정을 위해 전환해야 하는 경우나 최적의 준거설정자를 선정하지 못했을 때, 보다 심화된 준거설정과정에서 준거설정자들이 빠르게 결정해야 하기 때문에 평정과정에서 구인과 관련 없는 요인이 개입하는 경우에는 심도 있는 준거설정 절차가 적절하지 않을 수도 있다.

마지막으로 다양한 준거설정 방법을 사용하거나 결과를 통합하는 것이 타당한 것인가에 대한 문제다. 가장 중요한 것은 다양한 방법을 균형 있게 사용하는 것이 필요하다(제2장 참조). 하지만 여러 방법을 사용하여 결과를 합성하거나 여러 결과 가운데 하나를 선택하는 방법에 대한 지침이 없기 때문에 여러 방법을 사용하지 않는 것이 바람직하다. 현실적으로 자원에 한계가 있으므로 두 가지 이상의 방법을 대충 사용하기보다는 한 가지 방법을 적절하게 적용하는 것이 바람직하다.

성취수준명

세 번째 공통점은 **성취수준명**을 만들고 활용하는 것이다. 일반적으로 성취수준명은 하나로 이루어져 있다. 성취수준명은 일반적으로 수행범주를 부르는 하나의 단어를 의미한다. 지금까지 많은 준거설정 방법은 합격과 불합격 같은 두 가지 수행 수준을 제시했기 때문에 성취수준명이라는 개념은 크게 다루어지지 않았다. 비록 면허나 자격검사의 경우 합격과 불합격보다 더 정교한 분류가 필요 없으나, 세 개 이상의 범주를 만들기 위해서는 다수의 분할점수며 성취수준명이 필요하다. 잘 알려진 성취수준명으로 NAEP와 NCLB에 의하여 명명된 기본, 숙달, 우수가 그 예가 될 수 있다. 〈표 3-3〉에서는 12학년을 대상으로 하는 대규모 성취도검사 프로그램의 예를 제시하였다.

성취수준명을 정할 때는 측정학적인 고려를 하지만 기술적인 요소가 적은 것은 분명한 사실이다. 의미론적 측면에서 기본(basic), 숙달(proficient),

〈표 3-3〉 학업성취도평가(K-12)의 성취수준명의 예

성취수준명	출 처
기본, 숙달, 우수	미국국가교육향상평가(NAEP)
기초, 보통, 준숙달, 숙달, 우수	TerraNova(2판)
기본 미달, 기본, 숙달, 촉진, 우수	Ohio 주, 성취도검사
기본 미달 이하, 기본 미달, 기본, 숙달, 우수	California 주, 표준화검사
준거 미도달, 준거 도달, 우수 수행	Texas 주, 지식기술평가
미숙, 초보, 보통, 우수, 매우 우수	영어능력개발평가
부분 숙달, 숙달, 우수	New Jersey 주, 고등학교 능력평가

우수(advanced)는 부족(deficient), 충분(magnificent), 해박(omniscient)으로 대체할 수 있다. 하지만 이때 기본적인 점수보고체제, 시험정보를 이용하는 피험자나 대중, 검사의 목적, 명칭으로 인해 해석의 오해 가능성 등 여러 가지 사항을 살펴보아야 한다.

성취수준명은 기술적으로는 의미가 많다고 할 수는 없으나 수사적인 가치는 준거설정의 목적과 관련이 있으며, 많은 검사에서 성취수준명을 사용하기 때문에 신중하게 선택해야 한다. Cronbach(1971, pp. 460-461)는 "검사를 위하여 수준명을 선택하는 것은 매우 중요한 일이며, 만일 이에 대한 정교하고 전문적인 해석을 하지 않는다면 심각한 오해를 불러일으킨다."고 하였다. 마찬가지로 성취수준명은 분할점수에 의한 분류의 의미를 함축적으로 표현하기 때문에 신중하게 선택할 필요가 있다. 심리측정학적 관점에서 성취수준명은 평가의 목적, 평가되는 구인, 분류에서 기인한 의도와 지지할 수 있는 추론과 관련되도록 심사숙고하여 선택해야 한다.

성취수준기술

네 번째 공통요인으로는 성취수준명에 대한 개념의 확장이다. 성취수준기술이란 하나의 단어로 표현된 성취수준명이 전달하고자 하는 의미를 보다 자세하게 설명하고, 특정 범주로 분류된 피험자의 수행을 보다 충분하게 설명하는 몇 개의 문장 또는 문단이다. 성취수준기술의 자세한 정도는 다양하지만 해당 수행 수준에 포함된 피험자의 지식 · 기술 · 태도에 대해서는 언어적으로 상세히 설명했다는 공통된 특징을 갖는다.

Lewis와 Green(1997, p. 1)은 "모든 준거설정 방법에서 공통적으로 성취수준기술을 어느 정도 사용한다."고 하였다. Hambleton(2001)은 성취수준기술이 준거설정과정과 결과의 타당도에 필수적이라고 하였다. 하지만 성취수준기술을 어떻게 개발하고 어떻게 평가하는지에 대한 지침을 개발하는 연구는 거의 없다. Lewis와 Green은 Angoff 방법과 Bookmark 방법에 대한 성취수준기술의 개발에 대해 기술하였고, 추후 개발 노력을 제안하였다. Mills와 Jaeger(1988) 또한 성취수준기술 개발에 대한 절차를 기술하였다. 그들은 일반적인 내용준거와 구체적인 내용준거에 기초한 성취수준기술을 비교하는 연구를 수행하였고, 준거설정자들은 구체적인 내용준거에 기초한 성취수준기술이 더 유용하다고 보고하였다.

절차적 측면에서, 정책집단의 승인을 받기 위해 성취수준기술을 준거설정 이전에 별도의 위원회를 통해 개발하는 것이 매우 바람직하다. 어떤 경우에는 정책적으로 의도한 수준에 맞게 조직하고 내면화하기 위하여 문항개발 이전 단계에서 준거설정자들에 의해 성취수준기술을 개발하기도 한다. NAEP의 4학년 읽기검사에 사용된 성취수준기술의 예가 〈표 3-4〉에 제시되어 있다.

적합한 정책집단이 개발하고 정교화시킨 성취수준기술은 준거설정과

〈표 3-4〉 NAEP의 4학년 읽기검사에 대한 성취수준기술

성취수준명	성취수준기술
우 수	우수 수준의 4학년 학생들은 주제를 일반화하고, 글쓴이가 어떻게 글을 쓰고 문학적 장치를 이용했는지에 대해 증명해야 한다. 일반적으로 4학년에게 적절한 읽기 교재를 비판하고, 면밀한 사고로 완성된 대답을 해야 한다. 예를 들어, 문학작품의 읽기 분야에 우수 수준의 학생이라면, 이야기의 주제를 일반화하고, 인물의 경험과 다른 작품의 아이디어들을 통합하여 의미를 확대할 수 있어야 한다. 또한 비유적 언어 등의 문학적 장치도 알아낼 수 있어야 한다. 정보를 다루는 글을 읽을 때, 관련 문구를 인용하면서 작가의 의도를 설명할 수 있어야 한다. 글의 형식과 내용에 대해 비판 및 설명이 가능해야 한다.
숙 달	숙달 수준의 4학년 학생들은 문학적 정보뿐 아니라 추론으로, 작품 전반에 대한 이해를 증명해야 한다. 4학년 교재를 읽고, 추론하고, 결론을 도출하며, 그들의 경험과 연계하여 아이디어를 확대할 수 있다. 작품과 학생의 추론을 연계시킬 때는 분명하게 해야 한다. 예를 들어, 문학작품의 읽기 분야에 숙달 수준의 학생이라면, 이야기를 요약하고, 인물이나 줄거리에서 결론을 도출하고, 원인과 효과의 관계를 파악할 수 있어야 한다. 정보를 다루는 글을 읽을 정보를 요약하여 작가의 의도나 목적을 알아내야 한다. 정보를 통해 논리적인 결과를 추론하고, 원인과 효과 또는 유사점과 차이점의 관계를 알아내고, 선택된 주요 개념의 의미를 파악해야 한다.
기 본	기본 수준의 4학년 학생들은 읽은 내용의 전반적인 의미의 이해를 증명해야 한다. 4학년 교재를 읽고, 교재와 자신의 경험을 분명하게 연관시키고, 단순한 추론을 통해 아이디어를 확대시킨다. 예를 들어, 문학작품을 읽을 때, 작품이 말하는 주제에 대해 자신의 경험과 연관지어 자세한 예를 들 수 있다. 정보를 다루는 글을 읽을 때는, 자세한 예를 들면서 글의 목적을 일반적으로 이야기할 수 있어야 한다.

정에서 준거설정자들의 판단에 대한 근거로 사용된다. 준거설정에 사용된 성취수준기술은 검사를 시행한 후에 점수와 수행 분류를 보고할 때도 각각의 분류가 의미하는 바에 대한 해석에 도움을 주기 위하여 사용된다.

핵심개념화

모든 준거설정 방법의 다섯 번째 공통점은 준거설정자들이 판단해야 하는 것에 대해 개념화하는 작업이 필요하다는 것이다. 이런 개념화는 준거설정과정에서 재검토하는 중요한 근거가 되고, 분할점수의 개념을 해석할 때도 도움을 준다.

준거설정에 대한 핵심개념화(key conceptualizations)의 예는 다양하다. 문항연계 방법을 사용할 때 핵심개념화는 준거설정의 기초가 된다. 즉, 선택된 **응답확률(RP)준거**를 적용하여 '기본', '숙달', '우수'로 분류하는 가상적인 피험자의 특성에 대한 개념화가 필요하다. Angoff 방법을 사용할 때도 준거설정자들은 검사의 각 문항을 재검토하면서 '최소 수행능력을 가진 사람'의 정답률을 검토한다(Angoff, 1971, p. 515). 가상적인 사람이 갖추어야 할 능력을 개념화하는 준거설정자의 능력이 Angoff 방법에서는 매우 중요하다. 반면에 경계선집단 방법(Livingston & Zieky, 1982; 제8장 참조)은 준거설정자들이 '경계선'에 있는 피험자에 초점을 맞추어야 하며, 집단비교 방법(Livingston & Zieky, 1982; 제8장 참조)은 '완전 학습자'와 '불완전 학습자'에 대하여 구조화하거나 개념화해야 한다. 준거설정과정에서 '최소 능력 보유자', '완전 학습자', '경계선' 등으로 표현되는 집단이 바로 준거설정에서 관심이 되는 피험자들이다.

그러나 이런 핵심개념화를 명확하게 하고 일관성 있게 적용하기는 어렵다. 예를 들어, NAEP에서의 Angoff 방법의 적용에 대한 연구에서 준거설정자들이 준거설정에 대한 필수적인 개념을 익히고 유지하기가 어렵다는 것을 밝혔다. 그러나 최근 연구에서는 준거설정자에게 관심이 있는 피험자에 대한 특정한 설명을 제공하거나 명확한 이해를 할 만큼의 충분한 시간을 줄 경우, 핵심개념화는 일관되게 적용될 수 있었다. Giraud, Impara와 Plake(2005, p. 230)는 다음과 같이 밝혔다.

> 준거설정자들이 관심이 되는 피험자를 정의하고 그에 대한 특성을 토론하는 것이 준거를 설정하는 데 영향을 주었다. 이 결과는 어떤 방법에서든 사전에 대상 피험자에 대해 정의를 내리는 것이 준거설정자들이 목표수행능력(target competence)에 대해 판단할 때도 상당한 영향을 준다는 것을 의미한다.

요약하면, 핵심개념화는 중요한 과제이기 때문에 준거를 설정하는 기획과정과 훈련 및 평가의 과정에서도 자세하고 지속적으로 주의를 기울여야 한다.

준거설정자의 선발과 훈련

앞에서 설명한 바와 같이 준거설정자의 선발 및 효과적인 훈련은 모든 준거설정에 영향을 줄 수 있는 두 가지 요인이다. 이것들은 준거설정자들이 성공적으로 준거설정을 하기 위한 중요한 요소이며, 준거설정 결과의 다양성에 영향을 끼치는 한 요인이다.

첫 번째 준거설정단계는 준거설정자 모집과 선발이다. 일반적으로 가장 적절한 준거설정자 집단은 준거설정 과제에 대해 '자격 있는'으로 정의되기 위해 필요한 모든 기준을 충족하는 충분한 수의 전문가로 구성된 대표성을 띤 표본집단이다. 물론, '자격 있는'에 대한 정확한 조작적 정의는 없고, 이 구인을 정의하기 위한 논리적인 시도는 다양하다. 한 가지 공통점은 어떤 조작적 정의도 준거설정의 목적과 연계되어야 한다는 것이다. 예를 들어, 전문위원회에서는 재인증 시험을 위해 하나의 분할점수를 설정하는 준거설정에 참가할 수 있는 사람은 해당 분야에 경험이 많고, 협회에 오랜 회원이었던 사람들로 구성하기를 원할 것이다. 반면 동일 위원회라도 처음으로 의사자격을 부여하기 위한 검사에서는 최근 5년 동안 수련을 마친 전문의를 준거설정자로 구성하기를 원할 것이다.

누구를 준거설정자로 결정하느냐에 따라 결과는 상반될 수 있다. 한 예로, 경험이 많고 의사자격을 받은 후 상당기간이 지난 의사들이 그렇지 못한 의사들에 비해 매우 높은 수행 수준을 요구할 수 있다. 경우에 따라서는 반대의 결과가 나타나기도 한다. 경험이 많은 전문가들이 자격을 부여받은 지 얼마 지나지 않은 전문가들에 비해 상대적으로 낮은 수준을 요구할 수도 있다.

종종 준거설정자 집단은 해당 분야의 특수 전문인들로 구성되어야 한다고 여기지만 이는 동시에 해당 분야에 속한 모든 전문가를 대표하지는 못한다는 것을 의미하기도 한다. 이렇게 불균형적인 준거설정자 집단 구성은 준거설정의 목적이 검사로 성취도를 고양시키고자 하는 경우라면 바람직하지만, 고등학교 졸업장을 위한 검사에는 바람직하지 않다.

준거설정과정에서는 먼저 잠재적인 준거설정자 집단을 결정해야 한다. 앞에서 준거설정의 정책적인 면에 대해 언급했는데 준거설정의 책임있는 기관은 준거설정 이전에 이 점에 대해 명확한 논의를 거쳐 입장을 정리해야 한다. 어떤 입장을 취하든 검사의 목적과 분할점수에 의한 분류와는 깊은 관련이 있어야 한다.

*Standards for Educational and Psychological Testing*에서는 '판단자(judge)'라고 표현한 준거설정자들의 대표성과 선발 그리고 훈련에 대해

기술하고 있다. 이 책에서는 준거설정자의 수와 특징에 대해 "충분히 크고 잘 표집된 준거설정자 집단은 반복적으로 준거설정을 실시하더라도 거의 동일한 결과를 얻을 수 있음을 보장해 줄 수 있다(p. 54)."고 언급하고 있다. 또한 *Standards*에서는 준거설정자의 "선발기준과 그들이 갖춰야 하는 자격에 대해서 충분히 기술되어야 할 뿐만 아니라 문서화되어야 한다(p. 54)."고 기술하였다. 게다가 준거설정자 훈련을 다음과 같이 강조하였다.

> 준거설정자들이 해야 할 일에 대해 이해시키기 위하여 주의를 기울여야 한다. 훈련을 통해 충분한 자격이 있는 준거설정자는 자신의 지식과 경험을 바탕으로 자신이 이해한 내용과 의도를 정확하게 반영하여 의미 있고 적절한 판단을 할 수 있다.

준거설정자의 훈련에 관한 연구는 다른 연구에 비해 상대적으로 많지 않다. 최근 이에 대한 몇몇 연구가 있었지만(Raymond & Reid, 2001), 아직 연구해야 할 부분이 많이 남아 있다. 연구에 의한 검증 여부와 상관없이 현재까지 최선의 방법으로 널리 사용되고 있는 준거설정자 훈련의 내용을 소개한다.

준거설정자들이 선정되면, 이들에게 검사 프로그램 담당자들이 준거설정과 관련한 자료를 제공한다. 실제 준거설정이 이루어지기 전에 준거설정자들이 자료를 읽고, 일정이나 의제 및 준거설정의 목적을 파악하고 궁금증이나 문의사항에 대해 담당자와 의사소통하기 위한 충분한 시간이 필요하다. 사전에 배포하는 자료에는 내용준거, 직무분석자료, 검사 세부사항, 검사문항이나 과제의 예시, 준거설정에 대한 역사적 배경, 준거설정의 목적에 대한 진술, 각종 사례금이나 준거설정 회의 장소로 이동을 위한 일정과 관련한 정보 등이 포함될 수 있다. 그러나 사전배포 자료에 특정 준거설정 방법에 대한 자세한 정보는 제외되어야 한다. 자세한 준거설정 방법은 모든 준거설정자에게 동시에 실제 훈련과정에서 공개하여 즉각적으로 이해시키고, 정확하고 일관성 있는 설명과 이해를 촉진시키는 것이 중요하다.

사전자료를 배포한 이후에는 준거설정자들은 실제 준거설정 회의에 참여하여 훈련에 참가하게 된다. 준거설정자들에게 준거설정의 목적과 그들이 사용할 방법을 소개하고 연습하게 하는 작업은 매우 중요하다. Skorupski와 Hambleton(2005, p. 248)은 준거설정 회의에서 준거설정의 초기 개념화하는 것에 대한 연구를 하였다.

> 준거설정자들이 회의장에 도착했을 때는 성취수준기술에 대하여 매우 다른 아이디어를 가지고 있으며, 그들이 왜 왔는지, 수행할 과제들 그리고 과정의 중요성에 대해 매우 다양한 관점을 가지고 있다. …… 회의의 목적은 모든 준거설정자가 훈련 목적, 과제 그리고 이해에 대해 동의하고 있음을 확실히 하는 것이다.

준거설정 회의와 훈련에서 처음으로 해야 하는 일은 환영인사와 준거설정의 목적에 대한 소개다. 이러한 소개는 주로 회장, 사장, 전문가협회의 위원장, 위원회 관계자, 주정부 감독관, 평가위원장 등 해당 분야에서 높은 인지도와 지위를 가진 인정받는 사람이 하는 것이 바람직하다. 준거설정에 대한 오리엔테이션을 통해서 반드시 성취해야 할 것은 다음과 같다. 첫째, 오리엔테이션의 형식과는 상관없이 준거설정의 목적에 대한 정확한 의도를 전달해야 한다. 둘째, 준거설정자들이 수행할 업무에 대해 분명하게 규정해야 한다. 가능하면 준거설정자들에게 목적에 해당하지 않는 것과 그들이 수행하지 않아도 되는 작업들에 대해서도 알려줄 필요성이 있다.

준거설정에 대한 소개가 끝나면 훈련을 통해 준거설정자들이 준거를 설정할 검사를 스스로 시행해 보고 채점할 기회를 주거나, 다른 방법으로 문항이나 과제의 견본에 대한 검토를 통해 피험자들에게 주어진 내용이나 요구사항에 대해 좀 더 친숙해지도록 한다. 이러한 방법이 효과적이지 못한 경우는 검사가 너무 긴 경우, 채점이 어려운 구성형 문항으로 구성된 경우, 수행과제, 실험이나 실행, 구두로 구성된 경우 등이다. 그럼에도 불구하고, 이들 방법은 준거설정자들이 사용해야 할 검사에 익숙해질 수 있는 효과적이고 중요한 방법으로 간주된다.

앞서 제시한 바와 같이 성취수준기술이 준거설정 회의 전에 개발되었다면 준거설정자 훈련의 다음 단계로 성취수준기술 검토 및 토의를 진행할 수 있다. 이를 통해 준거설정자들은 준거설정 절차의 기본사항에 대해 명확하게 이해할 수 있다. 이어서 사용할 특정 준거설정 방법에 대해 명확한 설명을 한다(제2부에서는 개별 준거설정 방법의 훈련에서 강조해야 할 사항에 대해 자세히 다루도록 한다).

준거설정 방법에 대한 일반적인 강의와 더불어 준거설정자들에게 부분적으로나마 채점, 문항평정, 북마크, 작업 견본의 검토 등과 같이, 준거설정에서 수행하게 될 일을 직접 경험할 수 있는 기회를 제공해야 한다. 이를 위해 특별히 선정된 문항이나 작업 견본이 있어야 하는데, 이것은 준거설정자들이 실제로 준거를 설정하면서 검토할 수 있는 다양한 종류의 문항, 유형, 작업 견본 등을 포함시키는 것이 좋고, '경계선'이나 '숙달' 등의 수행범주에 대해 좀 더 깊은 토론과 이해에 도달할 수 있는 내용으로 구성하는 것이 좋다. 이러한 측면에서 준거설정자들에게 문제를 제기할 만한 문항, 과제, 채점상황을 제시하므로 그들이 공통적인 개념을 정리할 수 있도록 해야 한다.

준거설정자 훈련에서 마지막으로 수행할 수 있는 것은 준거설정과정에 적어도 한 번은 실시하는 것으로, 준거설정자들에게 설문조사, 자기평가, 평가 등을 시행해야 한다. 준거설정자 훈련단계에서 이러한 자료를 수집하는 것은 준거설정의 절차를 타당화하는 데 도움이 된다. 준거설정자들에게는 다음과 같은 질문을 할 수 있다.

- 준거설정의 목적에 대한 이해
- 핵심개념에 대한 이해
- 성취수준명과 성취수준기술에 대한 이해
- 준거설정자들이 하게 될 판단 종류와 판단과정에 대한 이해
- 준거설정자들이 판단에 대해 확신이 없을 때 할 일에 대한 이해
- 준거설정 방법의 특징에 대한 이해
- 훈련의 모든 측면의 효과에 관한 평가와 제언(예를 들면, 사전자료, 오리엔테이션, 세부 계획, 자기수행평가, 교수방법, 토론과 이해의 기회 등)

앞에서 제시한 내용은 훈련과정의 요소를 개관하는 정도로 간략하게 정리하였다. 설문조사 내용과 같은 추가적인 정보는 이 장의 후반부에서 보다 자세히 설명한다.

준거설정자들에게 피드백 제공

방법에 따라 다르지만 대부분의 준거설정 방법에서 공통적인 단계는 준거설정자들이 문항이나 과제, 피험자 등에 대해 판단한 이후에 그들에게 피드백 자료를 제공하는 것이다. 피드백 자료는 각 준거설정자들에게 개별적으로 제공된다. 또한 빈도 분포와 평균 등의 자료를 제공할 때에는 익명성 보장을 위해 일반적으로 준거설정자들의 개별 정보는 삭제한 후에 제공한다.

많은 준거설정 방법에서는 라운드 또는 판단의 반복과정을 거친다. 각

라운드에서 제공되는 다양한 정보는 개인의 판단을 정리한 자료, 준거설정자들의 내적 일관성, 다른 준거설정자들의 판단 결과와의 비교, 준거설정자들의 평정의 분산 정도, 피험자 집단에 대한 개별 또는 준거설정자 집단의 판단이 미칠 영향 등이 포함된다.

준거설정자들에게 제공하는 정보들은 형태에 따라 〈표 3-5〉와 같이 분류할 수 있다. 규준 정보(normative information)는 상대적 정보로서 다른 준거설정자들의 평정 결과와 비교한 자료이고, 실질적 정보(reality information)는 피험자들의 실제 수행과 관련한 자료이며, 영향 정보(impact information) 또는 결과 정보(consequence information)는 준거설정자의 평정 결과가 피험자 집단에게 미치는 영향에 대한 자료를 뜻한다. 각 피드백 종류에 대한 보다 자세한 내용은 다음 단락에서 기술하고자 한다. 〈표 3-5〉에 다양한 피드백 종류가 제시되어 있다.

〈표 3-5〉 3가지 피드백 형태의 예

규준 정보(normative information) ① 준거설정자들이 설정한 분할점수 ② 준거설정자들이 설정한 북마크 분포 ③ 준거설정자들이 설정한 총체적 평정의 매트릭스
실질적 정보(reality information) ① 문항 *p* values(고전검사이론의 문항난이도) ② 문항 *b* values(문항반응이론의 문항난이도) ③ 응답확률값(예, RP50 또는 RP67) ④ Reckase 차트 ⑤ 준거설정자의 평정 결과와 외재적 준거와의 관계(외재적 준거의 예로는 준거설정 프로그램 진행위원들의 판단 결과, 감독관의 평정 결과, 다른 검사점수)
영향 정보(impact information) ① 원점수 또는 척도점수 분포 ② 각 수행범주에 속하는 피험자율 혹은 통과율

그러나 〈표 3-5〉에서 제시한 것은 하나의 예시일 뿐, 준거설정 방법, 준거설정자 수, 분할점수 산출을 위한 계산 방법 등에 의해 다양한 자료를 피드백으로 제공할 수 있다. 각 준거설정 방법에 해당하는 피드백 자료의 종류는 Reckase(2001)에서 자세히 다루고 있으니 참고하기 바란다.

규준적 피드백(normative feedback)

첫 번째 유형인 규준 정보는 각 준거설정자들의 판단 결과를 다른 준거설정자들의 판단 결과와 비교할 수 있는 정보를 제공하며, 주로 빈도분포로 제시된다. 규준 정보를 통하여 준거설정자들은 다른 준거설정자들에 비해 엄격하거나 관대하게 평정하지는 않았는지, 이상점은 아닌지, 집중경향값과 얼마나 차이가 있는지 등을 판단할 수 있다.

규준 정보를 제공할 때에는 익명성을 보장하기 위해서 준거설정자들에게 고유 인식번호를 부여한다. 전형적으로 평정분포에 관한 통계값인 평균, 중앙값, 표준편차도 함께 제공한다. 준거설정자들은 규준 정보를 제공받음으로써 개별 판정 결과를 수집하는 목적이 개인의 전문적이고 다양한 관점과 의견을 준거설정에서 사용하기 위함이라는 것을 이해할 수 있을 것이다. 규준 정보는 단지 준거설정자들에게 자신의 판단 결과의 위치가 어디인지, 이상점의 위치는 어디이며, 분산은 어느 정도인지 등을 알려 주는 것이므로, 이를 사용하는 방법과 정보 제공의 목적에 대해 알려 주는 것이 중요하다. 즉, 규준 정보를 제공하는 목적은 준거설정자의 의견을 전체 평균에 맞춘다든가, 다른 사람들이 엄격하거나 관대하게 평가한 정도에 맞추어 바꾸라는 것이 아님을 확실히 해야 한다.

실질적 피드백(reality feedback)

두 번째 피드백의 유형은 실질적 정보로, 이는 준거설정자들에게 판단의 정확성에 관한 정보를 제공하는 자료다. 주로 문항난이도를 실질적 정보로 제공하는데, 자료를 통해 준거설정자들은 자신의 판단 결과와 실제 학생들의 수행 결과를 비교할 수 있다. 실질적 정보를 제공할 때에는 검사가 사용하는 측정모형과 준거설정자들의 정보에 대한 이해 및 사용 능력을 고려하여 제공해야 한다. 일반적으로 난이도에 관한 정보는 p값, b값, 과제의 평균 성적 등이 있다.

예를 들어, Angoff(1971)와 같은 준거설정 방법에서는 준거설정자들이 최소 능력 보유자나 경계선 집단을 개념적으로 상정하고 이들의 정답률을 계산해야 한다. 물론 경계 피험자 집단이라는 것이 개념적으로 설정된 것이기 때문에 이들 집단에 대한 정보를 제공하는 것은 불가능하다. 대신 전체 집단 정보에 기반을 둔 문항난이도와 같은 정보를 활용할 수 있다. 준거설정자들은 전체 집단의 난이도에 비교했을 때 자기평정의 정확성을 대략적으로 판단할 수 있다. 예를 들어, 전체 피험자 집단은 능력이 높은 동질집단이며, 소수만이 경계집단에 해당하는 지식이나 기술을 가지고 있다고 가정해 보자. 이 경우 만일 전체 집단을 기준으로 한 문항난이도에 대한 정보가 제공되면, 준거설정자들은 경계선 집단에 대한 자신의 평정이 전체 집단의 p값에 비해 다소 낮으나 거의 근사한 값인지를 비교할 것이다. 다시 말해, 실질적 정보로 제공된 전체 집단의 p값은 경계선 집단의 p값에 비해 일괄적으로 높은 값일 것이다. 그러나 그 차이가 얼마인지에 대해서는 정확하게 측정할 수 없으므로 이 정보는 준거설정자들에게 제공할 수 없다.

대안적으로, 실질적 정보는 첫 번째 라운드의 판정 결과를 기반으로 계산할 수 있다. 그리고 잠정적으로 설정한 분할점수의 1 표준편차 안에 피험자의 성취가 있다고 가정할 때 이를 근거로 문항난이도나 다른 지표도 계산할 수 있다. 각각의 경우에 실질적 정보를 활용하는 방법에 대해서는 훈련이나 준거설정 회의 시간에 알려 주어야 한다.

영향 피드백(impact feedback)

세 번째 유형으로 영향 피드백이 있는데, 이는 준거설정자들이 판단한 결과를 실제 피험자 집단에 적용하였을 때 미치는 영향에 관한 정보다. 영향 정보에는 전체 합격률 또는 불합격률, 각 수행 수준의 범주로 분류할 피험자의 비율, 서로 다른 인구통계학적 집단에 끼치는 영향의 차이 등을 포함한다. 단, 현재 피험자(또는 유사한 집단)를 대상으로 한 실제 검사자료가 있을 때에만 정확한 정보 제공이 가능하다.

영향 피드백의 사용에 대한 훈련은 매우 중요하다. 영향 피드백은 특정 합격률로 준거설정자들의 판단을 조정하는 규준적 의미를 위해 제공하는 것이 아니라 그들의 판단과 산출된 분할점수가 어떤 결과를 유발하는지에 대한 이해를 돕기 위해 제공하는 것이다. 또한 영향에 관한 정보는 그들의 결정을 어느 정도 증명할 수 있는 자료이므로, 이에 대한 논의를 거쳐 보다 확신 있게 준거설정을 할 수 있다.

준거설정에 관한 전문적인 지침

준거설정의 목적을 분명히 하는 것에 더해서, 준거설정의 일정 수립에서 중요하게 고려해야 하는 것은 전문적인 질 관리다. 준거설정과 관련한 지침들을 모아 놓은 저서가 많이 있는데 이 중 Cizek(1996b), Hambleton(1998, 2001), Kane(2001)의 연구는 종합적인 정보를 제공한다.

그러나 준거설정과 관련하여 가장 권위 있는 자료는 *Standards for Educational and Psychological Testing*이다. 이는 1954년 출판되어 현재까지 개정 6판이 출판되었으며, 건전한 검사 시행의 발전이란 공동 목표를 위해 3개의 전문기관—AERA(American Educational Research Association), APA(American Psychological Association), NCME(National Council on Measurement in Education)—에서 함께 작업한 책이다. 이러한 이유 때문에 *Standards for Educational and Psychological Testing*은 합동기준(joint standards)이라고도 한다.

Linn(2006)은 *Standards*는 검사를 개발하고 시행하는 데 광범위한 수준의 지침을 제시해 주고 있다고 설명한다. 그러나 준거설정과정과 관련한 부분을 자세히 보면 다음과 같다.

> 검사를 개발하고 사용하는 데 있어 모든 범위의 점수를 몇 개의 범주로 분류하기 위한 분할점수를 산출하는 것이 중요한 단계 중 하나다. 분할점수는 검사를 활용하거나 해석하는 데 규칙을 구체화한다. 그렇기 때문에 검사 해석의 타당도가 분할점수에 따라 정해지는 경우도 있다.

*Standards*는 검사의 개발, 실시, 전문적 특성(예, 신뢰도, 타당도)에 관한 일반적인 기준을 제시함과 더불어, 준거설정에 관한 세부적인 내용들도 많이 다루고 있다. 예를 들어, 특정 면허나 자격검사에 대해서 "분할점수가 적절한 수행 여부를 가르는 타당한 구분을 제시하는지 여부가 검사의 타당도 근거가 된다."고 기술하고 있다(AERA/APA/NCME, 1999, p. 157).

〈표 3-6〉은 *Standards*에서 제시한 준거설정 관련 항목을 모아 요약한 것이다. 〈표 3-6〉에서는 두 가지 단서조항이 있다. 첫 번째는 표에 제시된 항목들은 *Standards*에서 기술한 준거설정에 관한 내용을 요약한 것이다. 두 번째는 표에 제시된 내용은 일반적인 원칙이라는 것이다. 〈표 3-

〈표 3-6〉 준거설정과 관련한 기준

번호	기준
1.7	전문가나 관찰자 또는 평가자에 의한 의견이나 판단을 근거로 하여 타당화가 이뤄질 때는, 이들을 선정하고, 이들이 결정하는 과정에 대해 자세히 기술해야 한다. 또한 준거설정자들의 자질과 경력에 대해 제시해야 한다. 과정을 기술할 때는 훈련이나 연수를 기술해야 하며, 준거설정자들이 독립적으로 결정하였는지 여부와 합의가 이뤄진 정도를 보고해야 한다. 만일 준거설정자들이 서로 정보를 교환했다면, 서로에게 영향을 끼쳤을 만한 절차를 밝혀야 한다.
2.14	선발이나 분류를 위해 분할점수를 정하는 경우, 측정의 표준오차를 각 분할점수 근처에 표시해야 한다.
2.15	하나의 검사도구나 측정 방법을 조합하여 범주에 대한 결정을 내릴 경우, 동일검사나 동형검사를 반복 시행할 경우에 분류되는 피험자의 비율에 대한 추정값을 제시해야 한다.
4.19	하나 혹은 그 이상의 분할점수에 대해 해석할 때, 분할점수 설정의 근거와 절차를 분명히 명문화해야 한다.
4.20	가능할 경우에는, 범주를 가르는 분할점수들은 분명한 해석기준을 가지고 있으며, 이러한 분할점수들은 타당한 기준을 고려한 경험자료에 기초해서 설정되어야 한다.
4.21	합격 여부나 수월성 범주를 정하는 분할점수가 문항이나 검사 수행이나 수행 수준의 정확성을 직접적으로 판단할 경우에는, 판단과정을 기획해서 그들이 자신의 지식과 경험을 바람직한 방법으로 적용할 수 있도록 할 수 있다.
6.5	검사 해석의 타당성과 관련하여, 검사 관련 정보에는 검사 수준 정보, 분할점수를 절대적으로 포함해야 한다.
14.17	자격 취득을 위해 필요한 수행의 성취 정도는 직업에 따라 필요한 지식과 기술에 따라 달라져야 하며, 합격하는 사람의 수나 비율을 조절하기 위해 조정되어서는 안 된다.

출처: AERA/APA/NCME(1992).

6⟩에 제시한 내용이 준거설정에 관한 핵심적인 내용의 전체라고 보아서는 안 되며, 검사전문가들이 올바른 시행을 하기 위한 기본적인 지침으로 간주해야 한다. 준거설정을 계획하고 시행하는 기관들은 *Standards*를 통해 준거설정과 관련한 전체 내용을 익히고, 준거설정의 세부사항에 대해서도 검토해 보아야 한다.

준거설정 평가

어떠한 준거설정 방법을 사용하였는가에 상관없이 준거설정 절차의 타당성은 매우 중요하다. 준거설정 평가는 평가와 관련한 정보를 제공할 수 있는 잠재 요소를 다방면으로 수집하는 것이다(Hambleton & Pitoniak, 2006). ⟨표 3-7⟩에서는 Pitoniak(2003)의 연구를 기초로 하여 가능한 평가 요소를 제시하였다.

준거설정 평가는 준거설정 방법과 검사의 목적 및 의도, 준거설정 기관의 목적, 준거설정자들의 특성 간의 일치 정도를 평가하는 것부터 시작한다. 이때 평가는 준거설정에 대한 권한을 가지고 최종 분할점수를 채택하는 기관 대신 독립적인 단체에 의해 실시되어야 한다.

평가는 준거설정 절차의 적용에 대한 면밀한 검토로 이어진다. 즉, '준거설정 절차에 관한 공인된 원칙이 충실하게 지켜졌는가?', '예상하지 못했거나 언급하지 않은 방향으로 벗어났는가? 만약 그렇다면, 이는 사전에 구체화되거나 승인되었으며 납득할 만한 것인가?' 또한 '전체적인 활동에 일관성 있게 적용되었는가?' 등을 검토해야 한다.

이들 질문은 평가의 '외적(external)' 측면에 관한 것들이며, 보다 '내적(internal)' 측면에 대한 평가를 해 볼 수 있다. 준거설정자들이 라운드를 거치면서 공동의 준거에 대해 의견 일치나 수렴 정도를 평가하는 것으로

〈표 3-7〉 준거설정의 평가 요소

평가 요소	설 명
절차적	
명백성	사전에 준거설정의 목적과 과정이 분명하고 명백하게 표현된 정도
실행 가능성	절차와 자료분석을 적용하기에 용이한 정도 절차를 신뢰할 수 있고 관련 대중이 이해할 수 있는 정도
시행	수행 절차가 합리적이고, 체계적이며 엄밀하게 수행되는 정도 준거설정자 선발 및 훈련, 수행기준의 정의, 자료의 수집
피드백	준거설정자가 준거설정 과정과 분할점수에 대한 확신의 정도
증거자료	평가와 의사소통을 위하여 특징적인 사항이 자료화된 정도
내 적	
방법 내의 일관성	분할점수의 추정이 정확한 정도
준거설정자 내 일관성	준거설정자별로 피험자를 일관성 있게 분류한 정도 라운드에 따라 피험자를 일관성 있게 분류한 정도
준거설정자 간 일관성	준거설정자 간에 피험자를 일관성 있게 분류한 정도
결정의 일관성	최종 분할점수에 의해 피험자를 분류할 때 일관성 있게 분류한 정도
다른 기준	문항유형, 내용 영역, 인지과정에 따라 피험자를 일관성 있게 분류한 정도
외 적	
다른 준거설정 방법과의 비교	다른 방법으로 설정된 분할점수 간의 일치 정도
다른 정보 원천과의 비교	다른 기준을 적용한 결과 간의 관련성 다른 기준의 예, 등급, 유사 구인을 측정한 수행
분할점수의 정당성	제안된 분할점수에 의한 합격률, 해당 집단에 미치는 특정 영향을 함께 고려한 현실성 정도

선택한 준거설정 방법이 의도한 대로 진행되고 있는지를 확인할 수 있다. 숙달된 진행자는 합의나 수렴 정도를 통해 숙의나 토의에 모든 준거설정자가 자유롭게 참여하고 있는지 아니면 일부 영향력 있는 준거설정자에 의해 이끌려 가고 있는지를 파악할 수 있다.

준거설정과정에 대한 중간평가는 준거설정 평가의 중요한 내적 측면으로 준거설정 절차의 타당성과 성공에 대해 점검할 수 있도록 해 준다. 일반적으로 준거설정과정에서 최소한 두 번의 평가가 이뤄져야 하며, 두 번의 평가는 다수의 선택형 문항과 소수의 개방형 문항에 의해 이루어진다.

첫 번째 평가는 준거설정자 오리엔테이션 이후에 시행되는데, 오리엔테이션에서는 준거설정자들에게 준거설정의 진행 절차를 소개하고 방법에 대해 훈련을 실시하며, 가능한 경우 실제 검사를 직접 풀어 볼 수 있는 기회를 제공하기도 한다. 이 평가를 통해 준거설정자들이 훈련을 잘 받았는지, 주요 개념과 그들이 할 일을 잘 이해하였는지, 그들이 시행해야 할 준거설정 방법에 대해 확신을 가지고 있는지를 점검할 수 있다. 두 번째 평가는 주로 준거설정을 마무리하는 회의에서 이루어지는데, 이는 준거설정자들이 최종적으로 제안하는 분할점수에 대해 어느 정도 확신을 가지고 결과에 동의하는지에 대한 정보를 얻기 위해서다. 〈표 3-8〉에서는 평가에 사용할 수 있는 질문의 예를 제시했으며 독자들은 이 표를 보고 상황에 맞게 수정해서 사용할 수 있을 것이다. 또한 이 자료들은 www.sagepub.com/cizek의 evaluation form에서 얻을 수 있다.

물론 준거설정의 실질적인 결과물인 분할점수가 더욱 중요하지만, 준거설정 평가에 관한 많은 선행연구는 준거설정의 과정에 초점을 맞추었다. 준거설정의 결과를 평가하는 두 가지 기준이 있는데, 이것은 합리성(reasonableness)과 반복 가능성(replicability)이다.

합리성 측면에서는 준거설정의 초기 결과라고 볼 수 있는 성취수준명과 성취수준기술 또는 참조집단에 대한 기술을 평가할 수 있다. 이러한

〈표 3-8〉 준거설정자를 위한 평가양식 견본

지시문: 다음의 질문에 대해 동의하는 정도를 표시하고 추가할 의견이 있으면 하단에 기입해 주십시오. 감사합니다.

	문 항	매우 동의하지 않음	동의하지 않음	동의함	매우 동의함
1	나는 오리엔테이션을 통해 회의 목적에 대한 명확한 이해를 할 수 있었다.				
2	워크숍 책임자는 업무에 대해 명확하게 설명하였다.				
3	훈련과 연습은 업무를 어떻게 수행하는가를 이해하는 데 도움이 되었다.				
4	시험을 봄으로써 평가를 이해하는 데 도움이 되었다.				
5	수행수준기술서는 명확하고 유용하였다.				
6	대집단 및 소집단 토론은 과정을 이해하는 데 도움이 되었다.				
7	토론시간은 충분하였다.				
8	소속된 집단에서는 모두가 개인의 생각과 의견을 말할 수 있는 동등한 기회가 있었다.				
9	나는 지시사항을 따르고, 평정지를 정확하게 완성할 수 있었다.				
10	첫 번째 라운드 이후에 가진 토론은 나에게 도움이 되었다.				
11	두 번째 라운드 이후에 가진 토론은 나에게 도움이 되었다.				
12	피험자 점수분포는 도움이 되었다.				
13	나는 최종적으로 제안한 분할점수가 설득력과 적절성을 가지고 있다고 확신한다.				
14	시설과 음식은 효율적인 작업 환경을 조성하는 데 도움이 되었다.				

의견: ____________________

출처: Cizek, Bunch, & Koons(2004).

기술은 유용성과 포괄성이 필수조건이다. 내용준거나 자격 부여가 목적인 경우에는 해당 분야, 교과, 학년 수준이 반드시 정확하게 반영되어야 한다. 이는 유사한 목적을 가지고 다른 사람들이 개발한다 하더라도 이 기술들은 합리적으로 일관성이 있어야 한다.

합리성 평가는 특정 준거설정 방법을 통해 산출한 분할점수에 의한 피험자 분류 결과가 다른 방법의 분할점수로 분류한 결과와 일치하는 정도를 통해 평가할 수 있다. 예를 들어, 주정부에서 시행하는 8학년 읽기검사와 NAEP는 공통된 내용준거를 바탕으로 시행되고 있다. 동일한 8학년의 경우 주정부 시험으로 인해서 72%의 학생이 숙달 수준으로 분류되지만, NAEP에서는 단지 39%만이 숙달 수준으로 분류된다. 이러한 경우에 둘 중 하나의 준거는 부적절하다고 볼 수 있다.

위치에 대한 정보 역시 합리성을 판단하기 위한 기준으로 활용할 수 있다. 일반적으로 학급 내에서 공부를 잘하는 대부분의 학생은 상위 수준으로 분류되는 반면, 공부를 잘하지 못하는 학생은 하위 수준으로 분류된다. 또한 자격검사의 경우, 과거의 자격 부여 비율, 인턴 또는 레지던트 등 자격과 관련한 활동 경험이 있는 피험자의 비율 등이 합리성을 판단하는 기준이 될 수 있다.

반복 가능성은 준거설정을 다른 측면에서 평가하는 것이다. 이를테면, 충분한 자료가 있는 경우, 독립적으로 준거설정 시행을 반복했을 때 유사한 결과가 나오는 정도를 평가할 수 있다. 또한 한 가지 방법을 사용해서 얻은 결과와 다른 방법을 사용해서 얻은 결과 사이의 비교를 통해 평가할 수도 있다. 그러나 비교 결과에 대한 해석에서는 다소 불명확한 점이 있다. 예를 들어, Jaeger(1989)는 서로 다른 방법은 다른 결과를 초래하고 둘 중 어떤 방법이 잘못되었는가를 결정할 수 있는 방법은 없다고 하였다. Zieky(2001)는 어떤 특정 상황에서 가장 타당한 준거설정 방법에 대해서는 아직까지 합의되지 않았다고 하였다. 다른 준거설정 방법으로 산출된 결과의 차이는 특정 방법은 옳고 다른 방법은 그르다는 것을 의미하는 것은 아니며, 두 가지 방법이 같거나 유사한 분할점수를 만든 경우에도 정밀함(precision)에 대해서는 확신할 수 있으나 정확도(accuracy)에 대해서는 확신할 수 없다.

결 론

준거를 설정할 때 방법론적 선택사항은 광범위하게 늘어 가고 있다. 그러나 많은 방법은 공통요소를 지니고 있으며, 이 장에서는 준거설정의 다양한 공통요소에 대해 기술하였다. 여러 공통요소는 준거설정 방법과 시행은 물론, 수행절차와 최종 분할점수에 영향을 주기 때문에 실제 준거설정에 들어가기 전에 이들을 고려해야 한다.

앞으로 기술할 여러 준거설정 방법의 궁극적인 목적은 준거설정자들이 타당한 근거자료를 바탕으로 실현 가능하고 공정한 절차로 준거설정을 실시할 수 있도록 도와주는 것이다. 목적 달성을 위해서, 첫째 준거를 설정할 검사의 목적이나 형태에 적합한 준거설정 방법을 선택하고, 둘째 적합한 준거설정자를 선정하며, 셋째 이들에게 준거설정과 관련한 주요 개념, 그들이 판단해야 하는 것들, 피드백 자료의 사용 방법 등에 대해 훈련을 시켜야 한다. 뿐만 아니라 목적을 달성하기 위해 준거를 설정하기 위한 기획과 수행을 맡은 책임자들은 준거설정에 대한 전문적인 안내서에 맞게 진행해야 하며, 체계적인 평가를 통해 준거설정의 절차와 결과가 타당함을 입증하기 위한 증거를 모아야 한다.

앞으로 여러 준거설정 방법의 실제 시행 절차에 대해 기술할 것이며, 이 장에서 언급한 개념들은 이후에 다시 언급하지 않는다. 준거설정자의 선정과 훈련, 핵심개념화, 준거설정과정에 대한 평가, 기타 방법에 따른 세부적인 사항 등은 중복을 피하기 위해 자세한 언급은 피하겠다. 하지만 독자들은 이러한 사항을 간과해서는 안 된다. 다음 장에서는 특이한 사항을 기술하였으며, 이것을 적용할 수 있는 상황을 함께 제시하였다.

제2부 준거설정 방법

제2부에서는 가장 흔히 사용되는 몇 가지 준거설정 방법을 소개할 것이다. 이들 방법은, 사람들이 모여서 판단 근거가 될 만한 정보를 바탕으로 어떤 판단을 내리고, 이 판단은 수학적인 모형과 같은 어떤 체계적인 절차에 의해 종합되어 최종적으로 하나 이상의 분할점수를 도출하는 공통점을 가진다.

각 준거설정 방법은 예술과 과학을 결합시키는 특징이 있다. 각기 다른 준거설정 방법에 의한 결과(준거에 의한 판정비율)는 다르겠지만, 특정한 방법에 의한 결과가 항상 다른 방법에 의한 결과에 우위를 점하는 것은 아니다. 다만, 어떤 방법이 특정 검사 또는 상황에 보다 적절할 수 있지만, 반드시 특정 방법을 사용해야 한다는 규칙은 없다.

이미 앞에서 언급한 바와 같이, 교육 및 심리 검사에서 규준참조검사가 더 우세한 적이 있었다. 선발, 자격, 입학 허가, 가이드라인, 인증 등을 위한 준거설정에 백분위가 주로 이용되었고, 학업성취, 채용, 승진, 유급 등에 대한 결정은 의례적으로 전체 피험자 중 대상 피험자의 순위로 결정되었다. 우리가 이미 알고 있듯이 검사를 기반으로 한 결정은 그 정도의 차이는 있으나 입학, 장학금 수여, 승진과 같이 제로섬의 경쟁 상황에서 항상 규준참조적인 측면을 가진다. 그러나 현대의 대규모 검사에서는 절대적인 성취와 준거참조검사의 중요성에 관심이 커지고 있다.

세 가지 독립적인 흐름이 준거설정 방법에 대한 보다 정밀하고 새로운 방법의 확산을 불러일으켰다. 그 첫 번째는 준거에 기초한 교육의 도래다. 두 번째는 다중 성취준거의 증가다. 세 번째는 대규모 검사에서 구성형 문항 사용의 증가다. 이러한 세 가지 흐름은 NAEP와 밀접한 관련이 있다.

1969년 입법된 NAEP는 국가보고서로도 유명하다. NAEP는 미국 전 지역의 학생들이 해당 과목에서 얼마나 잘 수행할 수 있는가를 보여 주기 위해 설계되었다. 각 과목별로, 내용전문가들이 모인 국가 수준의 패널이 내용준거를 결정하는데, 준거란 학생들이 보여 주어야 하는 숙달 정도를 뜻한다. 내용준거가 공포되면, 다른 패널은 검사문항을 개발하고 또 다른 무리는 준거에 따른 다양한 성취수준을 기술한다. 이때 검사의 내용준거와 성취수준기술과 관련한 학생들의 성취 정도에 대한 표현 방법은 준거설정 방법에 따라 달라질 수 있다. 이는 현존하는 준거설정 방법이 전적으로 충분하지 않았다는 증거가 된다.

Loomis와 Bourque(2001)는 NAEP를 위한 새로운 준거설정 방법에 대한 탁월한 견해를 나타내었다. 수년간 NAEP와 관련한 연구를 수행하던 이들은 세간의 이목을 한 몸에 받은 대규모 교육평가의 개척자격인 NAEP와 ACT 관계자들에게 도움을 주었다. 몇 년 동안 NAEP/ACT 연구팀은 기존에 존재하던 다양한 준거설정 방법과 새로운 준거설정 방법을 사전에 검토하였다. 주로 최근에 발표된 준거설정의 많은 혁신과 연구보고서들이 이러한 사전 노력의 결과물이다.

제2부에서는 오랜 역사를 지닌 방법과 최근에 소개된 방법을 모두 기술하는데, 대부분의 방법이 이른바 절대적인, 준거참조적인 방법이다. 또한 준거참조적 방법과 규준참조적 방법의 절충적 방법(compromise method)에 대해서도 기술한다.

뿐만 아니라 각 방법의 간략한 역사적 배경을 제공하고 있다. 그러나 각 장의 상당 부분은 방법을 적용하는 심리측정학적 기초와 각 방법을 적용하기에 적합한 상황, 방법을 적용하고 그에 따른 결과 자료를 분석하는 절차 등을 기술하는 데 초점을 둘 것이다.

마지막으로, 독자들은 제3장에서와 마찬가지로 각 장에서 계속 준거설정 방법과 관련한 추가적인 정보, 소프트웨어, 교육자료, 데이터 등 개념의 이해를 돕는 실전 예제를 제공해 실무자들이 다른 상황에도 쉽게 적용할 수 있도록 하였다.

제4장

Nedelsky 방법

1954년 Nedelsky가 제안한 방법으로, 다른 준거설정 방법만큼이나 보편적으로 사용되지는 않는다. 교육적인 상황에서보다는 단순히 자격을 판단하는 상황에 주로 사용되며, 오늘날까지 그 명맥을 유지하고 있다. 이렇게 Nedelsky 방법이 오랫동안 사용될 수 있었던 이유는 이 방법이 지닌 여러 장점 때문이다. 즉, 준거설정자들에게 직관적이고 쉬운 수행 작업을 요구하고, 시간이 적게 소요되며, 보편적 시험 유형인 선다형 문항에 적용할 수 있기 때문이다. 또한 피험자의 수행 자료 유무에 관계없이 사용할 수 있다는 것도 중요한 장점 중 하나다. 즉, Nedelsky 방법에 의한 준거설정은 실제로 시험이 시행되기 전과 후 어느 시점에서든 가능하다.

Nedelsky 방법은 자격 판정에 주로 사용된 방법이나, 교육적인 상황 안에서 개발된 것으로 그 시기에 최초로 널리 사용된 준거참조 방식의 준거설정 방법이다. 당시 준거설정은, 학급에서 학생들의 성적을 등급화하는 정도로서, 규준참조 방식이 주를 이루었다. 규준참조 방법을 사용함으로써 합격/불합격을 가르기도 하고, A, B, C, D, F와 같이 성적을 부여하기도 하지만, 이것은 실제 개인의 성취 정도를 의미하기보다는 집단 내의 상대적인 위치를 의미한다. Nedelsky 방법이 오늘날까지 주목받고 있는 이유는 상대적인 수행평가에서 절대적인 수행준거로의 시각 전환을 시도하였기 때문이다. 오늘날 많은 상황에서, 규준참조적 방법은 근본적으로 불공정하거나 타당도에서 심각한 문제를 야기하는 것으로 밝혀지고 있다.

Nedelsky 방법의 절차

Nedelsky 방법을 사용하기 위해서 준거설정자들은 특정 피험자 집단의 정답률을 산출해야 한다. 참조집단(reference group)으로 사용되는 이 특정 피험자 집단은 측정해야 하는 지식, 기술 혹은 능력에서 완전 학습과 불완전 학습의 경계선에 있는 집단으로 가정된다.

물리학 교수였던 Nedelsky는 그가 강의했던 수업에서 학생들의 기말 과제 수행 결과를 바탕으로 학생들에게 학점을 주는 과정에서 이 방법을 창안하였다. 그는 D와 F 성적의 경계선에 위치할 학생을 가정하였고 이 피험자를 'F-D 학생'으로 명명하였다. 이 수업에서 F는 낙제 등급이고, D는 간신히 합격하는 등급이다. 'F-D 학생'은 낙제와 합격을 가르는 경계선, 즉 합격의 마지막 선에 위치하고 있는 것이다. 따라서 Nedelsky 방법으로 준거를 설정하기 위해 준거설정자들은 이 가상의 경계선 피험자를 규명하는 작업부터 수행해야 한다.

가상의 경계선 피험자 집단을 규명하는 작업이 끝나면, 준거설정자들은 개별적으로 각 문항의 답지를 하나하나 검토한다. Nedelsky(1954, p. 5)가 제시한, 개별 문항에 대한 수행작업은 다음과 같다.

> D등급의 최하위 학생까지는 오답으로 가려낼 수 있으나 불합격할 학생들에게는 매력적인 답지를 'F-답지' 라고 하자. 그리고 이 F-답지를 가려낼 만큼의 필요한 지식은 갖추었으나 나머지 답지 중에서 무선적으로 정답을 고르는 학생들이 'F-D 학생' 이다.

Nedelsky 방법의 절차를 정리하면 다음과 같다.

① F는 불합격, D는 합격의 마지막 등급일 경우, D등급에 포함될 수 있는 최소 능력 보유자를 가정한다.
② 준거설정자들은 검사의 문항을 검토하여, 최소 능력 보유자가 각 문항에서 오답으로 분류할 수 있는 답지(F-답지)를 선택하여 그 답지의 수를 센다.
③ 'Nedelsky 값' 을 계산하는데, 이때 Nedelsky 값이란 전체 답지 수에서 오답으로 분류할 수 있는 답지 수를 뺀 후 역수를 취한 값이다. 즉, F-답지를 제외한 나머지 답지 중 무선적으로 정답을 선택할 확률이다. 예를 들어, 5개 답지가 제시된 문항에서 2개 답지를 확실히 오답으로 분류할 수 있다면 나머지 3개 중에서 정답을 선택할 수 있으므로, 정답은 0.33(1/(5−2) = 1/3)이 되며 이 값이 그 문항의 Nedelsky 값이 된다.
④ 모든 문항의 Nedelsky 값을 더하여 분할점수를 산출한다. 만약 50개 문항으로 구성된 검사에서 모든 문항의 Nedelsky 값이 0.33이라면, 분할점수는 16.5(50×0.33)가 된다.

물론, 이는 이해를 돕기 위한 극단적인 예로 모든 문항의 Nedelsky 값이 0.33이 될 수는 없을 것이다. 〈표 4-1〉은 15개 문항을 6명의 준거설정자들이 Nedelsky 방법으로 분할점수를 설정한 결과를 보여 주고 있다. 이때 준거설정자들에게 각 문항의 Nedelsky 값에 대한 합의를 요구하지는 않으며 개별 준거설정자가 최종 라운드에서 산출한 각 문항의 Nedelsky 값을 평균으로 낸 다음 총합하여 분할점수 6.89를 산출하였다. 따라서 15개 문항 중 7문항 이상을 맞추면 합격하게 된다. 이 점수가 경계선에 있는 학생이 답을 맞힐 수 있는 문항 수를 의미한다. 가상적 자료를 가지고 분할점수를 계산하는 과정을 〈표 4-1〉에서 보여 주고 있으며, 이와 같은 자료로 개별 준거설정자의 Nedelsky 값 계산 절차까지 보여 주는 엑셀 자료는 www.sagepub.com/cizek의 nedelsky에서 찾아볼 수 있다.

〈표 4-1〉 Nedelsky 방법을 적용한 가상의 자료

	평정자 ID						문항 평균
	1	2	3	4	5	6	
문항번호	Nedelsky 값						
1	0.33	0.50	0.50	0.33	0.33	0.33	0.39
2	0.50	1.00	0.50	0.25	1.00	1.00	0.71
3	0.25	0.33	0.25	0.25	0.25	0.33	0.28
4	1.00	1.00	0.50	1.00	0.50	1.00	0.83
5	0.33	0.33	0.33	0.33	0.25	0.33	0.32
6	0.25	0.33	0.25	0.25	0.25	0.33	0.28
7	0.25	0.20	0.25	0.33	0.20	0.20	0.24
8	1.00	0.33	1.00	0.50	1.00	0.50	0.72
9	0.20	0.33	0.25	0.20	0.33	0.25	0.26
10	0.50	1.00	1.00	0.50	0.50	1.00	0.75
11	0.50	0.50	0.50	1.00	0.50	0.50	0.58
12	0.50	0.33	0.33	0.50	0.33	0.33	0.39
13	0.20	0.20	0.20	0.20	0.20	0.20	0.20
14	0.25	0.20	0.33	0.25	0.33	0.25	0.27
15	1.00	0.50	0.50	0.50	1.00	0.50	0.67
							합계 6.89

대안적 절차와 한계점

각 문항에 대하여 Nedelsky 값을 얻는 방법은 적어도 세 가지가 있다. 첫 번째는 〈표 4-1〉처럼 개별 준거설정자가 각 문항에 대해 독립적으로 부여한 값의 평균을 내는 방법이다. 즉, 문항 평균이다. 두 번째 방법은 준거설정자들이 개별적인 판단을 하지만 결과를 수합하기 전에 집단 토의를 진행하는 것이다. 이렇게 하면 개별 평정 결과는 첫 번째보다 덜 독립적이지만 분산은 작아질 것이며 토의를 통해 더 정확한 값을 산출할 수 있다. 세 번째는 두 번의 라운드를 시행하는 방식이다. 첫 번째 라운드에서는 독립적 또는 토의를 통해 판단을 하게 하고, 두 번째 라운드를 시작하기 전에 준거설정자들에게 규준 정보를 제공하여 다른 준거설정자와 그들의 판단을 비교한 후 최종 결과를 내도록 한다.

기본적인 절차에 대한 대안적 조정으로서 Nedelsky가 제안했던 방법은 합격/불합격 판정의 오류에 따른 상대적 비용을 고려하는 것이다. 예를 들어, 각 준거설정자는 15개 문항에 대해 평정한다고 가정해 보자. $\sum x_j$를 각 준거설정자가 평정한 Nedelsky 값의 합이라고 하면, 이 값은 총 준거설정자 수(n_j)만큼 다른 값을 가질 것이고, 모든 준거설정자의 총합은 $\sum_{j=1}^{n_j} x_j$ 으로 표현할 수 있다. 따라서 준거설정자가 서로 합의하지 않는다고 가정하면 각 준거설정자들의 Nedelsky 값의 합(x_j)은 다양하고, 모든 준거설정자의 총합을 n_j로 나눈 평균 *M*이 분할점수가 된다.

$$M = \frac{\sum x_j}{n_j}$$

x_j: 준거설정자의 Nedelsky 값의 합

n_j: 총 준거설정자 수

Nedelsky가 제안한 조정 방법은 준거설정자들이 경계선 피험자 또는 F–D 학생이 가려낼 수 있을 것이라 판단한 오답의 성격을 고려하는 것이다. Nedelsky에 따르면 두 가지 종류의 답지가 있는데, 첫 번째 종류는 명백한 오답이고, 두 번째는 덜 명백한 오답이다. 첫 번째 종류의 명백한 오답들을 포함하는 시험, 즉 쉬운 시험의 경우에 Nedelsky는 경계선 피험자 또는 F–D 학생들이 거의 합격하지 못하도록 분할점수를 조정할 것을 제안하였다. 두 번째 종류의 덜 명백한 오답을 포함하는 시험, 즉 더 어려운 시험의 경우에는 덜 엄격한 조정을 가해도 된다.

실질적인 조정은 Nedelsky 값의 표준편차(σ_{FD}) 등 통계적 수치를 이용함으로써 검사문항의 특성을 반영하는 것이다. Nedelsky는 σ_{FD}를 이용한 분할점수 조정을 제안하였다. 5개의 답지를 가지는 문항에서 경계선 학생이 오답으로 제거하고 남은 답지의 수는 0, 1, 2, 3, 4 중 하나일 것이다. 그리고 각 경우의 빈도가 균등하다면 $\sigma_{FD}=.41\sqrt{n_j}$($n_j$=총 문항 수)가 되겠지만, 보통 극단의 경우(0, 4)의 빈도는 드물게 나타날 것이므로 Nedelsky는 $\sigma_{FD}=.50\sqrt{n_j}$를 사용하는 것을 제안하였다. 또한 Nedelsky는 분할점수 조정을 위한 상수 k를 제안하였다. 평균(*M*)에 표준편차의 k배를 더하여 조정하는 방식이다. σ_{FD} 값의 범위가 $.41\sqrt{n_j}<\sigma_{FD}<.50\sqrt{n_j}$인 검사에서 Nedelsky는 k값으로 −1, 0, 1, 2를 제안하였는데, 이때 F–D 학생들의 불합격 비율이 각각 26%, 50%, 84%, 98%가 되었다. 긍정적 판정오류에 의한 비용이 커서 이를 줄여야 할 때 또는 명백한 오답이 많아서 시험이 쉬울 때 상수 k값을 높게 하는 것이 좋다. 반대로 부정적 판정오류에 의한 비용이 높거나, 명백한 오답 비율이 작은 어려운 시험일 경우 낮은 k값이 선호된다.

Nedelsky가 제안한 이러한 조정 방법은 실제적으로 적용된 예는 드물지만 판정오류로 인한 상대적 비용을 고려할 필요는 있다. 분할점수를 산출할 때, 판정오류에 의한 상대적 비용을 고려하는 다른 접근으로 '판정오류의 비율(ratio of regret)'이 제안되었다(Bunch, 1978; Emrick, 1971). 이러한 이슈에 대해 통계적으로 접근하거나 직접적인 판단으로 접근하든지 관계없이 검사 프로그램의 책임 있는 주체들은 이러한 판정오류를 다루는 정책을 사전에 고려해야 한다.

〈표 4-1〉은 기초 연구를 통해 제기된 Nedelsky 방법의 몇 가지 한계점을 보여 준다. 이미 언급했듯이 첫 번째 한계점은 선다형 문항에만 적용할 수 있다. 단, 한 검사 내에서 답지의 수가 모두 동일할 필요는 없다. 두 번째는 준거설정자들이 평정할 수 있는 Nedelsky 값의 수가 제한적이라는 점이다. 예를 들어, 오지 선다형 문항의 경우, Nedelsky 값으로 산출될 값은 .20, .25, .33, .50, 1.00 중 하나가 될 것이다(Berk, 1984). 뿐만 아니라 Nedelsky 값의 간격이 불균형적이라는 점도 문제가 된다. Nedelsky 값의 계산 규칙 특성상 1.00 다음으로 가능한 값이 .50으로 떨어지기 때문에 간격이 불균형할 뿐 아니라 Nedelsky 값 자체가 낮아진다. 결과적으로 다른 준거설정 방법에 비해 분할점수도 다소 낮게 산출된다(Shepard, 1980).

세 번째 한계점은 하나의 시험에서 두 개 이상의 분할점수가 필요한 경우에는 Nedelsky 방법을 사용할 수 없다는 것이다. 예를 들어, 기본/숙달/우수 수준으로 피험자를 나누기 위해 두 개의 분할점수를 만든다면, 기본적인 Nedelsky 방법만으로는 두 개의 분할점수를 산출할 수 없어 방법을 변형시켜야 하는데 불가능하지는 않으나 적용이 쉽지 않을 것이다. 만약 Nedelsky 방법을 변형한다면, 준거설정자들은 한 문항에 대해서 두 번의 평정을 할 필요가 있을 것이다.

예를 들어, 첫 번째 평정에서는 기본과 숙달 수준의 분할점수를 산출하기 위해 기본과 숙달 수준의 경계선 집단을 설정하여 평정하고, 두 번째 평정에서는 숙달과 우수 수준의 경계선 집단을 가정하고 평정해야 한다. 아마도 두 번째 평정은 첫 번째 평정에서 검토한 정보를 다시 검토하므로 보다 쉽고 효율적으로 실시할 수 있을 것이다. 그러나 수정된 Nedelsky 방법이 성공하기 위해서는 검사 제작단계에서 큰 부담을 가지고 검사 구성을 해야 한다. 이는 검사가 피험자 능력 수준이 잘 구별되도록 답지를 구성해야 하기 때문이다. 또한 답지가 5개 이하일 때에는 조정이 유용하지 않을 수 있으며, 두 개의 분할점수를 필요로 하는 상황에서 조정하기가 쉽지 않을 것이다.

제5장

Ebel 방법

Ebel은 1972년 자신의 이름을 딴 새로운 준거설정 방법으로 'Ebel 방법'을 소개하였다. 1971년 Angoff에 의한 방법처럼 Ebel이 제안한 새로운 준거설정 방법은 독립적 연구로 발표된 것이 아니라, 1972년에 *Essentials of Educational Measurement*의 부수적인 주제로 다루었다. 이 책은 원래 그가 측정평가 전공의 대학원생 및 학부생에게 검사를 소개하기 위한 목적으로 저술되었다. Ebel 방법은 현재 의학 및 보건 분야에서 많이 사용하고 있으며, 학업성취도의 합격 수준을 정하는 데 보편적으로 사용하는 방법이다(Downing, Liesk, & Raible, 2003). 일반적으로 선다형 문항에 적용되지만, 다른 유형에도 적용이 가능하다는 장점이 있다. 즉, 이분문항, 다분문항, 이분과 다분문항의 혼합으로 이루어진 검사에도 적용할 수 있다.

Ebel 방법의 절차

검사에 기초한 준거설정 방법처럼 Ebel 방법도 준거설정자에게 개별 문항에 대한 평정을 요구한다. 그러나 Ebel 방법은 평가자로 하여금 문항난이도(difficulty)와 적절성(relevance)에 대한 두 가지 판단을 요구한다. 문항난이도와 적절성에 대한 평정은 확률이나 점수가 아닌 범주 분류로 이루어진다.

예를 들면, 준거설정자들은 문항을 다음의 기준에 따라 난이도 '쉬움'(easy), '보통'(medium), '어려움'(hard)으로 분류하고 적절성을 '필수적인'(essential), '중요한'(important), '수용할 만한'(acceptable), '의심스러운'(questionable)으로 분류한다. 이렇게 하여 모든 문항을 12개의 셀로 분류한다. 이때 중요한 것은, 문항난이도와 적절성에 대한 판단은 가상의 피험자를 대상으로 하는 것이 아니라 검사의 목적과 검사의 대상이 될 모집단을 근거로 한다는 점이다. 그러므로 준거설정자들은 개별 문항이 피험자 집단에게 쉬운지, 어려운지를 판단하고, 합격 여부를 결정하기에 적절한지를 판단한다.

다음 단계에서는 경계선 집단 또는 최소 능력 보유자라 불리는 참조집단을 고려하여, 난이도와 적절성으로 분류된 12개 셀 안의 문항에 대해 경계선 집단의 정답률이 얼마인지를 평정한다.

Ebel 방법을 적용하여 분할점수를 산출할 때 첫 번째 단계에서는 문항난이도와 적절성에 대한 평정 결과를 수합하고 정리한다. 〈표 5-1〉은 100개 문항에 대한 5명의 준거설정자가 평정한 가상의 결과로 총 500번의 판정 결과를 보여 준다. 12개 셀에 대한 준거설정자의 판정 결과는 '범주로 분류된 문항 수(A)' 로 기록한다. 〈표 5-1〉의 경우, 문항의 적절성에 대한 평정 결과 '필수적인' 문항이 94개, '중요한' 문항이 259개, '수용할 만한'

〈표 5-1〉 Ebel 방법을 적용한 준거설정 절차

문항 적절성	문항난이도	문항 수 (A)	정답 비율 (B)	문항 수×정답 비율≤(AxB)
필수적인	쉬움	94	100%	9,400
	보통	0	100%	0
	어려움	0	100%	0
	하부 합계	94		
중요한	쉬움	106	90%	9,540
	보통	153	70%	10,710
	어려움	0	50%	0
	하부 합계	259		
수용할 만한	쉬움	24	80%	1,920
	보통	49	60%	2,940
	어려움	52	40%	2,080
	하부 합계	125		
의심스러운	쉬움	4	70%	280
	보통	11	50%	550
	어려움	7	30%	210
	하부 합계	22		
합 계		500		37,630
합격 비율(C_x) = 37,630/500 = 75.46%				

문항이 125개, '의심스러운' 문항이 22개로 분류되었다. 또한 문항난이도에 대한 평정 결과를 계산하면 '쉬운' 문항이 228(94+106+24+4)개로 분류되었다.

이때 문항을 분류하는 방법이 다양하기 때문에 분류된 문항의 총 개수를 해석하는 것은 어려운 일이다. 예를 들어, 앞에서 228개를 '쉬운' 문항으로 분류한 결과는 다양한 방법으로 얻을 수 있다. 준거설정자들이 많은 문항 중에서 어떤 문항을 '쉬운' 문항으로 선택하였는지는 저마다 의견이

다를 것이고, 공통적으로 합의되는 '쉬운' 문항의 비율은 상대적으로 적을 것이다.

Ebel 방법의 두 번째 단계는 앞서 분류한 문항의 적절성과 난이도에 대한 평정 결과를 바탕으로 각 범주로 분류한 문항 중에서 경계선 피험자가 합격하기 위해 반드시 맞춰야 하는 문항의 비율을 결정하는 것이다. 이 작업은 주로 준거설정자들이 토의를 통해 합의하거나 가상의 경계선 피험자에 대한 정보를 사용하여 진행된다. 〈표 5-1〉의 (B)열에 제시된 값이 준거설정자가 합의한 각 범주의 문항비율이다. 준거설정자는 합격을 위해 첫 번째 범주, 즉 '필수적'이고 '쉽다'고 분류된 문항의 100%를 맞춰야 한다고 보았다. 마찬가지로 '중요'하면서 '쉽다'고 분류된 문항의 90%는 맞추어야 하고 '중요'하고 '보통'의 난이도 문항은 70%, '중요'하고 '어려운' 문항은 50% 정도 맞추어야 한다고 판단한 것이다.

분할점수 산출을 위한 최종 단계에서는 두 번의 평정값인 (A)와 (B)를 곱한다. 〈표 5-1〉에서 가장 오른쪽 열에 제시된 값이 이에 해당되며 이들 값을 모두 합하면 37,630이 되는데, 이것을 총 판정 횟수인 500으로 나누면 합격에 필요한 정답률이 산출된다. 즉, 75.26(37,630/500)이며, 이 값이 합격 정답률이 된다. 75.26%가 준거이므로 100문항에 대하여 75~76점이 분할점수가 된다.

대안적 절차와 한계점

Ebel 방법을 위한 대안 중 하나는 문항의 실제 자료, 즉 문항에 대한 난이도 정보가 있을 경우 문항난이도에 대한 평가자의 판정을 대체하여 사용하는 것이 더 적절할 수 있다는 것이다. 준거설정자의 추측에 의존하는 것보다 실제 자료에 기초하여 난이도 p값을 사용하는 것이 더 합리적이다. 그렇다고 난이도 판정단계가 모두 삭제될 수는 없으므로 다른 방식으로 판정을 대체하는 것이다. 즉, Ebel 방법에서 준거설정자들은 '쉬운', '보통', '어려운' 문항의 경계를 결정해야 하는데, 이때 실제 자료를 참고하여 평정하게 한다. 구체적으로 말하면, '쉬운', '보통', '어려운' 범주를 p값을 기준으로 쉬운($.80 < p$ 이면), 보통($.50 < p < .79$ 이면), 어려운($p < .49$ 이면)으로 나누는 방식이다.

Ebel 방법의 또 다른 대안은 12개 범주에 속한 문항에 대해 경계선 집단의 정답률을 평정할 때 집단토의과정을 생략하는 것이다. 집단토의는 다양한 값의 범위를 좁히고 결정의 논리적 근거를 제공하기에 바람직하다. 하지만 하나의 합의에 도달하는 것이 쉽지 않으므로, 집단토의과정 대신 정책적 결정이나 준거설정자들의 평균 평정값으로 대체할 수 있을 것이다.

앞에서도 언급했지만, Ebel 방법의 장점은 선다형 이외의 문항 유형에도 사용 가능하다는 점이다. 즉, 이분문항으로 구성된 검사뿐만 아니라 부분 점수가 부여되는 다분문항으로 구성된 검사에도 사용할 수 있다. 다만, 다분문항일 때 문항난이도에 대한 평정은 이분문항일 때와 동일하지만 '각 범주의 문항비율(B)'은 다른 의미로 해석되어야 한다.

다분문항일 때 (B)열의 의미는 경계선 집단의 피험자들이 얻을 수 있다고 기대되는 부분 점수의 비율이 된다. 실제로 채점기준이 다양하고, 개별 문항의 부분 점수 분포가 다양하며, 동일한 부분 점수일지라도 문항에 따라 그 난이도가 다양할 수 있으므로 각 부분 점수마다 A×B를 각각 계산하여 합하는 것이 더 적합한 방법이다.

Ebel 방법은 적용과 실행이 쉽다는 장점이 있지만 몇 가지 한계점이 있다. Berk(1984)는 문항 차원을 난이도와 적절성으로 나누는 것에 대해 지적하였는데, 이는 두 차원이 사실상 관련성이 매우 높기 때문이다.

또한 앞서 기술한 바와 같이, 문항난이도에 대한 실제 자료가 있다면 준거설정자가 문항난이도를 판단하는 절차는 불필요하다. 실제 자료가 있는데도 이러한 난이도 추정 절차를 포함한다면 실제 난이도 값과 준거설정자들이 추정한 값과의 차이가 있기 때문에 그 타당성을 의심받을 수 있다. 이러한 이유로 문항의 실제 난이도 값이 있다면 준거설정자의 난이도 추정 작업은 피하는 것이 좋다.

또 다른 한계점은 타당도의 문제로서 준거설정자의 문항 적절성에 대한 판단과 관련된다. 〈표 5-1〉의 경우, 22개의 문항이 적절성에서 '의심스러운' 문항으로 분류되었다. '의심스러운' 문항은 '수용할 만한' 문항의 하위 분류로 검사를 구성하는 데 있어 수용할 만한 문항이 아님을 의미한다. 적절성이 의심스럽다고 판단된 문항은 자격시험, 인증, 졸업 등과 같은 검사에 피험자를 구별하는 적절한 문항으로 받아들일 수 없는 것이다. 따라서 문항 적절성에서 문제가 있다고 판단된 문항을 총점에 포함할 경우 검사점수 타당도를 낮추게 된다.

제6장

Angoff 방법과 변형 방법

Angoff 방법은 대부분의 다른 준거설정 방법과는 달리 처음 발표한 저서에서 중심 주제는 아니었다. 애초에 이 방법은 Thorndike가 1971년에 편집한 *Educational Measurement*의 일부로 척도화, 규준, 동등화에 관해 쓴 92쪽짜리 장에서 간략하게 소개되었다. 여기에 오늘날 'Angoff 방법'이라고 불리는 내용이 들어 있는데, Angoff는 이 방법을 ETS(educational testing service)의 동료인 Tucker의 것이라고 하였다. 따라서 이 기법은 'Tucker 방법'이라고 하는 것이 더 적절할 수도 있겠지만, 현재 학계에서는 'Angoff 방법'이라고 한다.

Angoff 방법은 Angoff가 처음 제안한 방식 그대로 사용되는 경우는 드물다. 오히려 원래 방식을 다소 재조정한 '수정된 Angoff 방법'이 훨씬 더 보편적인데, '수정된 Angof 방법'이 정확하게 어떠한 것인가 하는 점은 다소 불분명하다. 그러나 근래에 발표된 논문 중 Angoff 방법을 적용한 경우는 대부분 수정된 Angoff 방법이다. 기본적인 Angoff 방법과 수정된 Angoff 방법 외에 이른바 '확장된 Angoff 방법'도 개발되었고, 최근에 소개된 'Yes/No 방법'은 초기의 Angoff 방법과 매우 유사한 기법이다.

명칭에 대해 다소 불분명한 점이 있지만, 면허나 자격증 취득의 성취준거를 설정하는 데 Angoff 방법(그 모든 변형을 포함하여)이 가장 흔하게 쓰인다. 비록 Angoff 방법이 K-12 교육체제에서는 비교적 덜 쓰이지만, 최근 발표된 조사에 의하면 자격검사와 관련한 영역에서는 Angoff 방법이 가장 많이 쓰이는 것으로 나타났다(Meara, Hambleton, & Sireci, 2001; Sireci & Biskin, 1992).

Angoff 방법이 소개된 직후인 1980년대에 이 방법에 대한 연구가 많았으며, 최근 다른 준거설정 방법과의 비교연구에 의하면 이 방법이 여전히 가장 많이 쓰이는 방법으로 나타났다. 모든 준거설정 방법 중 Angoff 방법이 가장 철저하게 연구된 기법이라고 할 수 있으며, 이는 수십 편의 논문에서 Angoff 방법이 다른 방법과 비교 · 연구된 것만 보아도 증명할 수 있다. Mills와 Melican(1988, p. 272)은 "Angoff 방법은 가장 광범위하게 쓰이고 있는 듯하다. 이 방법은 설명하기 어렵지 않고, 자료 수집과 분석이 다른 방법에 비해 간단하다."고 하였다. Colton과 Hecht(1981, p. 15)는 Angoff, Ebel, Nedelsky 방법을 비교 · 연구하면서 "Angoff 방법은 다른 방법보다 우수하다."고 하였다. Berk(1986, p. 147)는 준거설정 방법에 대한 리뷰 논문에서 "Angoff 방법은 기술적 적합성과 실용성 간의 균형을 가장 잘 이룬 방법"이라고 하였다.

애초에 제안된 대로 Angoff 방법은 선다형 문항으로 구성된 검사에 적합하다. 특히 선다형 문항으로 이루어진 검사가 많은 면허나 자격검사, 의료 및 보건 분야에서는 Angoff 방법이 가장 널리 쓰이고 있다. K-12 교육체제에서는 선다형과 구성형 문항이 혼합되는 경우가 점점 증가하는 추세에 있기 때문에 선다형 문항으로만 구성된 검사에 비해 Angoff 방법은 덜 쓰이는 편이다. 그러나 최근 Angoff 방법의 변형인 확장된 Angoff 방법이 개발되어 혼합형 검사에 종종 사용되고 있다.

Angoff 방법의 절차

준거설정자가 검사문항에 대해 판단하는 다른 준거설정 방법처럼 Angoff(1971)는 준거설정자들이 검사문항을 검토하여 정답을 맞힐 피험자의 비율을 추정하게 하였다. 이때 관심의 대상이 되는 모집단은 '간신히 합격한(just barely passing)', '최소 능력(minimally competent)' 혹은 합격과 불합격 사이의 가상의 경계선에 위치한 피험자 집단이다. Angoff의 초기 제안은 다음과 같다.

> 합격을 위한 최소 원점수를 결정하는 체계적 절차는 다음과 같이 설정할 수 있다. 가상의 '최소 수용 가능자(minimally acceptable person)'가 검사의 각 문항을 맞힐지 틀릴지를 예상한다. 이때 정답을 맞히면 1점을 주고, 틀리면 0점을 준다면, 정답을 맞힌 총 문항 수는 '최소 수용 가능자'의 원점수와 일치하게 된다(pp. 514–515).

Angoff는 다음과 같은 각주를 달아 준거설정자들이 0점과 1점을 부여하는 방법 대신 사용할 수 있는 다른 방법을 제안하였다.

> 이 방법을 약간 변형하면, 준거설정자에게 '최소 수용 가능자'가 각 문항을 맞힐 확률을 예측하게 한다. 이 경우 준거설정자들은 단 한 명의 '최소 수용 가능자'를 생각하는 것이 아니라, 여러 명의 '최소 수용 가능자'를 염두에 두고 이들 중 정답을 맞힐 피험자의 비율을 예측하는 것이다. 정답을 맞힐 확률의 총합이 최소 합격 점수(minimally acceptable score)다.

이때 Angoff는 수용 가능성(acceptability)에 대해 분명하게 기술하지 않았으나, 검사 목적에 따른 피험자의 자격을 의미하는 것으로 볼 수 있다. '최소 수용 가능자'는 이후 '최소 능력 보유자(minimally competent examinee)'로 대체되어 사용되었다. 준거설정에서 '최소 능력' 또는 '경계선 피험자'에 대한 개념은 핵심이므로 반드시 명확히 정의해야 한다. 실제 준거설정 회의와 훈련 시, 준거설정자들이 앞과 같은 핵심개념을 잘 습득하고 정의할 수 있도록 해야 한다.

최소 능력 보유자는 Angoff 방법이 지닌 특징적인 개념이나, 그 외의 다른 면은 다른 준거설정 방법과 유사하다. 즉, 자격을 갖춘 준거설정자를 선발하여 그들이 검사의 내용준거 혹은 필수적인 지식, 기술, 능력 등을 근거로 준거를 설정할 수 있게 훈련시키고 직접 검사를 풀어 보는 작업 등을 시행한다.

Angoff의 각주에 설명된 방법론적 기술은 수정되지 않은 Angoff 방법과 흔히 'Angoff 평정'이라 불리는 확률(즉, 경계선 집단의 문항난이도)에 대해 정의하고 있다. 최근 널리 사용되고 있는 수정된 Angoff 방법의 특징은 준거설정자들에게 각 문항에 대해 한 번 이상의 평정을 요구하는 것이다. 여러 차례의 평정을 통해 준거설정자들은 각 라운드에서 그들의 평정을 다시 고려해 볼 수 있다.

일반적으로 수정된 Angoff 방법에서는 3회 정도의 라운드를 반복한다. 이러한 반복과정이 바람직한 것은 라운드와 라운드 중간에 한 가지 이상의 피드백(즉, 규준 정보, 실질적 정보, 영향 정보, 제3장 참조)을 준거설정자에게 제공해 주기 때문이다. 이러한 피드백을 제공할 경우 준거설정자들이 설정하는 분할점수는 점차 하나의 값으로 수렴한다. 그 이유는 준거설정자들이 좀 더 정확하게 문항 정답률에 대한 추정값을 예상하고, 준거설정자 간 편차를 줄이며, 자신들의 평정이 검사 합격률에 어떤 결과를 주는지 깨닫게 되기 때문이다.

수정된 Angoff 방법에 의한 가상의 자료와 분석은 〈표 6-1〉에 제시되어 있으며, Angoff 방법으로 얻을 수 있는 자료의 일부와 중요 통계치를 보여준다. 〈표 6-1〉은 13개의 선다형 문항에 대하여 10명의 준거설정자가 2회에 걸쳐 평정한 자료다. 2회 반복 평정의 목적은 준거설정자들이 1차 평정 결과를 논의하고, 규준정보를 검토하면서, 준거설정자들은 자신의 평가에 대한 피드백을 받고 합의를 촉진시켜 준거설정자 간 편차를 줄이게 된다.

만약 실제 검사자료를 이용할 수 있다면, 전체 피험자의 수행에 근거한 실제 문항난이도 지수(예로 *p*값)와 같은 실질적 정보를 라운드 중간에 제공할 수 있다. 가능하면 이론상으로는 전체 피험자보다는 경계선 지역에 위치한 피험자들에 대한 문항난이도를 제공하는 것이 더 바람직하다. 평정과정을 종료하기 전까지는 분할점수를 알 수 없기 때문에 첫 번째 라운드의 평정 결과에 근거해 잠정적인 분할점수를 얻은 뒤, 잠정적 분할점수 근처에 있는 피험자들의 문항난이도 지수를 계산하여 준거설정자들에게 피드백으로 제공할 수 있다.

마지막으로 영향 정보가 통상적으로 제공된다. 대표적인 피험자 집단에 대한 실제 검사자료가 있다면, 합격 혹은 불합격으로 분류되는 피험자의 비율이 얼마나 되는지 혹은 기본, 숙달, 우수와 같은 수행범주로 분류되는 비율이 얼마나 되는지 등을 영향 정보로 제공할 수 있다.

일반적으로 Angoff 방법을 사용할 경우 준거설정자들은 100명의 최소능력 보유자를 가정하고 각 문항에서 몇 명이 정답을 맞힐지 추정한다. 여기서는 간편한 준거설정을 위하여 10의 배수로만 추정값을 작성하게 하였다. 1라운드에서 13개 문항에 대해 평정한 후, 규준 정보를 하나의 표로 준거설정자들에게 제공하였다. 규준 정보는 각 문항에 대한 준거설정자의 평정분포와 평균 및 표준편차다. 준거설정자의 익명성을 보장하기 위하여 준거설정자의 이름 대신 ID만 기재하지만, 각 준거설정자들이 자신의 평정과 다른 사람들의 평정을 비교할 수 있도록 하였다.

〈표 6-1〉 Angoff 준거설정 방법을 위한 가상 자료

평정자 ID	문항 번호 1	2	3	4	5	6	7	8	9	10	11	12	13	평균 (표준편차)
1	90	90	100	100	100	90	90	90	90	60	90	100	90	90.8(10.38)
	80	90	90	100	90	90	100	90	80	70	90	90	90	88.5(8.01)
2	60	80	50	60	70	90	70	60	30	40	40	50	70	59.2(17.06)
	70	80	60	70	80	90	80	70	40	50	60	60	60	66.9(13.78)
3	90	70	80	80	100	60	80	80	80	60	50	90	80	76.9(13.77)
	90	80	90	70	80	60	70	80	80	60	60	90	70	75.4(11.27)
4	70	60	70	80	90	80	80	70	70	60	50	90	90	73.9(12.61)
	70	70	60	70	80	80	70	70	70	70	70	80	80	72.3(5.99)
5	90	60	90	40	80	60	80	70	60	60	90	70	80	71.5(15.19)
	80	70	90	60	80	60	70	70	70	70	80	70	70	72.3(8.32)
6	60	60	80	60	70	70	80	80	60	50	70	80	90	70.0(11.55)
	70	60	70	70	70	70	70	80	60	50	70	80	90	70.0(10.00)
7	90	50	80	60	60	70	70	70	70	60	80	80	70	70.0(10.80)
	80	60	80	70	60	70	60	80	80	50	80	70	80	70.8(10.38)
8	80	50	70	80	40	90	70	70	60	60	70	70	80	68.5(13.45)
	70	50	80	70	50	90	70	80	70	70	70	80	80	71.5(11.44)
9	80	70	60	70	60	80	50	60	60	30	50	60	90	63.1(15.48)
	90	70	70	70	60	80	60	70	70	60	60	70	80	70.0(9.13)
10	80	90	90	40	100	80	100	70	80	90	100	70	80	82.3(16.41)
	80	70	90	60	100	80	90	80	70	80	80	80	90	80.8(10.38)
평균	79.0	68.0	77.0	67.0	77.0	77.0	77.0	72.0	66.0	57.0	69.0	76.0	82.0	72.6(9.11)
	78.0	70.0	78.0	71.0	75.0	77.0	74.0	77.0	69.0	63.0	72.0	77.0	79.0	73.9(6.35)

〈표 6-1〉의 가상자료를 보면 각 준거설정자의 평정이 각 칸에 두 줄로 기록되어 있는데, 첫째 줄은 1라운드에서 경계선 피험자의 각 문항난이도를 준거설정자가 평정한 값이며, 둘째 줄은 2라운드의 평정값이다. 평균과 표준편차는 가장 오른쪽 열에 기재되어 있다. 예를 들면, 평정자 1은 1번, 2번, 3번 문항에 대하여 1라운드에서는 90, 90, 100으로 평정하였고, 2라운드에서는 80, 90, 90으로 평정하였다. 전체 13문항에 대한 평균은 1라운드 90.8에서, 2라운드 88.5로 2.3 낮아졌으며, 표준편차는 1라운드 10.38에서, 2라운드 8.01로 2.37 낮아졌다. 2라운드 결과 모든 평정자의 평가를 종합해 볼 때 13번 문항이 평균 79.0으로 제일 쉽다고 판단하였고, 10번 문항이 평균 63.0으로 제일 어렵다고 판단하였다.

2라운드에서 평정자 1이 평균 88.5로 가장 검사가 쉽다고 평정하였고, 평정자 2가 평균 66.9로 가장 검사가 어렵다고 평정하였다. 2라운드에서, 평정자 2의 표준편차는 13.78로 가장 크고, 평정자 4의 표준편차가 5.99로 가장 작았다. 우측 하단의 4개 값은 1라운드와 2라운드의 전체 평정자 및 전체 문항에 대한 평균과 표준편차다. 즉, 1라운드에서 전체 평균은 72.6, 표준편차는 9.11다. 2라운드에서 표준편차가 6.35로 감소하였다는 것은 1라운드와 2라운드 사이에 규준 정보를 제공함으로써 기대되었던 효과, 즉 준거설정자들이 각 문항을 평정하는 데 조금 더 합의를 이루는 방향으로 수렴하였다는 것을 알 수 있다.

Angoff 방법에 의한 권고합격점수는 평정자들의 평균이나 문항 평균을 계산하여 산출되는데, 일반적으로 이는 최종 라운드의 평정 결과에 근거하여 이루어진다. 따라서 이 예시에 의하면 2라운드에서 얻은 평균값으로 권고 합격점수는 73.9%이며, 이는 13문항 중 9.6문항에 해당한다(이전에 지적한 바와 같이 소수점 처리에 대한 결정은 정책적 사안이며, 9.6을 반올림할 수도 있고 버림할 수도 있다). 〈표 6-1〉에 제시된 가상의 자료에 근거하여 분할점수를 계산한 동일한 자료와 엑셀 서식은 www.sagepub.com/cizek의 angoff에서 볼 수 있다.

Angoff 방법의 다양한 절차

Angoff 방법의 장점 중 하나는 융통성이다. 이 방법은 선다형 문항으로만 구성된 검사 외에 다른 형식의 선택형 문항으로 구성된 검사에도 사용할 수 있다. 또한 애초에 맞고 틀리고의 이분법적으로 채점된 선다형 문항의 평정을 위해 고안되었으나 채점기준에 의하여 부분 점수가 부여되는 다분형 수행과제와 같은 구성형 문항에도 쉽게 적용할 수 있다.

확장된 Angoff 방법

확장된 Angoff 방법은 구성형 문항에 Angoff 방법을 적용할 수 있게 수정한 방법이다(Hambleton & Plake, 1995). 이 방법은 구성형 문항에서 문항을 맞힐 확률을 추정하는 대신, 경계선에 있는 피험자가 얻을 것이라고 기대되는 점수를 추정한다. 이 방법은 선다형과 구성형 문항으로 구성된 검사에도 적용 가능하다. 즉, 선다형 문항은 맞고 틀리고의 이분문항 정답률을 추정하고, 부분 점수가 부여되는 다분문항은 점수를 추정한다. 확장된 Angoff 방법의 분할점수는 초기의 Angoff 방법 및 수정된 Angoff 방법과 동일한 방법으로 추정된다.

〈표 6-2〉는 6명의 준거설정자가 확장된 Angoff 방법을 사용하여 두 번의 라운드에 걸쳐 평정한 가상자료를 제시한 것이다. 준거설정자들은 8개 문항에 대해 각각 0점부터 4점까지 부여할 수 있으므로 이 검사의 최고 점수는 32점이 되고, 최하 점수는 0점이 된다. 〈표 6-2〉의 각 칸에 있는 첫째 줄의 숫자는 1라운드의 평정 결과이며, 둘째 줄의 숫자는 2라운드의 평

정 결과다. 예를 들어, 1라운드에서 평정자 1은 최소 능력 보유자가 1번 문항에서 4점 만점 중 2점을 얻을 것이라고 판정하였으나, 2라운드에서는 3점으로 수정하였다. 가장 아래 행에는 각 라운드에 대한 평정자별 평균 및 표준편차를 제시하였고, 가장 오른쪽 열에는 문항별 평균 및 표준편차를 제시하였다. 2라운드에서 평정자 5가 8개 문항 전체에 대해 추정한 평균점수는 2.88로 평정자 중 가장 검사가 쉽다고 판단하였으며, 표준편차는 .354로 가장 작다. 반면 평정자 6의 2라운드 평정의 평균 점수는 2.25로 가장 검사가 어렵다고 판단하였고, 표준편차는 .707로 가장 크다. 5번 문항은 2라운드 평균은 1.83으로 평정자들이 보기에 가장 어려운 문제였으며 4번, 7번, 8번 문항은 평균점수가 모두 3.00으로 가장 쉬운 문제로 판정되었다.

〈표 6-2〉의 우측 하단에는 1라운드와 2라운드의 평정에 대한 평균과 표준편차가 제시되었다. 예상한 대로 2라운드에서의 표준편차는 .221로 1라운드에서의 표준편차 .358보다 작았다. 준거설정자들의 전체 평균은 1라운드보다 2라운드에서 다소 증가하였다. 2라운드에서 평정자들은 최소 능력 보유자들이 각 문항마다 4점 만점에 2.69점을 얻을 것이라고 추정하였는데, 이를 이분문항의 점수척도와 맞추기 위해 1점 만점으로 환산하면 .67점이 된다. 확장된 Angoff 방법을 적용한 8개 구성형 문항으로 구성된 검사의 최종 권고 분할점수는 두 가지 방법으로 산출할 수 있다. 2라운드의 평균 2.69점을 문항 수 8로 곱하여 21.52(2.69×8)점을 산출할 수 있다. 또한 1점 만점척도로 환산한 .67에 검사의 만점점수인 32를 곱하여 21.44(.67×32)점을 산출할 수도 있다. 따라서 전체 검사의 권고 분할점수는 21.5점 정도가 되며, 이 점수는 최소 능력 보유자가 검사에 합격하기 위해 얻어야 하는 점수로 준거설정자들이 판단한 점수다. 〈표 6-2〉에 제시된 가상자료에 근거하여 분할점수를 계산한 동일한 자료와 엑셀 서식은 www.sagepub.com/cizek의 extendedangoff에서 볼 수 있다.

〈표 6-2〉 확장된 Angoff 준거설정 방법의 가상자료와 예

문항 번호	평정자 ID						평균 (표준편차)
	1	2	3	4	5	6	
1	2	3	2	2	3	1	2.17 (.753)
	3	3	3	3	3	2	2.83 (.408)
2	1	2	1	2	2	1	1.50 (.548)
	2	2	2	2	3	2	2.17 (.408)
3	2	2	2	2	2	2	2.00 (.000)
	3	3	3	3	3	2	2.83 (.408)
4	3	3	2	2	3	2	2.50 (.548)
	3	3	3	3	3	3	3.00 (.000)
5	1	1	2	1	2	1	1.33 (.516)
	2	2	2	2	2	1	1.83 (.408)
6	2	3	3	2	3	2	2.50 (.548)
	3	3	3	3	3	2	2.83 (.408)
7	3	2	2	2	3	2	2.33 (.516)
	3	3	3	3	3	3	3.00 (.000)
8	2	3	3	2	3	2	2.50 (.548)
	3	3	3	3	3	3	3.00 (.000)
평균 (표준편차)	2.00 (.756)	2.38 (.744)	2.13 (.641)	1.88 (.354)	2.63 (.518)	1.63 (.518)	2.10 (.358)
	2.75 (.518)	2.75 (.463)	2.75 (.463)	2.75 (.463)	2.88 (.354)	2.25 (.707)	2.69 (.221)

Yes/No 방법

Angoff 방법의 여러 변형 중 하나인 Yes/No 방법은 Impara와 Plake(1997)가 제안하였다. Yes/No 방법은 준거설정자가 각 문항을 1점 혹은 0점으로 평정한다는 점에서 1971년에 제안된 초기의 Angoff 방법과 매우 유사하다. Downing 등(2003)은 Impara와 Plake(1997)와 Subhiyah, Featherman 그리고 Hawley(2002)의 사전연구를 인용하여 절차를 제시하고, '직접 경계

선(Direct Borderline) 방법'이라 명명하였다. 이 방법 또한 초기의 Angoff 방법과 동일하다.

Angoff 방법은 가상의 피험자 중에서 문항의 정답을 맞힐 수 있는 비율을 판정해야 하므로, 준거설정자들에게는 다소 어려울 수도 있다. 이들 의견에 따라 Yes/No 방법과 직접 경계선 방법이 제안되었다(이후로 편의상 Yes/No 방법과 직접 경계선 방법을 합쳐서 Yes/No 방법이라 한다). Yes/No 방법은 Angoff 방법에서 요구하는 확률 추정의 어려움을 덜어 주고자 고안되었다.

실제로 Yes/No 방법의 가장 큰 장점은 준거설정자들에 대한 요구사항이 적다는 점이다. 수정된 Angoff 방법의 절차에서는 준거설정자들이 가상의 피험자에 대한 개념을 계속 유지하면서 그들이 정답을 맞힐 비율을 추정해야 한다. 이러한 작업은 힘들 수도 있지만 중요한 작업이다. Yes/No 방법에서는 확률 추정 대신 이분법적 판단만 내리도록 요구함으로써 작업을 단순화한다. Yes/No 방법의 효과를 평가한 연구에서 Impara와 Plake(1998)는 확률 추정에 따르는 어려움을 덜어 준다는 사실을 입증하였다. 그들의 보고는 다음과 같다.

> 우리는 Yes/No 방법이 상당히 기대되는 방법이라고 생각한다. 그러나 준거설정자들은 이 방법이 전통적인 Angoff 방법의 확률추정 절차보다 더 분명하고 사용하기 수월하다고 느낀다. 또한 Yes/No 방법의 결과는 수행자료에 덜 민감하게 반응하고 준거설정자 간의 평정 결과의 차이도 적다. 뿐만 아니라, 준거설정자들은 그들이 한 집단의 가상 피험자를 연상하는 것보다는 한 명의 전형적인 경계선 피험자를 연상하는 것이 더 용이하다고 말한다. 그러므로 Yes/No 방법으로 도출한 성취준거가 전통적인 Angoff 방법으로 도출한 것보다 더 타당할지도 모른다(p. 336).

Yes/No 방법에서 준거설정자들에게 주어지는 지시사항은 간단명료하다. Angoff의 초기 제안은 준거설정자들이 가상의 최소 능력 보유자가 어느 특정 문항을 맞힐지 틀릴지를 추정하여 각 문항에 대해 'Yes' 혹은 'No'로 답하게 하는 것이다. Subhiyah 등(2002, p. 585)이 이 방법을 학급 내에 사용하기 위해 기술한 지침도 이와 비슷하다. "준거설정자들은 경계선 피험자를 가정하고, 그다음 검사의 각 문항을 검토하여 학생이 그 문항을 맞힐 것 같으면 'Yes', 틀릴 것 같으면 'No'로 평정하였다."

Impara와 Plake(1997, pp. 364-365)가 기술한 Yes/No 방법의 지시사항은 다음과 같다.

> 검사의 각 문항을 읽고 당신 마음속에 있는 경계선 피험자가 그 문제의 정답을 맞힐 수 있을지를 판단하시오. 맞힐 것이라고 생각되면 당신 앞에 놓여 있는 평정지에 Y를 쓰고, 맞히지 못할 것이라고 생각되면 N을 쓰시오.

Yes/No 방법 역시 다른 준거설정 방법과 유사한 특징을 갖는다. 최소 능력 보유자의 특징에 대한 토론과 훈련을 한 후에 준거설정자들은 일련의 문항에 대하여 1라운드 판정을 한다. 그 후 준거설정자들에게 일반적으로 1라운드에 대한 규준 정보와 실질적 정보를 피드백으로 제공한 뒤, 각 문항에 대한 2라운드의 Yes/No 판정을 실시한다. 1라운드 종료 후 피드백을 제공하지 않았다면 2라운드 종료 후 피드백을 제공하는데, 주로 영향 정보가 주어진다(즉, 준거설정자들의 판단에 근거해 산출된 합격/불합격 비율). 몇 번의 라운드를 거치든 간에 최종적으로 결정되는 권고 분할점수는 최종 라운드에서 얻은 자료에 근거하여 산출된다.

〈표 6-3〉은 가상자료로 6명의 준거설정자가 Yes/No 방법에 따라 두 번의 라운드에서 내린 평정 결과다. 준거설정자들은 12개의 문항에 대해

〈표 6-3〉 Yes/No 준거설정 방법의 가상 자료와 예

문항 번호	평정자 ID 1	2	3	4	5	6	평균 (표준편차)
1	1	0	0	1	0	1	.50 (.224)
	1	1	0	0	0	1	.50 (.224)
2	0	0	0	0	0	0	.00 (.000)
	0	0	0	1	0	0	.17 (.168)
3	1	1	0	1	1	1	.83 (.168)
	1	1	0	1	1	1	.83 (.168)
4	1	1	1	1	1	1	1.00 (.000)
	1	1	1	1	1	1	1.00 (.000)
5	0	0	0	0	0	0	.00 (.000)
	0	0	0	0	0	0	.00 (.000)
6	0	0	0	0	0	0	.00 (.000)
	0	0	0	0	0	0	.00 (.000)
7	1	1	1	1	1	1	1.00 (.000)
	1	1	1	1	1	1	1.00 (.000)
8	1	1	1	1	1	1	1.00 (.000)
	1	1	1	1	1	1	1.00 (.000)
9	1	1	1	1	1	1	1.00 (.000)
	1	1	1	1	1	1	1.00 (.000)
10	1	1	1	0	1	1	.83 (.168)
	1	1	1	0	1	1	.83 (.168)
11	0	0	0	0	0	0	.00 (.000)
	0	0	0	0	0	0	.00 (.000)
12	0	0	1	0	0	0	.17 (.168)
	1	0	1	1	1	0	.67 (.210)
평균 (표준편차)	.58 (.149)	.50 (.151)	.50 (.151)	.50 (.151)	.50 (.151)	.58 (.149)	.53 (.041)
	.67 (.142)	.58 (.149)	.50 (.151)	.58 (.149)	.58 (.149)	.58 (149)	.58 (.054)

'Yes' 혹은 'No'로 평정하였다. 표에서 보이는 자료 세트처럼 'Yes'는 숫자 1로 'No'는 숫자 0으로 각각 표시하였다. 각 칸의 윗줄은 1라운드, 아래 줄은 2라운드의 평정 결과다. 예컨대, 1라운드에서 평정자 1은 최소 능력 보유자가 1번 문항을 맞힐 것이라고 판단하였고, 2라운드에서도 동일하게 판단하였다. 준거설정자들이 1라운드와 2라운드에서 다른 판단을 내린 경우는 매우 드물었다. 이를테면 평정자 2는 최소 능력 보유자가 1번 문항에 대해 1라운드에서는 틀릴 것이라고 판정하였으나, 2라운드에서는 맞힐 것이라고 수정하였다.

〈표 6-3〉의 가장 아래 행과 오른쪽 열에 제시된 값은 각각 평정자와 문항에 대한 평정의 평균과 표준편차다. 2라운드의 판단을 보면 모든 평정자의 평정점수는 .00으로 5번, 6번, 11번 문항을 가장 어렵다고 평정하였다. 반면 4번, 7번, 8번, 9번 문항에 대해서는 모든 평정자가 1.00으로 평정하여 경계선 피험자가 합격하기 위해서는 이들 문항을 전부 맞추어야 된다고 판단하였다. 2라운드의 평가를 볼 때, 평정자 1의 변동 폭이 가장 작았고(표준편차 .142), 평정자 3의 변동 폭이 가장 컸다(표준편차 .151).

2라운드의 판단을 보면, 평정자 3이 평균 .50으로 가장 검사가 어렵다고 판단하였고, 평정자 1이 평균 .67로 가장 검사가 쉽다고 판단하였다. 또한 2라운드 평정에서 1번 문항의 표준편차가 .224로 가장 크다. 4번부터 9번 문항과 11번 문항은 준거설정자 전원의 평정이 일치하여 표준편차 .00으로 나타났다.

〈표 6-3〉의 우측 하단에는 1라운드와 2라운드에 대한 준거설정자들의 평균 및 표준편차가 제시되어 있다. 1라운드의 표준편차(.041)와 2라운드의 표준편차(.054)에는 큰 차이가 없으나 1라운드의 표준편차가 약간 더 작음을 알 수 있다. 전체 평균은 .53에서 .58로 2라운드에서 다소 증가하였다. 2라운드 결과, 준거설정자들은 최소 능력 보유자가 .58 이상의 정답률을 가져야 한다고 판단하였다. 이를 12개 문항으로 구성된 검사의 원

점수 척도로 환산하면 12개 문항 중 약 7(.58×12 = 6.96)개 문항을 맞춰야 되는 것으로 나타났다. 〈표 6-3〉에 제시된 가상자료에 근거하여 분할점수를 계산한 동일한 자료와 엑셀 서식은 www.sagepub.co/cizek의 yesno에서 볼 수 있다.

대안적 절차와 한계점

수정된 Angoff 방법, 확장된 Angoff 방법, 그리고 Yes/No 방법의 장점은 선다형 문항과 구성형 문항이 혼합된 검사에 적용 가능하다는 것이다. 예를 들면, 〈표 6-2〉와 〈표 6-3〉에 제시된 두 유형의 검사를 각각 독립된 검사로 보지 않고, 한 검사의 두 부분으로 간주할 수 있다. 이 경우 검사는 12개의 선다형 문항과 8개의 구성형 문항, 즉 총 20개의 문항으로 구성된다. 첫 번째 부분인 구성형 문항에 대한 분할점수는 확장된 Angoff 방법을 사용하여 산출하고, 두 번째 부분인 선다형 문항에 대한 분할점수는 Yes/No 방법을 사용하여 구할 수 있다. 이들 두 방법에 의해 산출한 분할점수를 합하면 20개 문항으로 구성된 검사의 분할점수를 얻을 수 있다. 이러한 상호 보완적인 모델이 적절하다고 가정한다면, 이 검사의 분할점수는 44점 만점 중 28[(2.69×8) + (.58×12) = 28.48]점 정도가 될 것이다.

이러한 대안적 절차를 적용하여 검사에 대한 분할점수를 얻기 위해서는 앞의 두 부분을 결합하는 다양한 방법을 고려해야 한다. 이러한 다양한 방법을 여기에서 설명하지는 않겠지만, 이분점수 문항을 위한 수정된 Angoff 혹은 Yes/No 방법과 구성형 문항을 위한 확장된 Angoff 방법을 결합하는 보다 복잡한 방식이 있다. 예컨대, 두 부분에 대한 가중치를 다르게 하고자 할 경우 이러한 복잡한 방식을 쓸 수 있다. 여기에 가능한 다양한 방법을 제시하기보다는 Hambleton(1998)의 논문을 참조하길 바란다.

마지막으로 수정된 Angoff 방법은 한 개 이상의 분할점수를 산출하는데도 사용된다. 가령, 피험자들을 기본, 숙달, 우수 수준과 같이 세 가지 수행범주로 분류하고자 할 경우, 준거설정자들은 각 라운드에서 기본과 숙달 사이의 경계선과 숙달과 우수 사이의 경계선을 구분할 필요가 있다. 이때 준거설정자들은 두 개의 경계선에 위치하는 두 가상집단을 각각 머릿속에 그려 각 집단에 대한 평정을 차례로 실시해야 한다. 이런 개념화를 바탕으로 준거설정자들은 두 세트의 평정을 하게 되는데, 대개 이 두 세트의 평정을 하나의 라운드에서 생성하지는 못한다. 대신 준거설정자들은 첫 번째 경계선에 위치한 하나의 가상집단을 염두에 두고 모든 문항에 대한 평정을 내린 뒤, 두 번째 경계선에 위치한 가상집단을 고려하여 동일한 문항 전체를 다시 평정한다. 만약 두 경계선 중 어느 하나가 다른 하나보다 더 중요하다면(예로, 숙달 수준 이하의 학생은 유급되는 경우) 중요한 분할점수가 첫 번째 라운드에서 산출되도록 한다. 적어도 이론적으로는 이러한 소기의 목적을 달성할 수 있는 데 그 방법은 다음과 같다. 우선 이 중요한 경계선에 위치한 가상의 피험자만을 개념화하도록 준거설정자들을 유도하여 문항에 대한 평정을 완료하게 한다. 그다음 경계선에 위치한 피험자에 대해 개념화함으로써 준거설정자들이 첫 번째 분할점수를 도출해내는 과정에서 두 번째 경계선에 위치한 가상의 피험자에 대한 생각으로 인한 혼동이 일어나지 않도록 한다.

수정된 Angoff 방법이 많은 연구자의 관심을 받은 반면, 몇몇 Angoff 변형 방법은 별다른 관심을 받지 못하였다. 한 연구에 의하면, Yes/No 방법(그 연구에서는 직접 경계선 방법이라고 하였다)을 수업시간 검사상황에서 다른 일반적인 준거설정 방법(예, Nedelsky, Ebel, Hofstee)과 비교해 본 결과 Yes/No 방법이 상당히 타당하다는 결과를 도출하였다(Downing, et al., 2003). 그러나 전체적으로 볼 때 Yes/No 방법과 확장된 Angoff 방법을 포함하는 비교연구는 찾아보기 힘들다. 몇몇 Angoff 방법의 또 다른 한계점은 다분문항을 위해서는 별로 사용되지 않았다는 점이다. 준거설정자들로 하여금 경계선 피험자가 다분점수문항에서 어느 특정 점수를 받을 수 있을지의 여부에 대하여 'Yes' 혹은 'No'로 답하게 함으로써 Yes/No 방법을 다분문항에도 적용할 수는 있겠지만, 오늘까지 이 방법은 오직 이분문항에만 적용되었다.

Yes/No 방법의 잠재적 취약점은 문항 평정이 검사의 문항난이도 분포에 의해 긍정적 또는 부정적 편향성이 일어날 수 있다는 것이다. 이 방법에서 준거설정자들은 암묵적으로 문항의 정답률이 .50보다 큰지 작은지를 놓고 각 문항을 평정하기 때문에 이런 편향성이 발생할 수 있다. 이를테면, 모든 문항의 정답률이 .7이라고 했을 때 정확한 평정자라면 모든 문항에 대하여 '1'로 평정했을 것이고, 그 결과 산출되는 분할점수는 만점이 된다. 이는 분명히 그 평정자가 의도한 바가 아니며, 검사난이도에 근거하여 생각해 봤을 때에도 현실적으로 기대하기 어려운 것이다.

마지막으로 일련의 Angoff 방법은 가장 널리 쓰이고 있고 어떠한 준거설정 방법보다 많이 연구된 것이 사실이나 또한 많은 비판을 받아 왔다. 가령 *National Academy of Education*의 보고서에는 NAEP의 준거를 설정하기 위하여 수정된 Angoff 방법을 사용한 연구 결과를 제시하고 있다. 이 보고서에는 몇몇 준거설정자가 최소 능력 보유자나 경계선 피험자와 같이 준거설정의 주요 추상적인 개념화를 제대로 하지 못하였거나 개념화한 내용을 일관성 있게 유지하는 데 어려움이 있었다는 증거를 제시하였다. 또한 이 보고서에서는 Angoff 방법이 준거설정자들로 하여금 숙달에 대한 통합된 개념을 충분히 형성할 수 있도록 허용하지 않은 점을 비판하였다. 뿐만 아니라 Angoff 방법은 근본적인 결함을 가지고 있으면서 성취수준 설정에서 Angoff 방법이나 다른 문항평정에 기초한 준거설정 방법의 사용을 중단해야 한다고 하였다(Shepard, et al., 1993, p. xxiv). 오늘까지 Angoff 방법에 대한 비판적 시각은 경험적으로 검토되지 못하였고, 준거설정 분야의 많은 심리측정학자에 의하여 논쟁이 되고 있다(Hambleton, Brennan, Brown, Dodd, Forsyth, Mehrens, et al., 2000). 전체적으로 볼 때 문항평정에 기초한 준거설정 방법, 특히 Angoff 방법은 앞으로도 계속 광범위하게 활용될 것이다.

제7장

직접합의 방법

준거설정 방법 중 Angoff 방법이나 Nedelsky 방법과 같은 문항 중심 방법은 준거설정자가 문항을 검토 및 평정하는 데 많은 시간이 소요된다는 단점이 있으며, 특히 라운드를 여러 번 진행할수록 이런 단점이 더욱 잘 나타난다. 앞 장에서 설명했듯이, 수정된 Angoff 방법의 단점은 준거설정자가 가상의 최소 능력 보유자를 개념화하여 이를 토대로 각 문항의 정답률을 추정해야 하는데, 이러한 절차가 준거설정자들에게 상당한 인지적 부담을 줄 수 있다는 점이다. 따라서 문항 중심 준거설정 절차의 소요 시간과 인지적 부담을 줄여 줄 필요가 있다.

이를 위해 Sireci, Hambleton, Pitoniak(2004)이 직접합의 방법(direct consensus)을 제안하였다. 이 방법을 개발하게 된 이유 중 하나는 준거설정을 위해 3일 이상의 시간이 소요되는데, 이 시간을 줄이기 위해서였다. 준거설정 과정에 많은 시간이 소요된다면 참여하고자 하는 사람의 수가 줄어들 것이 분명하고 또한 참여에 따른 금전적 보상이 없는 상황이라면 이런 상황은 더욱 가중될 것이다.

Sireci 등(2004, p. 21)은 "Angoff 방법의 단점을 개선하고 패널들이 합격점수를 설정하는 데 있어 보다 직접적으로 관여할 수 있도록" 하고자 하였다. 앞서 지적했듯이 Angoff 방법의 단점은 평정작업이 복잡하다는 데 있다. 직접합의 방법은 이러한 부담을 상당 부분 덜어 주며, 제6장에서 설명한 Yes/No 방법의 특별한 형태라고 할 수 있다.

아마도 직접합의 방법의 중요한 특징 중 하나는 준거설정자들이 분할점수의 높낮이에 대한 그들의 의견을 직접 표현할 수 있도록 한다는 점이다. 개발자들은 이런 사실을 다음과 같이 정의하고 있다.

> 작업 초기단계에서 패널들이 적절한 합격점수를 제시한다. 그 후 제시된 합격점수를 좀 더 높이거나 낮추자는 제안이 있을 경우, 패널들은 직접 합격점수를 조정하고 이러한 조정이 합격점수에 주는 영향을 즉각적으로 파악할 수 있다. Angoff 방법에서는 패널 개인이 자신의 합격점수를 수정하기 위해서는 각 문항 수준의 평정을 수정해야 하고, 자신의 수정이 전체 합격점수에 미치는 영향에 대해서는 모든 문항에 대한 평정이 완료되기 전까지는 정확하게 알 수 없다(Sireci, et al., 2004, p. 21).

직접합의 방법의 절차

다른 준거설정 방법에서와 같이 직접합의 방법 역시 적합한 준거설정자를 선발하여 검사의 목적 및 내용준거 등을 숙지하도록 돕는다. Angoff 방법에서와 마찬가지로, 직접합의 방법의 준거설정자들도 평정를 시작하기 전에 우선 핵심개념에 대해 숙지할 필요가 있다. 직접합의 방법의 핵심개념화는 가상의 '최소 자격 보유자(just-qualified candidate)'이다.

그러나 Angoff 방법과 달리, 준거설정자들이 검사의 각 문항을 개별적으로 검토하며 평정하지는 않는다. 그 대신 기존 검사문항을 몇 개의 영역으로 구분하여, 전체 영역을 검토하고 평정한다. 검사를 몇 개의 하위 검사나 내용 영역으로 나누며, 이때 각 영역은 전체 검사에서 보다 내용적으로 더 동질적인 문항으로 구성된다.

준거설정자들은 첫 번째 하위 영역부터 최소 자격 보유자가 맞힐 만한 문항을 선택하게 된다. Sireci 등(2004)에 따르면, 준거설정자들이 고른 최소 자격 보유자가 맞힐 만한 문항 수가 곧 해당 영역의 분할점수가 된다. 각 준거설정자들이 모든 하위 영역의 분할점수를 산출하는 것으로 평정작업의 첫 단계가 완료된다. 모든 영역의 분할점수를 합하여 전체 검사의 분할점수를 산출하게 된다. 평정작업의 첫 번째 단계의 마지막에서 각 준거설정자가 제시한 합격점수를 종합하여 각 준거설정자에게 규준 정보로 제공하게 된다.

직접합의 방법을 수행한 후 얻은 가상의 자료가 〈표 7-1〉에 제시되어 있다(Sireci, et al., 2004). 이 자료는 46개 문항으로 구성된 검사이며, 46개 문항은 5개의 하위 영역(A, B, C, D, E)으로 구성되었으며, 각 하위 영역의 길이는 서로 다르다. 또한 8명의 준거설정자들은 최소 자격 보유자가 합격하기 위하여 각 영역에서 맞춰야 한다고 판단되는 문항 수를 추정하였다. 예를 들어, 9개의 문항으로 구성된 하위 영역 A의 경우, 평정자 1은 경계선 피험자가 7개 문항을 맞춰야 한다고 판단하였다. 하위 영역 A에 대한 준거설정자들의 판단은 비교적 일관되어 있음을 알 수 있다. 8명의 준거설정자 중 6명이 최소 자격 보유자가 합격하기 위해서 7개의 문항을 맞춰야 한다고 판단하였고, 나머지 2명은 6개의 문항을 맞춰야 한다고 판단하였다.

'하위 영역 평균(표준편차)' 열에 제시된 바와 같이, 하위 영역 A에 대한 평정자들의 평균치는 6.75였다. 이 열에서는 영역 내에서 평정자들의 표준편차뿐만 아니라 각 하위 영역에 대한 평정자들의 평균값을 제시하고 있다. 평정자 간 표준편차는 하위 영역 A는 .46으로 가장 작았고, 하위 영역 E는 .92로 가장 컸다. 〈표 7-1〉의 맨 오른쪽 열에는 전체 문항 수에 대한 각 하위 영역 평균 문항 수에 해당하는 백분율이 계산되어 있다.

〈표 7-1〉의 하단에는 각 준거설정자가 하위검사 영역에 대해 평정한 문항 수를 모두 합한 값이 제시되어 있다. 자세히 살펴보면 총 46개의 문항에 대하여 평정자 1이 가장 낮은 분할점수를 제시하였고(31개), 평정자 3과 6이 가장 높은 분할점수를 제시하였다(35개). 그러나 3번과 6번의 평정자가 제안한 분할점수가 35개로 동일하다고 하더라도, 개별 영역에 대한 판단은 모두 일치하지는 않는다.

〈표 7-1〉 직접합의 방법의 가상 자료와 예

	평정자 ID									
	1	2	3	4	5	6	7	8		
하위 검사 영역 (문항 수)	준거설정자들이 하위 검사 영역 내에서 최소 자격 보유자가 맞춰야 한다고 판단한 문항 수								하위 검사 영역 평균(표준편차)	하위 영역에서 문항 수의 백분율
A (9)	7	7	6	7	7	7	7	6	6.75 (0.46)	75.0
B (8)	6	6	7	6	5	7	7	7	6.38 (0.74)	79.8
C (8)	5	6	7	6	6	6	5	6	5.88 (0.64)	73.5
D (10)	7	8	8	7	7	8	7	7	7.38 (0.52)	73.8
E (11)	6	5	7	7	7	7	8	6	6.63 (0.92)	60.2
									전체 평균 (표준편차)	전체 백분율
평정자 합계	31	32	35	33	32	35	34	32	33.00 (1.51)	71.7

출처: Sireci et al.(2004).

〈표 7-1〉의 맨 아래 줄에 제시된 개별 준거설정자들이 평정한 문항 수의 평균으로 최종 분할점수가 도출된다. 이 경우 최종 분할점수는 46점 만점에 33점이며 준거설정자 간 표준편차는 1.51로 매우 일관되게 평정하였음을 알 수 있다. 〈표 7-1〉에 제시된 가상의 자료에 근거하여 분할점수를 계산한 동일한 자료와 엑셀 서식은 www.sagepub.com/cizek의 directconsensus에서 볼 수 있다.

첫 번째 라운드가 끝난 후 〈표 7-1〉의 내용을 각 준거설정자에게 규준 정보로 제공할 수 있다. 많은 준거설정 방법을 준거설정자들에게 규준적 피드백을 제공할 때는 참가자들의 익명성 보장을 위해 ID 번호만 기재한다. 그러나 직접합의 방법에서는 피드백을 주는 과정에서 준거설정자 간 토론으로 각자 자신이 내린 판단을 설명하고 옹호할 수 있는 기회를 제공한다. 따라서 실제 직접합의 방법을 수행함에 있어 〈표 7-1〉에 있는 ID 번호는 실명으로 대체해도 무방하다. 다른 방법과 마찬가지로, 규준 정보는 집단 토의를 위한 기본 자료가 되며 준거설정자들은 그들의 평정과 그 이유를 토의하도록 유도한다. 토의는 하나의 영역에 대한 내용과 최소 자격 보유자의 특성에 대해서만 집중할 수 있도록 한 하위 영역에서 다음 영역으로 순서대로 진행한다. 준거설정자들이 규준적 자료를 바탕으로 하위 영역의 평정에 대한 토의와 수정작업을 수행하는 동안 2라운드 평정을 실시할 수 있다. 직접합의 방법의 특징 중 하나는, 2라운드 중에 준거설정자가 자신의 하위 영역별 분할점수를 수정할 경우 이것이 전체 분할점수에 어떻게 반영되는가를 분명히 알 수 있다는 점이다.

직접합의 방법의 세 번째 단계와 최종 단계에서는 준거설정자들에게 하나의 최종 분할점수에 대한 합의를 유도한다. 토론은 준거설정자들의 평균 평정값을 검토하는 일로 시작되는데 이 자료의 경우 원점수 33점, 즉 71.7%가 된다. 이전의 토론에서와 마찬가지로, 평균 평정값이 적절하다고 생각하는 준거설정자들은 그 이유를 설명하고, 분할점수를 조금 더 올리거나 내려야 한다고 생각하는 준거설정자들 역시 그 이유를 제시하도록 한다.

최종 단계에서 준거설정자들이 분할점수에 대한 의견일치를 이루는 것이 가장 이상적이지만, 합의가 이루어지지 않는 경우는 대체 방법을 쓰게 된다. 대안적 절차 중 하나는 개별 준거설정자들이 제시한 분할점수의 평균값을 사용하는 것이다.

Sireci 등(2004)은 직접합의 방법을 설명하면서 이 방법을 전문자격검사와 관련한 상황과 정보기술 분야의 자격검사에서의 적용 사례와 다른 방법과의 비교 · 연구 결과를 제시하였다. Angoff 방법과 '문항군집 방법(item cluster method)'의 적용 사례와 비교한 결과, 예상대로 직접합의 방법을 쓴 경우 각각 20%와 67%의 시간이 절약되었다.

직접합의 방법과 Angoff 방법을 비교한 연구는 공정한 비교와 각 방법에 의한 결과들의 안정성을 측정하기 위해 전체 준거설정자를 두 하위집단으로 나누었다. 두 집단이 직접합의 방법을 사용하여 도출한 분할점수는 서로 유사하였고(50점 중에 34점과 35점), Angoff 방법을 사용하여 도출한 분할점수(50점 중에 34점과 31점)와도 유사하였다. 직접합의 방법을 사용한 경우 두 집단 중에서 한 집단만 분할점수에 대한 합의를 이루었고, 다른 한 집단은 합의에 실패하여 평균 평정값인 34점을 최종 분할점수로 제시하였다.

직접합의 방법과 문항군집 방법을 비교한 연구에서는 두 방법의 결과가 다소 상이하게 나타났다. 이 연구에서는 다른 검사를 사용하여 비교하였으며 그 결과 분할점수에서 7%의 차이를 보였다. 연구자들은 두 방법 중 어느 쪽이 더 높은 분할점수를 도출하였는지를 밝히지 않았는데, 아마도 다른 검사를 사용하였다는 점이 결과 해석에 혼란을 일으킬 것으로 본 듯하다.

대안적 절차와 한계점

직접합의 방법은 최근에 소개된 방법이라 아직까지 수정된 방법이 거의 제안되지 않았고, 이 방법의 제한점에 대해서도 조사된 바가 거의 없다. Sireci 등(2004, p. 22)이 제안한 대안 중 하나는 라운드 중 하나가 끝났을 때에 준거설정자들에게 실질적 정보를 제공하는 것이다. 연구자들은 "각 내용 영역에 대한 피험자들의 문항수행평균을 준거설정자들에게 보여 줄 수도 있다."고 제안하였다. 검사의 문항난이도(*p*값)를 준거설정자들에게 제공하자는 제안은 일리가 있다. 그러나 이러한 제안을 반영할 경우 평정 과정에 소요되는 시간은 늘어날 것이다. 뿐만 아니라 제공된 문항난이도가 경계선 혹은 최소 능력 보유자들만의 수행에 근거한 값이 아닌 전체 피험자 집단의 수행에 근거한 값이라면 준거설정자들이 이 자료를 적절히 활용하는 데 어려움이 따를 수도 있다.

앞서 언급한 바와 같이, 직접합의 방법의 다른 변형은 검사의 하부 영역에 대한 문항평정을 2라운드에 실시하는 것이다. 직접합의 방법은 다른 준거설정 방법에 비해 소요시간 측면에서 이미 매우 효율적이며 여기에 이 제안을 적용할 경우, 준거설정자들이 1라운드를 이미 수행하였으므로 바로 최종 분할점수에 대한 토의에 들어갈 수 있다.

사소할 수 있으나, 직접합의 방법을 향상시키기 위한 한 가지 조언은 다음과 같다. Sireci 등(2004)이 기술한 직접합의 방법은 준거설정자들에게 자신이 각 영역에 대해 평정한 점수를 합산하여 전체 검사에 대한 자신의 분할점수를 제시하도록 요청하였다. 대부분의 경우 이 과정에서 오류가 발생할 가능성은 거의 없지만, 잠재적 오류를 제거하기 위해 다음과 같은 두 가지를 검토하는 것이 현명하다. 각 준거설정자의 자료를 전체 준거설정자들에게 규준 정보로 제공하기 전에 각 준거설정자들이 검사의 각 하위 영역에서 문항 수를 제대로 세었는지 확인하고, 준거설정자들의 합산이 정확한지 확인해야 한다. 사실 준거설정자들이 Bookmark 방법 시행 시 쪽번호를 기재하는 과정이나 원점수 척도의 분할점수 혹은 능력 척도 점수를 옮겨 적는 과정에서 오류를 범하는 것을 종종 보게 된다.

직접합의 방법의 제한점은 다음과 같다.

첫째, 이 방법은 검사가 하위 내용 영역으로 분명히 구별되는 경우에만 시행되었다. 사실, 이 방법은 이런 종류의 검사를 염두에 두고 개발된 것이다. 직접합의 방법이 일차원 또는 균일한 내용으로 구성된 검사에 적용될 경우, 이 방법은 제6장에서 설명한 Yes/No 방법의 한 특별한 형태라고 할 수 있다.

둘째, 이 방법이 대부분의 경우 합의에 도달할 수 있다고 믿는 것은 지나친 낙관일 수 있다. 준거설정자들이 토론을 마친 후 하나의 합의된 분할점수를 도출해 내지 못할 가능성은 높다. 특히 준거설정자가 많거나 매우 다양한 사람들로 구성된 경우 혹은 Sireci 등(2004)의 연구보다 많은 수의 문항을 포함한 검사를 대상으로 이 방법을 사용할 경우 합의를 도출하기가 용이하지 않다. 준거설정자들이 합의를 이루도록 준거설정 진행자가 어느 정도 압력을 행사해야 하는가에 관한 문제는 검사를 주관하는 기관에서 사전에 정책적으로 결정해야 하는 문제다.

셋째, 준거설정자들이 최종 분할점수에 직접적인 영향을 끼칠 수 있다는 점이 직접합의 방법의 장점인 동시에 우려의 대상이 될 수 있다. 방법 실행 과정 중 규준 정보로 제공되는 피드백이 준거설정자 개인의 이름이 밝혀지지 않도록 익명으로 처리된다고 할지라도 토의과정 중에 준거설정자들이 분할점수를 올리거나 내리자고 주장하는 것을 보면 익명성이 보장되기 어려울 것이다. 따라서 목소리가 크고, 영향력이 있으며, 설득력이 있는 한두 명의 준거설정자가 토의를 이끌어 나가거나 때로는 토의를 방해하고 합의가 되지 않았는 데도 억지로 합의를 만들어 내는 경우가 발생할 수 있다. 이런 경우 직접합의 방법의 준거설정 진행자는 집단 상호 간 역동성을 조절하도록 기민하게 행동할 필요가 있다. 앞과 같은 가능성을 배제하기 위해서는 숙련된 조정역할 외에 준거설정자들로부터 과정 중 평가질의서를 받는 방법이 있다. 이 평가서는 준거설정자들이 평가과정 중 편안했는지, 토의에 효과적으로 기여할 기회가 주어졌는지, 평가과정이 자신의 관점을 반영하고 있다고 생각하는지 혹은 분할점수를 신뢰하는지 등을 익명으로 물어보게 된다.

마지막으로 현재까지 직접합의 방법 절차 중 영향 정보가 활용되었다는 보고는 없다. 다른 방법에서 통상적으로 영향 정보를 사용하고 있는 점을 볼 때, 준거설정자들이 최종적으로 제시한 분할점수가 어떠한 결과를 도출했는지를 영향 정보의 형태로 준거설정자들에게 제공하는 것이 합리적일 것이다. 이러한 정보는 최종 토의단계 직전에 제공하는 것이 가장 타당하다. 왜냐하면 준거설정자들이 자신이 제시할 분할점수를 좀 더 높여야 할지 낮추어야 할지, 집단 평균값을 지지해야 할지를 고민하는 데 최종 분할점수의 결과를 안다면 도움이 되기 때문이다.

제8장

대조집단과 경계선집단 방법

오늘날 사용되고 있는 준거설정 방법의 대부분은 준거설정자들에게 최소 능력 보유자 혹은 기본과 숙달 경계선에 있는 가상적인 피험자가 문항이나 과제에 얼마만큼 수행할 수 있을 것인가를 예측하여 준거를 설정하는 것이다. Jaeger(1989)는 이러한 방법을 '검사 중심'이라 명명했으며 또 다른 방법은 '피험자 중심'으로 정의하였다.

이 장에서는 Jaeger의 분류에 의한 '피험자 중심'에 포함되는 두 가지 준거설정 방법에 대해 설명한다. 그러나 앞서 논의한 바와 같이, 어떤 준거설정 절차에서든지 준거설정자는 검사 내용과 성취준거가 적용될 피험자 모집단에 대한 정보를 충분히 가지고 있어야 한다. 어떤 방법도 다른 한 부분을 배제하고 검사문항 또는 피험자 중 한 부분에만 치중할 수 없다. 다만, 초점을 두는 정도에 따라 방법의 차이는 있다.

그러므로 이 장에서 소개할 방법은 피험자를 일차적으로 고려하고 검사 내용을 이차적으로 고려한다는 것이 보다 정확한 표현이겠지만, 학계에서 일반적으로 사용하는 용어와 일관성을 유지하기 위해 '피험자 중심'이라는 관습적 용어를 사용할 것이다. 비록 Jaeger의 분류 방법을 전적으로 지지하지는 않으나 일부 준거설정자들이 피험자 중심 방법을 더 선호한다는 것에는 동의한다. 즉, 준거설정자들은 피험자 중심 방법에 더 친숙하고 그 방법을 이해하기가 더 용이하다는 것이다. 다시 말해, 교사 · 치료담당자 · 교수 등과 같이 준거설정에 자주 참여하는 준거설정자들은 어떤 수준의 피험자가 각 수행범주에 배치될 수 있는 기본 조건에 맞는 지식과 능력을 소유했는지를 쉽게 판단하므로 '검사 중심' 방법보다 '피험자 중심' 방법이 보다 더 적합할 수 있다.

이 장에서는 피험자 중심 방법인 경계선집단 방법과 대조집단 방법을 소개한다. 이 두 방법 모두 가상적인 피험자가 아니라 실제 피험자에 대한 직접적 판단이 필요하다. 기본적으로 각 방법은 피험자의 실제 수행 정보를 종합하여 검사의 분할점수를 산출한다. 단지 이들 방법은 준거설정자들의 세부적인 판정 방법, 초점을 두는 주된 피험자 집단, 분할점수 산출 방법에서만 차이가 있을 뿐이다.

대조집단 방법의 절차

Berk(1976, p. 4)이 처음 제안한 대조집단 방법은 '친숙한 집단 절차(familiar known-groups procedure)'의 확장이다. 대조집단 방법이 제안된 시기는 Bloom(1974)의 '완전 학습' 개념이 주요 연구의 대상이 되던 시기였다. '친숙한 집단 절차'는 교육받은 학생과 그렇지 않은 학생, 완전 학습자와 불완전 학습자를 구별하기 위한 분할점수를 산출하기 위하여 개발되었다. 이 방법의 절차는 검사에 포함되는 내용에 대해 효과적으로 지도된 학생 집단과 그렇지 못한 집단의 정보를 수집하는 것으로 시작된다. 두 집단의 점수분포를 만들고, 완전 학습자와 불완전 학습자의 차이를 최대화하는 점수를 찾는다. 비록 완전 학습 방법의 대중적 인기는 감소하고 있지만 '대조군' 또는 '친숙한 집단 절차'는 여전히 효과적이며, 완전 학습과 불완전 학습의 분류 방법은 지금도 사용되고 있다.

대조집단 방법은 분할점수 산출에 앞서 피험자에게 검사를 치르게 한 후, 이 결과를 분석자료로 사용한다. 검사의 특성, 피험자의 개인 정보 또는 실제 지식과 능력 수준에 대해 잘 알고 있는 전문가들이 준거설정자로 참여하게 된다. 그리고 준거설정자들에게 피험자의 실제 점수를 제공하지 않은 상태에서 피험자들을 완전 학습과 불완전 학습, 즉 합격 또는 불합격 범주로 분류하도록 한다. 개별 피험자에 대한 준거설정자들의 판단을 바탕으로 불완전 학습자로 분류된 피험자의 점수분포와 완전 학습자로 분류된 피험자의 점수분포를 만든다. 두 분포를 그래프상에 곡선으로 표기하고, 두 집단을 분류할 수 있는 분할점수를 산출한다.

[그림 8-1]은 가상의 두 분포를 보여 주고 있다. 이 그림에서 x축은 0부터 80까지의 원점수 척도를 나타내고, y축은 해당 점수를 얻은 집단의 비율을 나타낸다(y축은 빈도로 표현할 수도 있다). 이때 두 분포의 크기가 다른데 이는 준거설정자들이 분류한 완전 학습자 또는 합격자의 비율이 불완전 학습자 또는 불합격자의 비율보다 더 크기 때문이다. 물론 실제 준거설정은 이 그림에서처럼 간단하지는 않다. 또한 일반적인 검사점수분포는 [그림 8-1]에 나타난 것처럼 매끄러운 분포를 나타내는 경우는 드물다. 적어도 이론상으로는 고르지 못하고 들쭉날쭉한 분포의 원인은 표본 오차 때문이다. 수많은 요인에 의해서 점수분포는 다소 들쭉날쭉할 수 있고, 이로 인해 분석이 수월하지 않을 수 있다. 고르지 못한 점수분포는 표본집단의 크기가 작을 때, 가능한 점수의 수가 제한되어 있을 때, 점수 척도상에서 특정 점수가 산출되지 않을 때 주로 발생한다. 따라서 분할점수를 설정하기 전에 완곡화 절차(smoothing procedure)를 거치는 것이 일반적이다

(Livingston & Zieky, 1982). 다양한 종류의 완곡화 기술을 사용할 수 있지만 이에 대한 깊이 있는 논의는 이 책의 내용과는 거리가 멀고 완곡화를 위해 종종 특정 컴퓨터 소프트웨어가 필요하므로 여기에서는 간단하게 언급하고자 한다. 엑셀 사용자들은 엑셀 메뉴 상단의 '도구-자료분석-분석도구' 명령을 사용하여 기본적인 완곡화 기술을 사용할 수 있다. 그러나 이 방법은 엑셀에서 자동적으로 설치되지 않기 때문에 엑셀 설치 CD의 사용자 옵션으로 추가 설치를 해야 한다.

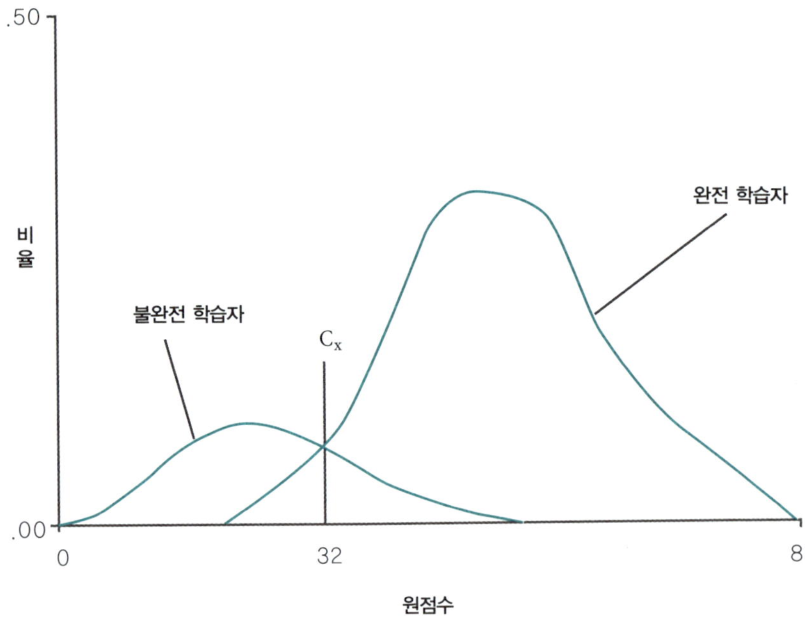

[그림 8-1] 대조집단 방법의 가상적 분포

[그림 8-1]의 분포처럼 곡선이 고르거나 그렇지 않은 경우라도, 분할점수를 도출하는 방법은 두 분포의 교차점을 선택하는 것이다. [그림 8-1]처럼

고른 분포를 보이는 자료에서는 C_x로 표시된 교차점, 즉 32점이 분할점수가 된다.

대조집단 방법의 예

[그림 8-1]에 나타난 고른 분포보다 [그림 8-2]에 나타난 예가 더 일반적인 분포 양상이다. [그림 8-2]에 그려진 완전 학습자와 불완전 학습자의 가상분포는 '정규분포 생성기'를 사용하여 도출하였다. 250명의 완전 학습자의 분포는 평균 50점, 표준편차 15이고, 60명의 불완전 학습자의 분포는 평균 25점, 표준편차 7이다. 이 수치를 얻기 위해 사용된 자료는 www.sagepub.com/cizek의 contrastingdata에서 볼 수 있다.

[그림 8-2]에서 보는 바와 같이 육안으로 두 집단분포에서 교차점을 찾기란 쉽지 않다. 따라서 분할점수는 통계 소프트웨어를 이용해 산출해야 한다.

집중경향값을 사용하는 기본적인 방법은 두 분포의 중앙값을 사용하는 것이다. [그림 8-2]에서 두 분포의 중앙값은 불완전 학습자가 24점, 완전 학습자가 52점이다. 이 두 중앙값의 중간점은 38점이고, 이것이 분할점수로 사용될 수 있다. 또는 각 두 집단 평균값의 중간점도 사용할 수 있으며 이 경우에는 37.5점이 분할점수로 산출된다.

또 다른 방법은 로지스틱 회귀분석을 사용하는 것인데, 이는 대조집단 방법을 사용한 분포곡선의 교차점을 정하는 데 가장 일반적으로 사용되는 방법이다. 로지스틱 회귀분석은 각 범주로 분류된 확률이 .50이 되는 원점수 지점을 결정하는 데 사용된다. 그러나 이때 .50값의 선택이 기술적 결정이 아니라, 긍정적 판정오류와 부정적 판정오류를 동등하게 고려한 정책적 결정임을 기억해야 한다.

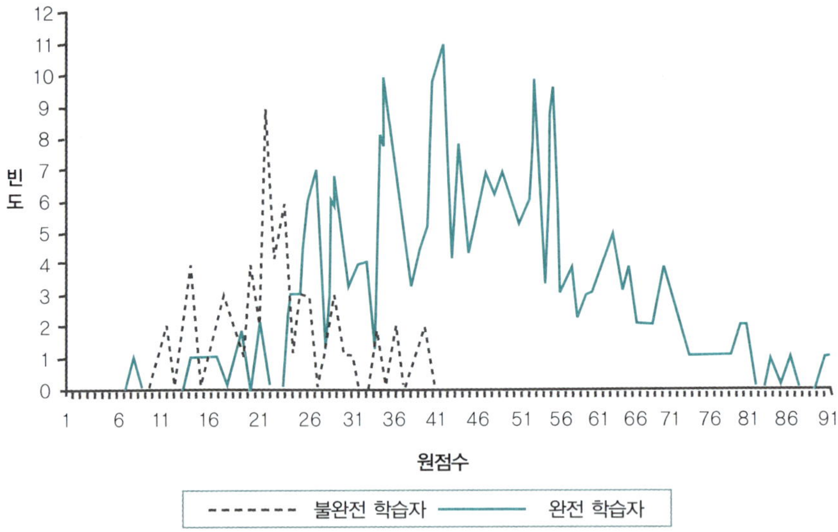

[그림 8-2] 완전 학습자와 불완전 학습자의 고르지 않은 전형적 원점수 분포

로지스틱 회귀분석을 위한 SPSS 프로그램의 자료는 www.sagepub.com/cizek의 contrastingdata에서 볼 수 있다. 이 자료는 [그림 8-2]를 만드는 데 사용한 자료와 동일하다. 보다 쉬운 분석을 위해 개별 피험자에 대한 준거설정자들의 판단을 0(불완전 학습)과 1(완전 학습)로 기호화하였다. 더불어 개별 피험자의 실제 검사점수(준거설정 동안 준거설정자에게 제공하지 않은 자료)도 추가하였다. 따라서 총 310명(완전 학습자 250명, 불완전 학습자 60명)의 자료는 원점수(Rawscore)와 완전 학습과 불완전 학습 상태를 나타내는 MN상태(MNStatus)라는 두 개의 변수로 구성하였다.

SPSS에서 로지스틱 회귀분석을 수행하기 위해, 메뉴 상단 '분석'의 하위 메뉴에서 '회귀분석' 기능을 선택하면 된다. 자료의 종속변수(MNStatus)가 0과 1의 이분변수이므로 '회귀분석' 기능에서 이항 로지스틱을 선택한다. 분석에 사용 가능한 변수의 목록이 제시된 대화 상자에서 MNStatus 변수를 클릭하여 '종속변수' 상자로 이동시키고, Rawscore 변수를 '공변량'

상자로 이동시킨다. 그리고 결과 분석을 위해 OK 버튼을 누른다. 이와 같은 방법은 자주 쓰이는 엑셀에서도 사용할 수 있는데, 엑셀을 사용한 로지스틱 회귀분석 수행 절차는 제9장에서 다루도록 한다.

이 절차를 통해 얻은 SPSS 결과는 [그림 8-3]에 나타나 있다. 그림의 첫 번째 표는 모형 계수가 성공적으로 추정되었음을 보여 주며, 두 번째 표는 이 자료를 위한 대조집단 분할점수를 계산하기 위해 필요한 모든 정보를 보여 주는데, 이것이 로지스틱 회귀계수다. 앞으로는 이 결과에서 분할점수가 어떻게 산출되었는지 설명할 것이다. 보다 자세한 설명은 제9장 '로지스틱 회귀분석 결과 해석'에서 논의한다.

모형 요약

Step	-2 Log Likelihood	Cox & Snell R-Square	Nagelkerke R-Square
1	152.696 a	.387	.619

모수 추정치

		B	S.E.	Wald	df	Sig.	Exp(B)
Step 1	Raw Score	.198	.027	53.598	1	.000	1.219
	Constant	-5.288	.818	41.810	1	.000	.005

[그림 8-3] 대조집단 자료의 로지스틱 회귀분석 결과

이 자료를 활용하여 대조집단 분할점수를 산출하는 과정을 설명하기 위해 여기에 사용된 하나의 독립변수가 투입된 회귀분석 모형을 간단히 설명하고자 한다. 일반적으로 로지스틱 회귀분석식은 [공식 8-1]과 같다.

$$y^* = a+b(x) \qquad \text{[공식 8-1]}$$

여기서 y*는 피험자의 종속변수(MNStatus)의 예측값이며, a는 상수, b는 회귀분석식의 기울기, x는 피험자의 원점수를 나타낸다. [공식 8-1]에 [그림 8-3]에서 제시된 a와 b값을 대입하면 [공식 8-2]를 산출할 수 있다.

$$y^* = -5.288 + .198(x) \qquad \text{[공식 8-2]}$$

전형적인 회귀분석에서는 주어진 x값에 대한 y* 예측값을 계산하는 것이 주된 관심사다. 이 경우 x값을 [공식 8-2]에 넣고 y*값을 구할 수 있다. 그러나 이 경우에 두 집단(완전 학습과 불완전 학습) 사이의 정확한 중간점, 즉 0과 1 사이의 중간인 .50을 산출하는 x값을 얻는 것이 주요 관심사다. 사실상 불완전 학습자로 분류되는 피험자가 완전 학습자로 분류될 확률이 50%가 되는 x값을 찾는 것이다. 그러므로 대조집단 방법을 통해 분할점수를 산출하는 공식은 [공식 8-3]과 같다.

$$.50 = -5.288 + .198(x) \qquad \text{[공식 8-3]}$$

[공식 8-3]을 풀면 x값은 29.23으로 약 29점의 분할점수를 얻을 수 있다. 이 값은 앞에서 두 집단의 중앙값을 통해서 얻은 38점보다 낮고 또한 두 집단의 평균값을 통해 얻은 37. 5점보다도 낮다. 즉, 다른 분석 방법을 적용할 경우 다른 분할점수를 얻게 된다는 것이다. 특히 [그림 8-2]에서 나타난 것처럼 표본 규모가 작고 고르지 못한 대조집단인 경우 이런 차이는 당연한 결과다. 또한 소규모 표본으로 로지스틱 회귀분석을 실시하면 모형의 모수 추정에서 큰 추정오차가 발생하고 R^2값이 작게 산출된다. 이러한 이유로 많은 경우에 대조집단 방법을 사용하여 분할점수를 얻기 위해 중간점 방법이 사용된다.

경계선집단 방법

비록 대조집단 방법은 준거설정자들에게 보다 자연스러운 평정을 요구하지만 이는 다소 어렵게 여길 수도 있다. 다시 말해, 준거설정자들이 피험자들을 완전 학습자와 불완전 학습자 또는 합격과 불합격으로 분류해야 하지만, 실제로 모든 피험자를 이들 범주 중 하나로 완벽하게 분류하기는 어렵다. 이분법적으로 판단하기 어려운 피험자가 있을 수 있으며, 범주 사이의 경계에 위치할 수 있다. 이는 준거설정자가 판단하기에 피험자가 완전 학습자 또는 합격으로 분류되기 위한 충분한 지식과 능력이 없고, 동시에 불완전 학습자 또는 불합격으로 분류될 만큼 능력과 지식이 부족하지도 않다고 판단할 경우를 의미한다.

이 문제를 해결하기 위해 경계선집단 방법(Zieky & Livingston, 1977)이 제안되었다. 경계선집단 방법은 준거설정자가 피험자를 완벽하게 이분법적으로 분류할 수 없을 때 합격과 불합격 사이의 '경계선 범주'로 분류한다. 일반적으로 합격, 경계선, 불합격으로 범주를 나누며, 모든 준거설정자들은 각 피험자를 이들 범주 중 하나의 범주로 분류한다.

대조집단 방법에서처럼 경계선집단 방법을 사용하는 준거설정자들은 검사 내용 및 개별 피험자들의 지식과 능력에 대한 특정 지식을 가지고 있다. 경계선집단 방법을 사용하기 위해 참가자들은 먼저 완전 학습과 불완전 학습의 경계선에 위치한 피험자에 대해 정의를 내리기 위해 토의한다. 경계선집단에 대한 개념화가 끝나면 준거설정자들은 피험자의 성취도에 대한 정보 없이 합격과 불합격의 경계선상에 위치할 특정 피험자를 구분한다. 준거설정자들은 이런 방법 대신 피험자를 적격, 부분 적격, 그리고 적격 미달의 세 가지 범주로 구분한다.

그리고 나서 피험자의 실제 검사점수를 사용하여 경계선집단의 점수분포를 만들고, 주로 분포의 중앙값을 분할점수로 산출한다. [그림 8-4]는 경계선집단 방법을 사용하여 분할점수를 산출한 결과를 보여 주는데, 이 경우 중앙값인 42점이 분할점수가 된다.

대안적 절차와 한계점

경계선집단 방법은 준거설정자들이 피험자를 둘 이상의 범주로 분류하기 위해 판단해야 한다는 점에서 대조집단 방법과 비슷하다. 그러나 두 방법의 차이는 대조집단 방법보다 경계선집단 방법이 보다 예리한 판단을 요구한다. 즉, [그림 8-4]에서의 간단한 판단과 달리, 준거설정자들은 한 피험자를 불합격, 경계선 또는 합격의 세 범주 중 하나로 분류하기 위한 결정을 반드시 해야 한다. 다음 제9장에서 소개될 Body of Work 방법이

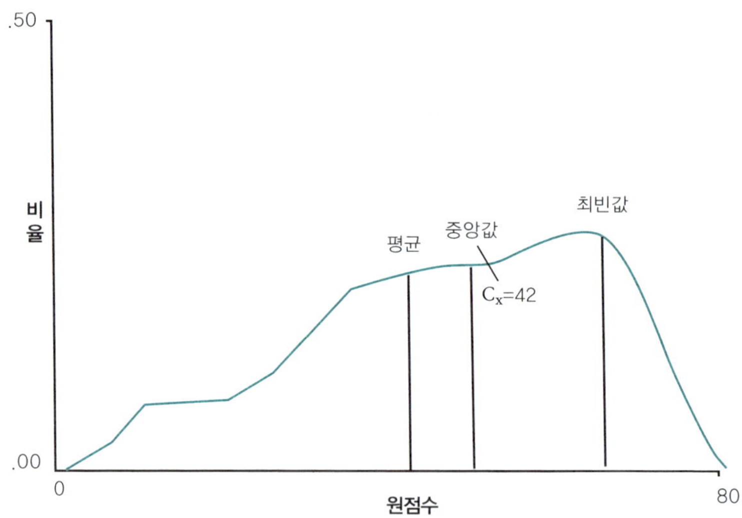

[그림 8-4] 경계선집단 방법의 가상적 분포

경계선집단 방법의 특수한 경우에 해당된다.

Plake와 Hambleton(2001)은 경계선집단 방법의 확장된 방법을 제시하였다. 이들 연구에서 세 개의 범주(기본, 숙달, 우수)는 다시 3개의 하부 집단(상, 중, 하)으로 나뉜다. 즉, 기본-하, 기본-중, 기본-상과 같은 범주로 피험자를 분류하였다. 기본-상 집단은 숙달-하 집단과 아주 비슷한 지식의 능력을 보이고, 숙달-상과 우수-하 집단 또한 아주 비슷한 역량 수준을 보인다. 이러한 분류 방법에 따른 분할점수는 대조집단 방법(로지스틱 회귀분석 또는 경계선의 중간점 사용) 또는 경계선집단 방법 중 어떤 방법으로든지 구할 수 있다. 이때 근접한 두 집단을 합쳐서 하나의 경계선집단(기본-상과 숙달-하)을 만들고, 이 집단의 중간값이 기본과 숙달의 수행 수준을 구별하기 위한 분할점수로 산출된다. 만약 두 경계선 범주에 놓인 피험자의 수가 거의 같다면, 평균값이 보다 적절한 값이 된다.

적어도 대조집단과 경계선집단 방법은 준거설정자들의 직관적 판단이 장점이라고 주장할 수 있다. 그러나 경계선집단 방법은 경계선집단의 규모가 아주 작을 경우, 안정된 분할점수를 산출할 수 없다는 것이 제한점이며, 이와 비슷한 문제는 대조집단 방법에서도 드러난다. 그러나 소규모 경계선집단 문제는 분할점수 산출을 위한 분석 방법(특히 로지스틱 회귀분석)이 결정될 때까지 뚜렷하게 나타나지 않는다. 또한 완전 학습자와 불완전 학습자 분포의 완곡화 기술도 분석 오류의 원인이 될 수 있다. 즉, 완곡화 기술은 대규모 표본에 효과적이기 때문에 대조집단과 경계선집단 방법에서의 소규모 표본 문제는 분포의 완곡화 기술에까지 연관된다.

두 방법의 직관적인 특성에도 불구하고 이들 방법은 대규모 피험자 집단에 대한 충분한 지식을 가지고 대표성을 갖춘 많은 준거설정자에 의해 평정된다는 전제에 크게 의존한다. 게다가 경계선집단 방법에서는 준거설정자들이 중심경향오류(errors of central tendency)를 범하거나 불균형적으로 많은 피험자를 경계선 집단으로 분류하는 것을 피하기 위해 준거설정 진행자와 준거설정자의 훈련에 크게 의존한다. 비록 이러한 평정 경향이 경계선 집단의 규모를 증가시키는 긍정적 효과도 있을 수 있고 보다 안정적인 분할점수를 추정할 수 있지만, 이러한 경향은 알지 못했던 부분에서 잠재적 오류를 야기할 수 있다.

대조집단과 경계선집단 방법의 준거설정자들과 관련한 또 다른 제한점은 평정의 편견과 불일관성이다. 두 방법은 준거설정자들의 판단을 '최상급(gold standard)' 또는 그것에 내재된 신빙성과 타당성을 기준으로 삼는다. 만약 완전 학습/불완전 학습, 합격/불합격과 같은 판단이 오류 없이 일관적으로 이루어진다면, 효율성 측면에서의 이점을 제외하고는 검사나 판단을 검증하기 위한 또 다른 측정학적 방법이 필요하지 않다. 그러나 개인적 관심사를 배제하고 판단하는 것은 매우 어렵고, 같은 특성에 대한 판단이 경우에 따라 다양하다는 것은 잘 알려진 사실이다.

대조집단 또는 경계선집단 방법의 타당성에 대한 한 가지 잠재적 문제는 준거설정자들이 전적으로 피험자의 지식과 능력에 의존하여 판단하지 않는다는 것이다. 오히려 피험자 집단에 대해 매우 친숙한 준거설정자들의 판단은 다른 요소, 즉 피험자의 성격, 근면성, 도움 정도, 근무 태도, 리더십, 성별, 인종 또는 그 외의 여러 변수에 의해 영향을 받을 수 있다. 이 책에 소개된 다른 방법에서처럼 검사 목적에 상응하는 판단 결과 및 효과적인 적용을 위한 준거설정자를 위한 훈련이 필요한데, 이는 준거설정 절차의 성공과 정당성을 위해 매우 중요한 요소다.

마지막으로 대조집단과 경계선집단 방법에 두 가지 주의점이 있다. 첫째, 앞서 계속 강조한 바와 같이 [그림 8-1]에서 설명한 분할점수 산출 방법은 분류 착오의 결과가 매우 심각할 수 있다. 이 경우 실제로 완전 학습자인 피험자가 분할점수(C_x)보다 낮은 점수를 얻을 경우, 부정적 판정오류가 발생할 것이다. 긍정적 판정오류는 실제로는 불완전 학습자인 한 피험자가 분할점수(C_x) 이상의 검사점수를 받았을 때 발생한다. [그림 8-1]에서 산출된 분할점수는 두 분포의 교차점이므로 두 분류 오류를 같은 상대 비용의 가치로 여긴다. 그러나 모든 경우에 각 분류 오류의 상대 비용을 고려한 명확한 정책이 우선적으로 수립되어야 하며, 분할점수인 C_x의 실제 위치 또한 정책적 결정에 의해 도출되어야 한다.

둘째, 준거설정자가 대조집단 또는 경계선집단 방법에 의해 판단 작업을 완료했을 때, 판단 대상이 된 피험자의 검사 수행 정보를 활용해 실제 분할점수를 산출해야 한다. 이때 주의해야 할 문제점이 두 가지 있다. 첫 번째 문제는 분할점수를 산출해야 하는 검사에 응시할 피험자들이 필요하다는 것이다. 두 번째 문제는 준거설정자들이 완전 학습자로 분류한 피험자들이 불합격하는 경우가 발생했을 때의 논리적 난국이다. 반대로 준거설정자들이 불완전 학습자로 분류한 피험자들이 합격하는 경우도 발생한다. [그림 8-1]에서 보듯이 이러한 부정적 판정오류와 긍정적 판정오류 사례는 상대적으로 적어 보인다. 그러나 이러한 사례가 비록 피험자 규모, 다양성, 완전 학습자와 불완전 학습자의 분포의 근접 정도, 최종 분할점수의 위치에 의존할지라도, 이들 사례는 매우 중요하게 작용한다.

제9장

Body of Work 방법과 다른 총체적 방법

총체적 준거설정 방법은 한 명 이상의 준거설정자가 각 작업 견본(work sample)에 대해 하나의 총체적 평정을 내리는 특징을 지닌 방법을 포함한다. 이때 단일 평정 형태는 '합격 여부'와 같이 이분적인 평정이나 '기본 미달', '기본', '숙달', '우수'와 같이 서열적인 평정일 수 있다. 각 피험자에 대한 점수를 가지고, 하나 이상의 분할점수를 설정하기 위해 여러 방법을 하나로 결합시킨다.

경계선집단 방법과 대조집단 방법(제8장 참조), JPC(Judgemental Policy Capturing) 방법(Jaeger, 1995), DP(Dominant Profile) 방법(Plake, Hambleton, & Jaeger, 1997), AJ(Analytical Judgment) 방법(Plake & Hambleton, 2001), 그리고 BoW(Body of Work) 방법(Kingston, Kahl, Sweeney, & Bay, 2001)은 모두 총체적 방법으로 다음 장에서 자세히 다루고자 한다. 이들 방법 중 잘 사용되지 않는 JPC 방법, DP 방법, AJ 방법에 대해서는 간단하게 설명하고, 가장 널리 쓰이는 BoW 방법을 중심으로 설명한다.

JPC 방법

JPC(Judgmental Policy Capturing) 방법(Jaeger, 1995)은 매니지먼트와 같이 전문가들이 실제 작업 견본이나 다차원의 작업 프로파일을 평가하는 분야의 연구에서 개발되었다. JPC 방법의 기본 형태는 전문가의 판단에 의한 전체적인 평정과 중다회귀 방법을 통해 수행 작업의 여러 차원에 부여할 가중치를 산출하는 것이다. 이 방법은 교사자격검사인 NBPTS(National Board for Professional Teaching Standards)를 위해 처음 적용되었다. 이 연구에서 준거설정자들은 교사자격검사 응시자들의 가상적인 작업 견본에 점수를 부여하였다. 이때 준거설정자들은 교사의 성공적인 수행을 위해 중요하다고 판단되는 직무들의 다양한 조합을 생각하며, 응시자를 종합적으로 평가하였다. 이어서 Jaeger는 준거설정자들의 개별 평정 결과를 사용하여 각 응시자의 예측값을 산출하기 위해 중다회귀식을 유도하고, 각 차원별 가중치를 부여하였다.

JPC 방법의 간단한 예를 들어 보면 다음과 같다. 5개 차원에 대해 5점 척도로 평정된 하나의 작업 견본 세트가 있다고 가정해 보자. 준거설정자들은 독립적으로 각 견본을 4개의 범주 중 하나의 범주로 분류하며, 이때 4개의 범주는 1~4점으로 환산한다. 환산한 점수들은 종속변수로 활용되고, 작업 견본의 실제 점수가 예측변수가 된다. 〈표 9-1〉은 한 평정자가 5개의 작업 견본에 대해 5개 차원에 대한 평가와 전체 평가 결과를 제시한 가상 자료다.

Jaeger는 안정적인 중다회귀식을 도출하기 위해 200명의 준거설정자들이 평정한 자료를 수집하였다. 이 자료를 토대로 도출한 중다회귀식을 통해 작업 견본의 각 차원에 가중치를 부여해 피험자들의 점수를 예측할 수 있다. 개별 준거설정자들로부터 각각의 중다회귀식을 얻은 뒤, 여러 개의

〈표 9-1〉 JPC 방법

평정자 ID	작업 견본 ID	내용 1	내용 2	내용 3	내용 4	내용 5	전체 판정
1	001	1	1	2	1	1	1
	002	2	2	2	2	3	2
	003	3	4	4	4	3	3
	004	3	4	4	4	4	4
	005	5	5	5	4	5	4

회귀식을 통합하여 하나의 회귀식을 도출하는데, 이때 보다 안정적으로 평정한 준거설정자의 회귀식에 더 큰 가중치가 부여된다. 또한 검사의 전체적인 체제가 보상적인지 결합적인지에 따라 다른 방법을 사용하여 하나의 회귀식을 도출할 수 있다.

요약하면, JPC 방법의 주된 특징은 회귀분석을 이용하여 개별 준거설정자들이 피험자의 수행 능력을 판단하는 암묵적 방법을 파악할 수 있고, 이러한 개별 방법을 이용해 하나의 일관된 방법을 도출해 내는 것이다. 사실 회귀분석 절차를 응용하는 것은 준거설정자들이 피험자의 점수를 검토하고 분류하는 판단 근거를 명확하게 제시하지는 못한다. 아마도 경계선집단이나 숙달의 의미에 대한 명백한 기준이 부족하고 준거설정자들 간 상호작용이 상대적으로 부족하기 때문에 JPC 방법은 NBPTS 이외의 다른 자격시험에서는 적용되지 않았다.

DP 방법

Plake 등(1997)이 소개한 DP(Dominant Profile) 방법은 JPC 방법과 기본적으로 목적은 동일하나 보다 직접적인 방법을 적용한다. JPC 방법은 준거설정자들이 작업 견본을 평가한 자료를 통해 그들의 판단 방법을 도출하지만, DP 방법에서는 준거설정자들에게 직접적으로 판단 규칙을 알려 주고 그에 따른 평정을 요구한다. 만약 준거설정자들이 5개의 수행과제를 포함하는 검사를 검토한다면, " '숙달' 또는 '합격' 으로 분류되는 피험자는 반드시 과제 1과 3에서는 각각 3점 이상을 얻어야 하고, 나머지 3개 과제에서는 각각 2점 이상을 얻어야 한다."는 규칙을 제시한다. 이와 같이 직접 판단 규칙을 제시하는 것이 DP 방법의 특징이다. 사실 DP 방법은 JPC 방법에 대한 준거설정자들의 불만, 즉 보다 직접적인 방법을 선호하는 준거설정자들의 요구에 의해 Plake 등이 개발하였다.

NBPTS 자격검사에서도 이 방법을 적용해 보았다. Plake 등(1997)은 20명의 경험 있는 교사들에게 Early Adolescence Generalist 자격검사에 응시한 사람들의 작업 견본을 평가하도록 하였다. 이 검사의 내용은 Jaeger(1995)의 연구에서 사용된 검사와 유사하였다. 사실 준거설정자들은 먼저 JPC 방법으로 훈련받은 뒤, DP 방법을 실행하였다. 준거설정자들은 JPC 방법처럼 Early Adolescence Generalist 자격검사의 여러 하부 검사에 대한 피험자 점수를 검토한 뒤 4개 중 하나의 범주로 분류하였다. DP 방법의 기본적인 차이는 처음에는 JPC 방법처럼 응시자들을 분류하고, 그 이후에 이렇게 분류한 이유에 대해 기술하도록 하였다. 그 후 준거설정자들이 소집단 토의를 통해 그들의 방법을 논의하고 단일한 방법으로 합의하였다.

Plake 등(1997)의 연구에서 준거설정자들은 결국 보상적 요소와 절충적 요소를 포함한 다음과 같은 3개의 판정 방법을 도출하였다. 예컨대, 24점 만점에 합격을 위한 점수로 18점을 제시하였는데, 이는 보상모델을 적용한 것이다. 그러나 과제 2에 대해서만은 별도의 최소 점수를 설정하고 있으므로 이는 결합모델을 적용한 것이다. 즉, 18점 이상의 총점을 가진 사람 중 일부는 불합격이 될 수도 있다. 또한 나머지 두 개의 과제에서 낮은 점수를 받을 경우, 총점에 상관없이 불합격될 수도 있다.

그러나 기대한 것과는 달리, 세 가지 판정 방법은 단일 방법으로 통합되지 못하였다. 토론이 끝난 후 준거설정자들에게 결과에 대한 지지와 확신에 관한 설문조사를 실시하였는데, 설문 결과에 의하면 준거설정자들은 세 가지 방법 중 하나에 대해서만 강하게 지지하였다. 이러한 설문 결과를 바탕으로 Plake 등(1997)은 의견 수렴의 방법을 우편을 통한 설문조사보다는 직접 대면하여 진행할 것을 권장하였다. 그들은 투표를 통해 가장 많은 지지를 받는 방법을 최종적으로 선택하는 것이 가장 좋은 방법이라고 추측하였다.

AJ 방법

AJ(Analytical Judgment) 방법은 JPC 및 DP 방법과 비슷하다. AJ 방법은 다중 경계선집단 절차(multiple borderline group procedure)라 할 수 있다. 경계선집단 방법에서와 같이 AJ 방법은 '불합격'과 같은 하위 범주의 상위 집단과 '합격'과 같은 상위 범주의 하위 집단 피험자의 점수에 주된 관심을 둔다. AJ 방법은 분류 범주의 수가 2개 이상일 때, 즉 하나 이상의 분할점수가 필요한 경우를 위해 일반화된 경계선집단 방법이라 볼 수 있다. 가령, 4개의 수행 수준을 다시 상, 중, 하의 하위 범주로 나눌 경우, 총 12개의 범주로 구별한다.

AJ 방법의 절차는 다분형 수행 과제나 하나의 검사 안에 여러 요소가 결합된 유형의 준거설정을 위해 Plake와 Hambleton(2001)이 처음으로 개발하였다. 총체적 방법은 여러 요소가 혼합된 검사에서 단일한 범주를 결정하는 경우에 유용하다. Plake와 Hambleton은 기본(novice), 보통(apprentice), 숙달(proficient), 우수(advanced)로 수행 수준을 나누고, 각 수준은 다시 3개의 하위 범주(상, 중, 하)로 나누었다. 다시 말해 기본-하, 기본-중, 기본-

상, 보통-하, 보통-중, 보통-상, 숙달-하, 숙달-중, 숙달-상, 우수-하, 우수-중, 우수-상으로 나누었다.

이 방법에서 준거설정자들은 각 요소에서 실제 피험자들의 점수범위를 잘 대표하도록 선별된 작업 견본을 면밀히 검토한다. 그 뒤 12개의 수행 범주에 맞추어 작업 견본을 분류하고 이를 바탕으로 경계집단의 분포를 만든다. 예를 들어, 첫 번째 경계집단은 기본-상 수준이나 보통-하로 분류된 작업 견본으로 구성하고, 두 번째와 세 번째 경계집단은 각각 보통-상과 숙달-하, 숙달-상과 우수-하로 분류된 작업 견본으로 구성한다.

AJ 방법에서 분할점수는 경계집단에 속한 모든 작업 견본의 평균 점수로 계산된다. 그러므로 기본-상과 보통-하의 평균 점수가 보통 수준의 분할점수가 된다. Plake와 Hambleton(2001)은 단순히 평균 점수를 산출하는 것 이외에 예상치 못한 경우를 대비한 대안적인 방법도 제시하였다.

마지막으로 범주체계를 보다 단순화시킨 AJ 방법의 변형이 있다. 이를테면 12개의 범주를 7개로 단순화하는 것이다. 즉, 기본-하와 기본-중 수준을 삭제하고 이들을 합쳐 가장 낮은 수준인 '기본 미달'로 정한다. 이와 비슷하게 우수-중과 우수-상 수준은 '우수 수준'으로 합친다. 이때 기본 미달과 우수 수준 사이의 단계는 기본 수준 경계, 숙달 수준 경계, 우수 수준 경계로 구분한다. 이렇게 재설정된 경계집단의 분할점수는 각 경계집단의 평균 점수를 계산하여 산출한다. Plake와 Hambleton(2001)의 연구에서 AJ 방법을 7개 집단으로 단순화한 방법과 기존의 12개 범주로 구분한 경우의 분할점수는 크게 다르지 않았다.

3가지 총체적 방법의 요약 분석

JPC 방법, DP 방법, AJ 방법은 총체적 방법의 특수한 형태들이다. 특히

JPC와 DP 방법은 단순히 분할점수만 산출하는 것이 아니라 전문 자격의 기준을 명확히 하는 데에도 초점을 둔다. 따라서 준거설정자들과 준거설정의 책임이 있는 기관은 검사에 포함된 세부적인 요소에서 성공적인 수행을 위해 중요한 것이 무엇인가를 응시자들에게 알려줄 수 있다.

JPC와 DP 방법은 자격검사에 적용되었으므로 응시자들에게 각 수행과제의 배점과 총점 산출 방법에 대한 정보를 공지하였다. 응시자들이 검사를 위해 포트폴리오나 작업 견본을 작성하는 데는 많은 시간이 걸리므로 각 수행 과제나 포트폴리오 요소에 대해 명확하게 알려 주는 것은 응시자들이 효율적으로 준비하는 데 도움을 준다. 준거설정의 규칙은 현직에 있는 사람이나 취업 희망자 모두에게 중요하다. 이들 방법은 단순히 응시자들을 합격/불합격으로 구분하는 것 이상으로, 특정 분야의 자격을 얻기 위해 필요한 점수를 구체적인 방법으로 정의하는 역할을 한다.

그러나 AJ 방법은 분할점수 산출에 관한 것일 뿐 판정 방법에 대한 정보를 제공하지는 않는다. AJ와 DP 방법은 주로 다음과 같은 역사적 배경에 의해 개발되었다. 1990년대에는 선택형 문항을 위주로 개발된 Angoff나 Nedelsky 방법 외에 수행평가 과제나 다른 형태로 구성된 문항과 과제에 적합한 대안을 찾고 있었다.

이 세 가지 방법은 Jaeger, Plake, Hambleton이 수행한 수차례의 공동연구에 의해 개발되었다. 이에 이들 방법에서는 준거설정자들이 피험자의 수행을 평정하므로 앞서 설명한 경계선집단 방법이나 대조집단 방법과 같은 총체적 방법과는 다른 독립적인 방법들로 인식된다. 또한 신뢰성을 부여받은 전문가 집단에 의한 엄격한 규칙을 적용하여 준거를 설정하므로 이들 방법은 준거설정에서 중요한 방법으로 간주되었다. 다양한 수행을 포함하거나 혼합 형태의 검사를 사용해 자격을 부여하거나 교육적 평가를 할 때에는 이들 방법에 대해 충분한 검토를 해야 한다.

BoW 방법의 개관

BoW(Body of Work) **방법**Kingston, Kahl, Sweeney, & Bay, 2001) 역시 준거설정자들이 각 작업 견본에 대해 하나의 총체적인 판단을 통해 준거를 설정하는 총체적 준거설정 방법이다. 지금부터는 BoW 방법에 대해 자세히 다루고자 한다. 이 방법은 주단위의 고부담 시험에서 분할점수를 설정할 때 활용되는 횟수가 증가하고 있으며, 다른 총체적인 방법과는 다른 독특한 몇 가지 특징이 있다.

BoW 방법은 세 가지 면에서 다른 총체적인 방법과 다른 특징을 가진다. 첫째는 작업 견본을 성적순으로 정렬하여 제시하는 것이다. 그래서 준거설정자들은 정확한 성적은 모르지만, 처음부터 끝까지 성적이 높은 순이나 낮은 순으로 견본들이 정렬되어 있기 때문에 각 견본의 평정이 제대로 되었는지를 가늠할 수 있다. 예를 들어, 기본 수준으로 분류한 작업 견본 중 가장 낮은 점수를 받은 작업 견본을 기본 미달로 분류해야 하는 것이 아닌지를 다시 한 번 생각해 볼 수 있어 보다 효과적이고 효율적으로 작업을 수행할 수 있다. 이는 평정자들이 작업 견본을 쉽고 확실하게 바꿀 수 있도록 하며, 평정 라운드 사이의 논의시간에도 근거자료로 활용된다.

두 번째 특징은 라운드 사이에 체계적으로 작업 견본을 제거하는 것이다. 작업 견본 중에서 논란의 여지 없이 확실히 구분되는 것은 제거하고, 논란이 되고 있는 점수범위에 포함되는 작업 견본을 추가한다. Kingston 등(2001)은 첫 번째 라운드를 범위확인(rangefinding)이라고 하였고, 두 번째 라운드는 정밀측정(pinpointing)이라고 하였다. 이 두 개념에 대해서는 이후에 보다 자세하게 설명할 것이다.

BoW 방법의 마지막 특징은 두 번째와 긴밀한 관계가 있다. Kingston 등(2001)은 로지스틱 회귀분석으로 자료를 분석하였다. 이 방법은 작업 견본이나 점수를 체계적으로 제거하는 데 도움을 준다. 경계집단의 평균이나 중앙값을 산출하여 작업 견본을 제고할 경우 측정값이 체계적으로 과대 또는 과소 추정될 수 있으므로 중간값이 잘못 산출될 수 있다. 로지스틱 회귀분석은 이러한 잠재적인 문제를 제거해 주는데 이에 대해서도 이후에 보다 자세히 기술할 것이다.

BoW 방법의 절차

BoW 방법(Kingston, et al., 2001)은 대부분의 문항이 구성형인 검사와 같이 전통적인 준거설정 방법을 적용하기 어려운 복잡한 평가 형태의 과제에 대한 준거를 설정하기 위한 대안으로 제시되었다. 또한 BoW 방법은 쓰기 과제, 포트폴리오, 대안평가(제16장 참조) 등 다양하게 적용할 수 있도록 제안되었다. 다음은 이 방법의 주요 특징에 대해 요약한 것이다.

훈 련

다른 준거설정 방법과 같이, 준거설정 진행자들은 준거설정자들이 해당 준거설정 방법에 익숙해지도록 준거설정자 훈련을 실시한다. 준거설정자 훈련에서는 검사와 성취수준기술에 대해 준거설정자들이 친숙해질 수 있는 기회를 제공한다. 이를 위해 사전회의에 앞서 진행자나 보조진행자들은 훈련과 라운드 진행 시 사용할 작업 견본을 선정한다. Kingston 등(2001)의 연구에서는 논란의 소지가 있는 점수 패턴을 가진 작업 견본은 체계적으로 제거하였다. 가령, 준거설정자들이 특정 문항에서 높은 성적을 보인 반면 다른 문항에서는 매우 낮은 성적을 보인 견본은 제외하였다. 선택된 작업 견본이 논란의 여지가 생기지 않도록 하기 위해서는 세트를 무선으로 추출할 수 있다.

전통적인 BoW 방법에서는 준거설정자들이 훈련하는 동안에 적은 수의 작업 견본을 검토하도록 하였다. Kingston 등(2001)의 연구에서는 개별 준거설정자가 6개의 작업 견본을 검토해 4개의 수준으로 분류하였다. 준거설정자들은 그들이 평정한 결과를 서로 비교하고, 평정의 차이에 대해 토론한다. 성취수준의 수나 이름에 상관없이, BoW 방법에서 준거설정자들의 수행 작업은 동일하다. 준거설정자들은 기존의 성취수준기술을 숙지하여 작업 견본을 면밀히 검토하고 각 성취수준으로 분류해야 한다.

범위 확인: 1라운드

BoW 방법의 첫 번째 라운드에서는 **범위 확인** 작업을 수행한다. 준거설정자들은 낮은 점수에서 높은 점수로 혹은 반대로 정렬된 작업 견본 세트를 검사한다. 일반적으로 작업 견본을 동일한 점수대별 폴더로 분류하여 순차적으로 정렬한다. 〈표 9-2〉는 12명의 준거설정자들이 10개의 폴더로 분류된 30명 학생들의 작업 견본을 평가한 결과이며, 전체 자료는 www.sagepub.com/cizek의 bowdata1에서 볼 수 있다.

〈표 9-2〉를 보면, 폴더 1에는 가장 낮은 점수(13, 15, 16점)의 견본이 포함되었고, 폴더 2에는 다음 점수(17, 19, 20점)에 해당하는 3개 견본이 있고, 마지막 폴더 10에는 가장 높은 점수(46, 48, 50점)의 견본으로 구성되었다. 각 행은 하나의 폴더에서 준거설정자들이 매긴 점수들의 분포를 뜻한다. 예를 들어, 첫 번째 줄은 폴더 1에 대한 준거설정자들의 평정 결과를 보여 준다. 13점에 해당하는 작업 견본에 관한 평정 결과로 12명의 준거설정자 모두 이 작업 견본을 '기본 미달'로 분류하였다. 또한 3번째 줄은 폴더 1에 포함된 16점 작업 견본에 대한 평정 결과를 제시하고 있는데, 이 작업 견본은 12명의 준거설정자 중 10명은 기본 미달로 분류하였고, 2명은 기본 수준으

〈표 9-2〉 4개 수행범주에 대한 작업 견본의 평정분포: 범위 확인 라운드

		각 수행범주의 평점 빈도 수				
폴더 번호	원점수	기본 미달	기 본	보 통	우 수	합 계
1	13	12	0			12
	15	12	0			12
	16	10	2			12
2	17	9	3			12
	19	8	4			12
	20	6	6			12
3	21	5	7			12
	22	5	7	0		12
	23	4	7	1		12
4	24	1	9	2		12
	25	0	10	2		12
	27		9	3		12
5	28		7	5		12
	29		6	6		12
	30		4	8	0	12
6	31		3	8	1	12
	32		2	9	1	12
	33		1	9	2	12
7	34		0	10	2	12
	35			9	3	12
	36			8	4	12
8	38			7	5	12
	39			6	6	12
	40			4	8	12
9	41			2	10	12
	43			1	11	12
	44			1	11	12
10	46			0	12	12
	48				12	12
	50				12	12
	합 계	72	87	101	100	360

언어 영역 준거설정 평정지: 1라운드

준거설정자 ID _____ 일자 ____________________

지시 사항: 개별 작업 견본에 대해 본인이 판단하기에 적절하다고 생각하는 수행기준을 다음과 같이 기입하여 주십시오.

1 = 기본　　2 = 숙달　　3 = 우수

작업 견본 ID	평정	작업 견본 ID	평정
1	_____	27	_____
2	_____	28	_____
3	_____	29	_____
4	_____	30	_____
5	_____	31	_____
6	_____	32	_____
7	_____	33	_____
8	_____	34	_____

[그림 9-1] BoW 평정지 예

로 분류하였으며, 숙달 또는 우수 수준으로 분류한 사람은 아무도 없었다.

범위 확인을 시작하면서, 준거설정자들은 각 폴더에 있는 개별 견본을 검토하고, 개별 견본의 성취수준을 평정하여 특별한 서식에 기입하였다. 이 서식은 [그림 9-1]에 제시되었으며, www.sagepub.com/cizek의 bowform에서도 볼 수 있다. 준거설정자들은 각 폴더별로 검토한 뒤, 그들의 평정에 대한 토의와 수정작업을 수행한다.

대부분의 준거설정 방법에서는 여러 번의 라운드를 반복하는데 이때의 목표는 하나의 분할점수를 산출하는 것이다. BoW 방법의 범위 확인 라운드에서는 대략적인 분할점수를 파악하는 것이 주요 목적이고, 정밀측정

(pinpointing)이라 불리는 두 번째 라운드에서는 보다 정확한 분할점수를 산출한다. 범위확인과 정밀측정 라운드 사이에 준거설정 진행자와 자료 분석가들은 1라운드의 결과를 분석하고, 어떤 작업 견본을 제거할 것인가를 결정한다. 〈표 9-2〉를 보면, 폴더 1에 대한 평정은 대부분 합의에 도달하였으므로 '기본 미달'로 결정하였다. 준거설정 진행자는 이 폴더의 작업 견본을 제거하고, 정밀측정 라운드에서는 1라운드 평정에 포함되지 않았던 다른 점수의 작업 견본을 추가하여 의사결정에 도움을 줄 수 있다.

하나의 폴더 안에 포함된 작업 견본에 대한 준거설정자들의 평정이 다양한 경우가 더 유용하다. 만약 특정 점수 범위 내의 작업 견본에 대한 준거설정자들의 평정이 거의 동일하다면 이 점수 내에서는 두 성취수준을 분류하는 분할점수를 설정하기 어려울 것이다. 반면 특정 점수대에 해당하는 작업 견본의 평정 결과가 다양할 경우, 이 점수대에서 분할점수가 설정될 확률은 높다. 따라서 만약 하나의 폴더에 속한 하나의 작업 견본에 대해서는 대부분이 기본 수준으로 평정하였으나 같은 폴더에 속한 다른 작업 견본은 대부분이 숙달 수준으로 평가하였다면, 기본과 숙달을 구분하는 분할점수는 이 폴더의 점수 범위에서 설정될 것이다. 〈표 9-2〉에 적용해 보면 폴더 1, 9, 10이 포함하는 점수 범위에서는 분할점수가 설정될 가능성이 낮으므로 제거되어야 한다. 대신 폴더 2부터 8에 포함된 작업 견본은 2라운드에서 다시 검토되어야 한다.

여기서 폴더 1, 9, 10은 제거하고, 폴더 2에서 폴더 8의 작업 견본은 다시 검토해야 하는 이유를 보다 자세히 설명하고자 한다. 폴더 1에는 원점수 13, 15, 16점에 해당하는 견본이 포함되어 있는데, 13점과 15점에 해당하는 작업 견본은 모든 준거설정자가 기본 미달로 분류하였고, 16점에 해당하는 견본은 12명 중 10명이 기본 미달로 평정하였다. 폴더 1에 대한 준거설정자들의 의견이 거의 일치되었기 때문에 기본 미달과 기본 수준을 구별할 수 있는 분할점수가 있지만 이 폴더의 점수 범위에서는 존재하지 않을 것이다. 폴더 2에는 17, 19, 20점을 대표하는 작업 견본이 포함되어 있는데, 이들 작업 견본에 대한 준거설정자들의 평정 결과 기본 미달과 기본 수준으로 분류되었다. 이때 3개의 작업 견본을 기본 미달과 기본으로 분류한 준거설정자들의 비율은 각각 9/3, 8/4, 6/6이었다. 따라서 17점에서 20점 사이에 기본 미달과 기본을 분류하는 분할점수가 설정될 확률이 높다. 폴더 8까지 고려할 때 준거설정자 간에 의견이 불일치하는 비율이 높은 곳에 분할점수가 있을 가능성이 높다. 2라운드인 정밀측정에서는 이들 폴더에 해당하는 점수의 작업 견본을 추가하여 다시 검토하게 된다. 예를 들어, 1라운드에서 검토한 작업 견본에 포함되지 않았던 18점과 26점에 해당하는 작업 견본을 각각 폴더 2와 폴더 4에 추가할 수 있을 것이다. 〈표 9-2〉를 보면 성취수준이 변하는 점수의 위치를 쉽게 파악할 수 있다. 예컨대, 20점에 해당하는 작업 견본은 기본 미달과 기본으로 분류한 준거설정자들의 비율이 각각 50%이며, 29점의 작업 견본은 거의 50%씩 기본과 숙달로 분류되었다. 그리고 39점의 작업 견본 평정 결과 숙달과 우수가 유사한 비율을 보이고 있다. 준거설정자들의 평정 결과가 분명하게 갈려 2라운드에서 다시 검토해야 하는 작업 견본의 수는 매우 제한적일 것이다. 그러나 범위 확인에서 검토한 견본을 모두 다음 라운드에서 검토할 필요는 없으므로 2라운드에서는 평정 결과가 양극단으로 나뉘는 점수대의 작업 견본을 위주로 검토하는 것이 보다 바람직하다.

범위 확인과 정밀 측정 사이에서 검토할 작업 견본을 선택하는 원리는 준거설정자가 모든 분할점수에 대해 치우침 없이 선택할 수 있는 충분한 기회를 제공할 수 있도록 하는 것이다. 준거설정자는 정해진 시간에 정해진 수의 작업 견본을 검토한다. 준거설정자가 분할점수를 설정하기 위해 가장 적절한 작업 견본을 구성해 주어야 하는 것이 준거설정 진행자가 해야 할 일이다. Kingston 등(2001)의 연구에서는 작업 견본을 선택하는 좋은 예를 보여 주었지만, 경험 있는 BoW 방법의 진행자라면 검사와 성취수준 기술, 준거설정자에 관한 지식을 이용하여 2라운드가 생산적이고 효과적으로 진행될 수 있도록 작업 견본을 구성해야 한다. BoW 방법뿐 아니라 다른 총체적 방법을 실행할 때 작업 견본을 선택하는 일은 매우 중요하므로 이에 관해서는 이 장의 마지막에 다시 언급하도록 하겠다.

정밀측정: 2라운드

일명 **정밀측정** 라운드라고 불리는 2라운드에서 준거설정자들에게 첫 번째 라운드의 결과가 반영된 보다 좁은 점수대의 작업 견본을 제공한다. 이들이 해야 할 일은 첫 번째 라운드에서와 같이 전체 작업 견본을 검토하여 해당 성취수준을 판정하는 것이다. 2라운드에서 검토하는 작업 견본은 아마도 대부분이 1라운드에서 검토한 것이고 여기에 1라운드의 평정 결과에 따라 새로운 작업 견본이 추가되었을 것이다. 준거설정자들은 견본을 검토하고, 평정하여 진행자에게 제출한다. 〈표 9-3〉은 정밀측정 라운드의 결과이며, 이 자료는 www.sagepub.com/cizek의 bowdata2에서 볼 수 있다.

분할점수 계산

BoW 방법에서 최종 분할점수를 산출하기 위해 **로지스틱 회귀분석**을 사용할 수 있다(Kingston, et al., 2001, pp. 230-231). 이때 주로 2라운드인 정밀측정의 자료를 사용한다.

작업 견본에 대한 평정 결과가 인접한 두 성취수준으로 동일하게 갈라졌거나 상위 수준으로 분류한 피험자의 비율이 .5 이상인 작업 견본의 점수가 최종 분할점수가 된다. 예를 들면, 〈표 9-3〉에서 20점의 작업 견본

〈표 9-3〉 4개 수행범주에 대한 작업 견본의 평정분포: 정밀측정 라운드

		각 수행범주의 평정 빈도 수				
폴더 번호	원점수	기본 미달	기 본	보 통	우 수	합 계
2	17	10	2			12
	18	9	3			12
	19	7	5			12
	20	6	6			12
3	21	5	7			12
	22	5	7			12
	23	4	8	0		12
4	24	0	10	2		12
	25		10	2		12
	26		9	3		12
	27		9	3		12
5	28		8	4		12
	29		6	6		12
	30		5	7		12
6	31		4	8	0	12
	32		2	8	2	12
	33		1	9	2	12
7	34		0	10	2	12
	35			9	3	12
	36			8	4	12
	37			7	5	12
8	38			7	5	12
	39			6	6	12
	40			4	8	12
	합 계	46	102	103	37	288

은 기본 미달과 기본 수준으로 분류한 비율이 동일하게 50%(12명 중 6명)이고, 21점에 해당하는 작업 견본은 약 58%(12명 중 7명)를 기본으로 평정하였다. 단순히 보기에는 20점이 기본 미달과 기본 수준을 분류하는 분할점수로 적절하다고 판단할 수 있을 것이다. 비슷하게 두 성취수준 사이에 동일한 비율로 분류된 29점과 39점이 기본과 숙달, 숙달과 우수 사이의 분할점수로 활용하기에 적당한 것으로 보인다. 이들 간의 관계는 [그림 9-2]와 같이 그래프로 표현할 수 있다.

[그림 9-2]에서 보면 상위 성취수준으로 분류될 확률이 50%에 해당하는 점수가 분할점수로 설정되는 것을 알 수 있다. 50% 법칙을 적용하면 일반적으로 긍정적 판정오류와 부정적 판정오류의 결과가 동일하게 된다. 예컨대, 숙달 수준의 분할점수를 29점으로 설정한 뒤, 29점 이상의 점수를 받았지만 기본 이하의 수준으로 분류된 작업 견본과 29점 이하의 점수이나 숙달 수준 이상으로 분류된 작업 견본을 세어 본 결과 각각 12개, 14개였

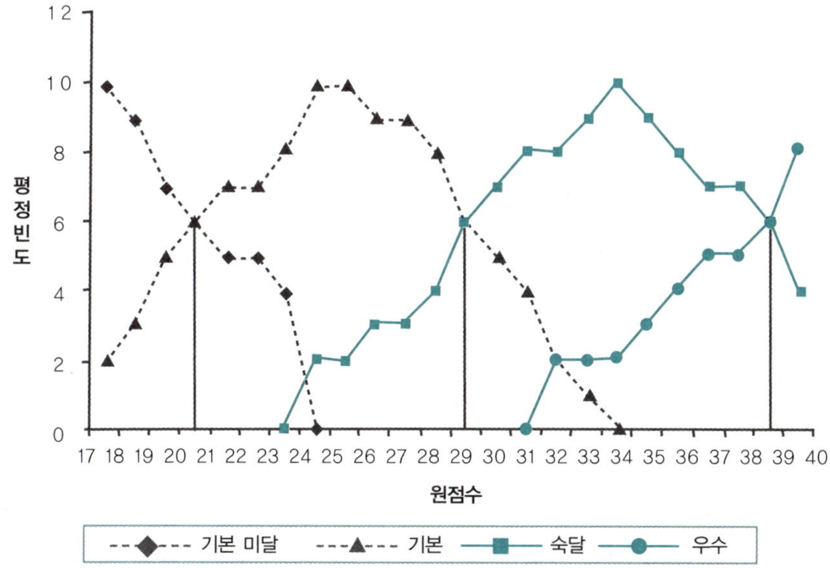

[그림 9-2] 〈표 9-3〉의 각 성취수준별 평정분포

다. 따라서 총 188명의 학생 중 26명이 잘못 분류되었다. 또한 분할점수를 28점과 30점으로 다시 설정한 뒤 판정오류 사례를 살펴본 결과 각각 28명과 30명으로, 29점에서 멀어질수록 부정적 또는 긍정적 판정오류가 많이 발생한 것을 알 수 있었다.

이러한 결과는 전체 점수범위의 작업에 대한 측정학적 확률에 기초한 것이다. 실제로 로지스틱 회귀분석을 사용하는 것은 결측치가 있는 점수와 수행 수준 간의 관계를 정립하기 위한 것으로 이 방법으로 산출된 분할점수는 모형에 기초한 분할점수라고 한다.

다음 절에서는 〈표 9-3〉의 자료를 사용하여 기본적인 로지스틱 회귀분석을 설명하고자 한다.

작업 견본에 대한 성취수준을 정해야 하는 상황에서, 주어진 점수가 특정 수준으로 분류될 확률을 계산해야 한다. 〈표 9-3〉이나 다른 준거설정 자료을 살펴보면 특정 수행범주에 포함될 확률은 원점수가 증가함에 따라 빠르게 올라가다 다시 감소하는데, 이는 높은 점수가 상위 범주로 분류되었기 때문이다. 기본으로 분류되는 확률은 15점부터 꾸준히 상승하다 25점에 해당하는 곳에서 최고가 되며, 25점과 34점 사이에는 다시 감소하고, 34점이 되면 확률이 거의 0이 된다. 원점수(S)와 해당 범주에 속할 확률(C) 사이의 관계는 엎어진 U자 형태를 취한다.

BoW 방법 안에서도 로지스틱 회귀분석의 적용 방법이 조금씩 변화하였다. 주어진 점수를 통해 '해당 범주'에 속하는 확률을 찾아내는 방법에서 주어진 원점수를 통해 '해당 범주나 그 이상'의 범주에 속할 확률을 찾아내는 것으로 변화하였다. 그러므로 〈표 9-3〉은 〈표 9-4〉와 같이 표현될 수 있다.

〈표 9-4〉의 첫 번째 열에 원점수를 기입하였고, 두 번째 열에는 기초수준 이상의 범주에 속할 확률[$p(\mathrm{B}^+)$]을 기입하였다. 마찬가지로 세 번째 열과 네 번째 열에는 각각 숙달 수준 이상[$p(\mathrm{P}^+)$]과 우수 수준 이상[$p(\mathrm{A}^+)$]에

〈표 9-4〉 각 성취수준의 로그 승산비

원점수	$p(B^+)$	$p(P^+)$	$p(A)$	$\ln\{p(B^+)/[1-p(B^+)]\}$	$\ln\{p(P^+)/[1-p(P^+)]\}$	$\ln\{p(A)/[1-p(A)]\}$
17	0.17	0.00	0.00	−1.60944		
18	0.25	0.00	0.00	−1.09861		
19	0.42	0.00	0.00	−0.33647		
20	0.50	0.00	0.00	0		
21	0.58	0.00	0.00	0.336472		
22	0.58	0.00	0.00	0.336472		
23	0.67	0.00	0.00	0.693147		
24	1.00	0.17	0.00		−1.60944	
25	1.00	0.17	0.00		−1.60944	
26	1.00	0.25	0.00		−1.09861	
27	1.00	0.25	0.00		−1.09861	
28	1.00	0.33	0.00		−0.69315	
29	1.00	0.50	0.00		0	
30	1.00	0.58	0.00		0.336472	
31	1.00	0.67	0.00		0.693147	
32	1.00	0.83	0.17		1.609438	−1.60944
33	1.00	0.92	0.17		2.397895	−1.60944
34	1.00	1.00	0.17			−1.60944
35	1.00	1.00	0.25			−1.09861
36	1.00	1.00	0.33			−0.69315
37	1.00	1.00	0.42			−0.33647
38	1.00	1.00	0.42			−0.33647
39	1.00	1.00	0.50			0
40	1.00	1.00	0.67			0.693147

속할 확률이 기입되었다. 이어서 각 열에는 이들 확률의 로그 승산비, 즉 $p/(1-p)$의 자연로그값이 기입되었다. 원점수 기댓값과 로그우도 모형은 [공식 9-1]과 같다.

$$\hat{y} = \ln [p/(1-p)] \qquad \text{[공식 9-1]}$$

확률이 50%인 경우, $1-p$도 역시 .50이 되므로 원점수의 기댓값($\hat{y}$)은 ln1, 즉 0이 된다. 따라서 특정 범주에 속할 확률(C)이 .50 이상이 되는 지점, 즉 $\hat{y}=0$이 되는 지점을 찾아야 한다. 또한 $\hat{y}$를 회귀식으로 표현하면 [공식 9-2]가 된다.

$$\hat{y} = a + b\text{x} \qquad \text{[공식 9-2]}$$

[공식 9-2]에서 a는 절편, b는 기울기이며, x는 주어진 원점수를 뜻한다. 〈표 9-5〉는 원점수와 〈표 9-4〉에 제시된 로지스틱 함수를 통해 분석한 세 가지 회귀분석 결과다. 〈표 9-5〉에 제시된 세 성취수준의 기울기와 절편을 사용하여 $\hat{y}$에 대한 회귀식을 세우면 다음과 같다. 이때 B, P, A는 기본, 숙달, 우수를 의미한다.

$$\hat{y}_B = -7.70468 + .37325 \times \text{RS}_B \qquad \text{[공식 9-3]}$$

$$\hat{y}_P = -12.63950 + .43973 \times \text{RS}_P \qquad \text{[공식 9-4]}$$

$$\hat{y}_A = -11.14140 + .28911 \times \text{RS}_A \qquad \text{[공식 9-5]}$$

이 세 가지 공식에서 확률이 50%일 때의 기댓값 0(즉, $\hat{y}=0$)을 이용하여 기초 수준의 분할점수를 산출할 수 있다.

$$0 = -7.70468 + .37325 \times \text{RS}_B \qquad \text{[공식 9-6]}$$

〈표 9-5〉 〈표 9-4〉 자료의 회귀분석 결과

	계 수	표준 오차	t	p
기본				
절편 (a)	−7.70468	0.952125	−8.092090	0.0004670
기울기 (b)	0.37325	0.047370	7.879364	0.0005290
숙달				
절편 (a)	−12.63950	1.081852	−11.68320	0.0000026
기울기 (b)	0.43973	0.037768	11.64278	0.0000027
우수				
절편 (a)	−11.14140	0.980866	−11.35870	0.0000091
기울기 (b)	0.28911	0.027176	10.63833	0.0000142

$$7.70468 = .37325 \times \mathrm{RS}_B \qquad \text{[공식 9-7]}$$

$$\mathrm{RS}_B = 7.70468/.37325 \qquad \text{[공식 9-8]}$$

$$\mathrm{RS}_B = 20.64 \qquad \text{[공식 9-9]}$$

이러한 방법으로 다른 성취수준인 숙달과 우수의 분할점수도 얻을 수 있다.

$$\mathrm{RS}_P = 28.74,\ \mathrm{RS}_A = 38.54 \qquad \text{[공식 9-10]}$$

분할점수를 산출하기 위한 회귀분석은 엑셀 프로그램을 사용하였으나 다른 통계 프로그램(SAS, SPSS, STATA 등)에서도 진행하였다. 많은 통계 프로그램에서 로지스틱 회귀분석 적용이 가능하다. 〈표 9-6〉은 회귀분석을 위한 SAS 명령문과 결과 파일이다.

〈표 9-6〉 분할점수 설정을 위한 SAS 프로그램의 명령문과 분석 결과 (〈표 9-3〉 자료 사용)

SAS 프로그램 명령문

```
proc logistic data = ssround descending;
model category = re / req;
where category = 1 or category = 2;
output out = logout p = prob1;
title ′ PROC LOGISTIC Logistic Regression Category 1 vs. 2′ ;
run;
proc logistic data = ssround descending;
model category = re / req;
where category = 2 or category = 3;
output out = logout p = prob1;
title ′ PROC LOGISTIC Logistic Regression Category 2 vs. 3′ ;
run;
proc logistic data = ssround descending;
model category = re / req;
where category = 3 or category = 4;
output out = logout p = prob1;
title ′ PROC LOGISTIC Logistic Regression Category 3 vs. 4′ ;
run;
```

SAS 결과

PROC LOGISTIC Logistic Regression Category 1 vs. 2

Probability modeled is Category=2.

PROC LOGISTIC Logistic Regression Category 2 vs. 3

모형 적합도 검증

준거	절편만	절편과 공변량
AIC	185.445	117.668
SC	188.443	123.663
−2 Log L	183.445	113.668

최대 우도 추정값

모 수	자유도	추정값	표준오차	카이제곱	유의확률
절 편	1	−11.3266	2.0169	31.5392	<.0001
	1	0.5613	0.0968	33.6066	<.0001

Probability modeled is Category=3.

모형 적합도 검증

준 거	절편만	절편과 공변량
AIC	286.185	139.683
SC	289.508	146.329
−2 Log L	284.185	135.683

최대 우도 추정값

모 수	자유도	추정값	표준오차	카이제곱	유의확률
절 편	1	−15.1934	2.0873	52.9824	<.0001
기울기	1	0.5262	0.0720	53.3302	<.0001

PROC LOGISTIC Logistic Regression Category 3 vs. 4

Probability modeled is Category=4.

모형 적합도 검증

준 거	절편만	절편과 공변량
AIC	163.698	132.942
SC	166.639	138.825
−2 Log L	161.698	128.942

최대 우도 추정값

모 수	자유도	추정값	표준오차	카이제곱	유의확률
절 편	1	−13.7280	2.8197	23.7029	<.0001
기울기	1	0.3583	0.0773	21.5010	<.0001

로지스틱 회귀분석 결과 해석

SPSS와 STATA 프로그램처럼 SAS도 최대 우도 방법을 통해 로지스틱 회귀분석을 실시한다. 따라서 최대 우도 방법에 의한 결과가 최소 제곱 방법으로 추정한 결과에 비해 다소 낯설게 느껴지는 부분도 있을 것이다. 지금부터는 〈표 9-6〉에 제시된 회귀분석 결과를 간략히 설명하고자 한다. 자세한 개념 설명은 로지스틱 회귀분석을 깊이 있게 다루고 있는 다른 저서(Cizek & Fitzgerald, 1999; O' Connell, 2006)를 참고하길 바란다.

로지스틱 회귀분석 결과를 볼 때 첫째로 보아야 하는 것이 모형 적합도(model fit statistics)다. 모형 적합도의 측정치는 AIC, SC, −2 Log L이 있는데 여기서 −2 Log L이 적합도의 기본적인 측정치다. AIC(Akaike Information Criterion)와 SC(Schwarz Criterion)는 −2 Log L에 기초한 것으로, AIC=−2 Log L+2m이며, m은 전체 독립변수의 모수치의 수로 이 경우는 절편과 기울기로 m=2가 된다. SC=−2 Log L+ln(n)m으로, 이때 n은 모든 관찰치의 수(즉, 입력된 평정 수)로 정의된다.

적합도를 확인할 때 중요한 것은 결과에 제시된 'Intercept Only' 값과 'Intercept and Covariates' 값을 비교하는 것이다. 이 비교는 독립변수가 투입되지 않은 기저모형의 적합도 값(즉, Intercept Only)과 독립변수인 원점수가 투입된 모형의 적합도 값(Intercept and Covariates)의 차이를 확인하기 위한 것이다. 〈표 9-6〉에 제시된 결과에서는 기저모형에 비해 관심모형의 수치가 상당히 줄어든 것을 볼 수 있다.

모형의 적합도를 확인한 뒤, '최대 우도 추정 분석(Analysis of Maximum Likelihood Estimates)'이라는 제목의 결과를 확인한다. 여기에는 절편과 기울기에 대한 추정값과 측정오차, 카이제곱값이 함께 제공된다. 〈표 9-6〉에 제시된 세 쌍의 절편과 기울기 추정값을 사용하여 원점수(RS)에 대한

$\hat{y}$의 회귀식을 다음과 같이 세울 수 있다.

$$\hat{y}_B = -11.3266 + .5613 \times RS \qquad [공식\ 9-11]$$
$$\hat{y}_P = -15.1934 + .5262 \times RS \qquad [공식\ 9-12]$$
$$\hat{y}_A = -13.7280 + .3583 \times RS \qquad [공식\ 9-13]$$

p=.50인 지점에서 추정값인 $\hat{y}$는 0이 되므로 $\hat{y}$를 0으로 치환하여 각 성취수준에서의 RS를 산출할 수 있다. 여기서 산출된 각 성취수준의 원점수 값은 각각 20.07점, 28.87점, 38.54점이며, 이들 값이 상위 성취수준 이상으로 분류될 확률이 50% 이상이 되는 최소 점수가 된다. 그리고 부정적 판정오류와 긍정적 판정오류를 동일하게 간주할 경우, 이들 값이 각 성취수준의 분할점수로 설정된다.

모형의 추정값에 대한 통계적 유의성은 카이제곱값을 통해 검증되는데 카이제곱값은 추정값을 표준오차로 나눈 뒤 제곱하여 계산한다. 〈표 9-6〉에 제시된 결과에서는 영가설하에서 자유도 1에 해당하는 카이제곱 분포를 가진다. 또한 모든 추정값의 유의확률은 .0001보다 작은데, 이는 절편과 기울기의 추정값이 0과는 유의하게 다르다는 것을 의미한다.

Bow 방법의 적용

BoW 방법이 고등학교 언어 영역을 평가한 주단위 검사에 적용된 사례를 예를 들어 설명하고자 한다. 이때 검사의 성취수준은 숙달 근접, 숙달, 우수로 구분하였다.

BoW 방법의 절차에 대해서는 이 장의 앞부분에서 언급하였으나 종종 당시 검사의 상황에 맞게 일부 수정하여 적용하기도 한다. 이 검사는 주단위 검사 프로그램이라는 상황에서 다음과 같이 수정되었다.

① BoW 방법에서는 작업 견본을 성적 순으로 배열하나, 여기서는 무선적으로 제시하였다.

② BoW 방법에서는 일반적으로 1라운드에서 몇 개의 작업 견본을 제외하고 남은 점수 범위에 해당하는 작업 견본을 추가하여 2라운드를 진행하지만 이 경우는 1라운드에서 준거설정자들이 검토한 작업 견본을 모두 제외하고 새로운 작업 견본으로 2라운드를 진행하였다.

작업 견본의 선택

언어 영역의 검사는 읽기 영역과 쓰기 영역으로 구성되었다. 읽기 영역은 20개의 선택형 문항과 4개의 구성형 문항으로 구성되어 있으며, 쓰기 영역은 2문항으로 되어 있다. 선다형 문항의 배점은 각각 1점이고 구성형 문항에는 각 4점이 부여된다. 그리고 두 개의 쓰기 문항의 배점은 각각 6점인데, 한 문항은 두 명의 채점점수를 합산하여 산출하는 반면, 다른 문항은 두 명의 평균 점수를 부여한다. 따라서 두 번째 쓰기 문항의 점수는 2.5, 3.5, 4.5와 같이 소수로 나타날 수도 있다. 즉, 읽기 영역의 총점은 36점이고 쓰기 영역의 총점은 18점이므로 언어 영역 검사의 전체 점수 범위는 0점부터 54점까지이고, 점수의 단위는 0.5점이므로 가능한 모든 점수의 수는 108개가 된다.

준거설정의 진행자로는 교육부 담당자와 계약한 채점자가 공동으로 맡았다. 대략 75,000명이 검사에 응시하였으며, 채점자들이 먼저 약 1,000개의 작업 세트에서 200개의 견본을 선정하였다. 각 견본은 한 학생의 전체 검사에 대한 응답으로 선택형, 구성형, 쓰기 문항에 대한 응답으로 구성되었다. 진행자들은 전체 점수 분포와 각 문항의 다양한 응답 패턴을 반영할 수 있도록 작업 견본을 선정해야 한다. 1차적으로 선정된 200개 작업 견본 중 11점 이하와 51점 이상 작업 견본은 포함되지 않았고, 최종 선택된 33개

〈표 9-7〉 언어 영역 검사의 작업 견본: 범위 확인 라운드

폴더 순서	선택형 문항점수	구성형 문항점수	총 점
1	17	24	41
2	17	20	37
3	20	28	48
4	16	20	36
5	17	15	32
6	13	15	28
7	6	6	12
8	13	18	31
9	19	24	43
10	17	21	38
11	20	27	47
12	10	14	24
13	13	17	30
14	18	21	39
15	8	15	23
16	19	23	42
17	18	22	40
18	14	21	35
19	19	30	49
20	20	25	45
21	20	30	50
22	18	23	46
23	20	24	44
24	13	20	33
25	10	16.5	26.5
26	6	14	20
27	15	19	34
28	8	13	21
29	9	9	18
30	13	12	25
31	15	14	29
32	12	15	27
33	6	10	16

작업 견본의 점수 범위는 12~50점이다. 선택형 문항의 총점 범위는 6~20점이고, 구성형과 작문의 총점 범위는 6~30점이다. 전체 성적은 〈표 9-7〉에 제시하였으며, 나머지 167개 작업 견본은 2라운드를 위해 보류하였다.

준거설정자 훈련

진행자는 준거설정자들에 대한 오리엔테이션을 실시하는데, 이는 거의 하루 종일 진행되며, 여기에는 전체 검사를 직접 풀어 보고 채점하는 작업이 포함된다. 전체 일정은 [그림 9-3]에 제시하였고, 이 자료는 www.sagepub.com/cizek의 bowagenda에서도 얻을 수 있다.

유능한 준거설정자들을 선발하여 우편으로 사전통보하고 준거설정 회의를 개최한다. bow 훈련에서 진행자들은 준거설정 회의 목적, 성취수준기술, 채점기준에 대해 설명하고, 실습을 실시한다. 실습시간에는 준거설정자들이 학생의 일반적인 작업 견본 3개를 사용하여 평가해 보게 한다. 이때 준거설정자들은 '숙달 근접' 수준은 1점, '숙달'은 2점, '우수'는 3점으로 평정한 뒤 서로의 평정 결과를 공유한다. 실습의 목적은 준거설정자들이 평정이나 서식을 기입하는 방법에 익숙하도록 하는 것과 더불어 집단 간 의견 차이가 있음을 인지시키는 것이다. 진행자는 준거설정자들에게 분할점수가 그들이 채점한 모든 결과를 반영한 것임을 설명하는데, 이때 회귀분석과 같은 자세한 통계적 방법 등은 설명하지 않는다.

진행자는 실습라운드 말미에 평가표를 배포한다. 이는 훈련을 통해 준거설정자들이 준거설정의 절차를 제대로 이해하고 다음 과정을 수행할 준비가 되었는지를 확인하기 위함이다. 제3장의 〈표 3-8〉이나 www.sagepub.com/cizek의 evaluationform에서 견본 평가 서식을 얻을 수 있다.

첫째 날

8:00~8:30 A.M. 아침 식사

8:30~10:00

1.0 개회 – 문서 작성, 공지, 객실관리
1.1 목표
1.2 절차
1.3 준거설정자 선정
1.4 준거설정자에 대한 기대
1.5 분할점수 정의
1.6 분할점수 활용

10:00~10:15 휴식

10:15~12:00

2.0 평가자료 검토
2.1 평가 내용
2.2 평가 개발 과정 기술
2.3 평가 수행 (1)

12:00~1:00 점심

1:00~4:30 평가 자료 검토

2.3 평가 수행 (2)
2.4 평가에 대한 점수 매기기

둘째 날

8:00~8:30 아침 식사

8:30~10:00

3.0 준거정의에 대한 이해
3.1 학생 성취준거의 정의
3.2 학생 숙달 수준에 대한 해석
3.3 학생 우수 수준에 대한 해석
3.4 학생 수행 수준의 요약
3.5 중간평가

10:00~10:15 휴식

10:15~12:00

4.0 준거설정 과정 소개
4.1 절차 기술
4.2 시행
4.3 준거설정 절차 요약

〈계속〉

12:00~1:00 점심
1:00~4:30
5.0 총체적 분류
5.1 평가지와 안내서 배부
5.2 문서 분류

셋째 날
8:00~8:30 아침 식사
8:30~10:30 총체적 분류
5.0 총체적 분류
5.3 준거설정자 토의
5.4 분류 검토

10:30~10:45 휴식
10:45~12:00
6.0 총체적 분류
6.1 평가지와 안내지 배부

12:00~1:00 점심
1:00~4:30 총체적 분류
6.2 문서 분류

넷째 날
8:00~8:30 아침 식사
8:30~10:30 총체적 분류(계속)
6.3 준거설정자의 평정 결과 토의

10:30~10:45 휴식
10:45~12:00
7.0 영향 자료 검토
7.1 영향 자료 소개
7.2 최종 준거 결정
7.3 보안문서 반납
7.4 입금총액 증명서 제출

12:00~1:00 점심
1:00~3:00
8.0 준거설정 과정의 평가
8.1 준거설정 서식 채우기

[그림 9-3] BoW 준거설정 회의(안)

범위 확인

범위 확인과정에서 준거설정자들은 〈표 9-7〉에 제시된 33명의 작업 견본과 [그림 9-1]과 유사한 형태의 평정 양식을 제공받는다. 준거설정자들은 작업 견본을 하나씩 검토하여 각 작업 견본에 가장 적합한 성취수준을 결정하는 총체적 평가를 실시하는데 숙달 근접은 1점, 숙달과 우수는 각각 2점과 3점으로 평정한다. 이때 준거설정자들에게 작업 견본은 무작위로 배열되었음을 상기시켜 이전의 작업 견본 평정 결과가 이후 작업 견본의 평정에 영향을 주지 않도록 한다.

둘째 날 오후에는 그들의 평정 양식을 완성한 뒤 5~6명으로 구성된 소집단 토론에서 평정 결과에 대해 논의하고 원하는 경우 평정 결과를 수정한다. 소집단 토의와 평정 수정이 끝나면 그 결과를 준거설정 진행자들이 수합하여 두 번째 날의 일정을 마무리한다. 이후 분석전문가들이 준거설정자들의 평정 결과를 확인하고 분포를 분석한다. 27점 이하나 43.5점 이상의 작업 견본은 분할점수를 산출하는 데 별 도움을 주지 못하므로 이는 고려하지 않는다. 더불어 33.5점과 38점에 대한 평정 결과는 높은 일치도를 보이므로 이 또한 2라운드에서 제외한다. 1라운드의 결과를 바탕으로 2개의 예비적인 분할점수 근처의 점수 범위에 속하는 22개 작업 견본을 선정하였다. 즉, 두 분할점수를 기준으로 각 분할점수보다 높은 점수 범위에 해당하는 11개 작업 견본과 낮은 점수 범위에 해당하는 11개 작업 견본을 선택하였다. 이때 높은 분할점수 근처의 22개 작업 견본을 'High 22'라 하고 낮은 분할점수 근처의 22개 작업 견본을 'Low 22'라 하였다. 'Low 22'의 점수 범위는 27~33점이고, 'High 22'의 점수 범위는 38.5~43.5점이었다. 이렇게 선정된 2라운드의 작업 견본을 〈표 9-8〉에 제시하였다.

〈표 9-8〉 언어 영역 검사의 작업 견본: 2라운드

Low 22		High 22	
코드	점수	코드	점수
205721	31.5	120802	43.5
206379	30.0	120807	43.0
206423	28.0	120847	38.5
206666	31.0	206212	42.5
206728	28.5	206357	41.0
206754	30.5	206358	39.5
206856	31.5	206441	41.5
241086	30.0	206445	41.5
241141	29.5	206681	39.0
241517	30.5	206778	42.5
241780	31.5	206807	40.5
241800	33.0	206827	40.5
250068	30.5	206835	40.0
250124	28.0	240987	43.5
250151	29.0	241534	39.5
284286	29.5	241797	41.5
284321	32.0	241815	40.0
285178	29.0	241826	41.0
285180	31.0	242319	40.5
285883	27.0	249204	42.0
285919	28.5	250633	42.5
285921	27.5	284232	39.5

셋째 날 일정은 전체 회의에서 1라운드의 평정 결과를 검토하는 것으로 시작한다. 진행자는 1라운드의 전체 평정 분포와 다른 결과를 요약하여 제공한다. 이때 제공한 자료는 www.sagepub.com/cizek의 Bowsamples에서 받을 수 있다. 휴식시간 이후, 준거설정자들에게 새로운 작업 견본으로 구성된 'High 22'와 'Low 22' 폴더를 제공한 뒤 2라운드를 시작하여 오후 중반까지 평정을 계속 진행하였다. 2라운드 결과에 대한 소규모 토의와 수정 작업을 끝으로 세 번째 날의 일정을 마무리하였다. 준거설정자들의 일정이 모두 끝나면 진행자들은 2라운드의 결과를 수합하여 분할점수를 다시 계산하고 각 작업 견본의 평정 분포를 계산하였다.

〈표 9-9〉에 제시된 SAS 프로그램의 로지스틱 회귀분석 결과를 보면, 숙달 수준 분할점수는 29.4점으로 산출되었으나 우수 수준의 분할점수는 16.7점으로 산출되었다. 그리고 두 성취수준의 모형에 대한 분석 결과는 숙달 수준의 경우, 모형의 적합도도 양호하고 절편과 기울기의 추정값도 통계적으로 유의한 반면, 우수 수준의 모형은 적합도가 좋지 않을 뿐 아니라 절편과 기울기의 추정값 역시 통계적으로 유의하지 않았다. 또한 이 자료를 엑셀 프로그램을 사용하여 다시 분석한 결과 모든 성취수준에서 적합하지 않은 분할점수가 산출되었다.

이러한 비정상적인 결과의 원인을 파악하기 위해 준거설정 진행자들은 2라운드의 평정 결과를 검토하여 'High 22'의 작업 견본 중에서 준거설정자들이 일관성 있게 평정하지 못한 것이 무엇인지를 찾아보았다. 2라운드의 평정 결과가 제시된 〈표 9-10〉에 의하면 40점보다 낮은 점수의 작업 견본에 대해서는 대체로 합의 정도가 높았다. 2라운드에서 40점에 해당하는 작업 견본은 두 개가 제시되었는데, 첫 번째 작업 견본의 평정 결과 숙달과 우수의 비율이 13:13이었지만, 두 번째 작업 견본은 숙달과 우수의 비율이 5:21이었다. 따라서 40점이 숙달과 우수 수준의 경계지역이 될 확률이 높다.

〈표 9-9〉 정밀측정 라운드의 로지스틱 회귀분석 결과

'Low 22' 모형 적합도 검증

준 거	절편만	절편과 공변량
AIC	792.693	758.337
SC	794.477	761.905
−2LogL	790.693	754.337

'Low 22'의 최대 우도 추정값

모 수	자유도	추정값	표준오차	카이제곱	유의확률
절 편	1	−9.2961	1.6225	32.8282	<.0001
기울기	1	0.3162	0.0544	33.7988	<.0001

'High 22' 모형 적합도 검증

준 거	절편만	절편과 공변량
AIC	738.638	740.455
SC	740.352	743.882
−2LogL	736.638	736.455

'High 22'의 최대 우도 추정값

모 수	자유도	추정값	표준오차	카이제곱	유의확률
절 편	1	0.4430	2.5394	0.0304	0.8615
기울기	1	−0.0265	0.0618	0.1833	0.6686

〈표 9-10〉 상위 22개 작업 견본에 대한 2라운드 평정

원점수	숙달 수준으로 평정한 준거설정자의 수	우수 수준으로 평정한 준거설정자의 수	합 계
38.5	21	5	26
39.0	26	0	26
39.5	22	4	26
39.5	20	6	26
39.5	19	7	26
40.0	13	13	26
40.0	5	21	26
40.5	16	10	26
40.5	14	12	26
40.5	9	17	26
41.0	25	1	26
41.0	22	4	26
41.5	18	8	26
41.5	11	15	26
41.5	4	22	26
42.0	13	13	26
42.5	25	1	26
42.5	25	1	26
42.5	11	15	26
43.0	9	17	26
43.5	20	6	26
43.5	19	7	26

그러나 40.5점에 해당하는 3개의 견본을 좀 더 자세히 살펴보면, 이들 작업 견본에 대한 준거설정자들의 평정은 일관되지 않았다. 처음 2개의 작업 견본에 대해서는 대부분(각각 16명과 14명)의 준거설정자들이 숙달로 평정하였으나 세 번째 작업 견본에 대해서는 대부분(17명)이 우수로 평정하였다. 그러나 다시 40점과 41.5점의 작업 견본에 대해서는 대부분 숙달로 평정하였고, 최고 점수인 43.5점에 대한 작업 견본 역시 많은 준거설정자들이 숙달로 평정하였다.

이 문제를 해결하기 위해 준거설정을 위한 담당 기관의 관계자들과 준거설정 진행자들은 토의를 거쳐 평정 결과의 산포도를 이용하여 다시 분할점수를 산출하기로 결정하였다. 평정 결과의 산포도에 따르면 40점에서 처음으로 숙달과 우수가 교차하며 우수로 분류될 확률이 50%가 되었다. 그리고 숙달 수준의 분할점수도 이와 동일한 방법을 적용한 결과 29.5점에, 우수는 40.0점에서 분할점수가 설정되었다.

마지막 날 아침, 준거설정자들은 2라운드 결과를 받고 전체 토의를 하였다. 그들은 잠시 휴식을 취한 뒤, 2라운드 결과를 바탕으로 분할점수를 설정하였을 때 각 범주에 해당할 피험자의 수와 비율을 보여 주는 영향정보를 받았다. 이때 제공된 영향 정보에는 각 점수에 해당하는 학생들의 비율과 누적분포를 보여 주는 표와 그래프가 포함되었다. 30~45분가량 전체 회의를 진행한 뒤 준거설정자들에게 [그림 9-4]와 같은 평정 양식을 제공하였다. 준거설정자들은 숙달과 우수 수준에 해당할 최저 점수를 판단하여 제공받은 양식에 기입하였다. 이때 준거설정자들은 2라운드 작업 견본과 그 작업 견본의 점수, 특정 분할점수를 기준으로 할 때 각 성취수준으로 분류된 주단위 검사의 피험자 비율도 함께 제공받는다.

준거설정자들은 3라운드 평정을 마치면 준거설정에 대한 평가서를 작성한 후 해산하였다. 준거설정 관계자들과 진행자들은 각 준거설정자들이 평정한 분할점수의 평균으로 성취수준의 분할점수를 설정하고, 산출

언어영역 검사의 준거설정 평정 양식: 3라운드
준거설정자 ID ____ 날짜 ________________

지시사항: 숙달과 우수 수준의 최종 권고 분할점수를 아래 칸에 입력하시오.

숙달 수준의 최종 권고 분할점수	
우수 수준의 최종 권고 분할점수	

[그림 9-4] Body of Work 최종 라운드 평정 시트

된 최종 분할점수와 표준편차를 교육부에 보고하였다. 최종 분석 결과 숙달 수준의 분할점수는 평균 29.5점, 표준편차는 .39였으며, 우수 수준의 분할점수는 평균 42.0점, 표준편차는 .43이었다.

대안적 절차와 한계점

이 장에서 언급한 총체적 준거설정 방법은 각각 장단점을 지니고 있다. BoW 방법은 주단위에서 논술이나 구성형 문항으로 이루어진 검사의 준거설정 방법으로 빠르게 적용되고 있다. 사실상 이 방법은 언어 영역의 검사에 적합해 보인다. 이 장에 기술된 적용 사례에서 발생한 문제점은 특이한 경우가 아니다. 작업 견본에 대한 일관성 없는 평정 결과는 총체적 방법에서 문제를 야기할 수 있다. BoW 방법의 적용 사례처럼 작업 견본을 무작위로 배치하여 준거설정자에게 제공하는 것은 점수에 따라 순차적으로 배치하는 것에 비해 효율성이 떨어진다. 또한 이 사례의 결과에 따르면 로지스틱 회귀분석 결과도 원점수 분석 결과에 비해 그다지 논리적이지 않음을 알 수 있다.

학생들의 작업 견본을 총체적으로 평가하는 것에 익숙한 교사들에게 BoW 방법은 매우 친숙하게 인식될 수 있으며, 절차 중에 제공되는 각종 자료 또한 대부분의 준거설정자들에게는 익숙한 것들이다. 따라서 논의 중간에 준거설정 진행자들은 분할점수 설정은 물론 이와 관련한 성취수준기술 등에 대한 검토를 요구하기도 한다.

준거설정을 기획하고 시행하는 책임자의 입장에서 보면, BoW 방법이나 다른 총체적 방법은 준거설정 실시 전과 실시 중에 많은 집중적인 작업을 수행해야 한다. 예를 들어, 정밀측정 라운드에서 사용되는 작업 견본은 준거설정을 실시하기 전 선택할 수 없는데, 이는 범위확인 라운드가 끝나기 전까지는 정확한 원점수의 범위를 알 수 없기 때문이다. 따라서 대개 1라운드와 2라운드 사이에 관련된 작업 견본을 선정하고 준비하는 작업을 수행해야 한다. Kingston 등(2001)의 연구에서 비록 2라운드에서도 동일한 작업 견본을 사용한다 해도, 토의를 위해 새롭게 견본을 추가할 때는 초기에 작업 견본을 선정할 때와 유사한 정도의 집중이 필요하다.

준거설정자들의 판단과 관련한 대안으로 범위확인 라운드를 1A와 1B로 나눌 수 있다. 1A 라운드에서는 토론 없이 평정하고, 1B 라운드에서는 토론하면서 평정하고, 필요한 경우에 수정하도록 한다. 그리고 1B 결과를 1라운드의 최종 결과로 제출하도록 한다. 두 번째 라운드에서도 1라운드와 유사하게 진행한다. 즉, 라운드를 2A와 2B로 나누고, 2A 라운드에서는 토론 없이 평정하고, 2B 라운드에서는 토론하면서 평정하고 이 결과를 제출한다.

준거설정자들에게 작업 견본을 제공하는 방법의 대안으로 〈표 9-2〉와 같이 각 폴더에 작업 견본을 점수에 따라 순차적으로 정렬하지 않고 무작위로 정렬하여 준거설정자들에게 제공할 수도 있다. 그러나 이런 정렬 방법의 타당성을 입증하기 위해서는 후속연구가 필요할 것이다. 마지막으로 로지스틱 회귀분석과 같은 몇몇 자료분석 방법이 적절한 결과를 도출하지 못하기도 한다. 이럴 경우 대안이 필요한데, 인접한 범주들의 평균이나, 분할점수로 볼 수 있는 두 개의 평균 점수 사이의 중간 지점을 분할점수로 활용할 수 있다. Plake와 Hambleton(2001)의 연구에서는 최종 분할점수를 투표로 결정하기도 하였다.

앞서 성취수준별로 각각의 회귀식을 사용하여 분할점수를 산출할 때의 문제점에 대해서 기술하였다. 하지만 OLR(Ordinal Logistic Regression)을 사용하여 모든 성취수준의 분할점수를 동시에 산출할 수 있다. 이 방법의 장점과 주의사항에 대해 기술하기에 앞서 우선, 〈표 9-3〉의 자료를 이용하여 이 방법의 논리를 설명하고자 한다.

> 만일 하나의 모형으로 누적적인 범주를 분류하는 승산을 계산할 수 있다면, 이는 각 범주별로 다른 로지스틱 회귀모형을 사용하여 분할점수를 산출하는 것보다 더 경제적일 수 있다. 누적 승산모형(cumulative odds model)은 연속적인 누적범주에 대한 독립변수의 효과를 동시에 고려하는 데 그 목적이 있다(O' Connell, 2006, p. 28).

SAS나 다른 통계 프로그램에서 이 분석이 가능한데, 〈표 9-11〉에는 SAS 프로그램을 사용하여 3개의 분할점수를 동시에 산출하기 위한 명령문과 산출 결과가 제시되었다.

〈표 9-11〉에 제시된 결과에는 하나의 모형으로 세 수준의 분할점수를 산출하였으므로 하나의 기울기와 3개의 절편이 제시되었고, 이 점이 개별 로지스틱 회귀분석과의 차이다. OLR 모형에서는 기본적으로 전체 점수에서의 분류 확률이 동일하다는 것을 전제로 하지만, 3개의 모형을 사용하여 분할점수를 산출할 경우 이 확률이 동일하지 않아도 적용할 수 있다. 따라서 절차의 복잡성 이외에도 점수의 분류 확률을 고려하여 모형을 선택해야 한다. 만약 점수의 분류 확률이 동일하다면 누적 확률 모형이 적절

〈표 9-11〉 OLR을 사용하여 분할점수를 설정하기 위한 SAS 프로그램의 명령문과 분석 결과(〈표 9-3〉 자료 사용)

SAS 프로그램 명령문

```
proc logistic data = ssround descending;
model category = rs / requare;
output out = ss1 predprobs = cumulative;
title ' NEW COMMAND 1' ;
run;
```

SAS 결과

PROC LOGISTIC
Probabilities modeled are cumulated over the lower ordered values.

모형 적합도 검증

준거	절편만	절편과 공변량
AIC	750.174	394.270
SC	761.163	408.922
−2LogL	744.174	386.270

최대 우도 추정값

모수	자유도	추정값	표준오차	카이제곱	유의확률
절편 4	1	−19.7624	1.5803	156.3951	<.0001
절편 3	1	−15.0671	1.2544	144.2762	<.0001
절편 2	1	−10.4522	0.9330	125.5011	<.0001
기울기	1	0.5217	0.0429	148.0579	<.0001

〈표 9-12〉 엑셀, SAS 개별 추정, SAS 누적 확률 추정 결과 비교

성취수준	프로그램	기울기	절 편	분할점수
기 본	엑셀	0.3732	−7.7047	20.64
	SAS 개별 추정	0.5613	−11.3266	20.07
	SAS 누적 확률	0.5217	−10.4522	20.03
숙 달	엑셀	0.4397	−12.6395	28.74
	SAS 개별 추정	0.5262	−15.1934	28.87
	SAS 누적 확률	0.5217	−15.0671	28.88
우 수	엑셀	0.2891	−11.1414	38.54
	SAS 개별 추정	0.3583	−13.7280	38.31
	SAS 누적 확률	0.5217	−19.7624	37.88

하나, 그렇지 않다면 분리된 모델을 적용하여 개별 분할점수를 산출해야 한다.

〈표 9-7〉의 자료를 이용하여 세 가지 방법, 즉 엑셀, SAS 개별 추정, SAS 누적 확률 추정의 결과가 〈표 9-12〉에 제시되었다. 표에 제시된 기울기, 절편, 분할점수를 보면, 모형이나 통계 프로그램에 상관없이 결과가 유사한 것을 알 수 있다. 즉, 기본 수준의 분할점수는 약 20점, 숙달 수준은 약 29점, 우수 수준은 대략 38점에서 38.5점 사이에 설정되었다. 따라서 이들 방법 중 편의에 따라 한 가지를 선택하여 분석할 수 있다. 하지만 일반적으로 분석 방법을 선택할 때는 점수의 분류 확률을 사전에 고려해야 한다.

앞서 기술한 총체적 방법인 JPC 방법은 아마도 수학적으로 가장 어려운 방법일 것이다. 또한 준거설정자들 사이의 의사 교환 없이 직접 평정 정책을 결정하는 점이 JPC 방법의 문제가 될 수 있다. 그러므로 DP 방법을 총체적 준거설정 방법의 강력한 대안으로 제시할 수 있다. 물론 Plake 등(1997)이 DP 방법의 제한점을 제시하였듯이 이 방법 역시 항상 명확한 답을 주지는 않는다.

AJ 방법은 많은 변형이 가능하다. Plake와 Hambleton(2001)은 12개의 범주를 7개로 줄임으로써 분할점수의 배치로 인한 영향을 최소화하였고 이와 마찬가지로 7개 범주에 비해 4개 범주로 분류하는 것이 보다 효과적일 수 있다. Plake와 Hambleton(2001)은 기본 미달, 기본, 숙달, 우수의 4개 수행범주로 시작해서, 각 수행범주 내에 3개의 하부 범주(상, 중, 하)를 추가하여 12개의 범주를 만들었다. 이후에 다시 경계집단을 만들고, 극단적인 범주는 제외하여 7개의 범주로 감소시켰다. 이들이 단순화시킨 다른 모형은 기존의 4개 범주와 3개의 경계집단인 기본 수준 경계, 숙달 수준 경계, 우수 수준 경계를 유지하는 것이다. 이후에 준거설정자들은 단순히 작업견본이 어느 범주에 속하는지를 판단하면 된다. 분할점수는 3개 경계집단의 각 평균으로 산출할 수 있다. 다른 방법으로는 기존의 4개 수행범주인 기본 이하, 기본, 숙달, 우수는 유지하되 대조집단을 사용하는 것이다. 이는 4개 집단의 평균 사이에 중간 지점을 3개의 분할점수로 사용하는 것이다. 이러한 대안은 이미 다른 연구에 의해 탐구되었으며, 결과는 제15장에서 기술하였다.

제10장

Bookmark 방법

Bookmark 방법은 일종의 문항연계전략으로 볼 수 있다. 문항연계전략이란 1990년대에 ACT 연구원들이 NAEP의 준거설정을 위해 개발한 방법으로, 초기에는 문항연계전략 자체가 하나의 준거설정 방법으로 사용되기보다는 주로 다른 방법의 절차에 포함되어 피드백 기능을 하였다(Loomis & Bourque, 2001).

문항연계전략이 사용된 예로, 1996년 ACT 연구원들은 수정된 Angoff 방법의 확장판인 평균 추정(mean estimation) 방법에 문항연계전략을 사용하였다. 문항연계전략은 선택형과 구성형 문항이 모두 포함된 검사에 적용되었다(Loomis, Bay, Yang, & Hanick, 1999). 문항지도는 1996년 과학검사와 1998년 NAEP의 윤리와 쓰기검사를 위한 준거를 설정하는 2라운드 이후에 피드백으로 제공되었다. 이 문항지도는 NAEP의 성취수준기술과 연관된 척도점수에 따른 각 문항의 위치에 대한 정보를 제공하였다. 이에 선택형 문항은 각 척도점수에 해당되는 학생의 정답률에 따라 문항지도에 연계되었고, 구성형 문항은 각 부분 점수를 받을 확률, 즉 1점, 2점, 3점 혹은 그 이상의 점수를 얻을 확률에 따라 연계되었다.

Reckase(2001)는 준거설정자들의 작업을 단순화할 수 있는 방법으로 Reckase 도표를 소개하였다. 준거설정자들은 Reckase 도표와 문항지도 또는 2라운드 결과(즉, 분할점수 수준에 해당되는 학생의 정답률과 구성형 문항의 추정된 원점수)가 제시된 표를 제공받는다.

〈표 10-1〉은 한 준거설정자에게 제공된 Reckase 도표의 예다. Reckase 도표는 각 준거설정자들의 문항평정에 따라 제작된다. Reckase도표의 첫 번째 열에는 전체 피험자 점수가 내림차순으로 정렬되어 있고, 두 번째 열부터는 각 문항에 대한 정보가 포함된다. 〈표 10-1〉의 경우, 1번부터 4번까지는 이분문항이고 5번은 0~5점 척도의 구성형 문항이다. 선택형 문항의 경우, 각 점수에 해당되는 피험자가 문항의 답을 맞힐 확률을 3-모수 문항반응이론으로 추정하여 제시하였고, 구성형 문항의 경우 피험자의 예상 부분 점수가 제시되었다. 예를 들어, 170점인 피험자는 1번 문항에 대해 .53의 정답률을 가지며, 5번 문항에 대해 5점 만점에 1.8점을 얻을 수 있다.

〈표 10-1〉의 각 열에 [ ] 표시된 값은 개별 준거설정자들이 평정한 Angoff 평정값으로, 이 값을 통해 준거설정자들이 최소 능력 보유자 혹은 경계선 집단의 개념을 얼마나 일관성 있게 적용해 문항을 평정하였는지에 대해 판단할 수 있다. 최소 능력 보유자에 대한 개념을 일관성 있게 적용한 준거설정자의 경우 [ ]값은 Reckase 도표에서 한 줄로 정렬된다. 가령, 〈표 10-1〉이 170점에 해당되는 능력 수준을 지닌 피험자를 최소 능력 보유자로 개념화한 준거설정자의 Reckase 도표라 가정해 보자. 〈표 10-1〉에 따르면 이 준거설정자는 최소 능력 보유자의 1번 문항에 대한 정답률을 .53으로 판단하였다. 만약 이 준거설정자가 최소 능력 보유자에 대한 개념을 일관성 있게 적용한다면, 2번 문항의 정답률은 .83, 3번 문항의 정

〈표 10-1〉 Reckase 도표 예시

척도점수	각 척도점수에서의 문항 정답률				
	문항 1	문항 2	문항 3	문항 4	문항 5
215	.99	.99	.99	.99	4.8
212	.99	.99	.98	.99	4.7
209	.99	.99	.97	.98	4.6
206	.98	.99	.96	.98	4.5
203	.98	.99	.94	.97	4.4
200	.97	.99	.91	.97	4.3
197	.96	.98	.88	.96	4.1
194	.94	.98	.83	.95	3.9
191	.92	.97	.77	.94	3.7
188	.89	.96	.7	.92	3.5
185	.85	.95	.63	.91	3.2
182	.81	.93	.55	.89	2.9
179	.75	.91	.48	.86	2.6
176	.68	.89	.42	.83	2.4
173	.60	.86	.37	.8	2.1
170	[.53]	.83	.34	.77	1.8
167	.45	.79	.31	.73	[1.5]
164	.37	.74	.29	.69	1.3
161	.30	.69	.28	.66	1.1
158	.24	.63	.27	.62	0.9
155	.20	[.57]	.26	.58	0.7
152	.16	.52	.26	.55	0.6
149	.13	.46	.26	.52	0.5
146	.11	.41	.25	.49	0.4
143	.09	.36	.25	.46	0.3
140	.08	.32	.25	[.44]	0.2
137	.07	.29	.25	.43	0.2
134	.07	.26	.25	.41	0.2
131	.06	.24	.25	.40	0.1
128	.06	.22	.25	.39	0.1
125	.06	.20	[.25]	.38	0.1

주: 선다형 문항인 1번부터 4번까지 [ ] 안의 값은 준거설정자들의 Angoff 평정값이며, 구성형 문항인 5번에서 [ ] 안의 값은 준거설정자들이 평정한 최소 능력 보유자들의 평균 예상 점수임.

출처: Reckase(2001).

답률은 .34, 4번 문항의 정답률은 .77로 추정하였을 것이고, 5번 문항의 예측점수를 1.8점으로 판단하였을 것이다.

그러나 〈표 10-1〉의 경우, 이 준거설정자는 전체적으로 일관성 있게 판단하지 못하였다. 이 준거설정자는 2번부터 4번까지의 세 개 문항을 170점의 능력 수준을 지니는 피험자에게는 더 어렵다고 판단하였다. 예컨대, 2번 문항의 경우, 이 준거설정자는 최소 능력 보유자의 정답률을 .57로 판단하였으나 최소 능력 보유자에 대한 개념을 일관되게 적용하였다면 2번 문항의 정답률을 .83으로 판단하였을 것이다. 반면 5번 문항의 경우, 준거설정자가 판단한 5번 문항의 척도점수는 1.5점으로 이 값은 170점 수준의 능력을 가지는 학생의 척도점수인 1.8점과 매우 근사한 값이다. 따라서 만약 이 준거설정자가 일관된 판단을 하였다면, [ ]의 값은 단일 능력 수준에 대응되어 일렬로 정렬될 것이다.

〈표 10-1〉을 초기 문항지도라 할 수 있으며, 이를 기초로 문항난이도에 따라 문항을 재정렬하는 방법으로 문항연계절차가 발전되었다. Loomis, Hanick, Bay, Crouse(2000)는 1998 NAEP 윤리검사의 준거설정에 문항난이도 순서로 재정렬한 문항지도를 사용하였는데, 여기에는 문항 내용에 관한 간략한 기술도 포함되어 준거설정자들이 한눈에 문항의 위치와 내용을 파악하도록 하였다. 내용 정보와 정답 확률을 포함하고 문항난이도에 의해 정렬된 문항지도는 이후 유사한 정보를 지닌 문항순서집으로 발전하였으며, 이 후 CTB/McGraw-Hill의 연구원들이 Bookmark 방법으로 발전시켰다(Lewis, Mitzel, & Green, 1996).

Bookmark 방법의 개관

Bookmark 방법은 준거설정자들이 검토한 문항집을 바탕으로 분할점수를 산출하는 준거설정 방법이다. 이 방법은 준거설정자들의 판단을 문항난이도에 따라 제작된 문항집에 표시한다. 이때 사용되는 문항집을 '문항순서집(ordered item booklet)' 이라고 하며, 좀 더 자세한 내용은 이후에 다루기로 한다. Bookmark 방법이 대중적인 준거설정 방법이 된 이유는 다음과 같다.

첫째, 실용적 측면에서 보면, 이 방법은 복잡한 혼합형 검사의 준거설정을 위해 사용할 수 있고, 준거설정자들이 선택형 문항과 구성형 문항을 동시에 고려하여 준거를 설정할 수 있다. 따라서 혼합형 검사의 사용이 계속적으로 증가함에 따라 Bookmark 방법은 앞으로 널리 사용될 것이다.

둘째, 준거설정자들의 준거설정 작업 측면에서 보면, Bookmark 방법이 요구하는 준거설정자의 수행 작업은 다른 방법에 비해 비교적 간단하다. 이 점에 대한 좀 더 확실한 이해를 위해, 60개의 선택형 문항과 4개의 부분점수를 가지는 4개의 구성형 문항으로 구성된 검사를 통해 피험자를 4개의 성취수준(기본 미달, 기본, 숙달, 우수)으로 분류하는 경우를 생각해 보자. 만약 Angoff 방법과 같이 문항에 기초하는 준거설정 방법을 사용할 경우, 준거설정자들은 한 번의 라운드에서 192번(64문항×3개 분할점수)의 판정을 해야 한다. 그러나 Bookmark 방법을 사용할 경우, 준거설정자들은 문항순서집에 오직 3개의 판정(기본, 숙달, 우수) 표시만 하면 된다. 또한 이 작업은 기본 수준을 위한 판정에 이어 숙달과 우수 수준의 판정을 연속적으로 진행하기 때문에 보다 능률적이고 합리적이라 할 수 있다. 따라서 준거설정자가 하나의 성취수준을 위한 자신의 판정을 표시한 뒤 다음 수준의 분할점수를 위해 문항집의 첫 번째 문항부터 검토를 다시 시작할 필요가 없으므로 다른 준거설정 방법에 비해 비교적 좁은 범위의 문항을 검토하게 된다.

셋째, Bookmark 방법은 준거설정자들에게 비교적 쉬운 방법이라 할 수 있다. 비록 이 방법을 측정학적 관점에서 보면 수학적으로 복잡한 측면이 있지만, 이러한 심화작업의 대부분은 실제 준거설정과정을 시행하기 전에 이루어진다. 또한 Bookmark 방법의 주된 특징은, 수학적으로 복잡한 사전 작업을 통해 잠재적 오차와 실제 준거설정에 필요한 시간을 줄일 수 있다는 점이다.

마지막으로 심리측정학적 관점에서 보면, Bookmark 방법은 문항반응이론에 기초한 방법으로 측정의 정확성을 가진다. 대부분의 고부담 검사, 대규모 검사는 문항반응이론에 기초하여 제작되며, 검사 간의 동등화는 자연적으로 문항반응이론에 기초한 준거설정 방법으로 연결된다. 준거설정자들이 판정 결과로 문항순서집의 쪽번호를 제시하면 해당 페이지의 능력척도와 관련한 점수를 바탕으로 다른 준거설정 방법처럼 판정 결과를 해석할 수 있다. 문항반응이론에 기초한 다른 준거설정 방법이 없기 때문에 Bookmark 방법의 선택은 당연시된다.

문항순서집

Bookmark 방법은 준거설정자들의 판정을 위해 문항집을 제공하는 것이 가장 큰 특징이다. 선택형 문항과 구성형 문항은 하나의 '문항순서집(ordered item booklet: OIB)'에 포함된다. 일반적으로 선택형 문항은 난이도(일반적으로 문항반응이론의 b값)에 의해 문항순서집의 위치가 결정되어 한 번씩 제시되고, 구성형 문항은 0점을 제외한 각 문항의 부분 점수마다 단계별로 난이도가 있으므로 부분 점수 수만큼 나타난다. 또한 구성형 문항은 각 부분 점수에 대한 채점기준과 응답 예시도 함께 제공한다.

문항순서집은 다양한 내용, 유형, 난이도의 문항으로 구성되는데 실제 검사에 사용한 문항으로만 구성할 필요는 없으며 더 많거나 적은 문항으로 구성할 수 있다. 실제 검사에 사용되지 않은 문항을 문항집에 포함시킬 경우, 내용 범위와 난이도의 간격을 매워 줄 수 있다. 예를 들면, 1.05와

1.25의 문항난이도인 두 문항 사이에 난이도가 1.10, 1.15, 1.20인 문항들을 추가한다면 준거설정자들이 보다 정확한 판정을 하는 데 도움이 될 것이다. 반대로 실제 검사에 사용된 문항으로만 구성할 경우, 준거설정의 결과를 직접적으로 해석할 수 있다. 즉, 준거설정에 사용한 검사와 학생 점수를 산출하는 데 사용한 검사가 같으므로 고부담 의사결정 시, 결과의 타당성을 확보할 수 있다.

[그림 10-1]은 가상의 문항순서집으로 앞서 언급한 바와 같이 한쪽에 한 개의 문항이 제시되며 선택형 문항은 한 번, 구성형 문항은 0점을 제외한 부분 점수 수만큼 포함되어 있다. 따라서 5개(0~4점)의 부분 점수를 가지는 문항은 0점을 제외한 4개의 부분 점수(1, 2, 3, 4점)가 문항순서집의 각기 다른 네 쪽에 제시된다. [그림 10-1]을 보면 각 페이지의 우측 상단에 위치한 진한 숫자는 문항순서집의 쪽번호를 뜻하며, 좌측 상단의 수는 실제 검사의 문항번호를 뜻한다. 이를테면 문항순서집의 첫 페이지에는 선택형인 13번 문항이 위치하였음을 알 수 있다. 한편, 좌측 상단에 '–'이 표시된 경우는 실제 문항번호와 그 문항의 부분 점수를 뜻하는 것이다. 예를 들어, 문항순서집의 두 번째 페이지에는 구성형인 29번 문항에서 1점을 받을 응답에 대한 정보가 제시되었고, 문항순서집의 50쪽에는 15번 문항에서 4점을 받은 응답에 대한 정보가 제시되었다. 실제 문항순서집에는 쪽번호와 실제 문항번호 외에 자세한 문항정보가 포함되는데, 이에 대한 설명은 다음에서 자세히 다룬다.

응답확률값(Response Probability: RP Value)

Bookmark 방법의 기본 질문은 "최소 능력 보유자 혹은 경계선 피험자가 문항을 맞힐 수 있는가(구성형 문항의 부분 점수를 받을 수 있는가)?"이다. 따라서 '~할 수 있는가'에 대한 정의와 판정 규칙이 매우 중요하다. 일반적

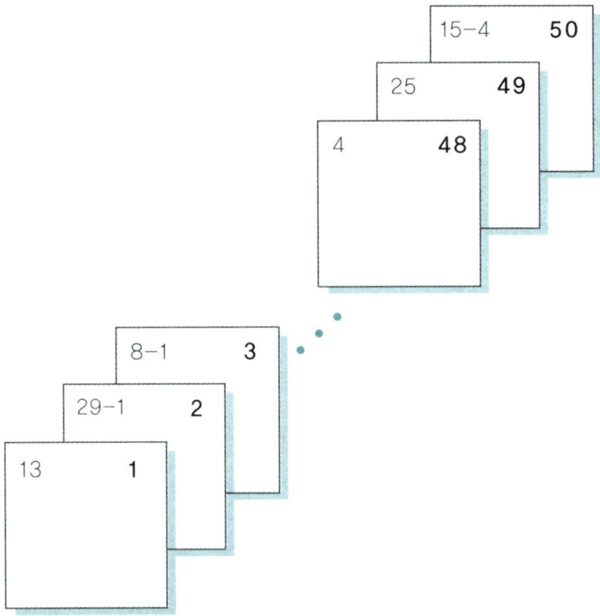

[그림 10-1] 문항순서집 예시

으로 Bookmark 방법에서는 67%(혹은 2/3)의 응답확률을 사용한다.

Angoff 방법과 Bookmark 방법이 소개된 후 30년 이상 결정규칙에 대한 다양한 연구가 진행되었다. Huynh(2000, 2006)은 최적의 결정규칙이란 정답률에 대한 정보를 최대화 할 수 있는 확률을 사용하는 것이라고 하였다. 즉, 3-모수모형에서 문항추측도를 배제한 2-모수모형의 경우는 67%의 응답확률을 최적의 값으로 제시하였다. 따라서 .50~.80의 응답확률이 종종 사용되지만 .67이 Bookmark 방법의 전형적인 응답확률로 사용된다.

Wang(2003)은 Rasch 모형의 경우, 피험자의 능력과 문항난이도가 같은 50% 응답확률이 67% 응답확률보다 더 정확하다고 하였다. 그러나 응답확률 선택에 대한 논의는 여전히 진행 중이며, Rasch 모형에서의 50% 응답확률의 효과에 대한 후속연구가 필요하다는 점을 지적하였다. 비록 Bookmark 방법의 창시자가 제안한 응답확률 67%와는 차이가 있으나 이 책에서는 2/3 응답확률을 사용하고자 한다. 물론 수학적으로는 .67과 2/3는 근사한 값이나, 경험상 준거설정자들은 67% 응답확률에 비해 2/3 개념을 좀 더 쉽게 이해하였으므로 2/3를 사용하여 기술하고자 한다.

응답확률과 Rasch 모형에 기초한 문항순서집 제작

앞에서 언급한 바와 같이, Bookmark 방법의 사용에 있어 결정규칙 혹은 응답확률값의 선택은 분명히 문항순서집 제작과 분할점수 산출에 있어 기본적인 문제가 된다. 앞으로 기술하는 내용은 Rasch 모형을 적용하여 검사제작과 문항모수를 추정하고, 준거설정자들의 훈련과 실제 문항평정에는 2/3 응답확률값을 사용하는 것을 가정한다. Wright와 Stone(1979)이 제시한 문항정답률[$p(x=1)$]을 문항난이도(β_j)와 피험자의 능력(θ_i)으로 나타내는 기본적인 Rasch 공식은 다음과 같다.

$$p(x = 1 \mid \theta_i,\ \beta_j) = \exp(\theta_i - \beta_j)/[1 + \exp(\theta_i - \beta_j)] \qquad \text{[공식 10-1]}$$

문항정답률이 2/3가 되는 능력 수준(θ_i)을 구하기 위한 공식은 다음과 같다.

$$\exp(\theta_i - \beta_j)/[1 + \exp(\theta_i - \beta_j)] = 2/3 \qquad \text{[공식 10-2]}$$

$$\exp(\theta_i - \beta_j) = 2/3 \times [1 + \exp(\theta_i - \beta_j)] \qquad \text{[공식 10-3]}$$

$$\exp(\theta_i - \beta_j) = 2/3 + 2/3 \times \exp(\theta_i - \beta_j) \qquad \text{[공식 10-4]}$$

$$\exp(\theta_i - \beta_j) - 2/3 \times \exp(\theta_i - \beta_j) = 2/3 \qquad \text{[공식 10-5]}$$

$$1/3 \times \exp(\theta_i - \beta_j) = 2/3 \qquad \text{[공식 10-6]}$$

$$\exp(\theta_i - \beta_j) = 2/3 \div 1/3 \qquad \text{[공식 10-7]}$$

$$\exp(\theta_i - \beta_j) = 2 \qquad \text{[공식 10-8]}$$

마지막으로 [공식 10-8]의 양변에 자연로그를 취하면 다음과 같다.

$$\theta_i - \beta_j = .693 \qquad \text{[공식 10-9]}$$

$$\theta_i = \beta_j + .693 \qquad \text{[공식 10-10]}$$

Wright와 Stone(1979)의 연구에 친숙한 독자라면 이 책에서 사용한 기호가 그들의 연구에서 제시된 기호와 약간 다르다는 것을 알 수 있을 것이다. 이 책에서는 θ와 β를 각각 피험자 능력과 문항난이도로 치환하였는데, 이는 이전 설명에 사용한 기호를 계속적으로 사용하기 위함이다. 또한 이 책에서는 2/3와 67% 사이의 중요한 차이를 언급하고자 한다. 만약 .67 응답확률을 사용할 경우, [공식 10-10]은 문항난이도에 .67/.33의 자연로그값이 더해진 $\theta_i = \beta_j + .708$로 표현된다.

문항순서집은 [공식 10-10]을 통해 제작할 수 있는데, 선택형 문항의 경우 θ_i는 문항반응이론의 모수추정 프로그램(예, WINSTEPS)을 사용하여 추정한 문항난이도에 .693을 더하여 구할 수 있다. Rasch 모형을 사용하여 선택형 문항으로만 구성된 문항순서집을 제작하였다면 문항의 정렬순서는 난이도에 의한 순서와 동일할 것이다. 그러나 2-모수 또는 3-모수모형을 사용하여 문항모수를 추정할 경우, 능력척도에 의한 정렬순서는 난이도에 의한 순서와 달라질 것이다. 이후에 다시 기술하겠지만, 문항난이도 순서에 의해 정렬된 검사집의 선택형 문항 위치를 결정하는 데 사용되는 이런 값들은 문항순서집의 표시와 관련한 원점수를 결정하는 데 사용된다.

문항순서집 제작 시, 구성형 문항의 위치는 선택형 문항보다 다소 복잡한 과정을 통해 결정된다. 각 부분 점수의 위치 결정을 위하여 부분 점수

모형(PCM; Wright & Masters, 1982)을 사용한다. 이제부터는 5개의 부분 점수(0, 1, 2, 3, 4점)를 가지는 구성형 문항을 가정하여 기술한다.

Wright와 Masters(1982, equation 3.1.6)가 제시한 θ_n의 능력을 가진 피험자가 i문항의 부분 점수 j점을 얻을 수 있는 확률(π_{nix})은 [공식 10-11]과 같다.

$$\pi_{nix} = \frac{\exp\Sigma(\theta_n - \delta_{ij})}{\Sigma\exp\Sigma(\theta_n - \delta_{ij})} \qquad \text{[공식 10-11]}$$

Wright와 Masters가 제시한 공식에서 각 부분 점수 난이도는 단계난이도라 하며, 일반적으로 δ_{ij}로 표기한다. [공식 10-11]에서 부분 점수 0점을 받을 경우 단계난이도는 0으로 정의한다.

$$\Sigma(\theta_n - \delta_{ij}) = 0, \text{ and } \exp\Sigma(\theta_n - \delta_{ij}) = 1 \qquad \text{[공식 10-12]}$$

[공식 10-13]부터 [공식 10-21]의 단계를 거쳐 [공식 10-11]의 분자를 계산한다.

$$\begin{aligned} \text{단계 1. } \Sigma(\theta_n - \delta_{ij}) &= \Sigma(\theta_n - \delta_{i0}) + \theta_n - \delta_{i1} \\ &= 0 + \theta_n - \delta_{i1} \\ &= \theta_n - \delta_{i1} \qquad \text{[공식 10-13]} \end{aligned}$$

$$\text{단계 2. } \Sigma(\theta_n - \delta_{ij}) = 2\theta_n - \delta_{i1} - \delta_{i2} \qquad \text{[공식 10-14]}$$

$$\text{단계 3. } \Sigma(\theta_n - \delta_{ij}) = 3\theta_n - \delta_{i1} - \delta_{i2} - \delta_{i3} \qquad \text{[공식 10-15]}$$

$$\text{단계 4. } \Sigma(\theta_n - \delta_{ij}) = 4\theta_n - \delta_{i1} - \delta_{i2} - \delta_{i3} - \delta_{i4} \qquad \text{[공식 10-16]}$$

[공식 10-12]부터 [공식 10-16]의 초월함수값은 [공식 10-17]부터 [공식

10-21]과 같다.

단계 0. $\exp(0)$	[공식 10-17]
단계 1. $\exp(\theta_n - \delta_{i1})$	[공식 10-18]
단계 2. $\exp(2\theta_n - \delta_{i1} - \delta_{i2})$	[공식 10-19]
단계 3. $\exp(3\theta_n - \delta_{i1} - \delta_{i2} - \delta_{i3})$	[공식 10-20]
단계 4. $\exp(4\theta_n - \delta_{i1} - \delta_{i2} - \delta_{i3} - \delta_{i4})$	[공식 10-21]

[공식 10-11]의 분모는 [공식 10-17]부터 [공식 10-21]을 통해 구한 값을 합하여 구하고, 0에서 4점 중 특정 부분 점수를 얻을 확률은 해당 단계의 값을 분모([공식 10-17]부터 [공식 10-21]까지의 합)로 나누어 계산한다. 이러한 계산은 SPSS, SAS, 엑셀과 같은 다양한 프로그램을 통해 실행할 수 있다. 〈표 10-2〉는 엑셀을 사용하여 구성형 문항의 문항순서집 위치 결정을 위해 실시한 각 단계별 절차이며, 이 엑셀 시트는 www.sagepub.com/cizek의 bookmark에서 볼 수 있다.

〈표 10-2〉에 제시된 N열에서 Q열의 값을 차례대로 읽어 내려오다 그 값이 .5 혹은 그에 가까운 값을 찾으면, 그 값에 해당하는 A열의 값이 θ_n이 된다. 이 값은 WINSTEPS를 통해 구한 난이도(thurstone threshold)에 대응되는 값이다. RP 50의 값과 난이도가 일치하는 것을 확인하면, N-Q열의 값을 계속 읽어 내려오다 .6667에 가까운 값을 찾거나 내삽법을 통해 정확한 값을 찾으면, 그에 해당되는 A열의 값이 구성형 문항에서 특정 부분 점수 이상을 받을 수 있는 확률이 2/3가 되는 능력 수준의 값이다. 이렇게 구한 값을 사용하여 문항순서집의 위치를 결정한다.

다른 프로그램을 사용하면 응답확률 50과 67(혹은 2/3)의 모든 중간 단계의 결과가 제공되지 않는다. 그러나 경험에 따르면 모든 중간 단계의 값을 검토하는 것이 문항특성곡선의 제작과 최종 결과의 정확성을 확인

〈표 10-2〉 특정 응답확률(RP)을 가지는 능력척도(θ) 계산을 위한 엑셀 식

열	식	의 미
A	-4부터 4까지, .01 간격으로 입력(즉, -4.00, -3.99, -3.98,……)	능력척도값(θ)
B	모든 칸에 1을 입력	단계 0의 분자
C	= exp(A열값 - δi1)	단계 1의 분자
D	= exp(2×A열값 - δ_{i1}- δ_{i2})	단계 2의 분자
E	= exp(3×A열값 - δ_{i1}- δ_{i2}- δ_{i3})	단계 3의 분자
F	= exp(4×A열값 - δ_{i1}- δ_{i2}- δ_{i3}- δ_{i4})	단계 4의 분자
G	= sum(B열값 ~ F열값)	분모
H	= (B열값)/(G열값)	단계 0에서의 확률(π_{i0})
I	= (C열값)/(G열값)	단계 1에서의 확률(π_{i1})
J	= (D열값)/(G열값)	단계 2에서의 확률(π_{i2})
K	= (E열값)/(G열값)	단계 3에서의 확률(π_{i3})
L	= (F열값)/(G열값)	단계 4에서의 확률(π_{i4})
M	= sum(H열값 ~ L열값)	[확률의 합] ※ 이 열의 값을 통해 정확하게 계산되었는지를 검토할 수 있음. 해당 능력척도값(θ_n)에서 모든 부분 점수를 받을 확률의 합은 반드시 1이 되어야 함.
N	= sum(I열값 ~ L열값)	부분 점수 1점 이상을 얻을 확률
O	= sum(J열값 ~ L열값)	부분 점수 2점 이상을 얻을 확률
P	= sum(K열값 ~ L열값)	부분 점수 3점 이상을 얻을 확률
Q	= sum(L열값)	부분 점수 4점 이상을 얻을 확률

하기 위해 도움이 된다. 〈표 10-3〉은 Rasch 모형을 사용하여 척도화된 검사에 사용된 5개의 부분 점수(0, 1, 2, 3, 4점)를 가지는 구성형 문항의 계산 절차의 일부분이다. 각 부분 점수에 해당하는 단계난이도는 〈표 10-3〉 아래에 제시하였다. [그림 10-2]는 각 부분 점수의 응답특성곡선이며, [그림 10-3]은 해당 부분 점수 이상의 값을 얻을 확률을 나타낸 곡선이다.

응답확률과 2-모수 로지스틱 모형을 이용한 문항순서집 제작

Mitzel 등(2001)이 제시한 3-모수 로지스틱 모형을 적용할 때, 피험자의 능력(θ), 문항난이도(b_j), 문항변별도(a_j), 문항추측도(c_j)를 사용하여 나타낸 정답률[$p(x=1)$]은 [공식 10-22]와 같다.

$$p(x = 1 \mid \theta) = c_j + (1 - c_j)/\{1 + \exp[-1.7a_j(\theta - b_j)]\} \quad \text{[공식 10-22]}$$

[공식 10-22]의 c_j는 문항의 최저 점근선 또는 경계값(점수가 매우 낮은 학생이 추측에 의해 문항을 맞힐 확률)을 뜻하고, a_j는 문항변별도 지수, b_j는 문항난이도를 뜻한다. 실제로, Mitzel 등(2001)과 많은 연구에서 문항 추측도(c_j)를 0으로 설정하여 [공식 10-22]에서 삭제하며, 이 경우(또는 2-모수 로지스틱 모형)는 [공식 10-23]과 같다.

$$P_j(\theta) = 1/\{1 + \exp[-1.7a_j(\theta - b_j)]\} \quad \text{[공식 10-23]}$$

선택형 문항일 경우, 정답률이 2/3가 되는 능력 수준(θ)은 [공식 10-24]를 통해 구할 수 있다. 그리고 응답확률 .67을 사용한다면 $\theta = b_j + .708/1.7a_j$를 통해 구할 수 있다.

〈표 10-3〉 특정 응답확률(RP)을 가지는 능력척도(θ) 계산을 위한 엑셀식

능력 척도	분자					분모	확률						확률			
	0	1	2	3	4	합	0	1	2	3	4	합	1점 이상	2점 이상	3점 이상	4점 이상
−4.00	1.0000	0.0074	0.0001	0.0000	0.0000	1.0075	0.9926	0.0074	0.0001	0.0000	0.0000	1.0000	0.0074	0.0001	0.0000	0.0000
−3.99	1.0000	0.0075	0.0001	0.0000	0.0000	1.0076	0.9925	0.0075	0.0001	0.0000	0.0000	1.0000	0.0075	0.0001	0.0000	0.0000
−3.98	1.0000	0.0076	0.0001	0.0000	0.0000	1.0077	0.9924	0.0075	0.0001	0.0000	0.0000	1.0000	0.0076	0.0001	0.0000	0.0000
−3.97	1.0000	0.0077	0.0001	0.0000	0.0000	1.0077	0.9923	0.0076	0.0001	0.0000	0.0000	1.0000	0.0077	0.0001	0.0000	0.0000
−3.96	1.0000	0.0078	0.0001	0.0000	0.0000	1.0078	0.9922	0.0077	0.0001	0.0000	0.0000	1.0000	0.0078	0.0001	0.0000	0.0000
−3.95	1.0000	0.0078	0.0001	0.0000	0.0000	1.0079	0.9922	0.0078	0.0001	0.0000	0.0000	1.0000	0.0078	0.0001	0.0000	0.0000
−3.94	1.0000	0.0079	0.0001	0.0000	0.0000	1.0080	0.9921	0.0078	0.0001	0.0000	0.0000	1.0000	0.0079	0.0001	0.0000	0.0000
−3.93	1.0000	0.0080	0.0001	0.0000	0.0000	1.0081	0.9920	0.0079	0.0001	0.0000	0.0000	1.0000	0.0080	0.0001	0.0000	0.0000
−3.92	1.0000	0.0081	0.0001	0.0000	0.0000	1.0081	0.9919	0.0080	0.0001	0.0000	0.0000	1.0000	0.0081	0.0001	0.0000	0.0000
−3.91	1.0000	0.0081	0.0001	0.0000	0.0000	1.0082	0.9919	0.0081	0.0001	0.0000	0.0000	1.0000	0.0081	0.0001	0.0000	0.0000
−3.90	1.0000	0.0082	0.0001	0.0000	0.0000	1.0083	0.9918	0.0082	0.0001	0.0000	0.0000	1.0000	0.0082	0.0001	0.0000	0.0000
1.64	1.0000	2.0959	4.3929	5.1039	2.3164	14.909	0.0671	0.1406	0.2946	0.3423	0.1554	1.0000	0.9329	0.7923	**0.4977**	0.1554
1.65	1.0000	2.1170	4.4817	5.2593	2.4109	15.268	0.0655	0.1386	0.2935	0.3444	0.1579	1.0000	0.9345	0.7959	**0.5023**	0.1579
1.66	1.0000	2.1383	4.5722	5.4195	2.5093	15.639	0.0639	0.1367	0.2924	0.3465	0.1604	1.0000	0.9361	0.7993	0.5070	0.1604
1.67	1.0000	2.1598	4.6646	5.5845	2.6117	16.020	0.0624	0.1348	0.2912	0.3486	0.1630	1.0000	0.9376	0.8028	0.5116	0.1630
1.68	1.0000	2.1815	4.7588	5.7546	2.7183	16.413	0.0609	0.1329	0.2899	0.3506	0.1656	1.0000	0.9391	0.8062	0.5162	0.1656
1.69	1.0000	2.2034	4.8550	5.9299	2.8292	16.817	0.0595	0.1310	0.2887	0.3526	0.1682	1.0000	0.9405	0.8095	0.5208	0.1682
1.70	1.0000	2.2255	4.9530	6.1104	2.9447	17.233	0.0580	0.1291	0.2874	0.3546	0.1709	1.0000	0.9420	0.8128	0.5254	0.1709
1.71	1.0000	2.2479	5.0531	6.2965	3.0649	17.662	0.0566	0.1273	0.2861	0.3565	0.1735	1.0000	0.9434	0.8161	0.5300	0.1735
1.72	1.0000	2.2705	5.1552	6.4883	3.1899	18.103	0.0552	0.1254	0.2848	0.3584	0.1762	1.0000	0.9448	0.8193	0.5346	0.1762
1.73	1.0000	2.2933	5.2593	6.6859	3.3201	18.558	0.0539	0.1236	0.2834	0.3603	0.1789	1.0000	0.9461	0.8225	0.5392	0.1789
1.74	1.0000	2.3164	5.3656	6.8895	3.4556	19.027	0.0526	0.1217	0.2820	0.3621	0.1816	1.0000	0.9474	0.8257	0.5437	0.1816
1.75	1.0000	2.3396	5.4739	7.0993	3.5966	19.509	0.0513	0.1199	0.2806	0.3639	0.1844	1.0000	0.9487	0.8288	0.5482	0.1844
1.76	1.0000	2.3632	5.5845	7.3155	3.7434	20.006	0.0500	0.1181	0.2791	0.3657	0.1871	1.0000	0.9500	0.8319	0.5528	0.1871
1.77	1.0000	2.3869	5.6973	7.5383	3.8962	20.518	0.0487	0.1163	0.2777	0.3674	0.1899	1.0000	0.9513	0.8349	0.5573	0.1899
1.78	1.0000	2.4109	5.8124	7.7679	4.0552	21.046	0.0475	0.1146	0.2762	0.3691	0.1927	1.0000	0.9525	0.8379	0.5618	0.1927
1.79	1.0000	2.4351	5.9299	8.0045	4.2207	21.590	0.0463	0.1128	0.2747	0.3707	0.1955	1.0000	0.9537	0.8409	0.5662	0.1955

〈표 10-3〉 특정 응답확률(RP)을 가지는 능력척도(θ) 계산을 위한 엑셀식(계속)

능력척도	분자					분모	확률						확률			
	0	1	2	3	4	합	0	1	2	3	4	합	1점 이상	2점 이상	3점 이상	4점 이상
1.80	1.0000	2.4596	6.0496	8.2482	4.3929	22.150	0.0451	0.1110	0.2731	0.3724	0.1983	1.0000	0.9549	0.8438	0.5707	0.1983
1.81	1.0000	2.4843	6.1719	8.4994	4.5722	22.727	0.0440	0.1093	0.2716	0.3740	0.2012	1.0000	0.9560	0.8467	0.5751	0.2012
1.82	1.0000	2.5093	6.2965	8.7583	4.7588	23.322	0.0429	0.1076	0.2700	0.3755	0.2040	1.0000	0.9571	0.8495	0.5796	0.2040
1.83	1.0000	2.5345	6.4237	9.0250	4.9530	23.936	0.0418	0.1059	0.2684	0.3770	0.2069	1.0000	0.9582	0.8523	0.5840	0.2069
1.84	1.0000	2.5600	6.5535	9.2999	5.1552	24.568	0.0407	0.1042	0.2667	0.3785	0.2098	1.0000	0.9593	0.8551	0.5884	0.2098
1.85	1.0000	2.5857	6.6859	9.5831	5.3656	25.220	0.0397	0.1025	0.2651	0.3800	0.2127	1.0000	0.9603	0.8578	0.5927	0.2127
1.86	1.0000	2.6117	6.8210	9.8749	5.5845	25.892	0.0386	0.1009	0.2634	0.3814	0.2157	1.0000	0.9614	0.8605	0.5971	0.2157
1.87	1.0000	2.6379	6.9588	10.175	5.8124	26.584	0.0376	0.0992	0.2618	0.3828	0.2186	1.0000	0.9624	0.8632	0.6014	0.2186
1.88	1.0000	2.6645	7.0993	10.485	6.0496	27.299	0.0366	0.0976	0.2601	0.3841	0.2216	1.0000	0.9634	0.8658	0.6057	0.2216
1.89	1.0000	2.6912	7.2427	10.804	6.2965	28.035	0.0357	0.0960	0.2583	0.3854	0.2246	1.0000	0.9643	0.8683	0.6100	0.2246
1.90	1.0000	2.7183	7.3891	11.134	6.5535	28.794	0.0347	0.0944	0.2566	0.3867	0.2276	1.0000	0.9653	0.8709	0.6143	0.2276
1.91	1.0000	2.7456	7.5383	11.473	6.8210	29.577	0.0338	0.0928	0.2549	0.3879	0.2306	1.0000	0.9662	0.8734	0.6185	0.2306
1.92	1.0000	2.7732	7.6906	11.822	7.0993	30.385	0.0329	0.0913	0.2531	0.3891	0.2336	1.0000	0.9671	0.8758	0.6227	0.2336
1.93	1.0000	2.8011	7.8460	12.182	7.3891	31.218	0.0320	0.0897	0.2513	0.3902	0.2367	1.0000	0.9680	0.8782	0.6269	0.2367
1.94	1.0000	2.8292	8.0045	12.553	7.6906	32.077	0.0312	0.0882	0.2495	0.3913	0.2397	1.0000	0.9688	0.8806	0.6311	0.2397
1.95	1.0000	2.8577	8.1662	12.935	8.0045	32.964	0.0303	0.0867	0.2477	0.3924	0.2428	1.0000	0.9697	0.8830	0.6352	0.2428
1.96	1.0000	2.8864	8.3311	13.329	8.3311	33.878	0.0295	0.0852	0.2459	0.3935	0.2459	1.0000	0.9705	0.8853	0.6394	0.2459
1.97	1.0000	2.9154	8.4994	13.735	8.6711	34.821	0.0287	0.0837	0.2441	0.3945	0.2490	1.0000	0.9713	0.8876	0.6435	0.2490
1.98	1.0000	2.9447	8.6711	14.154	9.0250	35.794	0.0279	0.0823	0.2422	0.3954	0.2521	1.0000	0.9721	0.8898	0.6476	0.2521
1.99	1.0000	2.9743	8.8463	14.585	9.3933	36.799	0.0272	0.0808	0.2404	0.3963	0.2553	1.0000	0.9728	0.8920	0.6516	0.2553
2.00	1.0000	3.0042	9.0250	15.029	9.7767	37.835	0.0264	0.0794	0.2385	0.3972	0.2584	1.0000	0.9736	0.8942	0.6556	0.2584
2.01	1.0000	3.0344	9.2073	15.487	10.175	38.904	0.0257	0.0780	0.2367	0.3981	0.2616	1.0000	0.9743	0.8963	0.6596	0.2616
2.02	1.0000	3.0649	9.3933	15.958	10.591	40.007	0.0250	0.0766	0.2348	0.3989	0.2647	1.0000	0.9750	0.8984	0.6636	0.2647
2.03	1.0000	3.0957	9.5831	16.444	11.023	41.146	0.0243	0.0752	0.2329	0.3997	0.2679	1.0000	0.9757	0.9005	**0.6676**	0.2679

주: 부분 점수 1점부터 4점까지의 단계난이도는 각각 .9, .9, 1.49, 2.43임.

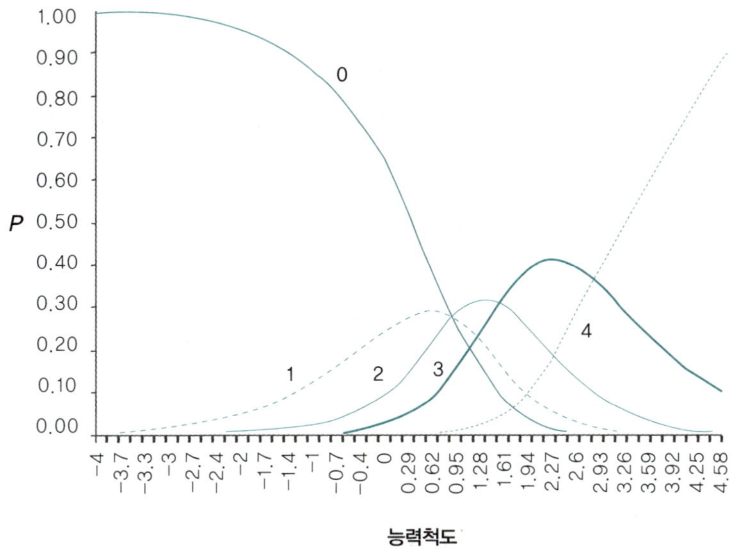

[그림 10-2] 부분 점수 0점부터 4점까지의 응답특성곡선(〈표 10-3〉 자료 사용)

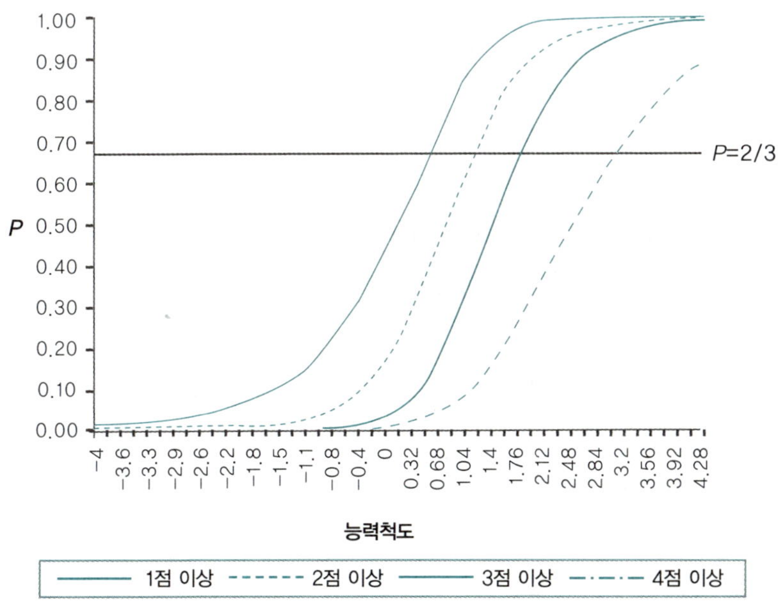

[그림 10-3] 각 부분 점수 이상을 받을 확률(〈표10-3〉 자료 사용)

$$\theta = b_j + .693/1.7a_j \qquad \text{[공식 10-24]}$$

구성형 문항의 경우는 다소 복잡한데, Mitzel 등(2001)이 사용한 2-모수 부분 점수 모형(2PPC)에 따르면 θ의 능력을 가진 학생이 단계난이도가 γ인 부분 점수 k점을 얻을 수 있는 확률은 [공식 10-25]와 같다.

$$P_{jk}(\theta) = \exp(z_{jk})/\Sigma\exp(z_{ji}) \qquad \text{[공식 10-25]}$$

[공식 10-25]의 m_j는 문항 j의 부분 점수의 수를 뜻한다.

$$z_{jk} = (k-1)\alpha_j - \Sigma\gamma_{ji} \qquad \text{[공식 10-26]}$$

[공식 10-26]에서 α_j는 문항변별도, k는 부분 점수의 수, γ_{ji}는 부분 점수에서 문항 j의 단계난이도다.

따라서 부분 점수 k(단계 k)를 얻을 확률은 피험자의 능력과 문항변별도, k-1개의 다른 부분 점수를 얻을 확률의 함수로 표현되며, 부분 점수 0점(단계 0)의 경우 모든 문항의 단계난이도는 0이므로 [공식 10-26]의 값은 0이 된다. 이 절차들은 Rasch 모형을 사용하여 구성형 문항의 각 부분 점수를 얻을 수 있는 능력 값(θ)을 추정하는 단계와 비슷하다.

앞서 설명한 Rasch 모형의 경우와 마찬가지로 〈표 10-4〉는 2-모수 부분 점수 모형을 사용하여 4개의 부분 점수(0, 1, 2, 3점)를 가지는 구성형 문항의 위치 결정을 위한 계산 절차의 일부분이며, 각 단계난이도의 값은 표 아래에 제시하였다. 또한 [그림 10-4]는 각 부분 점수에 대한 응답특성곡선이며 [그림 10-5]는 각 부분 점수 이상의 점수를 받을 확률을 나타낸 곡선이다.

〈표 10-4〉 2-모수 로지스틱 모형을 적용하여 3개의 부분 점수를 가지는 구성형 문항의 자료입력과 계산시트 예

능력 척도	분자				분모	확률					확률		
	0	1	2	3	합	0	1	2	3	합	1점 이상	2점 이상	3점 이상
−4.00	1	0.087	0.002	0.000	1.089	0.918	0.080	0.002	0.000	1.000	0.082	0.002	0.000
−3.99	1	0.087	0.002	0.000	1.089	0.918	0.080	0.002	0.000	1.000	0.082	0.002	0.000
−3.98	1	0.088	0.002	0.000	1.090	0.917	0.081	0.002	0.000	1.000	0.083	0.002	0.000
−3.97	1	0.088	0.002	0.000	1.091	0.917	0.081	0.002	0.000	1.000	0.083	0.002	0.000
−3.96	1	0.089	0.002	0.000	1.091	0.916	0.082	0.002	0.000	1.000	0.084	0.002	0.000
0.14	1	1.371	0.549	0.074	2.993	0.334	0.458	0.183	0.025	1.000	0.666	0.208	0.025
0.15	1	1.380	0.556	0.075	3.011	0.332	0.458	0.185	0.025	1.000	**0.668**	0.210	0.025
0.16	1	1.389	0.563	0.077	3.030	0.330	0.459	0.186	0.025	1.000	0.670	0.211	0.025
0.17	1	1.399	0.571	0.078	3.048	0.328	0.459	0.187	0.026	1.000	0.672	0.213	0.026
2.15	1	5.239	8.013	4.115	18.367	0.054	0.285	0.436	0.224	1.000	0.946	0.660	0.224
2.16	1	5.274	8.120	4.198	18.593	0.054	0.284	0.437	0.226	1.000	0.946	0.663	0.226
2.17	1	5.310	8.229	4.283	18.822	0.053	0.282	0.437	0.228	1.000	0.947	0.665	0.228
2.18	1	5.345	8.340	4.370	19.055	0.052	0.281	0.438	0.229	1.000	0.948	**0.667**	0.229
2.19	1	5.381	8.452	4.458	19.291	0.052	0.279	0.438	0.231	1.000	0.948	0.669	0.231
2.20	1	5.417	8.565	4.548	19.531	0.051	0.277	0.439	0.233	1.000	0.949	0.671	0.233
4.39	1	23.342	159.047	363.925	547.313	0.002	0.043	0.291	0.665	1.000	0.998	0.956	0.665
4.40	1	23.498	161.183	371.280	556.961	0.002	0.042	0.289	0.667	1.000	0.998	0.956	**0.667**
4.41	1	23.655	163.348	378.784	566.787	0.002	0.042	0.288	0.668	1.000	0.998	0.957	0.668
4.42	1	23.813	165.541	386.440	576.795	0.002	0.041	0.287	0.670	1.000	0.998	0.957	0.670
4.43	1	23.973	167.764	394.251	586.988	0.002	0.041	0.286	0.672	1.000	0.998	0.957	0.672
4.44	1	24.133	170.017	402.219	597.370	0.002	0.040	0.285	0.673	1.000	0.998	0.958	0.673

주) 부분 점수 1점부터 3점까지의 단계난이도는 각각 −0.33, 1.513, 3.149임.

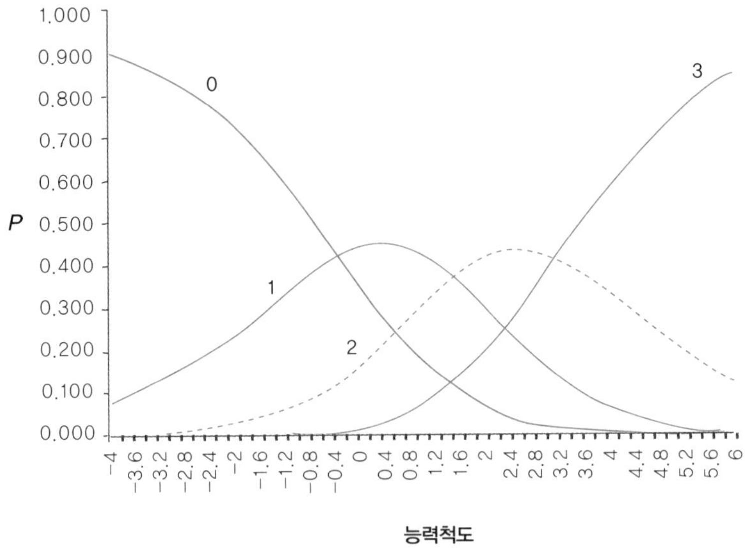

[그림 10-4] 부분 점수 0점부터 3점까지의 응답특성곡선(〈표 10-4〉 자료 사용)

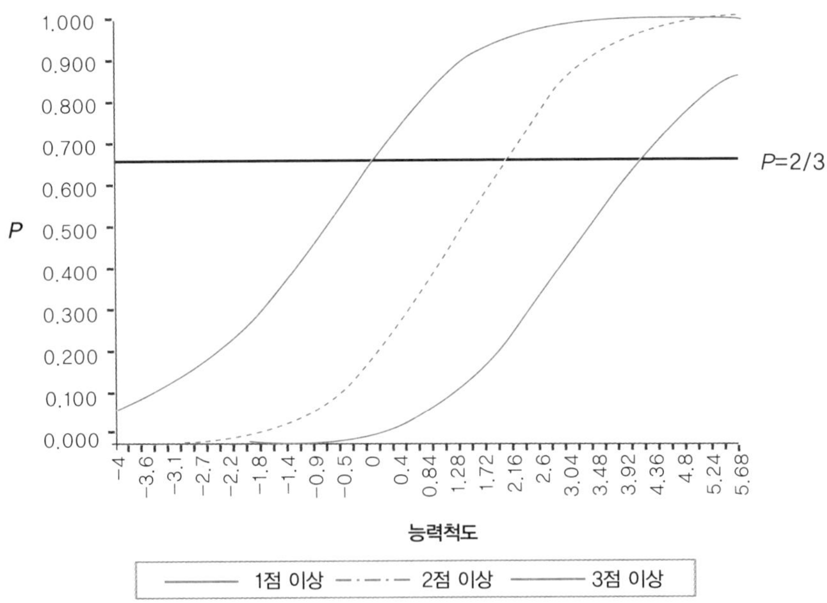

[그림 10-5] 각 부분 점수 이상을 받을 확률(〈표 10-4〉 자료 사용)

Bookmark 방법의 준거설정자 지침

다른 준거설정 방법과 같이, Bookmark 방법에서도 준거설정자들의 훈련은 매우 중요하며, 준거설정자들은 준거설정을 위해 필요한 수행 작업을 명확히 이해하는 것이 필요하다.

Bookmark 방법에서 준거설정자들의 수행 작업은 비교적 간단하다. 준거설정자들은 문항순서집을 사용해 최소 능력 보유자(또는 경계선집단)의 정답률이 사전에 제시된 응답확률(또는 결정규칙) 아래로 낮아지는 문항의 앞 문항에 그들의 판단을 표시하는 작업에 대해 교육받는다. 만약 사전에 제시된 응답확률이 2/3인 경우, 준거설정자들은 문항순서집의 첫 페이지에 제시된 문항부터 검토하기 시작한다. 일반적으로 문항순서집의 첫 번째 문항에 대한 최소 능력 보유자의 예상 정답률은 2/3보다 클 것이다. 그러나 문항순서집의 특정 페이지에 이르면, 준거설정자들은 해당 문항에 대한 최소 능력 보유자의 정답률이 2/3보다 작아지는 것을 인식하고 해당 페이지의 앞 페이지에 표시한다. 즉, 준거설정자들은 문항의 최소 능력 보유자들의 정답률이 사전에 제시된 응답확률보다 큰 마지막 페이지에 북마크하는 것이다. 따라서 준거설정자들의 표시까지 위치한 문항은 최소 능력 보유자들이 사전에 제시된 응답확률을 기준으로 할 때 숙달할 수 있다고 예상되는 문항들이다.

준거설정자들은 일반적으로 소집단을 구성하여 문항순서집에 제시된 문항 내용을 평가한다. 또한 준거설정자들은 그들이 최종적으로 표시한 지점을 기준으로 그 이전 문항과 이후 문항의 난이도 차이가 무슨 이유로 발생하는지에 대해 토의한다. 하나 이상의 분할점수를 산출해야 하는 상황(예, 기본, 숙달, 우수)에서는 준거설정자들은 문항순서집의 첫 번째 문항부터 검토를 시작해 특정 성취수준(예를 들어, 기본)에 대한 최소 능력 보유자의 정답률이 제시된 응답확률과 같아지는 문항에 도달할 때까지 문항검토를 반복한다. 준거설정자들이 확실하게 최소 능력 보유자의 정답률이 응답확률보다 크다고 응답할 수 있는 마지막 문항이 해당 성취수준의 경계가 되므로 준거설정자들은 확실하게 응답할 수 있는 마지막 문항에 북마크한다. 기본 수준에 대한 판단이 끝나면, 이어서 숙달 수준과 다른 수준의 분할점수에 대한 판단을 위해 문항평정을 계속 진행한다.

Bookmark 방법의 분할점수 계산

Bookmark 방법을 통해 준거설정자들이 문항순서집에 제시한 하나(혹은 그 이상)의 판정은 분할점수로 간단하게 변환할 수 있다. 예를 들어, 총 50쪽의 문항순서집을 사용하여 준거설정을 실시해 39쪽을 숙달과 우수 수준의 경계지점으로 표시한 경우를 가정해 보자. 이는 분할점수가 39점으로 변환되는 것을 뜻하는 것이 아니라 앞서 말한 바와 같이 문항순서집의 39쪽 이후에 위치한 문항부터는 우수 수준으로 분류되는 피험자들이 맞힐 수 있을 것이라는 준거설정자의 판정을 뜻하는 것이다. 따라서 응답확률 67%를 기준으로 준거설정자가 판정한 해당 문항의 능력척도(θ)가 분할점수로 산출되는 것이다. 또한 산출된 능력척도(θ)의 분할점수는 검사특성곡선(TCC)을 사용하여 원점수로 변환하거나 원점수-척도점수(혹은 능력척도-척도점수) 변환 방정식을 사용하여 다른 척도로 변환할 수 있다.

앞서 제시한 상황은 한 명의 준거설정자가 분할점수를 설정하는 경우다. 하지만 일반적으로 실제 준거설정에는 다수의 준거설정자들이 참여한다. 따라서 준거설정자들의 북마크 위치는 다양하다. 저자의 경험에 따르면, 이런 상황에서 사용하는 전형적인 방법은 개별 준거설정자들이 북마크를 표시한 문항순서집의 페이지에 해당되는 능력척도(θ)를 찾아 각 준거설정자들이 판정한 능력척도(θ)의 분포를 구한 다음 분포의 평균을 구하여 이를 원점수(혹은 척도점수)로 변환하여 분할점수를 산출한다. 평균이 주로 사용되기는 하지만 중앙값과 같은 다른 통계값을 사용할 수도 있다.

마지막으로 실제 북마크의 위치와 분할점수 산출에 사용되는 능력척도(θ)의 해석에 대해 다루고자 한다. Bookmark 방법을 실시할 경우, 준거설정자들이 '최소 능력 보유자의 정답률이 2/3가 되는가?' 라는 질문에 확실하게 '예' 라고 대답할 수 있는 마지막 문항에 판정 표시를 하도록 교육한다. 그러나 종종 준거설정자들은 앞의 질문에 '아니요' 라고 대답하는 첫 번째 문항에 표시하기도 한다. 예를 들어, 만약 27쪽의 문항에 대해서는 앞선 질문에 대해 '예' 라고 대답하였고, 28쪽의 문항에 대해서는 '아니요' 라고 대답한 경우, 몇몇 준거설정자는 27쪽에 북마크를 표시하지만 다른 몇몇은 28쪽에 북마크를 표시할 것이다. 엄밀히 말하면 이 경우의 정확한 북마크의 위치는 27쪽과 28쪽 사이에 있겠지만, 분할점수 산출을 위해서는 28쪽의 문항이 아닌 27쪽의 문항에 해당하는 척도점수를 사용해 분할점수를 산출해야 한다.

준거설정에 관련한 모든 진행자와 준거설정자들은 북마크 표시의 의미, 즉 '예' 라고 대답할 수 있는 가장 마지막 문항이 분할점수 산출에 사용되는 문항이라는 것을 이해해야 한다.

Bookmark 방법의 실행

지금까지 Bookmark 방법의 수학적 기초에 관해서 개략적으로 살펴보았다. 이제부터는 K-12 성취도검사와 같은 준거참조검사의 준거설정을 위해 Rasch 모형에 기초한 Bookmark 방법의 실행과 관련하여 설명하고자 한다. 준거설정자 훈련, 문항순서집 제작, 문항평정과 같은 Bookmark 방법의 다양한 측면에 대해 설명하고자 한다.

준거설정자 훈련

준거설정자 훈련의 목적은 준거를 설정하기 위해 사용되는 검사, 성취수준기술, Bookmark 방법의 절차에 대해 준거설정자들이 익숙하게 하기 위한 것이다. [그림 10-6]은 Bookmark 방법을 실시하기 위한 3일간의 일정을 제시한 것이다. 첫째 날에는 준거설정자들에게 준거를 설정하는 목적과 전체적인 일정에 대해 설명한다. 그리고 준거설정자들이 검사 내용에 대한 보다 명확한 이해를 할 수 있도록 직접 문제를 풀고 채점할 기회를 제공한다. 이 작업이 끝나면 준거설정자들은 성취수준기술에 대한 토의를 실시한다. 성취수준기술에 대한 토의에 앞서 준거설정자들이 먼저 문제를 풀고 채점하는 과정을 통해서 실제 상황에 적합한 성취수준기술의 내용을 고려하는 데 도움을 얻게 된다. 이때 준거설정자들이 성취수준기술의 주요 내용을 명확히 이해하였으면, 합의를 통해 각 수준에 해당하는 최소 능력 보유자에 대한 정의를 도출해야 한다.

둘째 날 아침, 준거설정자들은 Bookmark 방법에 대한 보다 구체적인 훈련을 받은 뒤, 분할점수 설정을 위한 간단한 평정 연습을 하는데, 이때 필요한 자료는 www.sagepub.com/cizek의 bookmarktraining에서 얻을 수 있다. 모의평정이 끝나면 준거설정자들은 자신들의 모의평정 경험에 대해 의견을 나누고, 훈련 내용에 대한 이해 정도를 알아보기 위한 평가를 받는다.

문항순서집 소개

앞서 설명한 바와 같이, 문항순서집은 선택형 문항과 구성형 문항을 난이도에 따라 정렬한 것으로 가장 쉬운 문항이 첫 번째 페이지에 위치하고 마지막 페이지에는 가장 어려운 문항이 위치한다. Rasch 모형을 사용하여

첫째 날	8:00 A.M.	접수, 조식
	8:30	인사말, 자료 배부, 보안 서약서 작성
	8:45	준거설정의 배경 및 개요 설명
	10:00	휴식
	10:15	검사 시행
	12:30	중식
	1:30 P.M.	검사 채점 및 토의
	3:00	성취수준기술 검토
	4:00	종료
둘째 날	8:00 A.M.	조식
	8:30	자료 배부, Bookmark 방법의 절차 소개
	10:00	휴식
	10:15	연습 라운드, 준비 상태 평가
	11:00	질의응답
	12:00	중식
	1:00 P.M.	1라운드 설명
	1:15	1라운드 실시
	3:45	1라운드 마무리
	4:00	종료
셋째 날	8:00 A.M.	조식
	8:30	자료 배부, 1라운드 결과 검토
	9:45	2라운드 실시
	12:00	중식
	1:00 P.M.	2라운드 결과 검토 및 토의
	1:30	3라운드 실시
	3:00	최종 권고
	3:30	마무리, 준거설정 절차 평가
	4:00	종료

[그림 10-6] Bookmark 방법의 일정표 예

문항을 정렬할 경우에는 문항난이도에 의해 정렬된 순서와 능력척도에 따라 정렬한 순서는 동일하다. 즉, 어느 방법을 사용하든 동일한 문항순서집을 얻게 된다. 그러나 만약 3-모수 또는 2-모수 부분 점수 모형(2PPC)을 사용해 문항을 정렬할 경우, 능력척도를 사용할 때와 난이도를 사용할 때의 문항정렬 순서는 달라진다. 왜냐하면, 3-모수 혹은 2-모수 부분 점수 모형에서는 문항난이도와 변별도를 함께 고려하여 2/3 정답률을 가지는 능력척도를 계산하기 때문이다. 만약 문항난이도가 같지만 문항변별도가 다른 두 문항을 정렬하는 경우, 변별도가 낮은 문항의 능력척도가 더 높게 산출될 것이다(다시 말해, $\theta = b_j + .693/1.7a_j$에서 a_j가 작아지면 θ는 커지게 된다). 즉, 척도점수에 의해 순서화될 때, 문항변별도 차이에 의해 더 어려운 문항이 문항순서집의 앞에 위치하는 경우가 발생한다. 일반적으로 준거설정자들은 문항변별도보다 문항난이도에 더 민감하므로 능력척도에 의해 정렬된 문항순서를 이해하는 것이 어려울 수 있다. 따라서 문항순서집을 제작할 때에는 문항난이도에 의해 정렬하는 것이 좋다.

[그림 10-7]은 문항순서집의 단일 페이지를 보다 구체적으로 보여 주는 예다. [그림 10-7]에 제시된 것과 같이, 문항순서집의 각 페이지는 문항순서집의 쪽번호, 실제 문항의 번호, 부분 점수, Rasch 모형을 적용해 산출한 2/3 정답률을 가지는 능력척도가 포함된다. 정답(A)은 문항순서집 하단에 작은 글씨로 제시되는데, 이는 준거설정자들이 보다 쉽고 빠르게 문항난이도를 평가하는 데 도움이 된다. 실제적으로 문항은 읽기 지문, 과학 및 지리학과 관련된 도표 등의 첨부자료가 함께 제시되며, 하나의 첨부자료에 다양한 난이도를 지닌 문항이 포함되므로, 문항순서집과는 별도로 첨부자료집을 제작해 준거설정자들에게 제공한다.

[그림 10-7]에 제시된 바와 같이 문항순서집에는 문항을 평정하기 위해 필요한 모든 정보가 포함되어 있는데, 이들 정보는 준거설정자들이 쉽게 찾아볼 수 있도록 문항순서집의 가장 앞에 위치한다. [그림 10-7]의 경우,

우측 상단에 숫자 '1' 이 인쇄되어 있는데, 이는 문항순서집의 쪽번호이며, 이를 사용하여 준거설정자들이 그들의 북마크를 표시하므로 다른 숫자와 뚜렷하게 구분할 수 있게 크고 진하게 표시된다. 또한 문항순서집의 좌측 상단에는 문항의 실제 번호가 인쇄되므로, [그림 10-7]에 제시된 문항의 실제 번호는 13번이고, 이 문항은 선택형 문항으로 2/3 정답률을 가지는 능력척도의 값은 −1.363이다. 만약 이 문항이 구성형 문항일 경우, 능력척도는 특정 부분 점수 이상을 받을 수 있는 능력 수준을 의미하며, 이 값은 앞에서 설명한 방법을 통해 구할 수 있다.

Bookmark 방법의 1라운드

Bookmark 방법의 절차에 대한 소개가 끝나면, 각 준거설정자들에게 문항순서집과 첨부자료집 그리고 평정을 표시하는 데 사용할 다양한 도구를 제공한다. 앞서 기술한 바와 같이, 문항순서집은 쉬운 문항에서 어려운

문항 13 　　　　　　　　　　　　　　　　　　　　　　　　　　　**1**

문항정답률이 2/3가 되는 능력 수준 : **−1.363**

다음 보기에서 Mary McLeod Bethune가 세계에서 자신의 길을 찾는 청년들에게 도움을 줄 수 있는 것이라고 생각한 것은?

A. 유언에 남긴 그녀의 유산
B. Essie에게 돌아가 돕고자 하는 바람
C. 그녀의 자리에 대한 열정
D. 믿음을 위해 Essie를 격려한 방법

지문 3

정답: A

[그림 10-7] 문항순서집의 페이지 양식 예

문항 순으로 한 페이지에 한 문항씩 정렬된 문항집으로 각 페이지에 제시되는 정보는 [그림 10-7]과 같다. 구성형 문항의 경우는 각 부분 점수에 해당하는 응답 예시가 함께 제공되어야 하고 동일한 부분 점수를 받는 경우의 응답은 다양하므로 가장 보편적이고 대표적인 응답을 예시로 제공해야 한다.

검사에 포함된 읽기 지문, 지도, 그래프 등과 같은 다양한 첨부자료는 문항순서집과는 별도의 자료집으로 제작해서 준거설정자들에게 제공한다. 문항순서집에는 하나의 시나리오, 지도, 도표 등에 해당하는 여러 문항이 흩어져 배열된다. 따라서 준거설정자들이 각 문항에 해당되는 첨부자료를 쉽게 찾을 수 있게 각 첨부자료에 코드를 부여하고 문항순서집의 각 페이지에 해당 코드를 함께 제시하도록 한다. [그림 10-7]에 제시된 예에서는 우측 하단의 네모상자에 제시된 '지문 3'이 13번 문항의 첨부자료 코드가 된다.

문항순서집, 첨부자료집 등과 함께 준거설정자들에게 그들의 평정(bookmark)을 기입할 수 있는 양식도 함께 제공된다. [그림 10-8]은 응답 양식의 예로 1라운드와 2라운드에서 준거설정자들은 그들이 북마크한 문항순서집의 쪽수를 기입한다. 그러나 준거설정자들이 3라운드까지 실행한 뒤에는 문항순서집의 쪽번호와 분할점수와의 관계에 대해 좀 더 익숙해질 것이다. 따라서 최종 평정에서 준거설정자들은 그들이 북마크한 쪽번호와 이와 관련한 분할점수 그리고 그들의 판정이 어떤 영향을 주는가를 알아보기 위해서 영향 정보의 값을 함께 기입한다. 준거설정자에게 쪽번호 이외의 값을 기입하도록 하는 것은 그들이 설정한 분할점수가 반영된 각 성취수준의 비율을 직접 확인하는 작업을 통해 자신의 판정이 얼마나 중요한 것인지 분명히 인식할 수 있도록 하기 위해서다.

일반적으로 1라운드는 3~5명의 준거설정자로 구성된 소집단으로 진행된다. 소집단에서 준거설정자들은 문항 내용에 관해 토의한 다음, [그림

준거설정자 ID ____________

아래의 빈칸에 각 성취수준을 위한 Bookmark 페이지를 입력하시오.

1라운드

	기 본	숙 달	우 수
페이지 번호			

2라운드

	기 본	숙 달	우 수
페이지 번호			

3라운드

	기 본	숙 달	우 수
페이지 번호			
분할점수			
분류 비율			

Note :

[그림 10-8] Bookmark 방법의 응답 양식 예

10-8]과 같은 양식에 자신의 북마크를 기입한다. 그리고 1라운드가 끝나면 준거설정자들은 사용한 모든 자료를 준거설정 진행자들에게 반납하고 해산하는 것으로 그날의 일정을 마무리한다.

Bookmark 방법의 사전분할점수 산출 1라운드가 끝나면, 준거설정 진행자들은 준거설정자들의 북마크 카드를 회수하여 〈표 10-5〉와 같이 평정 결과값을 기입한다. 정확히 입력되었는지를 다시 검토한 뒤, 1라운드 결과와 함께 북마크 카드를 준거설정자들에게 돌려준다. 〈표 10-5〉와

같은 양식으로 제공한 1라운드의 결과를 통해 준거설정자들은 다른 준거설정자들과 자신의 평정 차이를 파악하고, 전체 평균과 자신의 평정 차이를 파악할 수 있다.

〈표 10-5〉를 통해 준거설정자들의 각 성취수준의 전체적인 북마크 위치와 평균 분할점수, 표준편차, 최댓값, 최솟값, 평균 ±1 표준편차의 값을 알 수 있다. 각 준거설정자의 개별 북마크에 대한 원점수는 제공되지 않으나 원점수 척도의 전체 분할점수 평균, 중앙값, 최댓값, 최솟값은 제공한다.

능력척도로 제시된 분할점수를 원점수 단위로 변환하는 작업은 비교적 간단하다. WINSTEP 또는 PRADUX와 PARSCALE 등과 같은 문항반응이론의 기초적인 프로그램을 사용해 원점수와 능력척도값의 관계를 보여 주는 변환표를 제작할 수 있다. 〈표 10-5〉에 능력척도로 제시된 세 개의 성취수준 분할점수를 능력척도-원점수 변환표에서 근사값을 찾거나 내삽법을 통해 원점수 척도로 변환할 수 있다. 능력척도-원점수 변환표에서 정확하게 일치하는 값을 찾기란 거의 불가능하므로, 준거설정을 실시하기 전에 분할점수로 변환하는 데 적용할 근사값을 선택하는 규칙을 미리 결정해야 한다. 즉, 평균 능력척도값보다 작으나 가장 가까운 값에 해당하는 원점수로 변환할 것인지, 아니면 평균 능력척도값보다는 크지만 이 값에 가장 가까운 값으로 변환할 것인지 또는 다른 방법을 사용해 변환할 것인가에 대한 정책 결정이 필요하다. 아울러 이 결정은 이론에 근거하여 결정해야 하며, 관련 문서로 남기는 것이 바람직하다.

Bookmark 분할점수 산출 시 주의사항 지금부터는 세부적인 Bookmark 방법의 실행 절차에 대한 기술에서 잠시 벗어나, 분할점수를 산출할 때 주의해야 할 몇 가지 사항에 대해 기술하고자 한다. 분할점수를 산출하기 위해 사용할 수 있는 방법은 다양하다. 예를 들어, 각 준거설정자들

〈표 10-5〉 Bookmark 방법의 1라운드 결과 보고 예

	기본		숙달		우수	
준거설정자 ID	문항순서집 쪽번호	능력척도	문항순서집 쪽번호	능력척도	문항순서집 쪽번호	능력척도
1	5	−0.334	12	0.286	46	1.627
2	8	0.082	22	0.600	46	1.627
3	8	0.082	22	0.600	47	1.650
4	6	−0.243	22	0.600	46	1.627
5	10	0.270	18	0.551	38	1.333
6	6	−0.243	16	0.493	39	1.340
7	9	0.193	21	0.579	40	1.489
8	6	−0.243	16	0.493	39	1.340
9	7	−0.176	16	0.493	40	1.489
10	8	0.082	16	0.493	40	1.489
11	7	−0.176	16	0.493	43	1.586
12	8	0.082	16	0.493	41	1.510
13	9	0.193	32	1.046	42	1.580
14	9	0.193	23	0.616	46	1.627
15	9	0.193	26	0.891	39	1.340
16	9	0.193	14	0.440	42	1.580
17	13	0.420	19	0.558	38	1.333
18	8	0.082	13	0.420	22	0.600
19	10	0.270	17	0.540	39	1.340
20	11	0.272	17	0.540	39	1.340
능력척도 기술통계						
평균		0.060		0.561		1.442
중앙값		0.082		0.540		1.489
표준편차		0.217		0.161		0.233
최솟값		−0.334		0.286		0.600
최댓값		0.420		1.046		1.650
평균 −1표준편차		−0.158		0.401		1.209
평균 +1표준편차		0.277		0.722		1.676
원점수척도 기술통계						
평균		22.04		28.73		39.87
중앙값		22.31		28.44		40.32
최솟값		18.00		25.00		30.00
최댓값		27.00		36.00		42.00
평균 −1표준편차		19.46		26.51		37.34
평균 +1표준편차		24.83		30.99		42.00

이 문항순서집에 북마크한 쪽번호의 평균을 바로 분할점수로 사용하거나 이를 원점수 척도로 변환하여 계산할 수 있다. 만약 준거설정자들이 표시한 쪽번호의 평균이 29였다면, 이 값을 바로 분할점수로 사용하는 것이다. 이와 같은 방법을 사용하여 분할점수를 계산하는 것은 최소 능력 보유자가 문항순서집의 첫 번째 문항부터 29번째 문항까지의 정답률이 2/3 이상이라고 생각하여 평정한 결과이므로 분할점수 계산에 적합한 방법이라 생각되지만, 사실 이 방법은 논리적이지 않다.

준거설정자들은 최소 능력 보유자의 정답률이 2/3 이상이 되는 마지막 문항이라 판단되는 지점에 자신의 평정을 표시하는 것이므로 Bookmark 표시 이후의 문항도 최소 능력 보유자가 맞힐 수 있는 확률이 존재할 수 있으나, 문항순서집의 마지막 문항에 가까워지면 그 확률은 매우 작아질 것이며, 최소 능력 보유자들의 Bookmark 이전에 위치한 문항의 정답률은 2/3보다 클 것이다.

문항반응이론 모형은 각 문항의 정답률(또는 구성형 문항의 경우는 해당 부분 점수를 받을 확률)을 기초로 한다. 따라서 특정 능력척도에 해당되는 원점수는 각 문항의 정답률과 기댓값의 합으로 추정된다. 예를 들어, 〈표 10-5〉의 경우 20명의 준거설정자들이 숙달 수준에 대한 평정 결과 평균 능력척도가 .561이었고, 이 값은 WINSTEP을 통해 28.73의 원점수로 변환되었다. 이 점수는 능력척도에 대응되는 원점수 28점과 29점을 내삽한 값이다. 만약 앞에서 말한 문항순서집의 평균 쪽번호를 분할점수로 사용하는 방법을 적용한다면, 〈표 10-5〉에 숙달 수준에 대한 20명의 준거설정자의 북마크 쪽번호인 12~32의 평균인 18.7이 분할점수가 될 것이다. 그러나 이 값은 WINSTEP을 통해 변환한 28.73점과 약 10점의 차이가 발생하며, 이는 실제적으로도 유의한 차이이다.

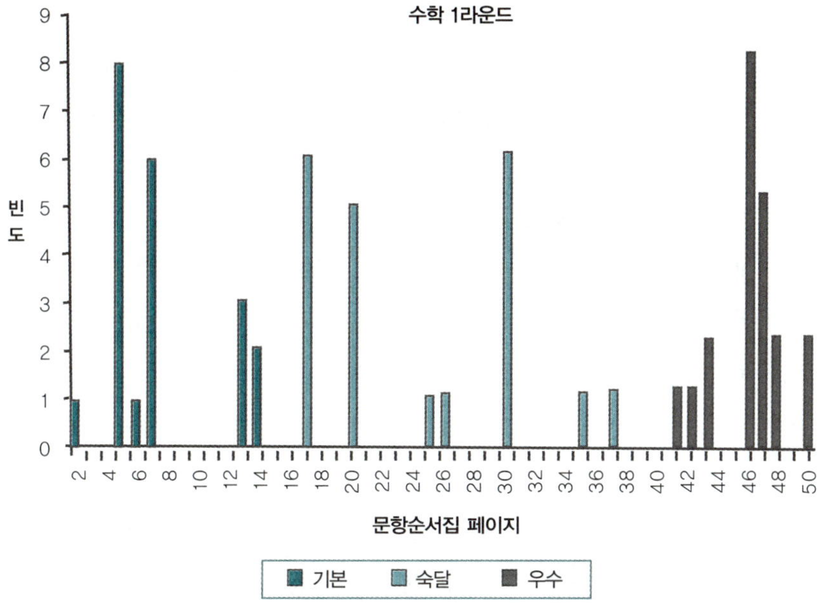

[그림 10-9] Bookmark 방법의 1라운드 피드백 자료 예

준거설정자를 위한 1라운드 피드백 [그림 10-9]는 Bookmark 방법에서 준거설정자들에게 제공하는 규준 정보의 예다. [그림 10-9]는 준거설정자들이 표시한 문항순서집의 쪽번호 빈도를 보여 주고 있다. 준거설정자들은 이 정보를 통해 다른 준거설정자들과 자신의 평정 결과 차이를 파악하고 전체적인 평정 결과를 파악할 수 있다. 뿐만 아니라 분할점수로서 어느 준거설정자도 선택하지 않은 문항의 쪽번호 간격을 보여 준다. 이어지는 라운드에서는 준거설정자에 의해서 선택되지 않은 문항의 쪽번호 범위에 집중하기보다는 최종 분할점수가 설정될 확률이 높은 1라운드의 Bookmark 범위에 대해 생각하고 고려할 것이다.

흥미롭게도 [그림 10-9]는 개별 준거설정자의 판단이 중첩되는 것을 보여 준다. 예를 들어, 한 준거설정자는 문항순서집의 37쪽에 우수 수준의 평정을 표시한 반면, 다른 준거설정자는 숙달 수준으로 평정하였다. 즉, 한 준거설정자는 다른 준거설정자의 우수 수준보다도 높게 숙달 수준의 분할점수를 설정하였음을 알 수 있다. 따라서 [그림 10-9]와 같은 시각적 정보는 준거설정자들이 2라운드와 3라운드에서 중요하게 고려하고 토의해야 하는 문항에 대한 정보를 알려 주는 좋은 자료로 사용될 수 있다.

규준 정보와 함께 영향 정보도 준거설정자들에게 제공한다. 이런 정보는 준거설정 절차 중 여러 시점에 제공할 수 있으나, 이 장에서는 1라운드 후 제공하는 것을 가정하여 기술하고자 한다. 그러나 그동안의 경험에 따르면 영향 정보를 늦게 제공할수록 이 정보가 평정 결과에 끼치는 영향이 작은 것으로 나타났다. 영향 정보를 제공하는 목적은 준거설정자들이 자신의 판정 결과에 의해 각 성취수준으로 분류되는 피험자 수(혹은 비율)를 확인할 수 있게 하기 위해서다. 〈표 10-6〉은 영향 정보로 제공하는 양식의 예다.

Bookmark 방법의 2라운드

앞서 제시한 [그림 10-6]의 일정에 따르면 셋째 날이 시작되면, 준거설정자들에게 문항순서집과 1라운드 결과와 요약자료, 그리고 영향 정보를 피드백으로 제공한다. 준거설정자들은 제공받은 여러 자료를 바탕으로 1라운드 평정 결과와 영향 정보에 대한 토론을 진행한다. 이때 분할점수의 범위와 특히 의견이 일치되지 않은 영역, 그리고 문항난이도에 관한 주제에 대해서도 논의한다. 준거설정자들은 이런 토의를 통해 자신이 인식한 문항난이도와 문항순서집에 제시된 실제 문항난이도 차이에 대해 명확하게 인식할 수 있다.

1라운드 결과에 관한 모든 준거설정자의 토의가 끝나면, 준거설정자는 다시 3~5명의 소집단으로 구성하여 2라운드를 실시한다. 이때 준거설정

〈표 10-6〉 Bookmark 방법의 3라운드 피드백 자료 예

OIB 쪽번호	문항번호	문항난이도	응답확률의 능력척도	원점수	비 율
1	6	−2.305	−1.612	8	99.61
2	2	−1.986	−1.293	10	99.11
3	3	−1.950	−1.257	10	99.11
4	12	−1.304	−0.611	15	95.66
5	14	−1.027	−0.334	18	92.13
6	11	−0.936	−0.243	19	90.62
7	1	−0.869	−0.176	20	88.86
8	28	−0.611	0.082	23	82.34
9	24	−0.500	0.193	24	79.66
10	15−1	0.480	0.270	25	76.47
11	18	−0.421	0.272	25	76.47
12	17	−0.407	0.286	25	76.47
13	26−1	0.790	0.420	27	68.80
14	5−1	0.650	0.440	27	68.80
15	8−1	0.350	0.440	27	68.80
16	7	−0.200	0.493	28	64.77
17	29−1	0.240	0.540	29	60.69
18	27	−0.142	0.551	29	60.69
19	34	−0.135	0.558	29	60.69
20	20	−0.124	0.569	29	60.69
21	13	−0.114	0.579	29	60.69
22	37−1	1.250	0.600	30	56.48
23	21	−0.077	0.616	30	56.48
24	15−2	0.750	0.740	32	47.81
25	26−2	0.320	0.810	33	43.56
26	16	0.198	0.891	34	39.34
27	33−1	0.620	0.900	34	39.34
28	37−2	0.090	0.910	34	39.34
29	30	0.252	0.945	35	35.18
30	36	0.295	0.988	35	35.18
31	38	0.305	0.998	35	35.18
32	4	0.353	1.046	36	31.15
33	15−3	0.320	1.090	36	31.15
34	35	0.464	1.157	37	27.20
35	9	0.498	1.191	38	23.39
36	5−2	0.050	1.200	38	23.39
37	26−3	1.650	1.290	39	19.64
38	10	0.640	1.333	39	19.64
39	32	0.647	1.340	39	19.64
40	19	0.796	1.489	41	12.45
41	37−3	1.530	1.510	41	12.45
42	8−2	0.630	1.580	42	9.61
43	22	0.893	1.586	42	9.61
44	31	0.896	1.589	42	9.61
45	26−4	−0.010	1.590	42	9.61
46	23	0.934	1.627	42	9.61
47	25	0.957	1.650	42	9.61
48	15−4	1.130	2.040	45	3.73
49	37−4	0.860	2.080	45	3.73
50	29−2	1.280	2.120	46	2.69
51	33−2	1.560	2.410	47	1.71

자들이 자신의 의견을 자유롭게 말하고 다른 준거설정자들의 의견을 들을 수 있는 기회를 최대한 제공하여, 각 준거설정자들의 다양한 관점을 이해하는 데 도움을 주기 위해 무선적으로 소집단을 구성한다. 2라운드 역시 1라운드와 동일하게 각 성취수준으로 선정된 문항의 내용을 검토하여 Bookmark 위치를 결정하고 소집단 토의를 진행한다. 1라운드와 2라운드의 주된 차이는 각 준거설정자들에게 제공하는 정보의 양이다. 2라운드가 끝나면, 준거설정 진행자들은 각 준거설정자들이 사용한 모든 자료를 다시 회수해서 결과를 분석하고 〈표 10-5〉와 [그림 10-9] 같은 양식으로 정리하여 3라운드를 준비한다.

Bookmark 방법의 3라운드

3라운드를 시작하기 위해 준거설정자들에게 문항순서집과 2라운드 결과를 제공한다. 경험에 따르면 〈표 10-5〉의 변형된 형태인 〈표 10-6〉과 같은 양식을 제공하는 것이 준거설정자들에게 많은 도움이 된다. 〈표 10-6〉의 주된 특징은 능력척도에 대응되는 원점수 척도의 분할점수가 함께 제공되는 것이다. 이를 통해 준거설정자들은 자신의 북마크 위치가 변함에 따라 함께 변하는 원점수 척도의 분할점수와 각 성취수준으로 분류되는 피험자의 비율을 명확하게 파악할 수 있다.

3라운드가 시작되면 준거설정 진행자들은 영향 정보와 2라운드 결과를 바탕으로 중요한 논의 주제를 제시하여 이에 대해 준거설정자들이 토의하도록 한다. 토의가 끝나면 준거설정자들은 자신의 평정 결과와 그에 해당되는 분할점수 및 각 성취수준의 피험자 비율을 기입하는 것([그림 10-8] 참조)으로 3라운드 작업을 마무리한다. 각 성취수준의 분할점수와 관련한 다양한 값을 준거설정자들에게 직접 기입하도록 하는 목적은 자신이 준거설정 작업에 관해서 명확히 이해하였는지와 이를 바탕으로 정확한 판단을 하였는지를 다시 확인하도록 하기 위해서다. 준거설정자들은 준거설정에 대한 간단한 평가 양식(〈표 3-8〉 참조)을 작성한 뒤 해산한다. 준거설정자들의 모든 작업이 끝나면 진행자들은 최종 평정 결과를 검토하고 각 성취수준의 분할점수를 계산한다.

대안적 절차와 한계점

Bookmark 방법이 소개된 기간에 비해 이 방법에 관한 연구는 그리 많지는 않으나, 다소 흥미로운 연구(Karantonis & Sireci, 2006) 결과가 있으며, 여러 차례 적용을 통해 이 방법의 몇 가지 문제점은 수정 및 보완되었다. 그러나 Bookmark 방법의 소요시간과 검사의 상대적인 난이도에 절대적으로 영향을 받는 분할점수의 문제에 대해 반드시 재평가해 보아야 하며, 이에 대한 후속연구도 필요하다.

분할점수가 검사의 상대적 난이도에 절대적으로 영향받는다는 문제를 보다 자세히 살펴보기 위해서 검사의 난이도와 피험자 집단의 능력의 상대적인 관계를 먼저 생각해 보아야 한다. 만약 피험자 집단의 능력에 비해 상대적으로 쉬운 검사는 분할점수를 특정 점수 이하로 산출하는 것이 불가능할 것이다. 모든 준거설정자가 문항순서집의 첫 페이지에 기본 수준을 위한 Bookmark를 하였다고 가정해 보자. 이 경우 검사가 상대적으로 쉽다면, 준거설정자들은 기본 수준의 최소 능력 보유자(정답률이 67%인)가 한 문항 이상을 맞히기 어렵다고 판정한 것과 달리 첫 페이지 문항의 정답률이 67%가 되는 능력 수준의 피험자는 실제 검사에서 두 문항 이상을 맞힐 확률이 매우 높을 것이다. 심지어 최근 연구에서는 문항순서집의 첫 번째 페이지에 해당되는 능력 수준을 가진 피험자가 10개 이상의 문항을 맞힌 경우도 있었다. 또한 검사가 너무 쉬워 문항순서집의 마지막 문항에 판정을 표시한 경우도 있으며, 심지어 몇몇 준거설정자는 문항순서집에 제시된 마지막 문항의 난이도도 최상의 성취수준을 구별하는 데 부족하다고 판단해 그 이상의 난이도로 판정하기를 원하는 경우도 있었다.

물론 피험자 집단의 능력에 비해 상대적으로 쉽거나 어려운 검사로 인한 문제는 Bookmark 방법에서만 발생하는 것은 아니다. 사실 이 문제는 준거설정이 실시되기에 앞서 검사 제작단계에서 고려할 사항으로 검사 내용의 범위, 문항 특성 등의 문제를 보완할 수는 없다.

Bookmark 방법의 두 번째 한계점은 문항 간 난이도의 차이가 큰 경우 준거설정에 어려움이 발생한다는 점이다. 많은 문항을 사용하여 문항순서집을 구성할 경우에는 큰 문제가 되지 않겠지만, 실제 검사에 사용된 문항으로만 문항순서집을 구성할 경우 문항의 난이도 분포가 고르지 않을 수 있다. 이로 인해 준거설정자들은 준거설정을 위한 판정에 어려움을 겪게 될 수 있으며, 특히 난이도 차가 큰 두 문항 사이에 분할점수를 설정할 경우는 판정에서 더 많은 어려움을 겪을 수 있다. 한 예로 문항순서집이 연속적으로 정렬된 5개 문항의 능력척도가 21번(1.41), 22번(1.53), 23번(1.62), 24번(2.04), 25번(2.17)인 경우 준거설정자들이 숙달 수준의 최소 능력 보유자들에게는 23번은 충분히 쉬운 문항으로 보겠지만 24번 문항은 어려워 매우 낮은 정답률을 가질 것이라고 판단할 수 있다. 이때 23번에 판정을 표시하면 그들의 의도에 비해 낮은 분할점수가 산출될 것이며, 반대로 24번 문항에 판정을 표시하면 너무 높게 산출되므로 정확한 분할점수가 산출되기 어려울 것이다.

따라서 준거설정에 Bookmark 방법을 사용할 계획이라면, 정확한 피험자의 능력척도와 문항의 특성은 검사 실시 후에야 파악할 수 있겠지만 사전 검사 제작단계부터 이 문제를 충분히 고려해야 한다. 검사를 설계할 때 문항난이도와 능력추정값 간의 불일치, 그리고 문항난이도의 큰 간격과 같은 문제를 예측할 수는 있다. 그러므로 사전에 준거설정자들에게 이런 잠재적 문제점이 발생할 수 있음을 인지시키고, 이 문제를 피할 수 있는 계획을 준비하는 것이 중요하다.

그러나 앞서 말한 문제점들은 준거설정 방법의 절차를 일부 수정하는 것으로 어느 정도 해결할 수 있다. 문항난이도와 피험자 집단의 능력의 불일치가 부적절한 분할점수를 산출하는 것을 고려해 볼 때, 가장 간단한 방법은 문항난이도와 능력척도의 관계를 무시하는 것이다. 즉, 문항순서집의 쪽번호를 바로 분할점수로 사용하는 것이다. 예를 들어, 만약 준거설정자가 10쪽에 표시하였다면 10을 분할점수로 사용하는 것이다. 이 방법에 관해서는 Buckendahl, Smith, Impara, Plake(2002)의 연구에서 자세히 다루고 있다.

이 장 앞부분에서 문항순서집의 쪽번호를 바로 분할점수로 사용하는 것은 잘못된 방법이라고 언급하였지만, 이 방법은 준거설정자 훈련과 준거설정 관련 자료 및 피드백 등을 고려해 볼 때 간단하면서도 합리적인 대안이라 할 수 있다. 그러나 문항순서집의 쪽번호를 바로 분할점수로 사용하는 것과 관련한 후속 연구가 진행되어야 한다.

또 다른 대안은 문항반응이론을 기초로 하여 산출하는 문항 모수 및 능력 모수 대신 p값과 같은 고전적 검사 통계량을 사용하는 것이다. 문항순서집을 구성할 때 고전적 통계량을 사용할 경우, 문항순서집의 각 페이지에 제시된 문항은 해당 쪽번호와 같은 값의 원점수를 가질 것이다. 예를 들어, 문항순서집의 10쪽에 제시된 문항의 척도점수는 10점이 될 것이다. 비록 이 대안책으로 문항난이도와 피험자 능력의 불일치 문제를 해결할 수 있는 것처럼 보이나 이 방법 역시 분할점수 변환 과정에서 생각하지 못했던 문제를 야기할 수 있다. 따라서 이 방법을 제안하기에 앞서 좀 더 다양한 연구가 선행되어야 한다. 다른 대안은 문항순서집의 문항 정렬과 관련된 것으로 앞서 설명한 바와 같이 Bookmark 방법에서는 일반적으로 문항난이도가 증가하는 순서로 정렬하지만, 반대의 정렬 순서, 즉 어려운 문항에서 쉬운 문항 순서로 정렬하는 방법도 적용할 수 있다. 두 정렬 방법을 사용하여 산출한 두 분할점수는 거의 유사하였고 두 방법 모두 타당하다는 선행연구 결과도 있으므로 이 대안을 사용하는 것은 큰 무리가 없을 것이다.

앞서 말한 문항순서집의 큰 문항난이도 간격으로 발생하는 문제는 다양한 문항이 포함된 문제은행에서 모든 난이도 수준의 문항을 선택하여 구성하는 것으로 해결할 수 있다. 그러나 실제 검사에 사용한 문항을 사용하는 것 또한 바람직한 준거설정 방법이라 할 수 있다. 따라서 실제 사용한 검사의 문항으로 문항순서집을 구성한 뒤 문항난이도 간격이 큰 문항 사이에 몇 개의 문항을 추가하여 난이도 간격을 줄이는 방법이 바람직하다. 측정학적 정확성과 실제 실시한 검사에 충실함 중 어느 측면에 더 큰 비중을 두는가를 정하는 것이 가장 중요하며, 이러한 정책적 사항은 준거설정 실시에 앞서 결정해야 한다.

제11장

IDM 방법

제3장에서는 최근 미국 모든 주의 초·중등학교 학생들에게 빈번하게 실시되고 있는 준거참조검사의 준거설정 방법에서 중요시되는 성취수준기술에 대해 기술하였다. 비록 일반적으로 2~3개의 단어로 표현되는 성취수준명은 수사적 가치는 있으나 특징과 필요한 능력에 대한 구체적인 정보를 제공하기는 어렵다. 반면 성취수준기술에는 두 개 혹은 그 이상의 문단으로 기술되므로 각 성취수준으로 분류된 피험자들이 무엇을 할 수 있고, 어떤 능력이 부족한가에 대해 세부적인 정보를 제공할 수 있다. 따라서 성취수준기술은 최근 사용되는 준거설정 방법에서 준거설정자들이 준거설정을 위해 판단할 때 가장 기본적이면서도 중요한 자료로 사용된다.

다음의 두 가지 기본 조건이 충족되는 경우, 준거는 문항을 평정하는 사람들에 의해 만들어지는 것이 아니라 성취수준기술을 만들어 내는 패널에 의해 결정된 것이라 해도 과언이 아니다.

① 각 성취수준으로 분류되는 피험자의 능력에 대해 성취수준기술이 매우 자세하고 구체적으로 진술된 경우
② 준거설정을 위한 작업을 수행할 때 준거설정자가 성취수준기술에 의존하여 자신의 의사결정을 하는 경우

성취수준기술과 판정 작업이 명확하게 연결된 준거설정 방법은 준거참조검사가 발전함에 따라 함께 발전되어 왔고, 분할점수 산출에서 성취수준기술과 직접적으로 연결된 준거설정 방법의 결과는 타당성을 확보할 수 있다. 이와 같은 상황에서 IDM(Item-Descriptor Matching; Ferrara, Perie, & Johnson, 2002b) 방법이 개발되었다.

IDM 방법은 1991년 Maryland 주에서 수행평가 프로그램의 준거설정을 위하여 주정부와 검사개발기업인 CTB/McGraw-Hill의 협력을 통해 개발되었다. 이후 1993년 Maryland 주정부와 다른 검사개발기업의 협력으로 수정되었다. 1999년 AIR(American Institutes for Research)에서 Philadelphia 주 고등학교 졸업시험의 성취수준을 설정하기 위해 IDM 방법을 사용하면서 다시 수정되었다. 그 이후 IDM 방법은 미국에서 소규모 검사에 사용되고 있으며, Brazil과 Puerto Rico에서는 대규모 검사에도 사용되고 있다.

일반적으로 IDM 방법은 준거설정자가 각 성취수준(예, 기본, 숙달, 우수)으로 분류된 피험자 특성에 대해 명확히 이해한 뒤, 이를 바탕으로 문항(구성형 문항의 경우에는 각 부분 점수를 받을 응답의 예)을 각 성취수준과 연결시키는 것이다. IDM 방법은 다른 준거설정 방법과 몇 가지 공통점을 가진다. 첫 번째 공통점으로 IDM 방법은 Bookmark 방법과 같이 문항순서집을 사용한다. 따라서 IDM 방법과 Bookmark 방법은 문항연계 방법의 변형이라 할 수 있다. 그러나 IDM 방법은 준거설정자들이 피험자를 분류할 때 불확실한 판정을 하는 부분에 주된 관심을 가진다. 다시 말해, 이 점은 경계선집단 방법과의 공통점이라 할 수 있다. 마지막으로 IDM 방법에

의해 산출된 자료를 분석하는 방법은 총체적 방법(제9장 참조)과 유사하다. 그러나 IDM 방법은 독특한 특징과 절차를 가지므로 하나의 독립적인 준거설정 방법이라 할 수 있다.

IDM 방법의 절차

다른 준거설정 방법과 마찬가지로 IDM 방법의 결과에 대한 설득력과 타당성은 실제 준거설정 회의 전의 상황에 의해 결정된다. 예컨대, 준거설정자들은 반드시 피험자 집단에 대해 잘 알고 있어야 하며, 특정 성향을 보이는 준거설정자로만 구성되지 않고 대표성이 확보될 수 있도록 선발되어야 한다. 또한 선택된 준거설정자들은 준거설정을 위해 사용할 문항과 과제 형태, 그리고 검사의 내용 및 목적에 대해 충분히 이해하고 있어야 한다. 뿐만 아니라 성취수준기술은 명확하고 구체적인 표현으로 기술해야 하며, IDM 방법의 준거설정자들은 성취수준기술에 기초하여 각 성취수준에 해당되는 피험자를 분류해야 한다. IDM 방법의 개발자에 따르면 "IDM 방법의 효과는 성취수준기술의 질에 달려 있다(Ferrara, Perie, & Johnson, 2002a, p. 12)."고 한다.

준거설정자들이 문항순서집에 제시된 문항을 검토하는 것으로 IDM 방법이 시작된다. 이때 사용되는 문항순서집은 문항반응이론을 토대로 추정한 문항난이도값에 기초하여 Bookmark 방법과 동일한 방식으로 제작된다. 만약 검사에 선택형 문항과 에세이와 같은 구성형 문항이 함께 포함된 경우, 선다형 문항은 난이도에 의해 오름차순으로 정렬되고, 구성형 문항은 각 부분 점수의 단계난이도에 따라 선택형 문항 사이에 정렬된다(문항순서집 제작에 대한 자세한 내용은 제10장 참조).

준거설정자들의 판정 작업은 문항순서집의 첫 번째 문항부터 한 문항씩 검토하며 해당 문항이 요구하는 응답에 가장 부합하는 성취수준을 결정하는 것이다. IDM 방법의 개발자인 Ferrara 등(2002a, p. 2)은 다음과 같이 언급하고 있다.

> 각 문항에서 성공적으로 응답하기 위해서는 해당 내용 영역에 관한 지식과 기술 그리고 적절한 인지과정이 필요하다. 따라서 준거설정자들은 각 문항에 적합한 성취수준을 연계하기 위해 "이 문항에서 필요한 지식, 기술, 인지과정과 가장 비슷하게 기술된 성취수준기술은 무엇인가?"(p. 10)를 고려해야 한다.

IDM 방법에서 준거설정자에게 문항순서집과 함께 각 문항의 매치 여부에 대한 그들의 판정을 기입할 수 있는 양식을 제공하는데, 양식의 예는 [그림 11-1]과 같다. 이 양식의 예는 www.sagepub.com/cizek의 IDMform에서 얻을 수 있다.

[그림 11-1]은 여름방학 보충학습 여부를 결정하기 위한 4학년 수학 배

OIB 쪽번호	문항번호	문항난이도	내용 영역	문항기술 매치
1	9	−2.13	자료, 확률과 통계	BB
2	19	−2.11	수 체계	BB
3	24	−1.96	계산	BB
4	13	−1.80	기하학	BB
5	33−1	−1.80	자료, 확률과 통계	BB
6	27	−1.80	패턴, 대수학, 기능	BB
7	20	−1.74	수 체계	BB
8	32	−1.70	패턴, 대수학, 기능	BB
9	**16−1**	**−1.65**	**계산**	**B**
10	**10**	**−1.62**	**수 체계**	**BB**
11	**31**	**−1.59**	**기하학**	**B**
12	**25−1**	**−1.59**	**패턴, 대수학, 기능**	**B**
13	**28**	**−1.55**	**자료, 확률과 통계**	**BB**
14	2	−1.55	수 체계	B

15	21	−1.47	자료, 확률과 통계	B
16	5−1	−1.47	기하학	B
17	4	−1.47	수 체계	B
18	6−1	−1.46	패턴, 대수학, 기능	B
19	15−1	−1.44	계산	B
20	**14**	**−1.40**	**기하학**	**P**
21	**5−2**	**−1.35**	**기하학**	**B**
22	8	−1.32	수 체계	P
23	1	−1.32	패턴, 대수학, 기능	P
24	23	−1.32	수 체계	P
25	26−1	−1.26	기하학	P
26	33−2	−1.26	자료, 확률과 통계	P
27	30	−1.23	수 체계	P
28	16−2	−1.23	계산	P
29	7	−1.03	자료, 확률과 통계	P
30	6−2	−1.03	패턴, 대수학, 기능	P
31	15−2	−1.03	계산	P
32	5−3	−0.99	기하학	P
33	**3**	**−0.94**	**패턴, 대수학, 기능**	**A**
34	**18**	**−0.94**	**계산**	**P**
35	**33−3**	**−0.94**	**자료, 확률과 통계**	**P**
36	**16−3**	**−0.88**	**계산**	**A**
37	**11**	**−0.83**	**수 체계**	**A**
38	**26−2**	**−0.77**	**기하학**	**P**
39	22	−0.77	패턴, 대수학, 기능	A
40	25−2	−0.71	패턴, 대수학, 기능	A
41	29	−0.71	기하학	A
42	12	−0.66	패턴, 대수학, 기능	A
43	6−3	−0.66	패턴, 대수학, 기능	A
44	26−3	−0.59	기하학	A
45	17	−0.48	자료, 확률과 통계	A
46	15−3	−0.33	계산	A
47	25−3	−0.11	패턴, 대수학, 기능	A

[그림 11−1] IDM 문항정보와 준거설정자 응답 양식 예

출처: Ferrara, Perie & Johnson(2002a).

치고사와 관련한 내용이다. 이 검사는 모두 33문항으로, 26개의 선다형 문항과 부분 점수(0~3점)를 가지는 7개의 구성형 문항으로 구성되었으며, 모든 문항의 난이도는 −2.13에서 −.11 사이의 상대적으로 쉬운 문항들로 구성되었다.

[그림 11−1]의 각 열은 문항순서집에 제시된 문항의 정보를 제시한 것이며 문항순서집에 정렬된 순서와 같이 가장 쉬운 문항부터 정렬되었다. '실제 검사의 문항번호' 열에서 한 번만 나타나는 문항들은 선택형 문항이고, 33번, 16번과 같이 여러 번 나타나는 문항들은 구성형 문항이다. 이때 구성형 문항은 0점을 제외한 부분 점수의 수만큼 등장한다. 예를 들어, [그림 11−1]의 16번 문항은 0점부터 3점까지의 부분 점수를 가지는 문항으로 세 번(16−1, 16−2, 16−3) 등장하였다. 문항순서집에서 구성형 문항의 위치는 해당 부분 점수 이상을 받을 확률이 50%인 능력척도에 의해 결정되었다. 즉, 16번 문항은 1점 이상 받을 확률이 50%인 능력척도에 따라 문항순서집의 9쪽에 위치하였고, 2점 이상 받을 확률이 50%인 능력척도에 의해 28쪽에 다시 위치하였다. 문항의 정렬 순서와 관련된 정보 이외에 문항의 난이도와 각 문항의 내용 영역에 대한 정보도 IDM 양식에 함께 제시된다.

[그림 11−1]의 마지막 열은 준거설정자들이 문항검토 결과를 기입하는 곳으로 IDM 방법이 시작될 때에는 빈칸으로 준거설정자들에게 제공된다. 이 빈칸은 준거설정자들이 해당 문항에서 요구하는 지식과 기술 그리고 인지과정과 연결된다고 생각하는 성취수준을 기입하는 곳이다. [그림 11−1]은 준거설정자들이 완성한 판단과 문항정보를 보여 주고 있다. 또한 네 개의 성취수준의 약자인 BB(below basic, 기본 미달), B(basic, 기본), P(proficient, 숙달), A(advanced, 우수)를 입력한 결과로 문항순서집의 17쪽(실제 문항번호는 4번)에 제시된 문항이 기본 수준에 가장 적합한 것이라 판정하였음을 알 수 있다. 또한 이 준거설정자는 구성형 문항인 5번 문항의

부분 점수 3점을 받는 경우(문항순서집의 32쪽에 제시된 문항)는 숙달 수준의 성취수준기술과 가장 비슷하다고 판정하였다.

IDM 방법의 중요한 특징은 경계지역(threshold region)이 존재한다는 것이다. 비록 문항순서집의 문항난이도에 의해 정렬되었다고 해도 준거설정자들은 문항의 내용 영역과 피험자의 발달수준을 고려하였을 때, 항상 연속적인 성취수준으로 문항을 연계시킬 수 없다. [그림 11-1]의 경우, 모든 문항은 난이도가 낮은 문항에서 높은 문항순서로 정렬되었으나 문항연계 결과는 순차적이지 않음을 알 수 있다. 예를 들어, 문항순서집의 1번에서 8번까지의 문항은 모두 기본 수준으로 연계되어 일관성을 보이지만, 문항순서집의 9번에서 14번에 제시된 문항(난이도 −1.65에서 −1.55)에 대한 판정은 기본 미달과 기본 수준이 뒤섞여 연계되었다. 그리고 다시 문항순서집의 15번 문항부터는 일관되게 기본 수준으로 연계되었다. 이와 같이 일관성 없이 연계된 문항들이 모여 있는 부분을 '경계지역'이라 하고, 두 성취수준을 구분하는 분할점수는 경계지역 내에 위치하게 된다. Bookmark 방법에서는 준거설정자들에게 반드시 연속적인 판정을 요구하는 것과 달리 준거설정자들의 판정에 유연성을 허용하는 것이 IDM 방법의 장점이라 할 수 있다. 사실 문항순서집의 문항척도값은 종종 매우 근사한 값을 가질 수 있다. 문항반응이론의 추정방식에 따라 산출된 문항모수는 표준오차를 가질 수 있으므로 문항순서집의 각 문항위치는 항상 정확하다고 할 수 없다. 따라서 준거설정자들의 판정에 있어 연속적인 성취수준의 연계를 강요하기보다는 문항척도가 겹치는 부분을 고려하는 유연성을 허용함으로써 정확한 문항판정을 실시할 수 있다.

준거설정자의 판정에 유연성을 허용한 문항연계 결과 경계지역이 발생한다. Ferrara 등(2002a, p. 14)에 의하면, 경계지역은 연속적인 성취수준으로 연계된 문항 사이에 존재하는 비연속적인 문항연계 지역으로 다음과 같이 언급하고 있다.

> 경계지역은 문항과 성취수준기술이 명료하게 일치되지 않을 때 발생한다. 이런 불명료함은 문항 또는 모형 자체의 특이성으로 나타나기도 하고, 추정오차와 애매하게 기술된 성취수준기술 등에 의해 발생한다. 또한 성취수준기술은 일반적으로 인접한 수준의 성취수준기술과 명확하게 구분할 수 있도록 기술되지 않고 다소 겹치게 기술되는 경우도 있다. 따라서 각 수준의 경계에 위치한 문항의 분류가 다소 중복되거나 모호할 수 있다.

정확한 IDM 방법의 실시와 분할점수 산출을 위해 경계지역에 대한 보다 정교한 정의가 필요하다. Ferrara, Perie와 Johnson은 출발/종료 규칙(starting/stopping rule)을 적용하였다. 경계지역은 하나의 성취수준으로 적어도 세 번 이상 연속적으로 연계된 문항 다음의 문항부터 출발하여 상위 성취수준이 적어도 세 번 이상 연속적으로 연계되기 시작하는 문항의 이전 문항까지로 정의하였다. [그림 11-1]의 경우를 보면, 기본 미달과 기본 수준의 경계지역은 기본 미달로 세 번 이상 연속적으로 연계된 8번의 문항 다음 문항(문항순서집의 9번 문항)부터 연속적으로 기본 수준에 연계되기 시작하는 14번 이전 문항(문항순서집의 13번 문항)까지가 두 수준의 경계지역이 된다. 마찬가지로 기본과 숙달 수준의 경계지역에는 문항순서집의 20번부터 21번까지의 문항이 포함되며, 숙달과 우수 수준의 경계지역에는 33번부터 38번 사이의 문항이 포함된다. [그림 11-1]에서 세 경계지역 안에 포함되는 문항은 진하게 표시하여 강조하였다.

준거설정자들의 문항연계에 의해 경계지역이 설정되면, 1차 분할점수는 각 경계지역 안에서 결정된다. 이때 분할점수 산출 방법에 대해서는 아직 정확한 기준이 제시되지는 않았다. 앞서 IDM 방법을 실시했을 때에는 개별 준거설정자들에게 자신의 연계 결과 발생한 경계지역에 포함된 문항의 중앙을 Bookmark 방법에서와 같은 방식으로 분할점수로 표시하도록 하였다. 그러나 이 방법은 경계지역이 홀수의 문항으로 구성될 경우 준거설정자들이 다소 어렵게 느낄 수 있다. [그림 11-1]의 경우 이 방법을 적용하면 기본과 숙달 수준의 1차 분할점수는 문항순서집의 20번과 21번 사이에 위치하게 될 것이다. 그러나 기본 미달과 기본 수준의 분할점수를 정확하게 표시하는 데 다소 어려움이 따른다. 기본 미달과 기본 수준의 경계지역에는 9번부터 13번까지의 5개 문항이 포함되므로 이때 중앙은 11번 문항이 될 것이다. 그러나 11번 문항은 기본 수준으로 판정되었으므로 이 문항의 척도점수를 분할점수로 사용하는 것은 타당하지 않으며, 정확한 분할점수를 산출하기가 어렵다.

IDM 방법의 준거설정자는 경계지역에 속한 문항의 평균 또는 중앙값을 사용하여 분할점수를 보다 정확하게 산출할 수 있다. 만일 평균을 사용해 분할점수를 산출한다면 [그림 11-1]의 경우, 기본 미달과 기본 수준의 분할점수는 −1.65점과 −1.55점의 평균인 −1.60점이 될 것이고, 기본과 숙달 수준의 분할점수는 −1.375점이 되며, 숙달과 우수 수준의 분할점수는 −0.855점이 된다. 반면 중앙값을 사용하여 분할점수를 산출하면 경계지역이 극단값에 의한 영향을 줄일 수 있다는 장점이 있다.

이렇게 산출된 평균 또는 중앙값을 분할점수의 초기값이라고 한다. 왜냐하면 IDM 방법 역시 다른 방법과 마찬가지로 여러 번의 문항평정을 실시하기 때문이다. 1라운드에서 각 준거설정자들은 독립적으로 각 문항과 성취수준기술을 연계한 뒤 집단토의를 통해 자신의 경계지역을 확정한다. 이때 집단토의는 패널의 크기에 따라 전체 혹은 소집단을 구성하여 의견이 일치하지 않은 문항에 대해 집중적으로 진행되고, 이를 위해 준거설정자들의 각 문항연계 결과와 빈도표 등을 모든 준거설정자에게 규준 정보로 제공한다.

2라운드에서 준거설정자들은 개별적으로 자신의 1라운드 문항연계 결과를 문항의 내용과 성취수준기술에 기초하여 다시 검토하고 수정하는 작업을 실시한다. 2라운드가 끝나면 개별 준거설정자들은 다시 경계지역을 확정하고 각자 분할점수를 산출한다. 각 성취수준에 대한 개별 준거설정자들의 분할점수 평균을 사용해 전체적인 분할점수를 산출한다.

3라운드가 시작되면, 준거설정자들에게 2라운드 결과에 의해 각 성취수준으로 분류된 피험자 비율과 같은 영향 정보를 제공하고, 토의를 진행한다. 이때 준거설정자들의 평균 분할점수로 산출된 값을 사용해 제작한 영향 정보를 제공할 수 있다. 토의가 끝나면 준거설정자들은 최종적으로 자신의 문항연계를 검토하여 수정하고, 이를 바탕으로 준거설정 진행자가 최종 분할점수를 산출한다. 이렇게 산출된 최종 분할점수는 준거설정자들이 검토할 수 있도록 제시하는 것이 바람직하다. IDM 방법의 마지막 단계는 다른 준거설정 방법과 마찬가지로 해당 준거설정에 대한 준거설정자들의 의견조사를 진행하는 것으로 작업을 마무리한다.

대안적 절차와 한계점

IDM 방법이 비록 최근에 소개되었고 다른 준거설정 방법에 비해 상대적으로 다양하지 못한 상황에 적용되었으나 학업성취평가나 자격증 검사 프로그램 등에 타당하다는 선행연구들이 있다. 짧은 역사에도 불구하고 IDM 방법은 다수의 수정안과 대안이 제시되었다.

첫째, Ferrara 등(2002a, 2002b)의 연구에 따르면, IDM 방법 시행 시, 경계지역 설정은 준거설정자 훈련을 거쳐 준거설정자들이 직접 설정하거나 준거설정자들의 평정 결과를 바탕으로 준거설정 진행자에 의해 설정될 수 있다. 그러나 만약 준거설정자들이 직접 개별 경계지역을 설정하는 경우, 사전에 정의한 규칙에 맞게 경계지역을 설정하였는지를 다시 한 번 검토하는 작업이 필요하다. 따라서 보다 효율적이고 정확한 경계지역 설정 방법에 대해 사전에 논의할 필요가 있다.

둘째, 앞서 말한 바와 같이 분할점수는 경계지역에 속한 문항의 평균 또는 중앙값으로 산출할 수 있다. Ferrara 등(2002a)의 연구에서는 극단값의 영향을 최소화하기 위해 중앙값을 사용하는 것이 일반적이라고 언급하였다. 그러나 보편적으로 평균과 중앙값의 차이는 크지 않으므로 평균을 분할점수로 사용하는 것도 가능하다. 예를 들어, [그림 11-1]의 경우 숙달과 우수 수준의 경계지역에서의 중앙값은 -0.91이고 평균값은 -0.88이므로 둘 중 어느 값을 분할점수로 산출해도 큰 차이는 발생하지 않는다. 따라서 준거설정자들에게 평균과 중앙값 중 어느 값을 사용하는지에 상관없이 집단의 종합적인 평정 결과에 의해 분할점수가 설정된다는 사실을 인식시켜야 한다. 준거설정 작업을 실시하기에 앞서 각 준거설정자의 평정 결과 중 극단값을 가지는 경우, 최종 분할점수 산출에서 제외된다는 사실 또한 인식시켜야 한다.

셋째, 비록 IDM 방법의 개발자들은 [그림 11-1]의 양식을 '문항지도(item map)'로 사용하였지만, 문항순서집의 내용을 단순히 한 장의 시트로 요약한 것이다. Schulz와 그의 동료들은 문항지도의 사용을 확장시킨 'mapmark' 방법을 제안하였다(Schulz, Kolen, & Nicewander, 1999; Schulz & Lee, 2002; Schulz, Lee, & Mullen, 2005). 이 방법에서는 한 장의 시트에 문항들을 하위 내용 영역별로 분류하여 분할점수와 함께 제시한다. 이를 통해 준거설정자는 하위 내용 영역 간의 상대적 난이도를 알 수 있고, 또한 설정된 분할점수와 각 하위 내용 영역 간의 관계도 이해할 수 있다.

[그림 11-2]는 NAEP 12학년 수학검사의 준거설정 작업에서 사용하던 문항지도다. 여기에서 제시된 바와 같이, 이 검사는 A부터 D까지의 내용 영역에 해당하는 4개의 하부 검사로 구성되었으며, 각 하부 검사는 5개의 문항으로 구성되었다. 문항난이도는 y축에 제시되었고, 이 검사의 최종 산출된 분할점수는 C_x로서 그림에서 수평선의 값이다. 따라서 내용 영역 B는 다른 영역에 비해 상대적으로 쉬운 문항들로 구성되었고, 분할점수 이상

의 능력을 가진 피험자들은 모두 이 영역의 문항을 맞힐 것이라고 예상할 수 있다. 또한 내용 영역 C는 상대적으로 어려운 문항들로 분할점수를 간신히 넘은 피험자들은 이 영역에 속한 문항을 맞힐 확률이 매우 낮다고 예상할 수 있다.

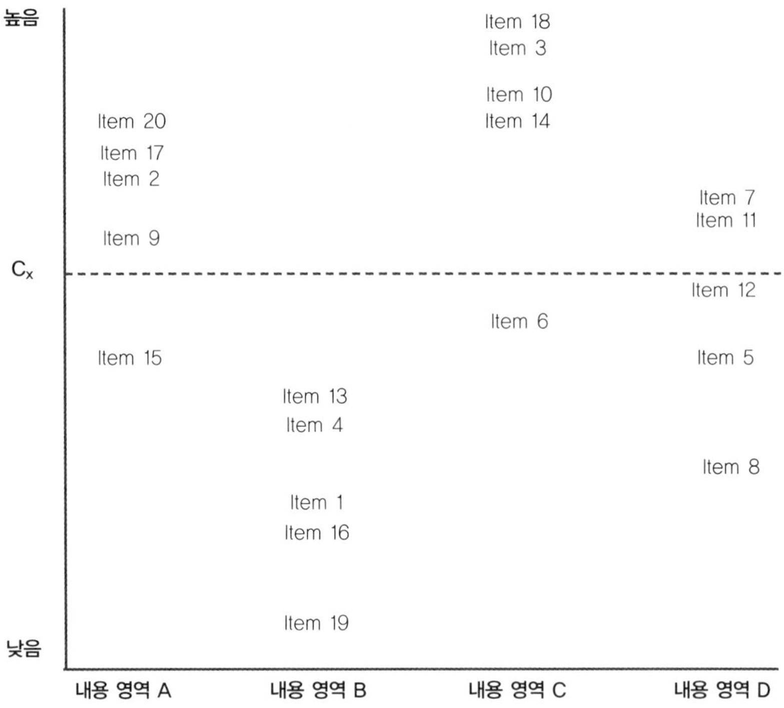

[그림 11-2] 내용 영역에 따른 문항지도 예

IDM 방법의 제한점은 다음과 같다. 첫째, IDM 방법을 사용하기 위해서는 사전에 실시된 검사자료가 필요하다. 이는 IDM 방법뿐 아니라 많은 준거설정 방법의 취약점이기도 하다. 특히 문항순서집 제작에 필요한 문항모수를 안정적으로 추정하기 위해서는 많은 표본사례가 필요하며 피험자의 동기 등이 실제 검사 상황과 같은 조건에서의 피험자 응답자료가 필요하므로 검사를 실시하기에 앞서 준거를 설정하고자 하는 경우, 큰 문제점이 될 수 있다.

둘째, 경계지역을 설정하기 위한 규칙에 대하여 후속연구와 다양한 적용 사례가 필요하다. 비록 IDM 방법 개발자들이 '일관되지 않은 문항연계를 보이는 문항부터 연속적으로 세 문항 이상이 하나의 성취수준기술로 연계되기 시작하는 첫 번째 문항까지를 경계지역으로 설정하는 '출발규칙'과 '일관되지 않은 문항연계를 보이는 문항부터 연속적으로 세 문항 이상이 하나의 성취수준기술로 연계되는 문항의 앞 문항까지를 경계지역으로 설정하는 종료규칙'을 개별 지능검사와 진단검사에 사용하였을 때 비슷한 결과를 보인다고 언급하였으나 이들 규칙은 다소 임의적인 것이다. 따라서 준거설정에서 이 규칙의 효과성에 대한 후속연구가 필요하며, 준거설정자가 문항연계에서 분명한 규칙성을 보이지 않을 때 적용할 수 있는 방법도 개발되어야 한다. 짧은 검사일수록 준거설정자가 문항연계가 분명한 규칙성을 보이지 않는 경우가 있으므로 이런 검사에 사용한 IDM 방법의 타당성에는 문제가 발생할 수 있다.

마지막으로 IDM 방법의 타당성은 다른 준거설정 방법들에 비하여 성취수준기술의 명료성, 완벽성, 유용성과 더 깊게 연관되어 있다. Ferrara 등(2002a)은 IDM 방법의 효과는 성취수준기술의 질에 달려 있다고 주장하였다. 따라서 IDM 방법의 첫 번째 실행단계는 성취수준기술의 개발이며, 예비검사를 통해 실제로 검사의 준거설정에서 사용 가능한지 확인하는 것이다.

Notes

1 이 장에서 제시한 예는 응답확률 50%를 기준으로 기술되었으며, 응답확률에 관한 자세한 설명은 제10장을 참고하기 바란다.

2 문항과 피험자 수행에 관련한 정확한 실제 검사자료는 설정된 성취수준의 영향을 고려하기 위해 더욱 필요하다.

제12장

Hofstee와 Beuk 방법

바로 앞 장에서 기술하였던 모든 준거설정 방법을 절대적 방법이라 칭하는데 이는 기존에 제안된 규준참조 방법과 Nedelsky(1954)가 제안한 방법을 구별하기 위해 명명한 것으로, 기대되는 성취에 대한 명백한 기술에 기초하여 성취수준을 설정하는 방법이다. 그러나 더는 절대적 준거설정 방법이라는 용어를 사용하지 않고, 대신 준거참조(criterion referenced) 또는 기준참조(standards referenced)라는 용어가 더 보편적으로 사용된다. 적어도 이론상으로 '준거' 혹은 '기준'이라는 용어는 특정 능력 수준에서 요구하는 지식과 기술 또는 오직 하나의 분할점수의 의미로 해석되는 성취수준을 의미한다. 피험자의 합격 여부와 같은 성취 정도는 오직 해당 피험자의 지식, 기술, 능력과 합격을 위해 설정된 준거(즉, 분할점수)에만 의존한다. 따라서 준거는 절대적이며 다른 피험자의 성취 정도나 상대적 기대, 사회적 또는 경제적 요인과는 무관하다.

그러나 엄밀히 말해서 순수하게 절대 준거를 설정하는 것은 불가능하다. 특히 검사의 준거를 설정하는 경우, 준거에 기초하여 판정해야 하는 준거설정자들은 항상 규준적 정보를 제공받기 원한다. 암묵적으로 사람들은 규준참조와 준거참조의 정보를 항상 함께 고려한다. 이를 대부분의 부모들이 경험하였을 상황(자신의 자녀가 변기 사용 훈련을 마쳤다고 자랑했던 날)과 관련지어 설명할 수 있다. 이 책의 저자 중 한 명인 Cizek은 측정학 개론 수업을 듣는 학생들에게 자신의 자녀가 변기 사용 훈련을 마쳤다는 것을 알려 주고 많은 학생으로부터 축하를 받았다. 그러나 그가 변기 사용 훈련을 마친 자신의 자녀가 아홉 살이라는 사실을 학생들에게 알려 주었을 때 대부분의 학생은 놀랐다.

물론 Cizek 이야기의 목적은 학생들이 무의식적으로 준거참조 정보(즉, 성공적인 변기 사용 훈련)를 규준적으로 해석하고 있음을 보여 주기 위함이다. 다시 말해, 학생들은 암묵적으로 변기 사용 훈련을 마치기에 적절한 나이를 기대하고 있었던 것이다. 따라서 학생들은 분명히 처음 이야기를 들었을 때는 그 아이의 행동이 적절한 시기에 달성된 것이라 생각했으나 아이의 나이를 듣고 난 직후에는 아이가 또래에 비해 너무 늦게 성취수준에 도달한 것으로 생각할 것이다.

이런 가상의 실험은 준거설정 상황에서 사람들의 판단은 결코 완전히 절대적이거나 준거참조적일 수 없으며, 오히려 어느 정도 규준참조적이라는 사실을 알려 준다. 이러한 사실로 인해 많은 심리측정학자들은 전적으로 준거참조적인 방법을 개발할 수 없으며, 준거설정자들의 판정절차에 규준 정보와 준거 정보의 혼합을 고려해 준거설정 방법을 개발할 필요가 있음을 제시하였다.

절충적 방법은 Hofstee(1983)가 제안한 용어로 준거설정의 혼합적인 특성을 표현한 것이다. Hofstee에 따르면 준거설정 과정에서 준거참조적 관점과 정치적 의제, 경제적 조건, 정책적 고려사항 등 여러 요인 간의 균형이 반드시 포함되어야 한다. 또한 Hofstee(1983, p. 109)는 "모든 조건을 만족시키는 하나의 분할점수는 존재하지 않으며, 과학적이 아닌 정치적 문제에 의해 여러 대안 가운데 최종적으로 선택되는 것이다."라고 말했다. 이제부터 두 절충적 준거설정 방법으로 Hofstee(1983)가 제안한 방법과 Beuk(1984)이 제안한 방법에 대해 기술하고자 한다.

Hofstee 방법

Hofstee(1983)의 절충적 방법은 준거참조와 규준참조적 기대 간의 충돌에서 발생하는 실질적 문제를 해결하기 위해 개발한 방법이다. 이 방법을 제안한 논문에서 Hofstee는 1979년 심리학 전공 2학년 학생 160명이 응시한 연구 방법 수업의 검사에서 그가 직면한 문제에 대해 다음과 같이 기술하였다.

> 이 검사를 통해 45%보다 적은 비율의 학생이 통과할 수 있도록 합격점수를 설정하였으나 55%의 학생이 통과하였다. 1980년에는 약 60%의 학생이 통과할 수 있도록 합격점수를 설정했음에도 불구하고, 90%가 넘는 학생이 통과하는 결과가 나왔다. 강의자료와 교사, 검사문항들이 기본적으로 동일하였고, 많은 학생 수를 고려했을 때, 이러한 결과는 집단 간 차이로 인해 발생한 것이라고 볼 수 없다(p. 117).

따라서 Hofstee는 첫해와 그다음 해에 설정한 규준적 예측이 실제 집단에서의 결과와 일치하지 않은 상황에 직면하였다. 이러한 결과는 첫 번째 해에 설정한 성취수준의 '정확성'에 대한 문제와 두 번째 해의 준거참조적 정보와 규준참조적 정보 사이의 균형에 대한 문제를 불러일으켰다.

Hofstee가 개발한 일반적 접근 방법은 이 두 상황을 독립적으로 처리하는 방법이다. Hofstee에 따르면 검사의 난이도, 강의의 질, 학생들의 준비 정도와 같은 부수적 정보가 없을 때, 두 번째 해의 준거를 첫 번째 준거를 설정했던 것과 같이 설정하였다.

Hofstee 방법의 실행 절차

다른 모든 준거설정 방법과 같이 Hofstee 방법도 준거설정의 목적을 확립하고 준거설정자 모집 및 선발, 훈련 등에 대한 관련 사항을 명확히 하는 것으로 시작된다. Hofstee가 명백하게 언급하지는 않았으나, 준거설정자들은 피험자 분류를 위해 사용되는 검사에 대해 알아야 하며, 피험자를 분류할 수 있는 최소 능력에 대한 핵심개념을 정확히 가지고 있어야 함을 전제하였다.

이러한 가정하에, 반나절 동안 준거설정자 훈련, 검사 내용 확인, 핵심개념 검토 작업을 마친 뒤 실제 준거설정자들의 판정 작업을 보통 한 시간 안에 진행하게 된다. 따라서 Hofstee 방법은 시간적으로 가장 효율적인 준거설정 방법이라 할 수 있다. 먼저, 준거설정자들은 검사에 응시한 피험자들을 가정하고 다음 네 개의 질문에 응답해야 한다. 피험자들에게 요구되는 지식의 적정 수준(Hofstee에 의한 표기는 k)에 대한 두 개의 질문과 탈락 비율(Hofstee에 의한 표기는 f)에 대한 두 개의 질문으로 구성되며 구체적인 내용은 다음과 같다.

① "비록 모든 피험자가 이 점수를 능가한다 해도 납득할 만한 최대의 분할점수는 몇 점인가?" 이 값은 피험자가 가지고 있어야 하는 지식 수준에 대한 준거설정자들의 최대 추정값으로 k_{max}라 표시한다.

② "만약 모든 피험자가 이 점수에 도달하지 못해도 납득할 만한 최저 분할점수는 몇 점인가?" 이 값은 피험자들이 가지고 있어야 하는 지식 수

준에 대한 준거설정자들의 최소 추정값으로 k_{min}이라 표시한다.

③ "수용할 수 있는 최대 탈락비율은 얼마인가?" 이 값은 피험자들의 최대 탈락비율에 대한 준거설정자들의 판정값으로 f_{max}라 표시한다.

④ "수용할 수 있는 최소 탈락비율은 얼마인가?" 이 값은 피험자들의 최소 탈락비율에 대한 준거설정자들의 판정값으로 f_{min}이라 표시한다.

준거설정자들은 네 개의 질문으로 구성된 간단한 평정양식에 0부터 100 사이의 값으로 평정하며, 각 준거설정자의 최댓값은 그에 상응하는 최솟값보다 반드시 커야 한다. 즉, k_{max}는 k_{min}보다 커야 하며 f_{max}는 f_{min}보다 반드시 커야 한다. 준거설정자들은 보기(예를 들어, 0에서 100 사이의 값을 10단위로 제시)가 있는 평정양식을 사용하여 각 질문에 대한 값을 표시할 수 있다. 이와 같은 평정양식을 사용하여 각 질문에 대한 준거설정자들의 응답을 수합하여 각 값의 평균을 산출한다. 규준적 예측값인 이들 값과 실제 수행 정보(검사 실시를 통해 얻은 검사점수의 분포)를 함께 고려하여 분할점수를 산출한다.

[그림 12-1]에 제시된 Hofstee 방법을 사용한 예를 살펴보면, k_{min}, k_{max}, f_{min}, f_{max}에 상응하는 준거설정자들의 평균 판정값은 각각 32.5점, 80점, 12.5점, 90점이다. 이들 값을 사용해 순서쌍 (k_{min}, f_{max})와 (k_{max}, f_{min})인 (32.5, 90)과 (80, 12.5)를 그래프상에 표시한 뒤, 두 점을 지나는 하나의 직선(좌측 상단부터 우측 하단까지 연결되는)을 그릴 수 있다. Hofstee에 따르면, 이 직선이 분할점수를 설정하기 위한 절충적 해결책이 된다.

분할점수를 찾기 위해 이 직선과 함께 실제 검사점수의 분포가 필요하다. Hofstee에 따르면 분할점수는 두 좌표 사이의 직선과 실제 검사점수의 분포곡선이 만나는 지점에 위치한다. [그림 12-1]에 제시된 실제 검사점수의 분포는 누적 오자이브 형태를 나타내며, 이는 요구되는 전체 원점수의 비율로 표시된 성취수준과 그 수준이 분할점수로 설정될 경우 실패로 분류되는 피험자의 비율 간 관계를 보여 준다. 예상했던 바와 같이, 요구되는 피험자의 정답률(가로 좌표)이 증가함에 따라 그에 상응하는 탈락비율(세로 좌표)의 누적함수는 증가한다.

Hofstee 방법을 사용하여 최종 분할점수를 산출하기 위해서는 순서쌍 (k_{min}, f_{max})와 (k_{max}, f_{min})을 통해 구한 직선이 누적분포함수를 지나가야 한다. [그림 12-1]에서 X 표시된 지점이 두 순서쌍에 의한 직선과 누적분포함수가 교차하는 지점이다. 이 점의 좌표를 사용해 요구되는 정답률(즉, 검사의 분할점수)과 그 값이 분할점수로 사용될 경우의 탈락비율을 구할 수 있다. [그림 12-1]에서 이들 값은 각각 70점과 45점임을 알 수 있다.

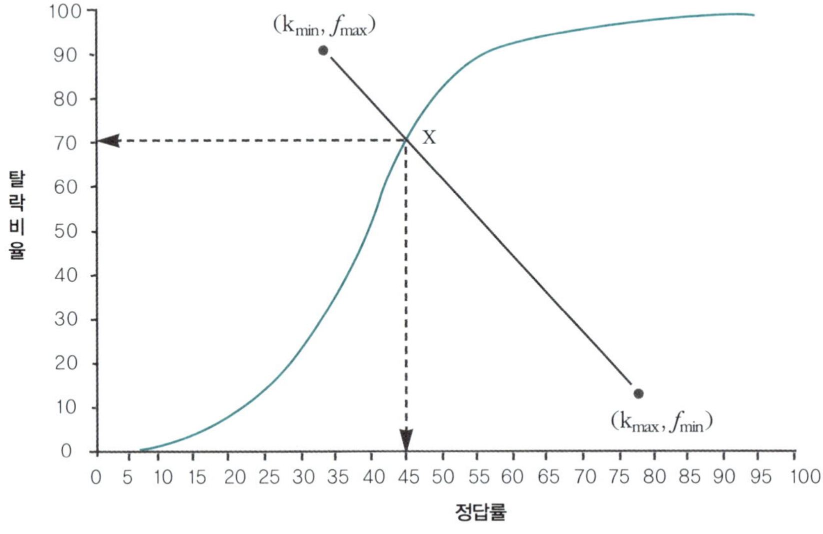

[그림 12-1] Hofstee 분할점수 도출 방법

Beuk 방법

Hofstee와 같이 Beuk(1984) 또한 준거설정이 심리측정학적 문제이며 정확한 측정이 필요함에도 불구하고, 모든 준거설정의 문제를 해결할 수 있는 최적의 조건이 없음을 인식하였다. 또한 그는 준거설정과정이 합격 여부 또는 자격증 부여와 같은 검사 목적의 기본이 되는 숙달에 대한 절대적 수준에 기초해야 할 뿐만 아니라 피험자에 대한 상대적(즉, 규준적) 정보에 기초해야 함을 제안하였다. 이에 Beuk은 "규준 정보를 얻고, 처리하고, 해석하는 방법이 무엇보다 가장 중요한 문제다."(1984, p. 147)라고 언급하였다.

Beuk 방법은 준거설정자와 준거설정 절차에 대한 두 가지 가정에 기초한다. Beuk(1984, p. 148)은, 첫째 "준거설정위원회의 각 위원은 분할점수와 그에 따른 예상합격률을 판정할 수 있어야 한다.", 둘째 "준거설정자들의 판정뿐 아니라, 이들 사이의 동의 정도도 중요하다."는 것을 가정한다. 이와 같은 두 개의 가정과 앞으로 기술할 Beuk 방법에 따르면 Beuk의 접근은 Hofstee 방법을 단순하게 변형한 방법이라 할 수 있다.

Beuk 방법의 실행 절차

다른 준거설정 방법과 같이, 적합한 준거설정자의 선정과 훈련 그리고 오리엔테이션이 필요하다. 그리고 Hofstee 방법처럼 Beuk 방법에서 준거설정자들은 검사 내용과 피험자 집단에 대해 친숙하게 알고 있어야 하며 검사의 목적과 검사에서 요구하는 지식, 기술, 능력에 대한 핵심개념을 분명히 하여 준거설정을 해야 한다.

Beuk 방법(1984)에서는 검사에 대한 총체적 고려를 위해 준거설정자들에게 다음과 같은 두 가지 질문을 제시한다.

① "이 검사를 통과하기 위하여 필요한 최소 지식 수준은 어느 정도인가?" 를 전체 검사의 정답률(x)로 나타낸다.

② "이 검사에서 기대되는 예상합격률은 어느 정도인가?"를 피험자의 비율(y)로 나타낸다.

전체 검사의 정답률(x)과 예상합격률(y)은 모든 준거설정자의 응답을 수합하여 평균값을 산출한다. 그리고 검사 시행 후, 이들 값은 실제 검사 결과와 비교해 준거설정자들의 판정이 규준적 예상과 실제 검사 수행 간의 절충 및 조절에 효과적인지를 판단한다.

[그림 12-2]는 Beuk 방법을 적용한 예를 보여 주고 있다. [그림 12-2]에 따르면, 준거설정자들은 평균적으로 최소 정답률을 약 69%, 합격비율은 평균 89%로 판정하였고, 이들 값을 각각 $\bar{x}$와 $\bar{y}$로 표시하였다. 그리고 $\bar{x}$와 $\bar{y}$의 값을 사용하여 두 값의 교차점을 찾아 A라 표시하였다. [그림 12-2]에는 검사가 시행된 후, 그 결과를 통해 가능한 모든 분할점수와 그 값을 적용할 때 예상되는 합격자 비율의 함수적 관계가 제시되었다. [그림 12-2]에서 알 수 있듯이, 이 함수는 일정하지는 않지만 감소 추세를 보이며, 합격을 위해 요구되는 정답률이 증가할수록 통과되는 피험자의 비율이 감소함을 보여 준다.

다음 단계에서는 정답률과 예상합격률에 대한 표준편차를 계산하고, 두 표준편차의 비율(S_x/S_y)을 계산한다. 이 비율이 기울기가 되고 점 A를 지나는 직선의 방정식을 구하고, 실제 검사 결과의 분포곡선과 만나는 점을 찾는다. [그림 12-2]에서 B라 표시한 지점이 이에 해당된다. 점 B의 x, y의 값이 교정된 $\bar{x}$와 $\bar{y}$가 되고, 이는 절충된 정답률(즉, 분할점수)과 그에 따른 합격률을 의미하며, $\bar{x}'$와 $\bar{y}'$라 표시한다. [그림 12-2]의 경우, 요구되는 정답률(분할점수)은 51%이고, 그에 상응되는 합격률은 39%로 산출되었다. 다른 준거설정 방법과 마찬가지로 원점수 단위의 분할점수는 검사의 총점에 예상정답률($\bar{x}'$)을 곱하여 산출할 수 있다.

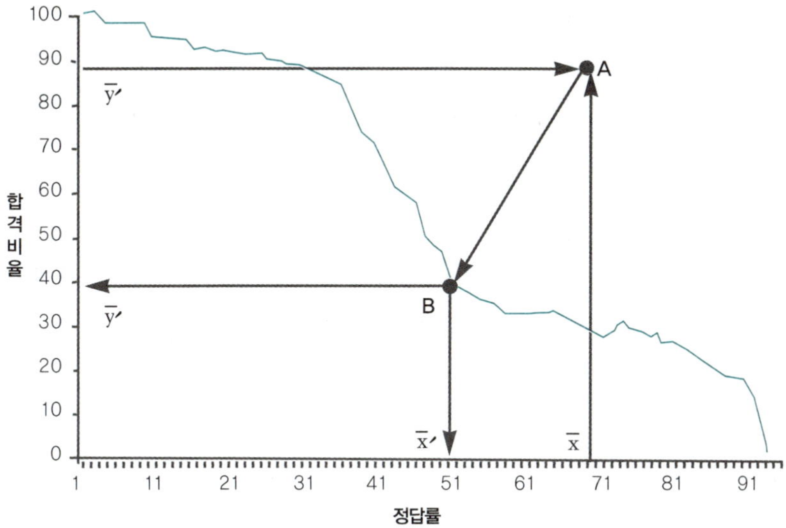

[그림 12-2] Beuk 분할점수 도출 방법

대안적 절차와 한계점

Hofstee 방법과 Beuk 방법은 종종 다른 준거설정 방법의 보조적 방법으로 사용된다. 따라서 두 가지 방법을 사용하는 방법 중 하나는 다른 준거설정 방법의 최종 절차에 제공되는 평정양식에 Hofstee 방법에서 사용하는 4개의 질문 또는 Beuk 방법에서 사용하는 2개의 질문을 포함시키는 것이다. 모든 준거설정자는 이미 검사의 목적과 내용에 익숙해져 있으며, 준거설정과 관련한 핵심개념을 명확하게 인지하고 있기 때문에 이와 같은 방법은 준거설정을 위한 부가적인 정보를 수집할 수 있는 간단하고 신속한 방법이다. 그러나 Hofstee 방법과 Beuk 방법을 다른 준거설정 방법과 함께 사용하지 않는 이유에 대해서는 이 책의 후반부(제16장)에서 자세히 다루고자 한다.

Hofstee와 Beuk 방법은 오직 합격과 불합격을 판정하는 검사를 위해 개발되었으며, 하나 이상의 분할점수를 요구하는 상황(기본, 숙달, 우수와 같이 여러 성취수준으로 피험자를 분류하는 경우)에서 이들 방법을 사용한 준거설정 자료들은 거의 존재하지 않는다. 비록 여러 분할점수를 요구하는 상황에 이들 방법을 사용하는 것이 불가능한 것은 아니지만 준거설정에서 다소 어려움이 따른다.

Hofstee 방법 또는 Beuk 방법을 사용해 준거를 설정할 때 준거설정자들에게 제시하는 하나(혹은 그 이상)의 질문에 대한 응답자료를 다른 전통적 방법을 통해 얻는 것도 하나의 대안이 될 수 있다. 예컨대, 준거설정자들이 Angoff 평정의 평균값을 Beuk 방법에서 사용하면서 "이 검사에서 합격을 위해 필요한 최소 수준의 지식은 무엇입니까?"라는 질문을 한다면 이에 대한 응답자료로 사용할 수 있다.

그러나 Hofstee와 Beuk 방법을 위한 다른 대안은 거의 존재하지 않는다. 비록 이 절충적 방법이 종종 준거설정의 사용 가능한 대안처럼 언급되지만, 사실 이전 장에서 기술한 바와 같이 엄격하게 준거참조적으로 실시되는 방법은 있을 수 없다. 뿐만 아니라 이유는 명확하지 않지만 실질적으로 전통적 방법이 이 두 방법에 비해 보다 효율적인 방법이라 할 수 있다. Hofstee와 Beuk 방법에 대해 상대적으로 연구가 부족한 것도 이유 중의 하나다. 특히 이들 방법에 의한 결과와 다른 전통적 방법에 의한 결과를 비교하는 연구는 드물다. 또한 이들 방법이 상대적으로 사용빈도가 낮은 이유는 이들 방법을 사용하기 위해서는 실제 검사의 관찰점수 분포가 필요하기 때문이다. 즉, 검사가 시행되고 준거설정을 위한 모임이 있기 전까지는 최종 분할점수를 알 수 없다는 것이 이 방법의 제한점이다. 마지막 제한점은 이들 방법을 통해 얻은 자료를 입력해 분할점수를 분석적으로 산출할 수 있는 컴퓨터 프로그램이 존재하지는 않는다는 점이다. 또한 이들 방법을 사용해 분할점수를 산출하려면 수작업으로 컴퓨터 작업을 실행해야 하고, 이로 인한 잠재적 오차의 가능성이 존재하게 된다.

게다가 결과의 정확성을 검증하기 위한 별도의 프로그램이 필요하다는 제한점이 있다.

제 3 부 준거설정의 과제와 향후 방향

제2부에서는 준거설정의 개별 방법에 대한 기술에 초점을 두었다. 그러나 준거설정의 과제가 전통적인 검사에서 하나 이상의 분할점수를 산출하는 상황으로 확장되었다. 또한 특정 준거설정 방법을 선택하는 문제를 넘어서 성공적인 준거설정을 위한 방법에 대한 측면이 중요하게 인식되고 있다.

예를 들어, 제3부의 첫 번째 장인 제13장에서는 준거설정 절차를 위한 실질적인 일정 계획에 대해 다루고 있다. 제13장에서는 준거설정 일정표 예시와 준거설정을 위해 필요한 자료, 그리고 준거설정자들이 합리적인 방법으로 판정할 수 있도록 체계적이고 원활한 준거설정 회의를 위한 *Standards for Educational and Psychological Testing*과 같은 지침을 제시하고 있다.

제14장에서는 실제 준거설정을 수행할 때, 종종 발생하는 하나 이상의 단일검사를 사용해 2개 이상의 분할점수를 산출해야 하는 상황을 다루고 있다. 점차적으로 넓은 범위의 내용 영역과 수준을 다루는 여러 검사를 통해 다수의 분할점수를 산출해야 하는 사례가 증가하고 있다. 이때 각 단일검사에서 설정된 개별 분할점수는 독립적으로 산출할 수 없다. 이와 같이 여러 수준과 내용 영역에서 논리적이고 일관성 있는 준거설정 체계를 위해 'VMSS(vertically-moderated standard setting)'라는 방법이 개발되었다.

점차 보편적인 준거를 설정하는 상황이 되는 경우는 일반적이지 않는 검사의 수행기준을 개발하는 것이다. 특히, 교육적 성취도검사에서 심각한 인지적 또는 신체적 장애로 인해 특별한 요구 조건을 가지는 학생을 위해 시행하는 검사의 수행기준 개발의 필요성이 증가하고 있다. '대안평가(alternate assessments)' 라고 하는 이런 검사들은 선다형 문항과 같이 전형적인 문항들로 구성될 수 없으므로 포트폴리오, 비디오테이프, 관찰자료, 다른 비전통적인 평가정보로 대체할 수 있다. 최근 준거설정 방법은 이러한 문제를 해결하기 위해 개발 및 적용법에 대해 논의하고 있으며, 제15장에서는 이러한 대안평가의 준거설정을 위한 준거설정 방법에 대해 초점을 두고 있다.

제3부 마지막 장에서는 준거설정과 관련한 특별한 주제에 대해 다루고 있다. 그러나 제16장에서 다루고 있는 주제들은 학문적이거나 난해한 것은 아니다. 오히려 실제 준거설정 작업에서 직면할 수 있는 실질적이고 성가신 문제에 대해 다루고 있다. 예를 들어, 제16장에서 논의하고 있는 주제들은 분할점수의 조정, 준거설정 결과의 불확실성 결정, 잠재적으로 중요한 준거설정 결과의 소수점 처리 문제, 준거설정 실시의 방법, 시기 또는 다양한 준거설정 방법이 필요한 경우 발생하는 문제, 그리고 모든 준거설정의 중요한 관점인 준거설정자의 훈련을 어떻게 향상시킬 수 있는가에 대한 문제 등이 있다.

제13장

준거설정 일정 계획

준거설정은 단독으로 진행되는 작업이 아니다. 자격검사 또는 주단위 성취도 검사에서 준거를 성공적으로 설정하기 위해서는 치밀한 계획, 조정, 토의의 통합적인 작업이 필요하다. 이번 장부터는 대규모 자격검사 프로그램과 교육적 평가에서의 실제적 준거설정 실시 경험을 바탕으로 준거설정을 위한 일정 계획에 대해 몇 가지 제안을 하고자 한다.

교육적 평가의 준거설정 일정 계획

〈표 13-1〉은 준거설정과 관련한 주요 활동을 일정표에 따라 제시한 것으로, 2006년 5월 20일부터 24일에 실시한 준거설정회의를 위한 각 작업 단계에 대하여 기술한다. 〈표 13-1〉은 www.sagepub.com/cizek의 edschedule에서도 관련 정보를 얻을 수 있으며, 다양한 일정의 준거설정

방법을 위해 사용할 수 있다.

준거설정 작업과 직접적으로 관계는 없으나 전체적인 준거설정을 위한 과정을 보여 주기 위해 〈표 13-1〉에 검사 개발에 관한 일정도 함께 제시하였다. 〈표 13-1〉에 제시된 일정은 새로운 검사를 제작해서 준거를 설정하는 상황을 가정하고 있기 때문에, 실제로 준거설정 작업이 실시되기 2년 전부터 시작되고 있다. 일정에는 설정하고자 하는 성취수준의 수와 특징을 개발하는 작업도 포함되어 있는데, 만약 성취수준의 수와 특징이 지역교육청 또는 협의회의 법에 의해 개발되었다면 몇 가지 작업은 일정에서 생략될 수 있다. 그러나 그 외의 경우, 성취수준명과 성취수준기술의 정교한 제작 절차가 준거설정을 위한 일정에 반드시 포함되어야 한다.

〈표 13-1〉 학업평가를 위한 일반적 준거설정 일정표

	남은 날짜* (검사 시행일 기준)		일 정	
작업내용	시 작	종 료	시 작	종 료
협의회 계획	−730	−700	2004/03/20	2004/04/19
세부사항 개발	−700	−669	2004/04/19	2004/05/20
성취수준 명칭 및 기술 초안 작성	−700	−669	2004/04/19	2004/05/20
성취수준 명칭 및 기술 초안 검토	−669	−660	2004/05/20	2004/05/29
검사문항 개발	−669	−547	2004/05/20	2004/09/19
검사문항 검토	−547	−487	2004/09/19	2004/11/18
예비검사 준비	−487	−426	2004/11/18	2005/01/18
예비검사 인쇄 및 배부	−426	−380	2005/01/18	2005/03/05
예비검사 시행	**−365**	**−350**	**2005/03/20**	**2005/04/04**
예비검사 채점	−350	−319	2005/04/04	2005/05/05
예비검사 데이터 분석	−319	−304	2005/05/05	2005/05/20
예비검사문항 데이터 검토	−304	−274	2005/05/20	2005/06/19
준거설정 일정 초안 작성	−304	−274	2005/05/20	2005/06/19
본검사의 문항 선정	−274	−243	2005/06/19	2005/07/20
이해관계자 집단에 준거설정 일정 공지	−273	−213	2005/06/20	2005/08/19
준거설정 일정 검토	−273	−213	2005/06/20	2005/08/19
본검사 시행 준비	−243	−182	2005/07/20	2005/09/19
준거설정 일정 확정	−213	−182	2005/08/19	2005/09/19

준거설정을 위한 데이터 준비	−200	−185	2005/09/01	2005/09/16
준거설정자 후보 평가	−200	−140	2005/09/01	2005/10/31
준거설정 모임장소 확정	−185	−180	2005/09/16	2005/09/21
본검사 검토	−182	−122	2005/09/19	2005/11/18
준거설정자 선택	−140	−100	2005/10/31	2005/12/10
최종 성취수준 명칭 및 기술 준비	−122	−91	2005/11/18	2005/12/19
본검사 인쇄 및 배부	−122	−15	2005/11/18	2006/03/05
준거설정자에게 공지	−100	−95	2005/12/10	2005/12/15
준거설정 모임장소 계약 완료	−60	−50	2006/01/19	2006/01/29
준거설정 자료 준비	−30	60	2006/02/18	2006/05/19
본검사 시행	0	12	2006/03/20	2006/04/01
본검사 채점	15	61	2006/04/04	2006/05/20
준거설정자들에게 2차 공지	20	25	2006/04/09	2006/04/14
데이터 분석 프로그램 개발	32	43	2006/04/21	2006/05/02
준거설정자 훈련 발표자료 개발	32	43	2006/04/21	2006/05/02
준거설정자의 희망 숙소양식 회수	35	39	2006/04/24	2006/04/28
숙소 예약 완료	39	40	2006/04/28	2006/04/29
숙소 정보 공지	46	46	2006/05/05	2006/05/05
본검사 데이터 분석**	46	61	2006/05/05	2006/05/20
협회와 협의회 일자 결정	47	49	2006/05/06	2006/05/08
준거설정 모임발표 리허설	49	50	2006/05/08	2006/05/09
모든 평정양식 인쇄	54	54	2006/05/13	2006/05/13
준거설정자에게 제공할 자료 준비 (자료목록 예시 참조)	54	56	2006/05/13	2006/05/15
준거설정에 필요한 물품 구입	55	55	2006/02/25	2006/05/14
준거설정 진행자를 위한 최종 일정 인쇄	56	56	2006/05/15	2006/05/15
준거설정자들을 위한 자료묶음 준비	56	56	2006/05/15	2006/05/15
장비 확인	56	56	2006/05/15	2006/05/15
준거설정 자체 최종 리허설	56	56	2006/05/15	2006/05/15
준거설정 모임장소 확인	60	60	2006/05/19	2006/05/19
준거설정자 접수	60	60	2006/05/19	2006/05/19
준거설정 실시	61	65	2006/05/20	2006/05/24
이해관계자 집단에 준거설정 결과 공지	68	72	2006/05/27	2006/05/31
분할점수 검토 및 채택	76	91	2006/06/04	2006/06/19
점수 결과 보고 인쇄 및 배부	91	102	2006/06/19	2006/06/30

*기능시험의 시작과 관련

**자료를 100% 분석하지 못했어도 이 표본은 잘 정의되었고 무엇보다 대표성이 확보되었기 때문에, 사전에 전문가 조언 집단과 협조 조직에 의해 검토 및 승인을 받은 경우라면 준거설정을 위한 자료로 충분하다고 할 수 있음.

전체 일정

성취수준명과 성취수준기술 개발을 일찍 시작하는 이유는 만약 검사를 새로 개발하는 경우, 사전에 정교하게 제작된 성취수준명과 성취수준기술을 사용하여 피험자를 분류하는 데 적합한 문항을 개발할 수 있기 때문이다. 문항검토자들 역시 성취수준명과 성취수준기술을 통해 해당 문항의 난이도 범위에 대해 잘 이해할 수 있으며, 어떤 유형의 문항이 더 추가되어야 하는지를 잘 파악할 수 있다. 사전에 제작된 성취수준명과 성취수준기술 없이 개발된 검사에는 분류하고자 하는 성취수준에 적합한 문항이 포함되지 않아 준거설정 시 어려움을 겪을 수 있다. 따라서 성공적인 준거설정을 위해 문항개발에 앞서 전체적인 준거를 설정하는 일정을 세우는 것이 필요하다.

〈표 13-1〉에 제시된 일정에 따르면, 예비검사는 실제검사 실시일자에서 정확히 1년 전에 실시한다. 그러나 종종 검사 프로그램은 고정된 시행계획에 따라 진행되므로 연도별로 큰 차이는 없을 수 있다. 따라서 첫 번째 해외 예비검사 시행에 소요된 시간을 참고하여 일반적으로 검사 시행에 필요한 시간을 파악할 수 있다. 다음 해에 실시되는 동형 예비검사는 이전 시행에 소요된 시간과 동일하게 진행되겠지만, 몇몇 예비검사에서는 앞선 일정보다 좀 더 짧게 진행되는 경우도 있다.

대규모 검사의 준거설정 일정은 실제 준거설정 모임이 시작되는 시점에서 적어도 1년 전에 시작되어야 한다. 〈표 13-1〉은 준거설정 모임이 계획된 날의 1년 전인 2005년 5월 20일에 준거설정 일정이 시작되었음을 보여준다. 준거설정을 위한 일정을 계획할 때에는 구체적인 준거설정 방법(Angoff, Body of Work, Bookmark 등), 의사 일정, 참가자 훈련 절차, 분석 방법 등을 구체적으로 결정해야 한다. 뿐만 아니라 검사 내용과 형식, 성취기준의 특징, 준거설정자 후보 명단 등을 검토해야 한다.

〈표 13-1〉에 제시된 바와 같이, **기술자문위원회**(technical advisory committee: TAC)에 준거설정 일정을 검토받아야 한다. 많은 검사 프로그램에는 검사와 관련한 기술적 문제에 대해 자문을 받을 수 있는, 국가적으로 인정받은 검사전문가들을 기술자문위원회로 구성한다. 또한 기술자문위원회는 정책적 문제 및 실제 준거설정 실시와 관련한 문제에 대해서도 자문을 제공하며, 계획된 일정을 검토하고 이를 정책적·실질적 사항에 따라 최종 일정을 승인하는 역할을 한다.

기술자문위원회 이외에도 여러 집단의 의견을 반영하여 준거설정의 일정을 계획해야 한다. 〈표 13-1〉에 제시된 이해관계자란 검사 프로그램에 특별한 관심이 있는 개인 또는 집단으로 선출되거나 지명된 행정가(주 교육감, 감독관, 의회의원 등), 감독위원회(검사조정위원회, 내용검토위원회, 편파성검토위원회, 검사제작위원회 등), 교사연합회, 전문가협회, 학부모 단체, 사업가집단, 대중언론 등이 포함된다. 준거를 설정하기 위한 일정은 검사 프로그램의 실시에 있어 중요한 작업 중 하나다. 따라서 이해관계자들은 지역과 검사에 따라 다양하지만, 가능한 빨리 이들 특성에 대해 파악하는 것이 중요하다.

정책 관련 협회는 최종적으로 산출된 분할점수를 승인하거나 수정 또는 거부할 권한이 있는 집단으로 매우 중요한 이해관계자 가운데 하나다. 정책적 사항은 면허 또는 자격검사의 경우, 반드시 전문가 집단이나 자격심사위원회에 의해 결정되어야 하고 주단위 학업성취도평가의 경우는 일반적으로 주 교육위원회에서 결정한다. 검사와 관련한 협회의 규정과 절차는 지역에 따라 다양하므로 준거설정과 검사를 실시하는 기업에서는 해당 규정과 절차에 대해 명확히 알고 있어야 한다.

예를 들어, 학업성취도평가의 분할점수를 설정하는 경우, 어떤 지역에서는 해당 지역의 교육위원회와 협의회를 통해 결의사항을 소개한 뒤, 다음 협의회에서 해당 결의사항에 대한 투표를 실시할 수 있다. 또한 최종 분할점수를 승인하기 위해 여러 번의 협의회를 진행하는 교육위원회도 있다. 따라서 준거설정의 일정을 계획할 때, 해당 지역의 교육위원회, 검사 제작기관, 이해관계자들이 준거설정 결과를 검토하고 최종 분할점수를 산출하는 데 소요되는 시간을 충분히 고려해야 한다. 만약 매달 교육위원회의 협의회가 열린다면, 6월 협의회에서 분할점수 채택에 관한 안건을 제시하면 7월 협의회에서 최종 승인을 받게 되므로 최종 보고 일정을 7월 말 이후로 계획해야 한다. 그러나 만약 6월 30일까지 최종 결과가 보고되어야 한다면, 5월 협의회에서 안건을 제시하고 6월 협의회에서 최종 승인을 기다려야 한다. 6월 협의회에서 분할점수에 대한 승인을 받았다고 가정하면, 최종 결과 보고는 6월 30일까지 인쇄되고 배부될 수 있다. 따라서 이런 경우는 준거설정 일정을 4월 말에서 5월 초 사이로 변경해야 하고, 준거설정을 위한 자료(문항순서집, 작업 예시)를 제작하는 데 필요한 학생들의 점수를 사용할 수 있는 일정도 함께 고려해야 한다.

지역교육위원회 또는 자격증과 관련한 협회와 공동으로 준거를 설정하는 경우, 해당 협회의 규약을 명확히 이해하고 있어야 한다. 또한 전체 준거설정 진행자와 기관 관계자는 최종적으로 설정된 분할점수와 관련 정보를 해당 협회에 보고해야 할 의무가 있다. 만약 협회에서 좀 더 명확하고 구체적인 정보를 요구한다면, 신속하고 간명하게 정보를 제공해 주어야 한다. 협회에 제공하는 보고서에는 가급적 측정학적 전문용어는 사용하지 말고, 간결하고 명확하게 제시해야 한다. 해당 협회에 제공하였던 이전 보고서의 용어, 어투, 길이 등을 참고하는 것도 좋다.

〈표 13-1〉에 제시된 일정에 따르면, 실제로 준거설정 작업이 실시되기 2주 전에 협의회를 계획하고, 준거를 설정하는 작업이 끝나고 3~4주 후에 분할점수를 검토하는 협의회를 개최한다. 따라서 협의회 준비를 위해 4~5주 정도의 시간이 주어지게 된다. 협의회에 필요한 준비사항은 위원회마다 다양하다. 〈표 13-1〉의 경우, 한 번의 협의회에서 분할점수에 대

해 논의와 최종 결정을 하여 6월 30일까지 최종 결과 보고를 인쇄하고 배부해야 한다. 그리고 준거를 설정하고 협의회를 개최하는 기간 동안 분할 점수와 그 외 관련 정보를 이해관계자에게도 제공해야 한다. 이들 집단은 종종 자신의 보고서를 지역교육위원회의 보고서 중 일부로 제공하거나 독립적인 보고서로 제공하기도 한다.

준거를 설정하는 일정을 계획하는 절차는 일반적으로 동일한 작업을 반복하지만 때로는 여러 계획안이 필요하기도 하다. 〈표 13-1〉에 제시된 바와 같이 일정은 실제로 준거를 설정하기 2년 전에 시작하여 6개월 전까지 진행된다. 최종적으로 준거를 설정하기 위한 일정은 검사를 시행하는 담당 기관과 자문단, 준거설정 진행자, 그리고 이해관계자에 의해 조정된다. 따라서 성공적인 준거를 설정하는 일정을 계획하기 위해서 가능한 많은 관계자와의 논의가 필요하다.

물론 준거를 설정하기 6개월 전까지 모든 이해관계자의 의견을 반영하여 일정을 수립하는 것이 좋지만, 실제 준거설정에서는 거의 불가능한 일이다. 심지어 준거를 설정하는 모임의 첫째 날까지도 일정이 수정되는 경우가 있다. 그러나 사전에 충분한 시간을 가지고 치밀하게 일정을 세운다면, 갑작스런 변경과 그에 따른 혼란을 막을 수 있다.

준거설정자

준거를 설정하는 모든 계획이 다양한 자문위원회와 이해관계자에 의해 검토되기 때문에 지금부터는 준거설정자 섭외 및 선정에 대해 기술하고자 한다. 자격검사의 경우, 준거설정자들은 검사가 다루고 있는 내용에 대해 전문적인 지식을 가지고 있어야 하며, 준거를 설정하는 목적에 부합하는 판정을 할 수 있는 능력을 가져야 한다. 만약 자격갱신을 위한 검사일 경우, 해당 자격을 부여받고 여러 해 동안 전문적인 경험을 가진 전문가가 준거설정자로 적합하다. 반면 입학시험의 경우, 현장 경험이 있고 입학을 위한 수준과 실제 상황에 대해 잘 이해할 수 있는 전문가가 적합하다. 또한 준거설정자는 자격을 부여받은 피험자가 수행하게 될 업무와 책임 및 역할에 대해서도 잘 알고 있어야 한다.

지역단위 검사의 경우, 가능한 해당 지역을 대표할 수 있는 사람들로 준거설정자 위원회를 구성하는 것이 좋다. 많은 경우 학부모, 기업, 지역사회의 지도자, 이해관계자 집단의 대표들이 잠재적 준거설정자에 포함된다. 〈표 13-1〉에 제시된 일정에 따르면 준거를 설정하기 9개월 전부터 준거설정자 선정 작업이 시작된다.

자격시험의 경우, 준거설정자 선정 작업은 교육 관련 검사에 비해 다소 수월하게 진행된다. 일반적으로 전문적인 자격검사 프로그램은 해당 지역의 사법권자에게 추천받았거나 전문자격을 갖춘 지원자들 사이에서 준거설정자를 선정한다. 또한 협회 관계자에게 자격을 갖춘 개인을 추천받을 수도 있다.

자격검사에 비해 다소 복잡하지만, 교육 관련 검사의 준거설정자 섭외 및 선정 작업의 기본 요소는 자격검사 상황과 유사하다. 지역의 교육담당자는 학교장으로부터 추천받은 전문가 중 다양한 기준을 통해 적합한 전문가를 선별할 수 있으므로 지역단위의 검사 프로그램을 위한 준거설정자 섭외 및 선정 작업은 해당 지역의 교육담당자와 함께 진행하는 것이 바람직하다. 또한 준거를 설정하는 최종 일자가 정해지지 않았어도 준거설정자 선정을 위해 지역의 교육관리자와 연락하는 것이 필요한데, 이들에게 협조를 요청할 때 사용하기 좋은 양식의 예가 [그림 13-1]과 [그림 13-2]에 제시되어 있다. 이 역시 www.sagepub.com/cizek의 letters에서 정보를 얻을 수 있다.

[날짜]

[성명]

귀하는 해당 지역교육청의 교육감 추천에 의해 [검사 이름]를 위한 준거설정자 후보로 선정되었습니다. 귀하에게 [준거설정 모임일자]에 [모임장소]에서 3일 동안 진행될 준거설정을 위한 모임에 대한 관심과 참석 가능 여부를 여쭙고자 이 편지를 보내 드립니다. 이 편지는 준거설정 모임에 참석을 부탁하는 초청장이 아닙니다. 만약 귀하가 준거설정자로 선정되신다면, 모임의 참석을 준비할 수 있도록 준거설정 모임에 앞서 공지를 받을 것입니다.

만약 준거설정자로 선정되었다면, 준거설정의 절차를 위한 훈련을 받게 될 것입니다. 다른 교육전문가들과 함께 올봄에 시행될 검사를 검토하고 '최소 능력 보유자'의 각 문항에 대한 정답률을 평정하는 작업을 수행하게 될 것입니다.

이 편지에 첨부된 개인정보 양식을 작성하시어 [마감일]까지 [담당자 이름]에게 동봉된 회신용 봉투에 담아 보내 주시기 바랍니다. 회신된 귀하의 정보를 바탕으로 준거설정자 선정 작업을 진행한 뒤 귀하에게 다시 공지해 드리도록 하겠습니다.

감사합니다.
[사인]

평가부서 담당자
　　참조: 교육감
　　동봉: 회신용 봉투

[그림 13-1] 1차 통지를 위한 편지 양식

받는이: 준거설정 모임의 참가자들

보내는이: [준거설정 관련 기관 담당자]

일자: [년 월 일]

제목: 준거설정을 위한 모임

[검사이름]을 위해 [날짜]에 [장소]에서 개최되는 준거설정 모임의 참석 요청에 동의해 주셔서 감사합니다. 준거설정 모임의 목적이 수행될 작업에 대한 기본 정보와 의제를 동봉해 드리오니 확인 부탁 드립니다. 앞으로 귀하께 준거설정 모임 동안 수행할 작업에 대한 전체적인 정보를 제공할 것입니다.

[날짜]에 뵙기를 바라며, [모임장소]를 위한 약도도 동봉하오니 확인 바랍니다. 혹여 귀하께서 추가 숙박을 원하신다면, 귀하를 위해 숙소를 예약할 것이나, 오후 3시 이전에는 체크인이 되지 않는 점을 양지해 주시기 바랍니다. 이 준거설정 모임에서의 역할 및 다른 문의사항이 있으시면, [전화번호] 또는 [이메일 주소]로 연락 주시기 바랍니다.

참조: 평가부서 담당자

[그림 13-2] **추후 공지를 위한 편지 양식**

준거설정자 집단의 구성은 세 단계로 설명할 수 있다. 첫째, 지역의 교육관리자 또는 그들의 대리인은 지역교육위원회가 제시하는 세부사항에 따라 잠재적 준거설정자를 평가한다. 평가가 끝나면 지역교육 관계자는 해당 지역의 교육위원회에 선정된 후보자들의 이름과 간단한 이력을 보낸다.

두 번째 단계는 준거설정 후보자에게 통보하는 것이다. 각 지역교육기관은 모든 후보자에게 사전공지를 보낸다. 이 공지에는 후보자에게 준거설정자로 지명되었으나 아직 확정된 것이 아님을 명확하게 알려야 하고, 특정 일자와 시간에 개최되는 준거설정협의회에 대한 관심과 참석 가능 여부를 묻는다. 그러나 너무 구체적인 정보를 그들에게 제공하는 경우, 최종 준거설정자로 선정된 것으로 오해할 수 있으므로 세부적인 정보는 추후에 있을 공지에 포함시키는 것이 좋다. 이때 균형 있고 대표적인 준거설정자 집단을 구성하기 위해서 인구통계학적 정보를 요구하기도 한다. [그림 13-3]은 첫 번째 공지를 할 때 사용할 수 있는 양식의 예로, www.sagepub.com/cizek의 letters에서도 찾을 수 있다.

준거설정자 후보에게 첫 번째 공지에 대한 회신을 받으면 준거설정자 섭외 및 선정을 위한 세 번째 절차가 진행된다. 준거설정 참석에 거절하였거나 관심을 보이지 않은 후보자들은 이후 고려 대상에서 제외한다. 그러나 이들의 정보는 앞으로 있을 준거설정을 위해 참고할 수 있으므로 보관하는 것이 좋다. 지역교육청에서는 준거설정자 집단을 구성하기 위해 필요한 준거설정자의 수와 참석에 응한 후보자의 수를 정리한다. 이와 같은 정리 작업이 끝나고 준거설정위원이 구성되면 각 후보에게 최종 선정 여부를 공지한다. 이때 선정되지 않은 후보자에게 발송하는 공지가 선정된 후보자에게 발송하는 공지보다 더 중요하다. 각각의 공지양식은 [그림 13-4], [그림 13-5]와 같고, www.sagepub.com/cizek의 letters에서 찾을 수 있다. 선정 결과의 공지는 준거설정이 실시되는 일자보다 충분한 시간적 여유를 가지고 발송해야 한다. 왜냐하면 선정된 후보자에게는 일정을 조정할 수 있도록 충분한 시간적 여유를 제공해야 하며, 선정되지 않은 후보자들은 선정 여부에 대한 결과를 너무 오래 기다리지 않도록 해야 하기 때문이다.

준거설정자 정보 양식

가능한 [지역]을 대표할 수 있는 준거설정위원회의 구성을 위해, 귀하와 다른 모든 준거설정자 후보에게 몇 가지 정보를 요청하고자 합니다. 이 양식을 완성하여 동봉된 회신용 봉투에 담아 [담당자]에게 회신해 주시기 바랍니다.

성명 ________________________________

소속 학교 ____________________ 지역 ________________

1) 교사 경력 __________________

2) 담당 교과(해당 교과 모두 선택)

☐ 언어과 ☐ 수학과 ☐ 과학과 ☐ 사회과

4) 성별: ☐ 남 ☐ 여

5) 인종(하나만 선택): ☐ 아시아/태평양 섬 거주인 ☐ 미국인/알래스카인
☐ 미국 흑인/흑인 ☐ 다민족
☐ 백인 ☐ 라틴아메리카인
☐ 기타

6) 관심 있는 준거설정 모임의 영역(하나만 선택)

☐ 언어과 ☐ 수학과 ☐ 과학과 ☐ 사회과

7) ___일자___에 ___장소___에서 개최되는 준거설정 모임에 참석 가능 여부

☐ 가능 ☐ 불가능

______서명______ ______날짜______

[그림 13-3] 준거설정자 정보 양식 예

[일자]

[준거설정자 이름] 귀하

축하합니다. 귀하는 [장소]에서 [일자]에 개최되는 준거설정위원회의 위원으로 선정되었습니다. 귀하는 선정된 다른 준거설정자와 함께 고등학교 졸업자 선정을 위한 분할점수를 결정하는 작업을 하게 될 것입니다. 이 작업은 귀하에게 [지역]의 학생들과 학교에도 상당한 영향을 끼치는 것은 물론 의사결정의 권한을 가지고 참여할 수 있는 특별한 기회가 될 것입니다.

귀하는 [날짜, 요일]의 [시간]에 접수를 하시면 준거설정 작업에 필요한 자료를 받으실 수 있습니다. 숙소를 요청하시는 경우에는 동봉된 양식을 작성하시어 회신용 봉투에 담아 회신해 주거나 [팩스번호]로 팩스를 보내 주시기 바랍니다. 양식에는 특별히 필요한 숙소의 유형이나 식단을 기입할 수 있으니 자세한 내용을 알려 주시기 바랍니다. 귀하가 보내 주신 양식이 도착하면 숙소 예약을 마치고 최종 확정된 공지를 다시 보내 드리도록 하겠습니다.

귀하의 참여에 다시 한 번 감사 드립니다.

[담당자 이름] 올림

[그림 13-4] 선정된 준거설정자에게 보내는 공지 양식

최종적으로 선정할 준거설정자의 수는 이전 준거설정에서의 참석률 등을 참조하여 결정하는 것이 좋다. 혹시라도 25명의 준거설정자가 필요한 경우, 지난 3년간 실제 준거설정자의 참석률이 90%였다고 하였을 때, 27명의 준거설정자를 선정하도록 한다. 이처럼 사전참석률을 고려하여 선정해야 불참가자가 발생하였을 경우에도 인류통계학적으로 집단의 대표성을 유지할 수 있으며, 절차의 신뢰성과 결과의 타당성이 보장된다.

준거설정자 평가, 선정, 공지는 준거설정 실시 일자보다 약 5~9개월 전

[일자]

[준거설정자 이름] 귀하

[검사 이름]의 준거설정위원회 구성에 참여해 주셔서 감사합니다. 준거설정자 선정 작업을 마친 결과, 유감스럽게도 귀하는 이번 준거설정위원회의 위원으로 선정되지 않았습니다.

이번 준거설정 작업에 보여 주신 귀하의 관심에 큰 감사를 드립니다. 내년에 [지역]의 교육청과 문항검토 혹은 검사 검토와 같은 추가 작업을 진행할 예정입니다. 귀하께서 보내 주신 정보를 보관해 추후에 있을 위원회 구성 시 다시 연락 드리고자 합니다.

[지역] 학생들을 위한 교육 발전과 전문화를 위해 보여 주신 귀하의 관심에 다시 한 번 감사 드립니다.

[담당자 이름] 올림

[그림 13-5] 준거설정자 후보에게 보내는 공지 양식

부터 진행되어야 한다. 교육 관련 검사의 경우, 교사와 그 외 학교현장 관련 전문가들이 준거설정자로 구성된다. 따라서 2학기에 준거설정을 실시할 예정이라면, 1학기부터 작업이 진행되어야 한다. 반면 1학기에 준거설정을 계획하고 있다면 이전 해의 2학기부터 섭외 및 선정 작업이 시작되어야 한다. 2학기 검사 프로그램을 위해서 일정은 그해 1학기가 시작되는 시점에 맞추는 것이 적합하다. 따라서 2학기에 준거를 설정할 경우, 학기가 시작되는 1학기부터 작업이 시작되어야 한다. 반면 1학기에 준거를 설정하는 경우, 이전 해의 2학기부터 준거설정자의 섭외와 선정 작업이 실시되어야 하며, 이 경우는 2학기에 준거설정 계획을 세우는 경우보다 준

거설정자들의 불참률이 높을 수 있다.

앞서 말한 세 단계가 끝나면 준거설정자들이 자신의 일정을 조정할 수 있도록 준거설정 실시 예정일의 약 5개월 전에 준거설정을 위한 모임을 안내해야 한다. 특히 실력이 좋은 전문가들은 시간을 맞추기 어렵기 때문에 먼저 실시 계획을 알려 주는 것이 좋다. 준거설정을 위한 모임장소와 일자 등 세부사항이 확정되었다고 해도 이 정보들을 너무 앞서 공지하는 것보다는 준거설정 실시 예정일에서 4~6주 전에 공지하는 것이 좋다. 그리고 이때 준거설정회의의 최종 참석 여부를 재확인하고 준거설정의 목적, 비상연락처, 모임장소 약도 및 숙소 등에 대한 정보도 자세히 제공해야 한다.

준거설정자를 위한 숙소 형태가 결정되면, 준거설정의 협조기관 또는 계약 담당자는 모임장소(일반적으로 호텔 또는 컨벤션 센터)를 최종적으로 결정해야 하고, 개별 준거설정자에게 최종 확정된 숙소에 대한 정보를 알려 주어야 한다. 어떤 경우에는 숙소와 준거설정 회의를 위한 장소의 예약 작업이 서면(반대로는 이메일 또는 웹기반 예약)으로 진행되기도 한다. 앞으로는 온라인 절차가 보편화되겠지만, 어떤 절차를 사용하든지 상관없이 능력 있는 협조기관과 함께 작업하는 것이 필요하다.

물론 준거설정자뿐만 아니라 준거를 설정하기 위한 진행자, 관리자, 자료입력전문가, 보조진행자의 선정 및 훈련 작업도 필요하다. 집행위원장과 작업진행자를 각각 1명씩 선정해야 한다. 집행위원장으로 선정된 사람은 참가자의 훈련과 같이 준거설정과 직접적으로 관련한 모든 작업의 자료와 절차에 대한 책임을 맡고, 작업진행자로 선정된 사람은 숙소, 모임장소와 식사, 자료복사 등의 업무를 담당하게 된다.

자 료

모든 준거설정 방법을 실시하기 위해 준거설정자 훈련자료, 응답양식, 자료분석 프로그램의 준비가 매우 중요하다. 몇몇 자료는 준거를 설정하기 이전에 준비할 수 있지만, 준거설정 회의가 시작되기 직전까지도 준비할 수 없는 자료도 있다. 이들 자료의 차이에 대해서는 앞으로 좀 더 자세히 기술할 것이다. 〈표 13-1〉에 제시된 일정은 실제 검사를 통해 얻은 자료를 사용하여 준거를 설정하는 상황을 가정한 것이다. 따라서 준거를 설정하기 위한 몇몇 자료는 채점작업이 거의 끝날 무렵이나 준비가 가능하다. 그러나 우선 준거설정을 위해 필요한 사전작업이 모두 완료된 상황을 가정해 기술하고자 한다.

준거설정을 위해 준비해야 하는 여러 자료 중에서 어떤 자료는 준거를 설정하는 일자보다 훨씬 앞선 시점부터 준비할 수 있지만, 몇몇 자료는 준거설정 실시 직전에야 제작이 가능한 경우도 있다. 특정 준거설정 방법의 모든 과정은 사전에 잘 정의된 패턴에 따라 실시되어야 한다. 따라서 준거설정자들이 미리 준비할 수 있도록 전체 절차의 개요를 제공해야 한다. 준거설정 참가자들에게 제공하기 위해 준비해야 하는 자료는 준거설정 절차와 관련한 인쇄자료와 ppt 등과 같은 시각적 자료, 준거설정자들의 훈련에 사용할 발표자료가 준비되어야 하며, 사전에 리허설도 실시해야 한다. 〈표 13-2〉는 Bookmark 방법을 사용할 경우 필요한 자료로 모두 준거설정이 실시되기 이전에 준비가 가능하다. 이들 자료는 www.sgaepub.com/cizek의 materials1에서 찾을 수 있다.

단, 〈표 13-2〉에 제시된 자료에는 문항난이도에 의해 재정렬된 문항집, 즉 문항순서집은 포함되어 있지 않다. 만약 검사가 선다형과 구성형 문항으로 구성된 경우, 여러 응답자료를 바탕으로 문항난이도를 분석해서 순차적으로 정렬해야 하고, 문항순서집에 제시할 각 부분 점수의 응답 예시를 선택해야

〈표 13-2〉 준거설정 모임을 위한 자료목록 예

자료	내용
의사일정	주요 활동의 시작 시간과 종료 시간을 보여 주는 목록
기록 안내	일반적으로 노트할 수 있는 여백을 가진 축소 복사된 ppt 슬라이드
보안 동의양식	검사와 다른 서류의 내용을 발설하지 않겠다는 내용의 각서
준비성 양식	평가양식에 포함되어 준거설정 절차에 대한 이해와 준거설정 활동의 참여 준비성을 평가하기 위한 양식
비용양식	협회에서 직접 계산되지 않은 모든 준거설정자의 비용 상환을 위한 양식
북마크	준거설정자들이 각 라운드에서 각 성취수준에 해당하는 쪽번호를 기입하는 양식
평가양식	준거설정자들이 준거설정 절차와 결과물을 평가하기 위한 양식

한다(자세한 절차는 제10장 참조). Body of Work 방법과 같은 총체적 방법을 사용할 경우에는 피험자의 응답을 대표할 수 있는 작업견본과 각 라운드마다 교체될 응답 예시가 준비되어야 한다(자세한 절차는 제9장 참조). 점수는 어느 준거설정 방법을 사용하는지에 상관없이 모든 경우에 필요하며, 이 자료는 실제 검사가 실시되어 채점과 분석이 끝난 이후에야 준비가 가능하다.

교육검사 프로그램의 결과를 보고하는 마감기한이 점차 짧아지고, 자격검사의 경우 즉각적 결과를 보고하는 일이 늘어남에 따라 검사 결과를 분석해 최종 분할점수를 산출하고 결과 보고 프로그램에 입력하기까지 사용할 수 있는 시간이 줄어들고 있다. 컴퓨터이용검사(computer-based testing: CBT) 유형의 자격검사는 채점을 위해 충분한 수의 응답자료가 모일 때까지 결과 보고가 늦춰진다. 교육 관련 검사의 경우, 전체 지역을 대표할 수 있는 특정 지역을 선정한 뒤, 그 지역의 전체 응답(또는 일부 응답)을 먼저 채점하는 동안 나머지 지역의 검사 결과를 수집하여 채점할 수 있다. 예를 들어, Bookmark 방법을 사용할 때, 문항순서집을 구성하기 위해 필요한 문항난이도는 대표지역으로 선정된 표본자료를 사용하여 전체 검사 결과가 분석되기 전에 산출할 수 있다. 총체적 준거설정 방법을 사용하는 경우, 먼저 검사를 시행한 대표지역의 응답을 사용하여 각 부분 점수를 대표할 수 있는 작업견본을 선정할 수 있다.

모든 준거설정 방법에는 영향 정보(제3장 참조)를 준거설정자들에게 제공하는데, 이 자료는 초기의 대표적인 표본을 사용하거나, 준거를 설정하기 직전까지 가능한 많은 자료를 수합하여 만들 수도 있다. 만약 영향 정보를 준거설정을 실시하는 첫째 날이 아닌 둘째 또는 셋째 날에 제공할 예정이라면, 그 전날까지 수집한 자료를 사용하여 가능한 많은 피험자를 고려한 영향 정보를 제공할 수 있다.

물론 모든 피험자의 응답을 사용하여 영향 정보를 제작하는 것이 가장 좋은 방법이지만 때로는 준거설정 작업이 채점과 자료수합이 끝나기 이전에 실시되기도 한다. 이런 경우에는 준거설정자들에게 제공할 자료의 종류를 사전에 결정해야 한다. 또한 표본을 통해 제작한 영향 정보와 모집단 자료를 사용한 영향 정보에 차이가 있을 경우의 대처방안에 대해서도 해당 지역의 교육청과 자문단, 계약자 사이에 합의가 있어야 한다. 비록 모든 준거설정 방법이 점수 분포에 영향을 받지만, 특히 Bookmark 방법은 작은 문항난이도 차이에 민감하고, 이로 인해 문항정렬 순서가 달라져 타당하지 않은 문항순서집이 제작될 수도 있다. 따라서 준거설정을 위해 표본자료를 사용할 때는 각별히 주의해야 한다.

각 준거설정 방법에 필요한 분석 프로그램 역시 미리 준비되어야 한다. Bookmark 방법에서는 준거설정자들이 자신의 판정을 문항순서집의 쪽번호로 제시한다. 만약 준거설정자들에게 쪽번호의 분포를 피드백으로 제공하고자 한다면 이를 위한 프로그램이 미리 준비되어야 한다. 또한 문항순서집의 쪽번호를 환산하여 분할점수를 산출할 경우 역시 이를 위한 프로그램이 사전에 개발되어야 한다. 총체적 방법을 사용할 때에는 각 라운드에서 사용할 작업 견본을 선택한 뒤, 각 작업 견본별 해당 성취수준의 코드를 부여해야 하므로 이 작업은 준거설정 절차 중 후반부에 실시될 수 있다. 준거설정을 위해 필요한 프로그램의 종류에 상관없이 예비검사를 통해 수집한 자료를 사용해 프로그램을 점검하고 수정하는 것이 실제 준거를 설정하기 위해 도움이 될 것이다.

최종 준비

대부분의 준거설정은 세간의 이목을 끄는 작업이므로 철저한 준비가 필요하다. 준거설정자 훈련과 같은 모든 발표를 위해서 반드시 원고를 사전에 준비한 뒤 시연을 거쳐야 한다. 또한 평정 결과를 기입하는 모든 양식을 꼼꼼히 검토하고, 예상치 못한 상황에서도 문제없이 준거설정을 진행할 수 있도록 다른 자료와 함께 충분히 준비해야 한다. 효과적인 절차를 실행하기 위해 준거설정자들에게 제공할 모든 자료는 사용 순서에 맞게 준비해야 한다. 〈표 13-3〉은 준거설정 작업에 필요한 자료의 목록으로, www.sagepub.com/cizek의 materials2에서 찾을 수 있다.

만약 플립차트, 매직펜, 슬라이드와 같이 특별한 장비와 자료가 필요한 경우, 사전에 구입하여 준거를 설정하는 장소에 미리 준비해야 한다. 준거를 설정하기 위한 모임에 참석할 발표자, 진행자, 자료입력자, 감독관은 모두 최종적으로 확정된 일정에 관해서 명확하게 알고 있어야 한다. 또한 이들이 모두가 리허설에 참여해 각 작업에 할당된 시간이 충분한지, 다양한 자료와 양식들이 정확히 준비되었는지, 절차의 진행 순서가 논리적으로 적절한지를 최종적으로 점검해야 한다(때로 검사 프로그램에는 익숙하지만 준거설정 작업에 대해서는 익숙하지 않은 준거설정자와 같은 사람들이 자료 준비를 검토하는 것도 큰 도움이 될 수 있다). 컴퓨터와 프로젝터, 프린터, 복사기 등의 장비도 고장 없이 제대로 작동되는지 미리 확인해야 한다.

〈표 13-3〉 준거설정을 위한 부수적인 자료와 장비들

검사집	상자
정답지	테이프
채점기준표	복사용지
성취수준 명칭(3)	화이트보드 마커(각 방에 한 세트)
난이도에 의해 정렬된 문항순서집	화이트보드 지우개(각 방에 하나)
지문/첨부자료집	플립차트(각 방에 하나)
대체 자료들	플립차트 마커(각 방에 한 세트)
1라운드 요약표	반송된 자료를 위한 항공화물 운송장
1라운드 요약 그래프	
1라운드 영향 정보표	**장 비**
1라운드 영향 정보-그래프(2)	컴퓨터(각 방에 1대)
2라운드 요약표	LCD 프로젝터(각 방에 1대)
2라운드 요약 그래프	프린터(각 방에 1대)
2라운드 영향 정보표	오버헤드 프로젝터
2라운드 양향 정보-그래프(2)	USB와 같은 자료저장장치
3라운드 요약표	케이블 및 커넥터
3라운드 요약 그래프	연필깎이(각 방에 1개)
3라운드 영향 정보표	복사기(각 방에 1개)
3라운드 양향 정보-그래프(2)	연결 코드
	멀티플러그
물품들	예비용 전구
접착식 노트	건전지
연필	계산기
펜	
빈 슬라이드(인쇄용)	**기 타**
빈 슬라이드(필기용)	보안저장 장소
오버헤드 마커	작업실

준거설정 장소와 후속작업

실제로 준거를 설정하는 모임이 시작되면 빠른 속도로 진행되므로 사전준비 작업은 매우 중요하다. 준거를 설정하기 위한 집행위원장은 준거설정 작업과 직접적으로 관련된 일을 담당하며, 그 밖의 일들은 작업 진행자가 담당한다. 대부분 준거설정 작업은 하루 이상 진행되므로 준거설정자들은 각 일자의 일정이 끝나면 사용했던 여러 자료를 반납하게 된다. 준거설정자들의 일정이 끝나면, 그때부터 자료입력전문가와 결과분석 및 보고담당자들의 작업이 시작된다. 경우에 따라서 해당 협회 또는 지역교육청은 다음 날 일정이 시작되기 전 이른 아침에 현재까지의 진행 상황에 대한 간단한 보고를 하는 경우도 있다. 물론 이런 보고에 상관없이 모든 진행자는 다음 날 일정을 위해 이전의 진행 결과에 대해 숙지하고 있어야 한다.

준거설정자들의 평정 결과 자료를 분석하기에 앞서 모든 자료가 정확히 입력되었는지를 여러 사람을 통해 검토해야 하고, 분석은 분석담당자 이외의 사람이 검토해야 한다. 분석 결과는 준거설정 진행자들에게 전해져 검토와 토의를 거친 뒤, 패널들에게 제공할 복사물과 슬라이드를 제작한다. 패널들에게 결과를 제시하기 전에 준거설정 진행자들(일반적인 방법에서는 모든 진행자가 참여하는 것을 가정)은 결과의 정확성과 결과에 대한 그들의 일관된 이해를 확인하기 위해 협조기관의 대표자들과 함께 결과에 대해 논의해야 한다. 즉, 준거설정자들이 준거설정과 관련한 개념을 일관되게 인식하도록 하기 위해서 모든 준거설정 진행자들은 동일한 개념을 가지고 있어야 한다.

앞 장에서 기술한 바와 같이, 교육 관련 검사의 준거를 설정하는 경우, 해당 지역교육청은 최종 분할점수의 승인을 위한 지역위원회의 협의회를 가능한 한 빨리 개최해야 한다. 면허 또는 자격검사의 경우도 해당 협회는 준거설정 결과에 대한 심의를 위한 협의회를 준비해야 한다. 어떤 유형의 검사든 준거설정 작업이 끝나면 해당 협회와 협의회가 개최될 때까지 협회 담당자와 준거설정 진행자들은 최종 분할점수 승인을 위한 협의회 자료를 준비해야 한다.

분할점수 승인을 위한 협의회를 준비하는 동시에 준거설정 결과를 다른 이해관계자 집단에게 제공하여 그들의 평가와 반응을 확인해야 한다. 이해관계자 집단에 제공할 자료들은 가능하면 간단하고, 너무 전문적이지 않게 제작해야 한다. 만약 분할점수 또는 그에 따른 영향에 대해 회의적인 의견을 가지는 이해관계자가 있다면, 그들의 의견을 협의회 자료에 첨부해야 한다. 아울러 이해관계자들이 최종 분할점수 결과에 대해 승인하지 않거나 다른 점수로 대체할 것을 요구하는 경우에도 협의회에서 이에 대해 고려할 수 있게 그들의 의견을 이유와 함께 협의회 자료에 첨부해야 한다.

최종 분할점수가 협회에 의해 승인되면, 이를 점수 보고 프로그램에 입력하여 결과를 보고할 수 있게 되는데, 이때에도 많은 주위를 기울여야 한다. 점수 보고 프로그램은 긴 시간이 걸리고 복잡할 수 있다. 또한 분할점수는 여러 번 사용되기도 하는데, 예를 들어 각 성취수준의 분할점수를 원점수 척도로 변환하거나 하부 검사가 있는 경우 하나의 하부 검사점수를 다른 성취수준의 하부 검사 점수와 비교할 때 사용된다. 모든 점수 보고 프로그램을 실행하기 위해서는 분할점수를 입력해야 할 뿐만 아니라 프로그래밍 감독관과 관리자들도 이 값을 반드시 알고 있어야 한다. 결과 보고에 앞서 승인된 각 분할점수를 사용해 프로그램의 시범 실행으로 산출된 결과를 확인하는 것도 필수적인 작업이다. 프로그램을 점검한 뒤, 결과를 보고하기 위한 준비를 시작한다. 최종 결과를 보고할 때, 모든 성취수준에 대한 구체적인 설명을 반드시 포함해야 하며, 개별 피험자가 자신이 속한 성취수준을 이해할 수 있도록 부가설명과 매뉴얼을 함께 제공해야 한다. 이런 구체적인 설명은 준거설정자들에게도 동일하게 제공해야 한다.

자격검사의 준거설정 일정 계획

자격검사와 교육 관련 검사의 준거를 설정하는 일정은 다음과 같은 차이점이 있다. 교육검사 프로그램은 특정 시기에 고정적으로 실시한다. 일반적으로 매년 봄학기 또는 가을학기의 특정 기간(일반적으로 동일한 주)에 실시되고, 따라서 일정 수립부터 결과 보고까지의 모든 활동은 고정된 일정에 따라 반복적으로 진행된다.

그러나 교육검사 프로그램과 달리 자격검사는 보다 자유로운 실시 일정을 가진다. 예를 들어, 컴퓨터화 능력적응검사(computerized-adaptive testing: CAT) 또는 컴퓨터이용검사(computer-based testing: CBT)의 경우, 사실상 일 년 중 어느 날에든 시행할 수 있으며, 몇몇 검사는 채점 결과를 즉각적으로 응시자들에게 보고하기도 한다. 또한 비록 연간 단 한 번만 시행되는 검사라도 그 시행일자는 어느 정도 유연성을 가지며, 일 년 중 일정한 날짜에 한 번만 시행되는 검사도 시행일자를 제외한 다른 일정을 고려하지 않고 다양하게 계획할 수 있다.

〈표 13-4〉는 자격검사 프로그램을 위해 필요한 주요 작업과 일정을 제시한 것이다. 이 경우, 검사는 지필검사와 실기검사로 구성된다. 교육적 검사 프로그램을 위한 일정표를 제공한 것과 같이 자격검사를 위한 일정표 양식 역시 www.sagepub.com/cizek의 certscheduling에서 얻을 수 있고, 다른 검사 시행일을 입력하면 자동적으로 다른 일정의 날짜도 모두 수정된다.

〈표 13-4〉에 제시한 준거설정의 일정은 두 가지 유형의 검사를 위해 두

번의 준거를 설정해야 하므로 꽤 복잡한 절차로 구성되었다. 물론 모든 자격검사가 이처럼 2개의 부분검사로 구성되지는 않으나, 이런 경우도 종종 있을 수 있다. 〈표 13-4〉에 따르면 4월에 지필검사를 위한 준거를 설정해야 하고, 5월에는 실기검사를 위한 준거를 설정해야 한다. 2개의 구성요소를 가지는 자격검사 프로그램과 관련한 모든 활동은 이 장 후반부에서 좀 더 자세히 다루도록 하겠다. 하나의 평가 요소로만 구성된 자격검사에 관심 있는 독자들은 〈표 13-4〉에서 기술된 일정 중에서 관련 없는 부분을 제외하면 된다.

〈표 13-4〉 일반적인 자격검사 일정표

작업 내용	남은 날짜 (지필검사 시행일 기준)		일 정	
	시 작	종 료	시 작	종 료
협의회 계획	-730	-700	2001/03/20	2001/4/19
자격 관련 업무분석	-336	-304	2001/04/02	2001/05/04
준거설정을 위한 데이터 준비(지필검사와 실기검사)	-301	-300	2001/05/07	2001/05/08
협의회 장소 확보	-301	-300	2001/05/07	2001/05/08
업무분석 결과 분석	-301	-297	2001/05/07	2001/05/11
협의회 계획	-287	-283	2001/05/21	20010/5/11
검사와 문항의 세부항목 개발	-273	-248	2001/06/04	2001/06/29
검사문항 개발	-245	-171	2001/07/02	2001/09/14
연례모임장소 최종 계약	-210	-207	2001/08/06	2001/08/09
검사문항 검토	-161	-157	2001/09/24	2001/09/28
준거설정자 평가	-161	-136	2001/09/24	2001/10/19
예비검사 준비	-154	-136	2001/10/01	2001/10/19
준거설정자 선정	-133	-129	2001/10/22	2001/10/26
예비검사 실시	-133	-108	2001/10/22	2001/11/16
준거설정자 선정 결과 공지	-109	-105	2001/11/15	2001/11/19
예비검사 채점	-105	-101	2001/11/19	2001/11/23

예비검사 데이터 분석	-98	-87	2001/11/26	2001/12/07
예비검사문항 데이터 분석	-84	-80	2001/10/12	2001/12/14
지필검사문항 선택	-77	-73	2001/12/17	2001/12/21
지필검사담당자 공지	-61	-52	2002/01/02	2002/01/11
지필검사 접수 진행	-58	-28	2002/01/05	2002/02/04
준거설정 일정 초안 작성	-42	-38	2002/01/21	2002/01/25
이해관계자에게 준거설정 일정 공지	-35	-35	2002/01/28	2002/01/28
본검사 검토	-35	-31	2002/01/28	2002/02/01
준거설정 일정 검토	-34	-10	2002/01/29	2002/02/22
준거설정 장소 확보(지필검사와 실기검사 모두)	-28	-24	2002/02/04	2002/02/08
지필검사 인쇄 및 배부	-21	-20	2002/02/11	2002/02/12
준거설정 자료 준비	-21	-17	2002/02/11	2002/02/15
지필검사의 준거설정자에게 후속 공지	-14	-12	2002/02/18	2002/02/20
준거설정 일정 확정	-7	-3	2002/02/25	2002/03/01
지필검사 실시	0	4	2002/03/04	2002/03/08
지필검사 채점	8	9	2002/03/12	2002/03/13
지필검사 데이터 분석	9	10	2002/03/13	2002/03/14
지필검사 준거설정	10	11	2002/03/14	2002/03/15
이해관계자에게 결과 공지	14	18	2002/03/18	2002/03/22
분할점수 검토 및 채택	21	22	2002/03/25	2002/03/26
지필검사 결과 공지	23	25	2002/03/27	2002/03/29
실기검사 결과 담당자 공지	28	32	2002/04/01	2002/04/05
실기검사 접수 진행	35	46	2002/04/08	2002/04/19
실기검사 실시	64	65	2002/05/07	2002/05/08
지필검사의 준거설정자에게 후속 공지	70	71	2002/05/13	2002/05/14
실기검사 채점	98	100	2002/06/10	2002/06/12
실기검사 데이터 분석	99	100	2002/06/11	2002/06/12
실기검사 준거설정	101	102	2002/06/13	2002/06/14
이해관계자에게 결과 공지	103	112	2002/06/15	2002/06/24
분할점수 검토 및 채택	115	116	2002/06/27	2002/06/28
최종 결과 공지	117	117	2002/06/29	2002/06/29
결과 보고 준비	119	130	2002/07/01	2002/07/12

전체 계획

지금부터의 기술은 다음과 같은 조건의 검사를 가정한 것이다. 특정 자격을 담당하는 국가자격협회는 2001년 연례모임을 통해 지필검사와 실기검사로 구성된 자격검사 실시를 결정하였다. 실기검사의 응시자격은 지필검사를 통과한 피험자에게만 주어지고 실기검사에 포함될 수행 요소는 2002년 연례모임에서 결정하기로 하였다. 검사개발자와 준거설정자들에게는 지필검사의 통과자들이 응시하는 실기검사를 준비하는 데 1년의 기간이 주어졌다.

〈표 13-4〉에 제시된 일정에 따르면 협의회를 통해 부여될 자격에 관한 업무분석, 내년 연례모임을 위한 장소 결정, 실기검사 실시 일자 결정에 해당되는 세 가지 작업은 이미 수행되었고 검사개발자들과 준거설정자들의 작업만 남았다.

앞서 논의한 평가와 같이, 검사개발과 준거를 설정하는 일정에 대한 계획은 함께 진행되어야 한다. 자격취득자가 수행할 업무를 분석할 때에는 현재 재직자의 수행 작업뿐 아니라 각 수행 작업의 난이도와 정확성, 자격을 갖춘 전문가의 전문적 견해 등을 면밀히 살펴본 후 검토해야 한다. 그리고 해당 협회는 검사개발전문가와 계약하여 현재 해당 자격을 부여받은 재직자의 지식, 기술, 능력뿐 아니라 전체 성취수준이 잘 반영된 실기검사와 자격검사를 개발해야 한다. 해당 분야에 경험 있는 전문가들로 구성된 검사검토위원회가 문항을 검토할 때에도 마찬가지로 개발된 문항이 자격을 갖춘 사람과 그렇지 못한 사람을 잘 분류할 수 있는지를 확인해야 한다. 자격 있는 피험자와 그렇지 못한 피험자의 분류를 위한 최소 능력 보유자 논의는 준거설정이 시작되기에 앞서 진행되어야 한다.

준거설정의 일정을 수립하는 것은 실기검사의 준거를 설정하는 모임이 있기 약 4개월 전, 그리고 필기검사의 준거를 설정하는 모임의 3개월 전부터 시작되지만, 비공식적으로는 2001년 5월 모임(실제 준거설정 일자의 1년 전)부터 시작되었다. 해당 협회와 준거설정 담당위원회는 2001년 5~6월에 준거설정과 관련한 여러 가지 핵심사항을 결정하였다. 이때 결정된 사항은, 첫째 지필검사와 실기검사의 두 성취기준은 연속적인 특징을 지니며, 둘째 자격부여 여부를 결정할 때에는 하나의 분할점수를 사용한다. 마지막으로 최종 자격은 결합적으로 결정되나, 각 영역의 기준은 보상적 접근이 적용된다. 즉, 지필검사를 통과한 피험자에게만 실기검사 응시자격을 부여하는 결합적 접근에 의해 최종 자격을 부여하게 되나, 지필검사와 실기검사의 분할점수는 각 검사의 영역별로 나누지 않고 전체적으로 평가할 수 있는 방법으로 설정된다.

그 외 준거를 설정하는 일정은 업무분석과 검사 및 문항에 대한 세부사항이 결정된 후 시작된다. 검사와 문항에 관련한 세부사항이 결정되면, 각 준거설정 활동을 위한 기초적인 작업 방향이 정해진다. 2002년 1~2월에는 결정된 모든 세부사항을 문서화하고 이를 바탕으로 준거설정 일정을 수립하였다.

준거설정자

일반적으로 자격검사의 준거설정자 집단은 해당 협회의 회원과 위원장, 선임협회원, 해당 분야의 경험 있는 전문가들로 구성된다. 그리고 2개의 준거설정위원회가 구성되는데, 몇 명은 하나의 위원회에만 소속되지만, 다른 몇몇은 두 위원회에 모두 소속되는 경우도 있다. 보통 20~25명의 준거설정자로 위원회를 구성하는 교육 관련 고부담(high-stake) 검사와 달리 자격검사에서는 8~10명의 비교적 소규모 집단으로 구성한다.

비록 적은 수의 준거설정자를 선정할지라도 해당 협회에서 주로 사용하는 객관적인 선정기준과 절차에 따라 준거설정자를 선택하는 것이 좋다.

명료한 기준과 절차에 의해 준거설정자를 선정한 경우, 공식적인 통지와 추후 일정을 보다 수월하게 진행할 수 있고, 준거설정에 적절한 준거설정자를 선정할 수 있다.

특히 자격검사를 위한 준거설정을 처음으로 실시한 경우, 준거설정자의 자격에 대해 여러 의문점이 있을 수 있다. 따라서 이 경우에는 해당 자격 관련 협회의 담당자와 해당 분야 및 유사한 전문 분야에서 풍부한 경험을 가진 전문가들로 선정하는 것이 좋다.

자 료

여기에서는 예비검사 또는 실제검사에 사용하는 자료가 아닌 준거설정에 필요한 자료에 대해 기술하고자 한다. 앞서 가정한 자격검사(하나의 지필검사와 실기검사로 구성된 검사)의 준거를 설정하기 위해서는 두 종류의 자료를 준비해야 하므로 일정이 빠듯할 것이고, 일정 조정이 매우 중요하다. 지필검사는 선택형 문항과 구성형 문항으로 구성되었고, 선택형 문항으로 구성된 영역의 준거설정은 수정된 Angoff 방법(제6장 참조)을 사용하였다. 따라서 선택형 문항을 위한 자료는 미리 준비할 수 있다. 지필검사의 구성형 문항의 준거설정은 실제 피험자들의 응답 예시를 사용하는 일반화된 총체적 절차(제9장 참조)를 적용하였다. 따라서 구성형 문항의 준거설정을 위한 자료를 제작하기 위해서 실제 검사가 시행될 때까지 기다려야 한다. 준거를 설정하기 위해 필요한 비용과 실기검사 응시자격이 부여되는 지필검사의 점수 등에 대한 사항은 2002년 3월에 개최된 협의회에서 결정하였다. 자격검사와 같이 준거설정자 집단이 소규모로 구성될 때에는 해당 협회의 회원들이 채점과 준거설정에 모두 참여하는 경우도 종종 있다.

지필검사의 준거를 설정하는 모임 일자가 정해지면, 약 2주 전에 지필검사 결과를 채점한 뒤 나머지 작업을 진행한다. 지필검사는 사전에 고용된 직원이나 자원한 협회원들이 감독하여 여러 지역에서 시행되며, 지필검사가 끝나면 선다형 검사 결과를 채점하고 구성형 검사의 채점을 위한 준비 작업을 실시한다.

지필검사 실시와 채점 작업이 끝나면, 실기검사의 예비검사가 진행된다. 일반적으로 예비검사는 실제 검사 시행일보다 3~4주 정도 앞서 여러 지역에서 시행된다. 예비검사 시행이 끝나고 자료분석 작업이 진행되는데, 이때 피험자들에게 개인의 기본적인 정보(경력기간, 자격증 소지 여부, 교육 수준, 이수한 평생교육 학점, 직업 상태 등)를 요구하기도 한다.

최종 준비

지필검사와 실기검사를 위해 필요한 최종 준비는 다음과 같다. 지필검사의 시행과 채점이 완료되면 관계자들은 수정된 Angoff 방법을 실시하기 위한 응답 시트와 총체적 평정을 위한 작업 견본을 준비해야 한다. 그리고 각 준거설정 방법의 간단한 절차와 개요를 준비해야 하며, 검사의 세부사항과 자격 관련 업무분석 자료 및 준거설정자들에게 제공할 자료를 준비한다.

또한 채점자와 준거설정자들을 위한 항공 예약, 공항에서 숙소까지의 교통편, 숙소, 식사 예약 등의 일도 처리해야 한다(종종 이런 일들이 자료분석과 준거설정자 훈련 못지않게 준거설정에 중요한 영향을 끼치기도 한다).

실기검사의 준거설정은 총체적 평정 방법을 사용하므로 담당자들은 실기검사의 각 구성요소에서 사용할 평정양식을 준비해야 한다. 실기검사의 각 요소는 모두 개방형 작업으로 구성되었고 일반화된 총체적 접근을 사용해 채점하였다. 그리고 실기검사의 채점자와 준거설정자들을 위한 이동수단과 숙소 등의 예약작업을 수행해야 한다.

실기검사의 준거설정에서 특히 중요한 것은 피험자의 응답을 대표할 수 있는 작업 견본의 선택이다. 제9장에서 언급한 바와 같이, 모든 범위의 수행을 대표할 수 있으면서 동시에 준거설정자들을 혼란스럽게 하거나 잘못된 판단을 유발할 수 있는 작업 견본은 포함되지 않도록 해야 한다. 채점 작업이 끝나면, 관계자들은 모든 점수범위를 대표할 수 있는 작업 견본을 선택하기 위해 모든 피험자의 응답을 검토해야 한다.

준거설정 장소와 후속 작업

준거설정을 위한 장소가 결정되면, 지필검사와 실기검사의 준거를 설정하는 작업은 매우 빠르게 진행된다. 이때 명심해야 할 것은 대부분의 준거설정자들은 해당 분야에서는 전문가이지만 준거설정 작업에서는 전문가가 아니라는 사실이다. 따라서 준거설정 절차와 심리측정학적 개념에 대한 설명은 그들이 이해하기 쉬운 용어로 기술되어야 하고, 준거설정자 훈련 시에도 역시 일반적으로 검사전문가들이 사용하는 개념 및 용어의 사용을 줄여야 한다. 또한 준거설정에 관심이 많은 준거설정자들은 종종 준거설정과 관련하여 보다 많은 정보와 내용을 제공받기를 원하므로 이들을 검사개발과 일정 수립 과정에 참여시킨다면 이후 준거설정 회의에서 준거설정자들과 진행자들 사이에 상호 존중의 관계를 형성하여 준거설정 작업을 실시하는 데 많은 도움을 준다.

대부분의 준거설정자들은 바쁜 전문가들이므로, 참가자 훈련은 간결하고 효율적이어야 한다. 따라서 해당 협회의 관리나 상급 협회의 담당자가 준거설정 절차에 대한 오리엔테이션과 훈련을 진행하는 것이 좋다. 뿐만 아니라 준거설정자 훈련에서는 '최소 능력' 또는 '경계선 집단'의 개념 소개가 중요하다. 전문가들 사이에서 '최소 능력 보유자'라는 의미에 익숙하지 않아 이를 자격 미달로 인식하는 경우가 있다. 따라서 준거설정자 훈련에서는 자격을 부여하기에 적합한 수준의 능력에 대해 준거설정자와 해당 협회와의 의견 일치를 맞추어야 한다. 이를 위해서는 성취수준기술의 제작이 매우 중요한데, 만약 해당 협회의 담당자나 정책결정자가 미리 제작한 성취수준기술이 있다면, 이를 사용하여 준거설정 회의에서 바로 최소 능력 보유자에 대한 토의를 진행할 수 있다. 만약 성취수준기술이 사전에 제작되지 않았다면, 준거설정 회의가 진행되는 동안 성취수준기술도 함께 개발해야 한다.

준거설정회의 이후 진행되는 두 가지 최종 작업은 다음과 같다. 첫째, 협회 또는 해당 자격에 권한을 가진 기관은 설정된 분할점수를 검토하고 승인해야 한다. 비록 협회의 모든 구성원이 검사개발 또는 준거설정에 참여해 분할점수를 설정하였다고 하더라도 공식적인 분할점수의 승인 절차가 필요하다. 또한 이때 준거설정 담당기관은 최종 결정된 분할점수를 사용하여 피험자의 자격부여 여부를 결정해야 한다. 이때 모든 피험자의 검사 결과를 확인해야 하며, 특히 분할점수에 가까운 점수를 받은 피험자의 결과에 대해서는 채점이 잘못되거나 실수한 부분이 있는지를 꼼꼼히 검토해야 한다. 최종적으로 자격을 부여할 대상이 결정되면 준거를 설정하는 담당기관은 해당 협회에 이들의 명단과 점수를 제공하고 각 응시자들에게도 자격부여 여부와 검사 결과를 공지해야 하는데, 협회에서 직접 공지하거나 대행 기관을 통해 제공하기도 한다.

마지막으로 자격검사 프로그램(또는 앞에 기술하였던 다른 검사 프로그램)의 검사개발, 준거설정과 관련한 모든 활동 사항을 문서화하여 보관해야 한다. 검사개발과 준거설정 작업은 상당한 시간이 소요되므로 해당 자격과 관련한 업무분석, 문항개발, 검사제작, 준거설정 일정 수립 및 실시, 검사시행 등과 관련한 모든 자료를 각 단계별로 문서화하여 보관하는 것이 좋다.

결론과 제언

이 장에서 다룬 내용은 준거를 설정하기 위한 일정을 계획하는 작업에 대한 최초의 공식적인 기술이다. 그러나 일정 계획에 대해서는 구체적으로 언급하였지만 자격증 관련 협회와 검사 프로그램 관련 기관과의 상호관계와 같이 중요한 문제에 대해서는 자세히 다루지 못하였다. 어떤 협회에서는 검사 관련 전문기관과의 계약 없이 자체적으로 검사를 개발하고 응시자 접수, 검사 개발 및 시행, 결과보고서 발행, 지속적인 관리, 문서화 작업, 검사 서비스의 질 향상과 같은 작업을 직접 수행하기도 한다. 그러나 대부분 기관에서는 검사전문기관과의 계약을 통해 검사를 시행하고 관련 서비스를 제공한다. 따라서 이때 필요한 검사전문기관과의 계약과 관련한 내용은 Trent와 Roeber(2006)의 연구에서 자세히 다루고 있으므로 이를 참고하도록 한다.

많은 사람이 준거설정에서 일정을 계획하는 일에 큰 관심을 가지지 않는 이유는 확실하지 않으나, 이는 매우 기초적인 동시에 중요한 작업이다. 아마도 일정 계획과 관련한 사항을 최종 마감일 결정과 작업의 시작 및 종료 시간을 설정하는 단순한 실행 절차에 관한 작업이라고 인식하기 때문에 관심을 많이 갖지 않는 것이라 생각된다.

이 장에서는 준거설정을 위한 일정을 수립하는 것이 단순한 실행상의 문제라기보다 중요한 작업임을 강조하고자 한다. 교육적 검사와 자격검사 프로그램 모두 준거를 설정하기에 앞서 이를 위한 고민이 선행되어 최종 분할점수가 설정되는 것이다. 많은 준거설정 담당자들은 일반적으로 검사개발 이후부터 준거를 설정한다. 그러나 효과적인 준거설정을 위해서는 검사개발과 계획 활동이 모두 준거설정의 일정에 통합되어야 한다.

성취수준(분할점수)과 관련한 주된 결정사항은 자격검사 프로그램을 계획하는 순간부터 함께 고려되어야 한다. 교육적 검사의 경우, 성취수준의 수와 기본 특징에 대한 이해를 통해 매우 우수한 문항을 개발할 수 있다. 예컨대, 숙달 수준보다 더 상위의 수준이 2개가 더 존재한다는 것을 문항 개발자들이 미리 알고 있다면, 각 상위수준에 적합한 문항을 개발하는 데 도움이 될 것이다. 자격검사의 경우도 역시 특정 수준에서 요구하는 기술과 특징에 대해 자세히 알고 있는 실기검사 제작자들은 보다 적합한 문항을 개발할 수 있다. 즉, 공식적 또는 비공식적으로 제작된 성취수준기술은 준거설정의 기본이 되는 것처럼 검사개발에도 기본 요소가 된다.

준거설정을 위한 일정 수립과 검사개발을 위한 계획은 하나로 통합되어야 한다. 그리고 자격 관련 협회와 검사관련기관이 공동으로 작업하고 각기 다른 담당자에 의해 활동이 진행되는 경우, 두 기관의 관계자들이 정기적인 협의회를 함께 갖거나 적어도 각 기관의 진행사항에 대한 보고서를 서로 교환해야 한다. 준거설정 진행자들이 계획한 일정은 검사개발자들에 의해 검토받아야 하며, 반대로 검사개발자들의 일정 또한 준거설정 진행자들에게 검토받아야 한다. 뿐만 아니라 가능하면 한 명의 담당자가 문항개발과 준거설정에 관련한 모든 권한을 가지는 것이 좋으며, 만약 그렇지 못하면 검사개발과 준거설정 사이에 발생할 수 있는 잠재적 문제와 의견불일치 문제를 해결하고 관리할 수 있는 한 명의 공식적인 총 감독관이 필요하다.

채점작업을 진행할 때에도 주의해야 할 사항이 있다. 특히 개방형 또는 구성형 문항의 경우, 검사제작과 준거설정에 충분한 시간을 배분해야 한다. 또한 각 문항에 대한 채점기준을 제작하는 데 많은 시간이 소요되더라도 사전에 각 성취수준에 적합한 채점기준을 제작해야 한다. 앞에서 가정한 자격검사의 경우, 자격관련협회 회원들도 각 성취수준에서 요구하는 능력에 대해 명확히 이해하고 있었으며, 이러한 이해를 바탕으로 검사의 문항이 요구하는 지식과 기술을 해석하고 최종적으로 자격이 있는 피험자와 그렇지 않은 피험자의 능력을 구분할 수 있는 최종 분할점수를 산출하였다.

또한 각 성취수준의 기본 특징에 대한 이해를 바탕으로 개별 문항의 채점기준을 기술해야 한다. 전체 성취수준에 비해서 엄격하거나 관대하게 기술된 개별 문항의 채점기준은 채점자의 혼란을 야기할 수 있다. 문항의 최고점수를 받을 응답이나 해당 성취수준의 경계에 위치한 피험자의 응답에 초점을 둔 채점기준은 성취수준을 판정하는 데 있어 문제를 야기한다. 채점기준이 전체 성취수준을 고려하지 못할 경우, 대부분의 준거설정자들은 각 문항의 채점기준에 의해 많은 영향을 받으며 많은 경우 준거설정 시, 제시된 문항의 채점 결과를 사용하여 총체적으로 검토하기보다는 본인이 직접 다시 채점하여 검토하려는 채점자들이 많을 것이다. 그리고 비록 재채점을 하지 않았더라도 전체적인 성취수준에 기반을 두지 않은 채점기준에 의해 준거를 설정하는 데 어려움을 겪는다. 따라서 수행과제와 문항의 채점기준을 개발할 때는 전체 성취수준에 유의해야 하며, 전체 준거설정 일정을 계획할 때 채점 방법과 채점기준 제작 방법을 고려해야 한다.

요약하면 검사계획, 검사개발, 채점, 준거설정 작업은 모두 일련의 연속적인 작업이다. 이 장에서는 준거설정을 위한 일정을 계획할 때 반드시 고려해야 할 사항에 대해 기술하였다. 뿐만 아니라 이를 위해 실제 사용되었던 준거를 설정하기 위한 일정표를 제시하여 논리적이고 효과적으로 이 작업을 수행할 수 있는 방법에 대해 설명하였다. 그러나 이 장에서 기술한 내용은 단지 제안일 뿐 지시사항은 아니다. 각 준거설정자 또는 검사개발자들은 여러 제한점과 논리적 과제에 직면할 수 있으므로 이 장에서 제시한 제안과 예를 통해 개별 상황에 적합한 모든 검사와 관련한 일정을 계획할 수 있기를 바란다.

제14장

수직적 준거설정 방법(VMSS)

제2부에서 제시한 각 준거설정 방법은 하나의 분할점수를 설정하거나 단일검사에서 여러 개의 수행 수준을 설정하는 방법을 설명하였다. 운전면허시험을 위해 하나의 분할점수를 설정하거나 단일과목의 학기말 시험, 을 통해 3개의 수행 수준(기본, 숙달, 우수)을 분류하는 경우 또는 고등학교 졸업을 결정하기 위해서는 4~5과목에서 여러 개의 분할점수가 필요한 경우의 준거설정에 대해 기술하였다. 이러한 경우는 각 분할점수 간에 연결할 필요성을 느끼지 못하였고 최근까지 검사 간 준거를 연결할 필요성은 거의 없었다.

그러나 상황이 변해서 연방법원은 3~8학년과 고등학생들에게 읽기와 수학능력이 매년 얼마나 변화하는지 평가하도록 요구하는 법안을 통과시켰다. 과학과목이 추가되었을 뿐, 학년에 따라 연속적인 평가가 요구되지는 않았다. 이 법안의 주요 취지는 다음과 같다.

NCLB에 기술된 국가수준 학업성취기준(NCLB, 2001, Sec. 6312 [b][1][A][I])에 근거하여 학생들의 기준 도달 여부와 성장 정도에 대한 정보를 학생, 학부모, 교사에게 제공하고자 한다.

잘 알려진 것처럼 NCLB에 의하면 이 법안은 성장에 관한 중요한 내용을 포함한다.

'연간적정성장(adequate yearly progress)' 이란 다음과 같이 정의할 수 있다. (1) 각 주의 모든 공립초등학교와 중 · 고등학교 학생들에게 동일하게 높은 수준의 학업성취기준을 적용한다. (2) 이 기준은 통계적으로 타당하고 신뢰할 수 있어야 한다. (3) 모든 학생의 학업성취가 지속적으로 성장하며, 그 변화는 실제로도 의미가 있어야 한다. (4) 공립초등학교, 중등학교, 지방과 주정부 교육기관은 문장으로 기술된 학문적인 평가에 기초하여 성장의 정도를 측정한다. (5) 지속적이면서도 견고한 연간 성장을 측정하기 위해 구체화된 조사 대상을 다음과 같이 설정한다. ① 모든 초등학교와 중 · 고등학교 학생들의 성취도, ② 경제적으로 어려운 학생, 소수 인종 그리고 기타 특수집단 학생들(NCLB, 2001, Sec. 6311[b][2][C]).

'연간적정성장' 측정의 필요성은 각 학년의 준거를 어떻게 연결할 것인가에 대한 문제와 바로 연결되었다. 만일 읽기와 수학 검사를 각 과목과 학년에 따라 독립적으로 시행하고 성취수준 역시 독립적으로 설정하였다면, 이때 연간적정성장을 측정하는 것은 불가능하지는 않지만 많은 어려움이 있을 것이다.

Cizek(2005)이 예측한 바와 같이, NCLB의 통과로 인해 준거설정은 여러 어려움에 직면하게 되었다. 이 중 가장 중요한 문제는 여러 학년과 과목에 걸쳐 학생들의 의미 있는 성장을 정확하게 측정할 수 있는 단일한 성취수준 체계를 만드는 것이다. 보다 정확히 말하면 검사들의 성취수준을 연계시킬 수 있는 체계가 필요한 것이다.

상호 연계된 문제

심리측정학자들은 규준참조검사를 통해 학년 간 검사 결과를 비교하는 방법을 개발하였다. 규준참조검사는 일반적으로 검사 내용과 유형의 통계적 특성을 엄격히 통제할 수 있는 사설 검사개발기관에 의해 개발된다. 또한 규준참조검사는 비교적 넓은 내용을 포함하여 개발할 수 있으므로 학년 간 성취수준 연계가 비교적 수월하다. 규준참조검사에서 학년 간 등급을 서로 연계하는 방법을 **수직 동등화**(vertical equating)라고 하며, 이는 심리측정학자들이 개발하였다.

반대로, NCLB의 시행에 따라 도입된 새로운 개념의 평가유형인 준거참조검사는 비교적 좁은 대상과 거의 학년 간 중복되는 내용 없이 특정 학년에 국한된 상대적으로 좁은 내용 영역을 평가한다. 따라서 준거참조검사의 기본이 되는 내용준거는 준거참조검사들의 수직적 연계를 위해 필요한 각 학년 검사의 내용이 동형이어야 한다는 강한 가정을 충족시키기 어려우므로 동등화에 있어 보다 덜 엄격하지만 전적으로 동등화라 할 수 없는 **수직척도화**(vertical scaling) 또는 **수직연계화**(vertical linking) 등이 고려된다.

두 번째 문제는 여러 학년의 수준을 포함하는 지속적이고, 발전적인 구인의 존재 여부다. 수학 분야의 경우, 학년 간 수학 성취의 차이는 그 양뿐만 아니라 측정하는 구인의 본질 자체가 다르다는 입장이 우세하다. 동일 변수와 척도로 구성되었더라도 2개의 다른 검사를 연계하는 것은 심리측정학자들에게 큰 문제로 인식되었다(Cizek, Kenney, Kolen, Peters, & van der Linden, 1999; National Research Council, 1999).

또 다른 문제는 NCLB가 요구하는 성취수준의 수와 관련된다. NCLB에서는 상위 성취수준은 숙달과 우수 수준으로 하위 성취에 대해서는 기본 수준으로 구분하였다. 이 성취수준은 각 교과(읽기, 수학, 과학)별 검사와 서로 다른 학년(3~8학년과 중등학교)에 적용해야 한다. 그러므로 만일 정부가 NCLB의 최소수행능력을 설정한다면 이는 68개 범주를 분류할 51개 분할점수를 설정해야 하는 것이다.

그러나 Cizek(2005)이 언급한 바와 같이 이것은 단순히 학년 간에 연결해야 하는 성취기준의 수에 관한 문제가 아니다. 학년과 성장범위가 넓을 경우에는 또 다른 문제에 당면하게 된다. 이것은 초등학교의 인접 학년 간의 성장을 분석하는 것과는 다르다. 초등학교의 인접한 학년 사이의 성장이 있다고 말하기에는 준거참조검사를 연결시킬 만한 기술적인 문제가 남아 있다. 초등학교 3학년과 고등학교 3학년 사이의 성장을 정확히 추정하도록 척도를 구성하는 것은 완전히 다른 문제다.

많은 수의 성취준거를 설정할 때에는 여러 가지 현실적 문제에 부딪치게 된다. 즉, ① 검사의 특성, 형태 또는 다른 검사의 특징에 따라 서로 다른 준거설정 방법이 사용되어야 한다는 점, ② 다른 준거설정 방법에 의한 결과의 차이가 발생한다는 연구 결과, ③ 비록 동일한 준거설정 방법을 사용한다고 하더라도 준거설정자들에 따라 분할점수는 다양할 수 있으며, 가끔 그 차이가 크게 나타난다는 점이다. 이러한 현실적 문제를 염두에 두고 볼 때, 실제로 지속적으로 발전하는 능력이 존재하고, 준거설정자들이 모든 학년을 포함하는 일관된 성취기준을 유지한다고 하더라도 동일한 내용 영역에서 여러 학년을 포함하는 분할점수 체계는 비논리적일 수 있다.

게다가 여러 학년을 포함하는 내용준거를 개발하는 데 참여한 교육자나 다른 준거설정자들은 전체 학년에서 동일한 난이도의 내용준거를 설정하는 것에 대해 아는 바도 없고, 시도하지도 않았고, 더구나 할 수도 없을 것이다. 비록 일관성 있는 준거설정과정을 각 학년별로 충실하게 진행하였더라도 각 학년을 통해 성취준거의 차이는 준거설정보다는 내용준거를 개발하는 과정에 더 크게 공헌할 것이다.

이러한 문제는 여러 과목을 아우르는 준거를 설정할 때도 발생할 수 있다. 동일 학년 내에서도 여러 과목의 분할점수들은 다양할 수 있다. 예를 들어, 준거설정자들은 숙달 수준의 분할점수를 반영한 결과, 읽기는 80%, 수학은 30%, 과학은 55%의 학생이 숙달 수준으로 분류되었다. 이러한 결과가 각 과목마다 다른 성취 정도에 대한 교육적 근거가 없거나, 각 영역의 내용준거 난이도가 유사하거나, 어떤 지시가 각 내용준거에 동일하게 내려졌거나, 준거설정자들이 의식적으로 각 과목의 숙달 수준을 맞추었을 경우에는 비논리적이다. 이미 기술하였던 바와 같이 3개 과목의 내용준거를 개발하기 위해 참여한 준거설정자들이 과목 내용을 유사한 수준의 난이도를 맞추었다고 가정할 만한 논리는 대체로 부족하다. 이를테면 학생들이 읽기에 비해 수학에서 상대적으로 낮은 성취를 보이는 것은, 수학의 내용이 읽기보다 더 어렵다는 것을 부분적으로 반영한 결과라고 볼 수 있다.

이들 문제점에 대해 기술하는 이유는, 모든 학년이나 과목에 영향을 줄 수 있는 성취준거와 다른 학년 간의 차이를 부드럽게 연계하는 방법을 함께 고려하는 준거설정 방법을 개발하고 시행하는 것이 필요하다는 것을 지적하기 위함이다. 이러한 문제점을 극복하기 위해 개발된 방법으로는 수직적 준거설정(vertically moderated standard setting: VMSS)이 있다. 이 장에서는 VMSS의 개념, 수행 방법, 적용 사례 및 관련 연구의 최근 동향과 향후 과제 등에 대해 기술하려고 한다.

VMSS의 역사

학년과 과목을 넘어서 성취준거를 설정하기 위한 노력은 많았으나 심리측정학적인 측면에서는 아직 크게 발전하지 못하였다. Lissitz와 Huynh(2003b)은 VMSS의 개념을 Arkansas 교육부의 보고서를 위한 논문에 처음으로 소개하였다. 이 논문의 제목은 「Vertical Equating for the Arkansas ACTAAP Assessments: Issues and Solutions in Determination of Adequate Yearly Progress and School Accountability」로, 여기서는 연간적정성장의 문제를 기술하고, 그에 대한 해결 방안으로 VMSS를 제안하였다.

이 논문에서 Lissitz와 Huynh(2003b)은 "주에서 요구하는 숙달 수준은 다양하게 변하지만, 연간적정성장은 숙달 수준에 도달하는 학생들의 비율에 기초하므로 시간에 따라 그 비율은 증가할 것이다."라고 하였다. 본질적으로 VMSS의 목적은 학년 간 준거를 설정하는 것으로, 이는 실질적으로 한 학년에서 상위 학년으로 올라갈 때 성장의 합리적인 기대 정도를 제공한다. 여기서의 '합리적인 기대'를 정의하는 것이 본질적인 문제다.

Lissitz와 Huynh(2003b)은 초기에 합리적인 기대를 설정하기 위해 수직 척도화나 동등화 방법을 사용하였다. 심리측정학적으로 다양하고 실질적인 문제에 대해 가장 많이 쓰는 수직 척도화(동등화)를 적용하였으나 학년 사이의 기대되는 성장을 산출하는 데 있어 만족할 만한 결과를 얻지는 못하였다. 다양한 문제를 검증한 결과, "수직 척도화는 달성하기도, 정당화하기도, 그리고 생산적으로도 활용하기도 어렵다."고 하였다.

수직 척도화의 대안으로, Lissitz와 Huynh(2003b)은 VMSS를 추천하였다. 특히 "개별 검사의 새로운 분할점수는 ⓐ 각 성취수준은 모든 학년에서 동일한 의미를 가지며, ⓑ 각 성취수준의 비율은 학년이 올라가면서 성장곡선을 이룰 것이다."라고 여겨지는 모든 학년을 위해 설정된다. 이들은 3학년에서 8학년에 해당하는 성취준거를 수직적으로 조절(vertical moderation)하되, 매년 타당화의 과정을 거치기를 제안하였다.

Lissitz와 Huynh(2003b)의 연구 이외에도 *Applied Measurement in Education*(2005)에서는 VMSS라는 주제로 저널을 발간하였다. 저널의 서론과 6개의 논문에서 이론적이고 실제적인 측면에서 이슈를 다루었는데, 특히 각 주나 교육기관이 어떻게 각 과목과 학년의 연속적인 성취준거를 설정할 수 있는지에 초점을 두었다. 비록 VMSS가 NCLB의 필요에 의해 도입되기는 하였으나 여러 수준을 연결할 수 있는 의미 있는 성취준거를 설정하거나 전통적인 수직 동등화가 불가능할 경우, 시간의 흐름에 따른 학생의 성취수준 분류를 합리적으로 예측하고자 할 때에도 사용될 수 있다. 물론 VMSS는 현재 직면한 문제를 해결할 수 있는 만족스러운 해결책을 제시할 뿐만 아니라 이 방법을 다른 상황에서도 어떻게 적용할 수 있는가에 대해서도 제시할 수 있어야 한다.

VMSS는 무엇인가

VMSS는 가끔 성취준거의 **수직적 준거설정**(vertical articulation)의 과정으로 소개되었는데, 이것은 현재까지 발전을 계속 거듭하고 있는 새로운 개념으로 Lissitz와 Huynh(2003a)은 다음과 같이 정의하였다.

> 각 학교에서는 개별 학생들이 NCLB에서 요구하는 졸업의 최소 수준 또는 숙달 수준에 도달할 수 있을지 여부를 판단과 통계적 과정을 함께할 때, 가능할 수 있을 것이다.

간단하게 표현하면, VMSS는 하나의 절차나 절차들로 이루어진 세트로서,

전형적인 방식으로 학년별 준거를 설정한 뒤에, 학년별 준거 간에 벌어지는 모순을 매끄럽게 하는 것이다. 일반적으로 합리적인 기대란 전형적으로 숙달과 같은 성취수준 이상으로 분류되는 학생의 비율을 말한다.

VMSS를 설명하기 위해서 전통적인 형태의 주단위 검사 프로그램을 생각해 보자. 6개 준거설정자 집단이 3~8학년의 국가수준 수학검사의 준거를 설정하기 위해 구성되었고, 이들에게 〈표 14-1〉과 같이 각 학년별로 숙달 수준 이상의 학생 비율을 적어 제시하였다. 〈표 14-1〉을 보면 각 학년별로 3학년에서 4학년까지 숙달 수준 이상의 학생 비율이 증가하였다. 그러나 5학년의 숙달 수준 이상의 학생 비율은 감소하다가 다시 6학년에서는 증가하였고, 7학년에서 또다시 감소하다가 8학년에는 다시 증가하는 것을 볼 수 있다.

〈표 14-1〉 6개 학년에 대한 독립적인 준거설정의 가상적인 결과

학 년	숙달 수준 이상에 속하는 학생 비율
3	37
4	41
5	34
6	43
7	29
8	42

VMSS의 실제적인 적용을 이해하기 위해서, 〈표 14-1〉에 제시한 결과를 바탕으로 4학년이나 6학년에서 숙달 수준의 성적을 받은 집단의 학부모들과 면담을 한다고 가정해 보자. 매년 학생들이 유사한 정도의 성취를 보인다고 하면, 현재 숙달 수준 이상으로 분류된 4학년과 6학년의 약 75%만이 다시 숙달 수준 이상으로 분류될 것이라고 볼 수 있다. 왜냐하면 숙달 수준

의 점수를 받을 확률이 4학년과 6학년에 비해 5학년과 7학년이 더 낮기 때문이다. 이는 4학년은 17%, 6학년은 33%의 학생들이 이전 학년과 동일한 성취를 이루지 못했다는 것으로, 이러한 5학년, 7학년 비율은 이 집단에 속한 학부모와 교사 그리고 행정직원을 당황하게 할 것이다.

이러한 상황을 바로잡기 위해서는 과거 자료나 다른 자료를 통해 분할점수와 각 성취수준의 비율에 대해 재검토해야 한다. 만일 어떤 주에서 '같은 학년 또는 전체 학년에 대해 규준참조검사를 적용한 경우 학생들의 결과는 어떠하였는가?', '학생들은 연방정부의 규준집단에 비해 실력이 떨어지고 있는가, 유지하고 있는가, 나아지고 있는가?', '학생 코호트 집단을 추적 관찰했을 때, 규준참조검사에서 그들의 진행 방향은 어떠했는가?', '만약 주단위 검사를 이 학생들에게 시행한 적이 있다면 그들의 수행은 어떠했는가?', '한 학년 내에서 시간 경과에 따른 변화 또는 각 연도에 학년별 차이는 어떠한가?', '학생들은 NAEP에서 어떤 수행을 보였는가?', '4학년 학생들과 8학년 학생들은 유사한 점수를 보였는가?', '한 학년은 일관되게 다른 학년보다 좋은 수행을 보이는가?' 등의 질문에 대한 자료를 구한다면 이는 4학년과 6학년의 분할점수를 조정하여 제안하는 데 유용하게 쓰일 것이며, 4학년과 6학년의 합리적인 기대를 가질 수 있을 것이다.

VMSS에 대한 접근

VMSS는 수직 척도화의 대안으로 여러 학년의 점수, 척도 또는 숙달 수준을 일직선으로 정렬하는 방법이다. VMSS는 학년 간 검사점수의 척도 가능성이나 비교 가능성 등과 같은 가정을 거의 필요로 하지 않는다. 사실 VMSS는 점수보다는 숙달 수준에 따른 학생의 비율에 더 관심을 두는 방법이다.

학년에 따라 숙달 수준에 도달한 피험자의 비율이 다른 문제는, 간단하게 생각하면 모든 학년에 동일한 분할점수를 설정하거나, 동일한 비율을 설정하여 해결할 수 있다. 다른 대안으로는 가장 낮은 학년과 높은 학년의 숙달 학생들의 비율을 찾은 뒤 중간 학년들의 비율은 이에 근거해서 정렬하는 것이다. 앞의 예에서 3학년은 37%, 8학년은 42%의 비율을 보였으므로 그 사이에 있는 4학년에서 7학년까지는 〈표 14-2〉와 같이 일렬로 정렬한 뒤 비율을 정할 수 있다.

〈표 14-2〉 6개 학년 비율을 부드럽게 연결한 결과

학 년	숙달하거나 그 이상에 속하는 학생 비율
3	37
4	38
5	39
6	40
7	41
8	42

만일 3학년과 8학년의 분할점수를 타당하게 설정했다면, 37%와 42%라는 값을 가교학년(anchor grades)으로 사용하는 데 확신이 생길 것이다. 몇몇 경우에는 VMSS가 정확하게 학년에 따른 분할점수를 선형으로 부여하기 때문에 정밀한 분석으로 간주된다. 이러한 경우에는 선형적인 흐름이 그럴듯해 보이지만 모든 경우에 VMSS는 시간에 따라 성취가 성장하고 있다는 가정을 기초로 한다.

Lewis와 Haug(2005)은 학생의 성취수준이 시간에 따라 성장한다는 가정을 확인하였다. 이들 연구에 따르면, 숙달 수준 이상으로 분류되는 학생들의 비율은 ① 학년이나 과목 간에 동일하거나, ② 대략적으로 유사하거나,

③ 완만하게 감소하거나, ④ 완만하게 증가한다는 것이다. 그리고 학년에 따라 일관된 척도를 역시 가정하였다.

Ferrara, Johnson, Chen(2005)은 다른 형식의 성장 가능성을 보여 주었다. 이들은 〈표 14-3〉에서와 같이 3개의 성장모형과 4개의 기대성장량에 따른 교차표를 제시하였다. 3개의 성장모형으로 선형성장(linear growth), 개선(remediation), 가속(acceleration)이 있으며, ① 선형성장은 모든 학생은 고정된 양만큼 일정하게 성장하며, 이들은 상대적 위치를 유지한다. ② 개선은 점수분포의 하단에 위치한 피험자의 능력이 상단에 위치한 피험자의 능력보다 더 많이 증가한다는 것이며, ③ 가속이란 높은 점수를 받은 학생들이

〈표 14-3〉 성장모형 형태와 성장궤도에 따른 교차표

성장궤도 (growth trajectories)	성장모형		
	선형(linear)	개선(remediation)	가속(acceleration)
하향 성장 (negative growth)	모든 집단이 시간이 지남에 따라 퇴보를 보인다.	전체 집단은 퇴보를 보이나 교정 집단은 비교정 집단에 비해 잘해 나간다.	전체 집단은 퇴보를 보이나 비교정 집단이 교정 집단에 비해 잘해 나간다.
성장 없음 (no growth)	모든 집단이 시간이 지남에 따라 성장이 없다.	전체 집단은 성장이 없으나 교정 집단은 비교정 집단에 비해 잘해 나간다.	전체 집단은 성장이 없으나 비교정 집단은 교정 집단에 비해 잘해 나간다.
저성장 (low growth)	모든 집단이 시간이 지남에 따라 저성장을 보인다.	전체 집단은 저성장을 보이고 이는 대부분 교정 집단으로부터 비롯된다.	전체 집단은 저성장을 보이고 이는 대부분 비교정 집단으로부터 비롯된다.
중간 성장 (moderate growth)	모든 집단이 시간이 지남에 따라 중간 정도의 성장을 보인다.	전체 집단은 중간 정도의 성장을 보이고 이는 대부분 교정 집단으로부터 비롯된다.	전체 집단은 중간 정도의 성장을 보이고 이는 대부분 비교정 집단으로부터 비롯된다.

출처: Ferrara, Johnson, & Chen(2005).

낮은 점수를 받은 학생들보다 성장률이 높다는 것을 의미한다.

VMSS의 적용

VMSS는 다소 새로운 방법이어서 최근에 심리측정학 관련 서적에 소개되었다. 이는 앞에서도 언급했지만 2005년에 *Applied Measurement in Education*이라는 저널 특집호에서 소개되었다. Lewis와 Haug(2005)은 VMSS를 Colorado 주의 3~10학년 작문, 5~10학년 수학 영역의 준거설정에 적용하였다. Buckendahl, Huynh, Siskind, Saunders(2005)는 VMSS를 South Carolina 주 3학년에서 6학년 과학검사에 적용했으며, Ferrara 등(2005)은 다른 주의 K-3학년 읽기 준거설정에 활용하였다. 이 세 가지 연구에서 적용한 것을 보면 몇 가지 차이점과 공통점이 있었다.

Lewis와 Haug(2005)이 VMSS를 적용한 연구를 보면 사전 준거설정 단계에 많은 노력을 보였다는 것을 알 수 있다. 이들은 Colorado 주 교육위원회와 작업하면서 학생들의 시간에 따른 성장모형을 개발하였다. 이를 이용하여 사전 분할점수를 설정하고, 이에 따른 결과를 준거설정자들에게 제공하였다. 그리고 준거설정자 훈련단계에서 그들은 분할점수를 설정할 검사를 직접 풀어 보고, Bookmark 방법의 전 과정에 대해서 교육받았다. 준거설정자들은 주어진 과목에 대해 개별 회의장에서 학년 단위의 준거를 설정했다. Bookmark 방법과 같은 조별 회의가 끝나면, 전체 회의를 수시로 가져서 전체 학년에 맞는 학년별 분할점수를 제안할 것을 인지시켰다. 모형에 기초하여 추정한 사전 분할점수를 토론시간에 제시하였다. 준거설정 마지막 세션에서는 합의에 도달하였는데, 그 결과 학년에 따라 다소 완만한 성장궤도를 보였다. 작문은 각 학년에서 50%와 같이 동일한 비율의 증가 궤도를 보였고, 수학은 3학년은 54%, 10학년은 24%로 완만한 감소궤도를 보였다.

최종적으로 Colorado 주 교육부는 이러한 준거설정자들이 제시한 조정 분할점수를 약간 변형해서 사용하였다. 작문은 각 학년에서 50%의 학생들이 숙달 수준 이상으로 분류되는 분할점수를 설정하였는데, 이는 5학년과 8학년을 제외하고는 위원회에서 제시한 점수와 1~2% 차이만 나므로 거의 유사하였다. 이때 조정한 분할점수는 제안한 분할점수에 비해 5학년은 7% 높았고, 8학년은 4% 낮았다. 수학은 모든 학년에서 제안된 준거기준대로 채택하였다.

Buckendahl 등(2005)은 다소 다른 접근법을 시도하였는데, South Carolina 주에서 3~6학년을 대상으로 과학검사를 위한 준거를 설정하였다. South Carolina 주에서는 그전에 과학검사를 3, 6, 8학년을 대상으로, 수학검사를 3~6학년으로, NAEP의 과학검사를 4학년과 8학년에 시행한 결과가 있었다. 이러한 많은 정보는 학년 간 성장모형을 설정하는 데 유용한 정보였다. 이에 South Carolina 주 교육부에서는 정보들을 모아 준거설정자들에게는 제시하지 않았지만 주 단위의 평가 프로그램 개발을 위한 기술자문위원회에 제공하였다.

준거설정자들은 3, 4학년과 5, 6학년의 2개 집단으로 나누어 준거설정 작업을 진행하였다. 각 집단에서 준거설정자들은 두 학년의 검사문항을 검토하고 분할점수를 제안하였다. 마지막으로 북마크를 설정한 최종 평정 이후에 준거설정자들에게 진행과정에 대한 만족도를 조사하고, 분할점수를 표준오차와 함께 교육부와 기술자문위원회에 제출하였다. 두 위원회에서는 제안된 분할점수와 표준오차 그리고 과거 수학과 과학 영역의 결과(1996~1999년)를 검토하였다. 결국 교육부에서는 각 숙달 수준에 동일한 비율을 적용하게 되었다. 흥미로운 것은 4, 5학년의 제안된 분할점수는 완벽하게 일치하고, 3학년에서는 3% 정도 낮은 비율을 보였으며, 6학년은 43%를 제안했으나 최종적으로 20.1%가 채택되었다. 성취준거에서 채택된 분할점수들은 완만하게 감소하는 형태를 보였는데, 이는 3, 4, 5, 6학년이 각각 23.2%, 21.9%, 21.4%, 20.1%이었다. 최종 분할점수와 채택된 점수를 비교하면, 준거설정자들의 원래 분할점수로 3학년은 다소 과소 추정되고, 6학년은 다소 과대 추정되었다.

Ferrara 등(2005)은 Lewis와 Haug(2005)과 유사한 방법을 사용하였다. VMSS는 새롭게 적용되는 방법으로 적절한 성장모형에 대한 확실한 가정을 가진 선행 결과가 부족하기 때문에 준거설정자들에게 제공할 관련 정보들이 거의 없었다. 그러나 이들 연구에서는 준거설정자들에게 Bookmark 방법을 사용하여 여러 학년의 성취수준을 설정한 결과 자료를 제공하였고, 이것이 이들 연구의 가장 큰 특징이었다. 모든 절차를 마친 뒤, 향후 VMSS 개선에 사용하기 위해 준거설정자들을 대상으로 학년 간 연합정보(cross-grade articulation information)의 가치와 준거설정과정에 대한 만족도를 조사하였다.

앞에서 제시한 세 개의 연구는 개척 차원에서 중요한 공헌을 하였다. 이들 연구는 향후 VMSS 적용의 중요한 요소를 종합하는 데 도움을 주었으며, 이러한 주요 요소 6개를 살펴보면 다음과 같다.

① **과거 자료에 기반 두기** Lewis와 Haug(2005), Buckendahl 등(2005)은 준거설정의 결과를 준비하고, 해석하기 위해 과거 자료를 수집하고 활용하였다. 만일 이러한 자료를 얻을 수 있다면, VMSS에서 활용할 수 있거나 활용해야만 한다. 과거 자료수집과 이것의 활용계획을 수립할 때는 준거설정의 이해관계자와 내용전문가들이 사전에 논의해야 한다.

② **성장모형 설정하기** 성장에 관한 가정이 어떠하든지 간에 성장모형은 기존에 수집된 관련 증거를 기반으로 해야 한다. 만약 이러한 증

거를 수집하기 어렵다면, 대신 인지발달이론, 내용전문가와 이해관계자들과 모형에 대한 논의 또는 다른 검사로부터 일반화를 통해 도출할 수 있을 것이다. 예컨대, South Carolina 주에서는 주 단위 수학검사 결과를 과학수행검사를 위한 성장곡선에 적용하였다.

③ **과거 자료 고려하기** 가능하다면 과거의 자료는 준거설정과정에 제시되어야 한다. 이 자료는 준거설정의 여러 라운드에 참여하는 학년 간 혹은 교과 간 조정 패널, 메타 패널에 참여하는 위원뿐 아니라, 준거설정 이후의 관련 집단인 기술자문위원회, 교육부 직원, 준거에 궁극적인 의결권을 가진 교육위원회에도 제공되어야 한다.

④ **검사 내용과 학생 수행에 대해 학년 간 검토하기** 앞에서 제시한 연구에서는 준거설정자들이 학년 간 성취 정도를 검토하였다. 혹시라도 분할점수를 학년 간에 연계하려 한다면, 적어도 인접한 학년 학생들의 수행에 관심을 가지고 주어진 학년의 분할점수를 설정하는 것이 합리적이다. 가능하면 적어도 한 번은 최종 라운드나 그 직전에 전체 학년 학생을 고려하여 VMSS의 전체 척도를 설정해야 한다.

⑤ **참가자의 투표** Buckendahl 등(2005)과 Ferrara 등(2005)은 준거설정의 마지막 활동으로 투표를 통해 준거설정에 대한 준거설정 참가자들의 의견을 수집하였다. 이 자료는 현재와 미래의 준거설정 활동에 중요한 타당도의 자료로 활용할 수 있다. 활용 시 이러한 자료는 분할점수를 지지하는 데 이용할 수도 있고, 책임 있는 기관이 낮은 지지 정도를 근거로 모형을 수정하기 위해 적극적으로 이용할 수도 있다.

⑥ **추후 검토와 조정** 앞에서 제시한 연구에는 준거설정 진행자는 참가자들에게 자신이 설정한 준거를 분석전문가가 검토하고, 담당자들에게 제공하여 경우에 따라 수정할 수도 있음을 알려야 한다. Buckendahl 등(2005)의 연구에서 이와 관련한 부분을 세부적으로 기술해 놓았다. 추후 검토와 조정은 두 가지 이유에서 중요하다. 첫째, 담당자들에게 성취준거를 성공적으로 설정해야 할 책임이 있다. 그들은 준거설정에 대한 권한을 갖는 동시에 그에 대한 책임도 가져야 한다. 둘째, 아무리 좋은 의도와 적절한 준거설정 기술을 가지고 있다고 하더라도, 준거설정자들은 분할점수가 설정되어야 할 위치에 대해 여전히 다른 생각을 가질 수 있다. South Carolina 주에서는 단일검사의 분할점수를 설정할 때에도 마지막 라운드 결과의 표준오차를 적용하는 것이 전통이 되어서, 여러 해 동안 주 단위 성취준거를 설정할 때 조정도구로 활용되어 왔다. 조정에 대해서는 제16장에서 보다 자세히 다루었다.

VMSS 절차에 대한 예

ELL(english language learners) 검사의 분할점수 설정의 절차를 통해 VMSS 방법을 설명하고자 한다. ELDA(english language development assessment)는 3~12등급까지 있으며, CCSSO(council of chief state school officers)와 16개 주가 공동으로 개발한 검사다. 지금부터 ELDA에 대해 설명하고, VMSS의 준비, 훈련 절차, 준거설정 회의 실시, 실제적인 분할점수의 수직적 연계 기술, 마지막 검토와 채택에 대해 기술하고자 한다.

평가 맥락

ELDA는 읽기, 쓰기, 듣기, 말하기 네 부분으로 구성된 복합적인 평가 도구다. 읽기와 듣기 영역은 50~60개의 선택형 문항으로, 쓰기 영역은 선택형과 구성형 문항으로 구성되었다. 읽기 영역은 16개의 지문이 있는데, 이것은 테이프에 녹음하거나 훈련된 채점자에 의해 바로 채점된다. ELDA는 3개의 학년 등급(3~5학년, 6~8학년, 9~12학년)과 5개의 수행범주가 있어서 4개의 분할점수가 필요하다. 5개의 수행범주를 낮은 수행부터 나열하면 Level 1(pre-functional), Level 2(beginner), Level 3(intermediate), Level 4(advanced), Level 5(fully english proficient)다.

2005년에 시행될 검사에 대비하여 2004년에 예비검사를 시행한 후 사전준거를 설정하였으며, 이때의 작업과 관련한 자료들은 수직 조정에 사용되었다. 예비검사 프로토콜은 학년을 연결하는 가교문항을 삽입하여 Rasch 척도를 적용해 전체 학년을 연속적인 척도로 적용하였다. 이러한 수직 척도화는 VMSS의 장점이기는 하나 필수사항은 아니다.

VMSS 시행을 위한 준비

ELDA의 예비 준거설정은 2004년에 시행하였다. 이에 대한 준비는 2005년 본 준거설정을 위한 좋은 지침이 되었다. 2004년 봄 교사를 대상으로 학생의 배경에 관한 설문조사를 하면서 그들이 생각하기에 네 개 영역에 대한 학생들의 숙달 수준이 어느 정도일지에 관해 평가하게 하였다. 이때 준거설정자에 의해 설정된 성취수준기술과 같은 방식으로 숙달 수준을 정의하였다. 따라서 2004년에 준거를 설정할 때는 교사들의 판단과 비교해 너무 차이가 있는 경우에 조절하였다. 2004년 연계위원회에서는 개별 검사의 최종 분할점수를 고려할 때 대조집단 방법에 근거해 교사들의 판단을 고려하였다.

해당 기관의 담당자와 각 주의 대표, 연구진은 2005년 준거설정을 하기 위해 2004년에 대조집단의 결과와 2004년에 산출한 사전 분할점수를 연구하였다. 2005년 준거설정자들에게는 2004년 연구자료를 제시하지 않았지만 결과는 대략적으로 제시해 주었다.

2005년 준거설정에 앞서 학생을 대상으로 예비검사를 실시하였고, 점수는 공통적인 척도를 사용하였다. 학생 간 공통척도를 채택한 것은 동일 학년에서뿐 아니라 전체 학년에서 비교 가능하였다는 점에서 중요하다. 동일한 문항과 척도점수를 사용할 때 일반적으로 학년이 올라갈수록 수행 수준이 높아질 것이라고 기대하지만 그렇지 않은 경우도 있다. 예컨대, 2개의 작문문항에 대한 점수가 6~8학년 학생들이 9~12학년 학생들보다 높은 흥미로운 결과도 있었다. 그러나 이러한 경우를 제외하고 읽기에 대한 문항은 대체로 9~12학년 학생들이 6~8학년 학생보다 높은 성취를 보였다.

준거설정 진행자는 3개 학년 군집당 4개 영역에 대한 12개 검사에 대해 Bookmark 방법을 사용하여 준거를 설정할 때 사용되는, 문항순서집을 제작하였다. 2004년에 시행한 예비검사에서는 제15장에서 기술한 것과 유사한 총체적 접근을 말하기 검사에 사용하였다. 2005년에는 ELDA 전 영역에 Bookmark 방법을 사용하였으며, 2004년의 준거설정과 2005년의 예비검사 결과를 2005년 준거설정 참여자들에게 개괄적으로 설명하였다. 이때 제시한 정보는 광범위하거나 기술적인 부분을 다루기보다는 2005년 준거설정 활동이 이루어지기까지의 역사적인 배경이 주를 이루었다. 2005년 준거설정에서는 라운드 사이에 추가적으로 학년 간 차이를 보여 주는 자료를 제시하였는데, 여기에는 앞서 제시한 2개의 쓰기 영역에 관한 사항도 포함되어 있다.

준거설정을 시작하면서 참가자들을 3~5학년(말하기를 제외한 모든 검사), 6~8학년(말하기를 제외한 모든 검사), 9~12학년(말하기를 제외한 모든 검사), 모든 학년(말하기)의 4개 집단으로 나누었다. 각 집단은 8~10명으로 되었으며, 각 집단으로부터 2~3명을 뽑아 10명으로 제5집단을 만들었는데, 이 집단은 전체위원회 또는 '상위패널'이다. 패널의 임무는 사전에 정해졌으며, 각 집단에서 전체위원회로 배정된 사람이 누구인지 확인시켜 주었는데, 이는 향후 전체위원회에 도움이 될 만한 정보를 생성하는 데 도움을 주기 위해서다. 2005년 8월 15~17일에 4개 집단이 2개의 라운드를 거쳐 준거를 설정하였다. 전체위원회는 2005년 8월 18~19일에 회의에서 4개의 준거설정위원회에서 제시한 분할점수를 검토하고 필요한 경우에 수정하였다. VMSS의 전체 일정은 [그림 14-1]과 같다.

VMSS 참가자 훈련하기

참가자에 대한 훈련은 먼저 전체 참가자를 대상으로 준거설정 전체 목적과 활동에 대해 설명하는 것으로 시작한다. 이후 5개 수행 수준에 대한 광범위한 검토와 성취수준기술에 대해 토의하며, 이후 Bookmark 방법에 대해 소개한다. 북마크에 대한 소개가 마무리될 즈음에 하나의 북마크를 6장짜리 읽기자료를 근거로 실습해 보았다. 실습이 끝나면 참가자들의 준비도를 점검하기 위해 설문조사를 실시하였다. 이 중 하나의 예는 [그림 14-2]와 같다.

VMSS 준거설정 회의 진행

훈련이 끝나면 4개 집단으로 흩어져 훈련된 북마크 준거설정 진행자와 함께 활동한다. CCSSO와 회원 주정부에서 온 참관인들은 각 방을 돌면서 준거설정의 진행사항을 모니터하고 정책적인 질문에 대한 답변을 한다. 1라운

8월 15일 월요일 준거설정 회의

8:15 A.M.	아침 식사와 자료 배부
8:45	안내 및 개관
9:30	수행수준기술
10:45	휴식
11:00	준거설정 절차 소개
12:00	점심
1:00 P.M.	준거설정 1라운드: 개별 장소에서 시행
4:00	정리
4:30	해산

8월 16일 화요일 준거설정 회의

8:15 A.M.	아침 식사 및 자료 배부
8:45	1라운드 계속
12:00	점심
1:00 P.M.	1라운드 계속
4:00	정리
4:30	해산

8월 17일 수요일 준거설정 회의

8:15 A.M.	아침 식사와 자료 배부
8:45	2라운드
12:00	점심
1:00 P.M.	2라운드 계속
4:00	정리
4:30	해산

8월 18일 목요일 연계위원회

8:15 A.M.	아침 식사
8:45	연계위원회 활동 안내
10:00	휴식
10:15	읽기
12:00	점심
1:00 P.M.	말하기
2:30	듣기
4:30	해산

8월 19일 금요일 연계위원회

8:15 A.M.	아침 식사 및 자료 배부
8:45	쓰기
12:00	점심
1:00 P.M.	수용과 조합
4:00	정리
4:30	해산

[그림 14-1] VMSS 과정에 대한 전체 일정

	준거설정자 번호 _____
1. 훈련	나는 훈련을 마쳤으며, 1라운드에서 해야 할 일을 이해하였다. Yes No
2. 1라운드	나는 나와 다른 사람들의 평정 결과, 영향자료를 포함하는 1라운드의 결과에 대해 토의하였으며, 2라운드에서 해야 할 일을 이해하였다. Yes No
3. 2라운드	나는 평정을 끝마쳤으며, 이 평정 결과가 학생들의 수행을 초급자, 중급자, 우수자, 숙달자로 구분하기에 적절하게 제시하였다. Yes No

[그림 14-2] VMSS 평가지

드와 2라운드 사이에 영향 정보를 제시한다.

4명의 준거설정 진행자들과 참관인들은 라운드 사이에 북마크의 위치, 분할점수 결과, 영향 정보에 대해 검토하고 논의하였다. 이렇게 라운드 사이에 토의시간을 가짐으로써 각 라운드에서 3개의 다른 검사를 실제적으로 검증하는 데 도움을 주었다. 각 라운드는 하루 종일 진행되었으므로 매일 종료시간에는 충분한 시간을 할애한 뒤 자료를 분석하고, 결과를 논의하는 것은 물론, 학년 간에 불일치되는 것을 알아내고, 준거설정자들에게 이런 불일치를 설명하여 이를 해결하기 위한 전략을 토의하였다. 각 검사들은 동일한 척도를 가지고 있으므로 각 학년에서 분할점수나 그 이상에 해당하는 학생 비율보다는 각 분할점수의 척도값에 보다 초점을 맞추었다. 예를 들어, 듣기 영역의 3 수준에 해당하는 분할점수는 6~8학년은 1.7점, 9~12학년은 1.5점이므로 준거설정 진행자는 2라운드에 두 준거설정자의 모순되는 결과에 관심을 기울일 것이다.

준거설정자들은 1라운드 결과를 논의하고 북마크 분포와 분할점수, 영향 정보를 받은 후 [그림 14-2]의 두 번째 문항에 답하고 2라운드에 들어

간다. 2라운드는 1라운드와 비슷하게 진행하였다. 2라운드가 끝나면 북마크와 응답한 설문지를 제출하고 해산하였다.

분할점수의 수직적 연합

다음 날인 8월 18일에 10명의 연계위원회는 오리엔테이션 회의를 위해 소집되었다. 훈련자료와 이 회의의 오리엔테이션 자료는 www.sagepub.com/cizek의 vmss에서 얻을 수 있다.

준거설정 진행자는 3개 수준별 4개 분할점수인 총 12개 분할점수를 〈표 14-4〉와 [그림 14-3]과 같이 제시하였다. 전체위원회의 업무는 이 분할점수를 검토하고 합당한지 여부를 결정하고, 필요할 때에는 보다 합당한 분할점수를 정하기 위해 조정하는 것이다.

전체위원회에서 분할점수에 대한 수정을 할 때는 개별 검사의 내용과 성취수준기술을 기초로 하는 것이 기본원칙이다. 그러므로 단순히 선을 완만하게 하기 위해 분할점수를 수정하는 것은 바람직하지 않으며, 새로운 분할점수를 설정할 때, 문항순서집에 해당하는 페이지를 찾아서 검사 내용과 성취수준기술에 기초하여 정당화해야 한다.

〈표 14-4〉 읽기 영역 검사의 각 수준별 분할점수

	3~5학년			6~8학년			9~12학년		
수준	분할점수	비율	능력척도	분할점수	비율	능력척도	분할점수	비율	능력척도
5	44	23.6	2.00	45	11.9	2.49	51	24.5	2.19
4	38	44.4	1.00	38	37.3	1.35	44	42.1	1.58
3	33	57.5	0.45	32	56.9	0.66	36	58.0	0.86
2	26	80.7	−0.24	20	86.4	−0.57	27	74.4	0.16
1	−	100.0		−	100.0		−	100.0	

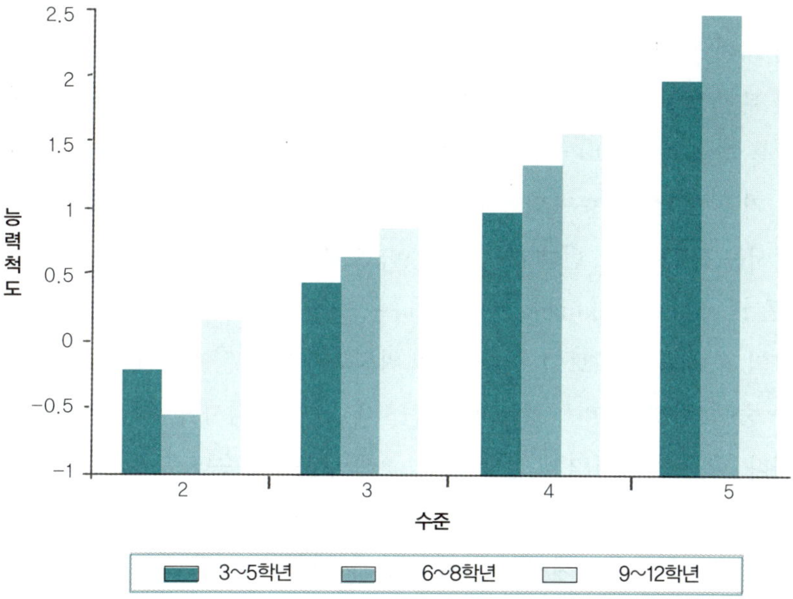

[그림 14-3] 읽기 영역 검사의 각 수준별 분할점수

〈표 14-4〉와 [그림 14-3]에서는 3수준과 4수준에 해당하는 분할점수가 학년에 따라 일정하게 높아지고 있음을 보여 준다. 그러나 2수준에서는 3~5학년과 6~8학년의 분할점수가 거의 같았다. 5수준에서는 학생의 능력모수값이 6~8학년이 9~12학년보다 훨씬 높았다. 전체위원회에서는 이러한 사실을 밝혀내 분할점수에 해당하는 북마크의 위치와 성취수준기술을 검토하고, 각 학년군집과 수준의 최종 분할점수를 결정하였다.

지금부터는 해당 위원회에 의해 처음으로 고려된 3개의 읽기검사에 대해 구체적으로 살펴보고자 한다. 먼저 준거설정자들은 분할점수를 검토하고, 다섯 수준의 3개 학년군집 분할점수를 비교하였다. 또한 준거설정 위원들은 협력적으로 작업을 수행하였으며, 준거설정 진행자에 의해 강요받지 않았다. 그리고 모든 위원은 모든 학년군집의 분할점수를 검토할 수 있었고, 논의 중에 준거설정 진행자는 위원들이 분할점수에 만족하는

지에 대해 물었다. 위원회는 모든 분할점수를 수집하여 최종적으로 각 검사의 분할점수 세트를 완성하였다. 모든 토의와 수정 작업을 마친 후에는 투표를 하였는데, 그 결과 수정한 읽기 영역의 분할점수는 찬성 8명, 반대 0명, 기권 2명으로 승인되었으며, 다른 2개 읽기검사의 최종 분할점수에 대해서는 찬성 10명, 반대 0명, 기권 0명으로 승인되었다.

〈표 14-5〉는 Bookmark 방법의 2라운드 결과와 수직 조정된 최종 읽기 검사의 분할점수를 보여 준다. 전체위원회에서는 읽기검사의 12개 분할 점수 중에서 5개를 바꾸었는데, 이는 4개 영역의 검사 중 가장 많이 바꾼 것이다. 다른 3개 영역의 검사에서는 3개의 분할점수만 수정하는데, 말하기 영역에서 2개, 듣기 영역에서 1개를 수정하고, 쓰기 영역에서는 수정하지 않았다. 각각의 예에서는 검사 내용과 성취수준기술을 근거로 수정하였다는 것으로 정당화하였다. 분할점수에 대한 각 수정은 분할점수를 검토한 위원회 회원이 제안하고 북마크 부분의 내용에 대해 검토하는 방식

〈표 14-5〉 읽기 영역 검사의 학년범위와 수행수준의 2차 및 최종 평정 권고 분할점수

	기본미달 (1)		기본 (2)		숙달 (3)		우수 (4)		유창 (5)	
	원점수	능력척도	원점수	능력척도	원점수	능력척도	원점수	능력척도	원점수	능력척도
3~5학년										
2라운드	NA		26	−.24	33	.45	38	1.00	44	2.00
Final	NA		**22**	**−.62**	33	.45	38	1.00	44	2.00
6~8학년										
2라운드	NA		23	−.31	33	.80	40	1.61	45	2.50
Final	NA		**20**	**−.54**	**32**	**.71**	**38**	**1.35**	45	2.50
9~12학년										
2라운드	NA		27	.16	36	.86	44	1.58	51	2.31
Final	NA		27	.16	36	.86	44	1.58	51	**2.66**

으로 진행되었다.

〈표 14-5〉를 보면, 수정된 읽기 영역의 분할점수는 대부분 6~8학년 사이에 존재한다. 전체위원회에서는 저학년이나 고학년은 비교적 잘 분리되어 있지만, 중간 학년의 분할점수는 고학년에 너무 근접하였다고 판단하여 2, 3, 4 수준의 분할점수를 낮추었다. 이러한 수정 역시 철저하게 내용에 근거하였고, 위원들은 문항순서집의 내용을 검토하고, 검사 내용과 성취수준기술을 바탕으로 분할점수를 조정하였다. 6~8학년에서 2 수준의 분할점수가 낮아짐에 따라 3~5학년에서의 2 수준의 분할점수를 하향 조정하였다. 9~12학년에서는 집합적(collective) 북마크의 페이지를 상향시킴으로써 원점수의 변함없이 분할점수의 능력척도값을 상승시켰는데, 이것은 Bookmark 방법에서 자주 있는 일이었다.

대부분 전체 라운드의 결과를 확인할 수 있기 때문에 위원회는 최종 분할점수를 제안하기 전에 전체 북마크된 페이지를 검토하였다. 최종 제안은 다수결의 원칙으로 표결에 부쳤으며, 최종 분할점수는 만장일치로 결정되었다.

[그림 14-4]를 보면, 학년 내나 학년 간에 분할점수는 일정하게 상승하고 있지만 상승 정도를 나타내는 선은 완벽하게 직선으로 나타나지 않는다. 2 수준에서는 3~5학년과 6~8학년의 차이가 미미하지만 9~12학년에서는 가파른 상승을 보였다. 다른 수준에서는 학년 구간에 따라 더 순차적인 발전을 하였다.

마지막 검토, 채택 그리고 결론

연계위원회는 ELDA 분할점수를 마지막으로 검토하고 채택하기 위해 후원기관인 CCSSO에 조정 결과를 보냈다. TAC와 해당 주 대표들은 이 결과를 접수받고, 심도 있는 논의와 검토를 통해 연계위원회의 결과를 채택하

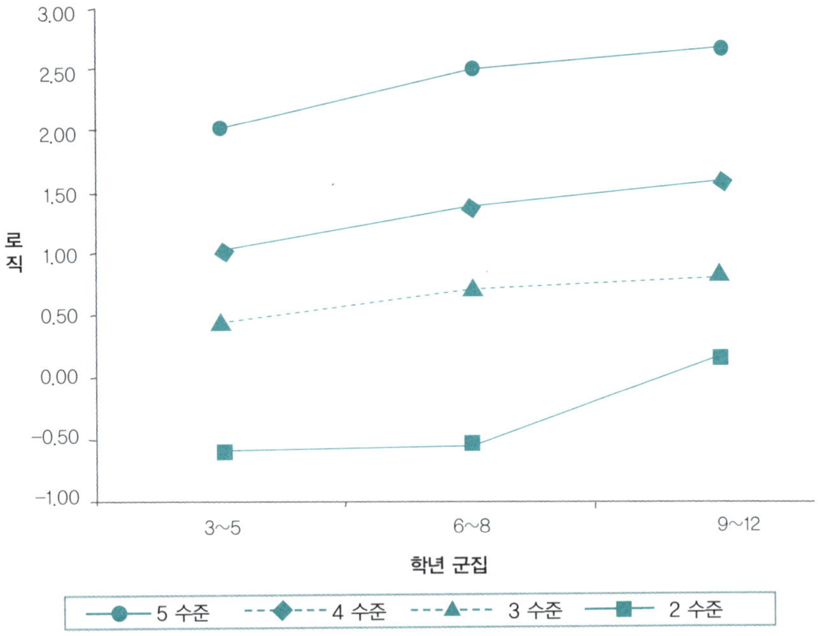

[그림 14-4] 읽기 영역 검사의 최종 분할점수

였다.

결과적으로 ELDA에 VMSS를 적용한 것은 성공적이었다. 그러나 여기서 성공적으로 적용하였다는 것은 다른 상황에서는 다르게 적용할 수 있음을 의미한다. 연계위원회와 관련 검토기관에서 분할점수를 연계할 때 중요하게 여겼던 것이 후반부에서 결국 비율을 고려하게 되었지만 각 범주에 해당하는 학생들의 비율보다는 능력척도를 주로 중요시하였다. 〈표 14-4〉에서와 같이 최종 학생들의 분포를 보면 학년집단이 엄밀하게 동일하지도 않고, 일정하게 증가하거나 감소하지도 않았다. [그림 14-5]는 이러한 상황을 잘 반영하고 있다. 〈표 14-4〉에서 보면 비율이 3 수준과 4 수준은 유사하지만 2 수준과 5 수준은 다른 것을 알 수 있다.

이러한 차이가 있다는 것은 VMSS 적용을 위한 관심 집단과는 다른 특

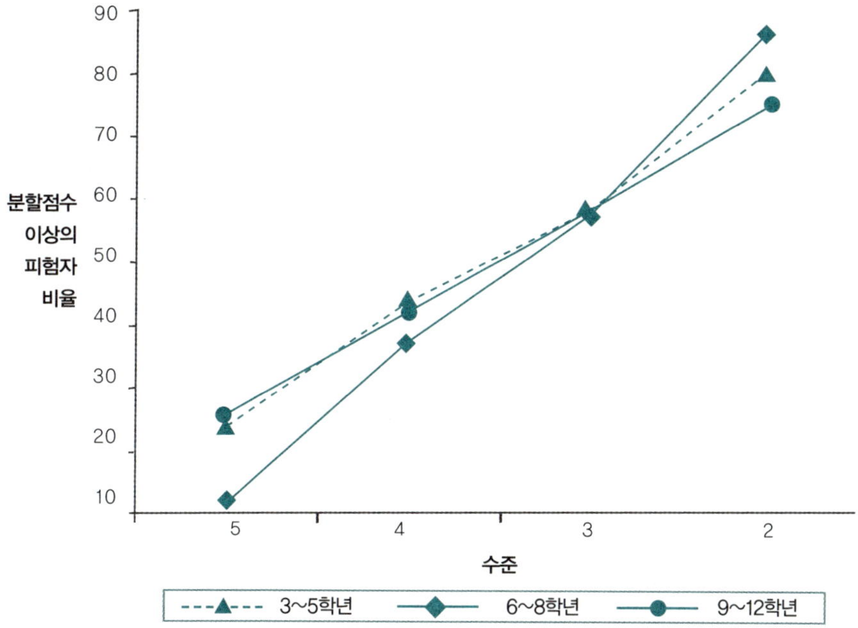

[그림 14-5] 읽기 영역의 분할점수 이상 피험자 비율

정집단이 있음을 보여 준다. 특히 ELL 학생들은 일반적으로 장기적인 코호트를 형성하지 않는다. 사실상 ELL 프로그램의 목적은 5 수준의 학생들이 상위수준으로 도달하게 하는 것이므로 수업 영향이 저학년보다 고학년에서 더 클 것이라고 기대하는 것은 타당하지 않다. 여기서 나타난 결과와 2004년 예비검사를 근거로 설정한 준거는 일치하였다. 즉, 누적적인 교수 효과는 ELL 프로그램에서 나타나지 않는데, 이는 ELL 프로그램은 주단위 수학검사로 학생들을 평가하기 때문에 학생들이 지속적으로 이 프로그램에 남아 있지는 않다. 요컨대, 최저 학년인 3학년에 들어와 최고 학년인 8학년까지 이 프로그램에 남아 있는 경우는 매우 드물다.

대안적 절차와 한계점

VMSS가 아직 개발단계에 있기 때문에 제한점이나 대안을 언급하는 것은 다소 어렵다. VMSS의 활용이 늘어나고 있지만 이에 대한 적용을 위한 자료는 턱없이 부족한 실정이다. 더구나 적용되는 사례들은 여러 검사상황에서 다양한 형태를 띠고 있어 어려움이 있다. 이에 VMSS의 공통적인 핵심 요소를 정리하고자 한다. 이는 ① 과거 자료에 근거를 두는 것, ② 성장모형의 확립, ③ 과거 자료에 대한 고려, ④ 검사 내용 및 피험자의 수행에 대한 학년 간 검토, ⑤ 참가자들의 투표, ⑥ 최종 검토와 조정이다. 그러나 아직까지 수행단계에 대해 정해진 것이 없다는 것을 참고해야 한다. 대부분의 적용은 대안적인 접근으로 볼 수 있다. 이 중 적어도 하나는 분명한데, 이는 VMSS 절차를 지지하기 위해 수직 척도화를 편입하는 것이다. 더불어 학년 내 척도화와 학년 간 척도화, 즉 수직 척도화 간의 결과를 비교하는 연구가 필요하다.

VMSS의 적용은 세부적인 절차상의 제한점을 가지고 있다. 즉, VMSS에 대한 과거의 관점이나 검사상황을 적용하는 데 제한이 따른다는 것이다. 만일 VMSS가 초점을 학생비율이나 특정 숙달 수준 이상에 두었다면, 과거의 관점이 부족하다는 것은 단순한 제한점이 아니라 VMSS의 치명적인 약점이 된다.

두 번째로, VMSS를 적용하고자 할 때 수행 성장에 대한 이론적 · 경험적으로 적절한 모형이 뒷받침되지 않으면 제약을 받게 된다. 학생의 성장모형에 대한 논리적인 배경이 없으면, 연구를 할 때 추측을 줄이고, 적어도 분할점수가 어느 정도 곡선을 보일 것이라는 희망을 가지는 것이 최선이다.

세 번째는 비록 학년이나 내용 수준별 위원회들이 내용에 근거하여 수준을 정하고, 이 결과를 바탕으로 연계위원회가 작업한다고 해도 내용적 가교를 유지하기란 어렵다. 이론적 발달과 실제적 측면에서, 분할점수의 의미와 성취수준기술을 충실하게 유지하는 방법은 가장 기본적인 향후 연구 과제 중 하나다.

측정학적 관점에서 보면 VMSS 연구와 개발은 성장하는 분야다. Cizek(2005, p. 7)은 "VMSS는 아직 초보적 단계라서 모순과 논란의 여지가 많다."고 하였다. 1980~1990년대에 들어와서야 준거참조검사와 같은 새로운 형태의 성취도검사와 문항 유형이 혼합된 검사가 도입되었다. 이에 심리측정학자들은 변화된 검사 환경에 맞게 새로운 준거설정 기술과 실제 준거설정에 관련한 참가자들과 이해관계자들에게 유용한 방법을 제안하기 위해 연구와 수정에 들어갔다. 1980~1990년대에는 다양한 수행 수준과 혼합된 문항 유형을 가진 준거참조검사의 준거설정 절차가 정립되지는 못하였다. 그러나 교육적 목적으로 인해 측정학자들이 이러한 형태의 준거설정 방법을 개발하였다. 따라서 오늘날 심리측정학적 문제는 이러한 분할점수를 여러 방법으로 결합시키는 것인데, 이때 학생의 성장에 대해 의미 있고 확신 있는 추론이 가능하면서, 종단적 프로그램의 평가 목적에 도움이 되도록 노력해야 한다. 지금까지 VMSS는 필요에 의해 심리측정학적으로 개발되었고, 앞으로도 교육적 · 정책적으로 도움을 주기 위해 측정학자들이 절차를 정교화하고, 대안적인 방법을 지속적으로 개발해 나갈 것이다.

제15장

대안평가를 위한 준거설정

지금까지 설명한 준거설정 방법에는 두 가지 공통점이 내재해 있다. 첫째, 이들 방법은 동일한 형식의 문항으로 구성된 검사에 적용되도록 고안되었다는 점이다. 그 방법들은 선다형, 서답형, 에세이, 수행 혹은 이러한 종류의 문항이 섞여 나오는 검사에 적용되는 방법들이다.

둘째, 지금까지 설명한 방법들은 모든 피험자가 동등한 조건하에서 치르는 검사에 대해서만 적용되었다는 것이다. 즉, 대부분의 경우 피험자들은 동일한 검사지를 받고, 동일한 검사문항을 풀거나 동일한 과제를 수행하고, 동일한 준거에 의해 평가를 받는다. 그러나 모든 평가가 이처럼 일관성을 이루지는 않는다. 왜냐하면 전국적으로 치러지는 여러 학업성취도평가에 **대안평가**(alternate assessment)를 도입하고 있기 때문이다. 대안평가는 「장애인 교육법(individuals with disabilities education act: IDEA, 1997)」으로부터 시작되어 일련의 연방법에 의해 의무화되었다. 이러한 의무화는 NCLB와 장애인 교육 개선법으로 불리는 IDEIA(individuals with disabilities education improvement act, 2004)에 의해 가다듬어졌다. 이들 법률에 의하면, 장애학생이거나 어떤 특별한 조건이 있는 학생도 정상인 학생들과 마찬가지로 주단위 정규평가 프로그램에 참여해야 한다. 다만, 이러한 학생들은 이들의 장애 상태에 따라 검사상의 편의를 제공받을 수 있다(예를 들어, 시간 연장, 큰 글씨의 검사 문제지, 대필 서비스 등). 〈표 15-1〉은 피험자에게 제공되는 각 형태의 편의 종류와 예를 보여 준다.

〈표 15-1〉 피험자에게 제공되는 편의 종류와 예

편의 형태	예
시 설	적절한 가구를 제공한다. 개인 혹은 소집단을 위한 검사장을 마련한다.
시 간	시간 연장, 검사시간 중 휴식시간을 여러 번 제공한다.
검사 스케줄	다른 날짜와 다른 시간에 여러 회에 걸쳐 검사를 실시한다.
검사 제시	검사 문제를 녹음 테이프로 들려주거나 큰 글씨로 인쇄된 검사지를 제공한다.
응 답	수험자가 문항에 대한 답을 구술하도록 하고 대필자가 받아 적는다.
기 타	형광펜이나 독서 보조용 자 혹은 기타 도구를 허용한다.

출처: Thurlow & Thompson(2004).

대안평가의 시도

그러나 어떤 학생들은 심한 장애를 가지고 있기 때문에 검사상의 편의를 제공해 준다 해도 그들이 주정부 정규평가 프로그램에 참여하는 것은 불가능할지 모른다. 대신, 이 학생들은 대안평가라는 완전히 다른 검사를 통해 평가하는 것이 더 낫다. 학업성취도평가 상황에서 사용하는 대안평가란 대개 비율이 1~2%인 심각한 인지장애 학생이나 영어 능력이 극히 미흡한 학생을 위하여 특별히 개발된 검사다. 이 사실로 미루어 짐작할 수 있는 대안평가의 첫 번째 어려움은 한 학년당 이러한 학생 수가 매우 적어 전통적인 통계법이나 측정법을 사용하기에는 표본 크기가 너무 작다는 것이다. 더욱이 이들의 연간적정성장을 측정하기 위해서 성별, 인종 혹은 다른 변수에 따라 구분할 경우 표본 크기는 더욱 작아지게 된다.

대안평가를 받는 학생의 모집단이 작다는 것은 해마다 바뀌는 프로그램의 변화에 또 다른 어려움을 야기한다. 올해 장애학생을 대상으로 한 주별 일반평가 프로그램의 분할점수가 내년에도 이와 동일하게 적용될 수 있다는 일반화 가능도를 장담할 수 없다.

대안평가에서 준거를 설정함에 있어 가장 어려운 점은 평가의 성격 그 자체라고 할 수 있다. 대안평가는 보통 긴 시간에 걸쳐 수집한 학생의 수행평가를 위한 **근거자료모음**(collection of evidence: COE)에 기초하여 이루어진다. 때때로, 이러한 학생학습 결과물은 **포트폴리오 평가** 체계로 일컬어지기도 한다. 대안평가 체계에서 평가는 과제물의 수량, 종류, 과제의 중요성 등의 자료를 가지고 준거를 설정하는 것이 점차 보편화되고 있다. 그러나 대안평가의 개별화된 성격상 근거자료모음이 동일한 학습 결과를 포함하거나, 수행평가 과제물의 수량이 같거나, 학생성취도에 관한 보고서를 같은 방식으로 제공하리라고 기대하기는 어렵다. 이러한 특성이 측정에서 또 다른 어려운 점이라 할 수 있다. 근거자료모음은 그 성격상 개성이 강하지만, 보다 구조화될 수 있고 또한 학생들에게 공통된 요소를 포함할 수도 있다.

한 학생이 주정부의 정규검사를 치러야 할지 아니면 대안평가를 받아야 할지에 대한 결정은 **개별교육계획**(individualized education plan: IEP)팀에 의해 내려지게 된다. 개별교육계획팀은 특정한 학생이 받아야 할 교육내용과 성취해야 할 기대 수준에 대한 지침을 준다. 개별교육계획은 한 학년 동안 학생과 교사가 추구해야 될 장단기 목적을 자세히 말해 준다. 아울러 대표적으로 이러한 목적은 주정부의 정규 교육과정의 내용준거에 바탕을 두고 있다. 그러나 2004년의 IDEIA(장애인 교육 개선법)는 주정부

정규 내용준거와 연계하여 대안 내용준거를 개발하도록 하였고, 이에 근거한 대안평가를 실시하는 것을 허용하고 있다. 이러한 대안 내용준거는 정신적 혹은 신체적 장애가 있는 학생들의 필요를 수용하기 위해 정규 내용준거를 수정하거나 확장한 것이다. 예를 들면, 고등학교 수학과정의 숫자 계산은 1달러에 대한 거스름돈을 세는 것으로 대체될 수 있다.

한발 더 나아가, 확장된 내용준거의 기준에 비추어 훌륭한 수행능력을 보였다고 해도 이것이 정규 내용준거의 기준에 따른 최저 수행능력에도 미치지 못할 수 있고, 정규 교육을 받은 학생들을 위한 수행수준기술에 있는 항목 자체를 갖추지 못하고 있을 수 있다. 따라서 심각한 장애를 가진 학생들이 그들의 지식과 기술 수준을 평가받을 수 있는 대안평가를 개발하는 것이 분명한 난제란 사실 외에, 대안평가 결과로 얻은 자료를 정규 평가의 수행 수준 등급과 연결짓는 것은 매우 어려운 과제일 것이다.

평가에서 또 하나의 난제는 근거자료모음을 어떻게 해석하고 어떤 결론을 내리느냐 하는 것이다. 예컨대, 근거자료모음을 만드는 데 경험 있는 교사는 어떤 학생의 학습발달 상황을 보여 주는 데 경험이 부족한 교사와는 완전히 다른 양상을 보일 수 있다. 따라서 근거자료모음이 피험자의 성취도를 반영하는 유일한 방법이라는 주장은 수용되지 않는다.

유사한 맥락에서, 많은 대안평가를 위한 채점체계에서는 교사가 과제 및 준거와 관련한 경험이 얼마나 있는지를 평가하는 부분을 포함시키기도 한다. 따라서 어느 정도까지는 대안평가 체계가 근거자료모음을 만드는 교사 혹은 교육전문가가 내리는 개인을 위한 평가로 인식되기도 한다. 대안평가의 이러한 측면 때문에 대안평가에 의해 부여된 점수의 타당성이 의심을 받게 되고, 근거자료모음을 만들고 유지하고 채점하는 데 다양한 형태의 부정이 나타날 수 있다. 평가의 투명성을 높이기 위한 하나의 방법으로 근거자료모음에 대한 성취준거를 설정하거나 근거자료모음을 채점하는 데 학생의 성취도를 평가하고 동시에 교사의 성취도도 구별해서 평가하는 시스템의 도입이 바람직하다.

결론적으로, 특수학생 개개인에 맞는 대안평가 개발이 어려운 만큼, 대안평가에서 성취준거(즉, 분할점수)를 설정하는 일에는 여러 가지 어려움이 따른다. 아마도 대안평가에서 성취준거를 설정하는 문제를 위한 가장 보편적인 전략은 총체적 평정 방법일 것이다. 다음에서는 대안평가의 준거설정 방법으로써 일반화된 총체적 방법(generalized holistic method)을 설명할 것이며, 주단위 평가 프로그램에 적용한 사례를 제시할 것이다.

대안평가 체계를 위한 필요조건

대안평가에서 성취준거를 설정하기 이전에 만족시켜야 할 여러 조건이 있다. 첫째, 어떠한 포트폴리오나 근거자료모음을 누가 채점하거나 수행하든지 합리적으로 일치된 방법으로 채점할 수 있는 채점체계가 우선 확립되어야 한다. 이 조건을 만족시키기 위해서는, 모든 포트폴리오마다 포함되어야 할 필수요소가 무엇인지를 진술한 청사진이나 매트릭스를 만들어야 하고, 또 이와 함께 포트폴리오에 포함될 수 있는 항목과 포함되어서는 안 되는 항목에 대한 지침을 만들어야 한다. [그림 15-1]에는 Virginia 대안평가 프로그램에서 개발한 청사진을 제시하였다.

[그림 15-1]에 제시된 청사진을 볼 때, 우선 포트폴리오에 대한 정량화된 평가가 보편적으로 수용되는 개념이 아니라는 점을 염두에 둘 필요가 있다. 일부 사람들은 정량화된 평가가 학생의 학업성취도를 정확하게 평가하는 데 장애물이 된다고 보고, 정확한 평가를 왜곡시킨다고 생각하기도 한다. 정량화된 평가가 수용될 경우라도, 학생의 학업성취를 일정하고 재현 가능하게 정량화해야 한다고 본다. 예를 들어, 포트폴리오를 작성하는 일정한 규칙이나, 학업성취를 평가하는 것에 대한 규칙, 특정한 하나의

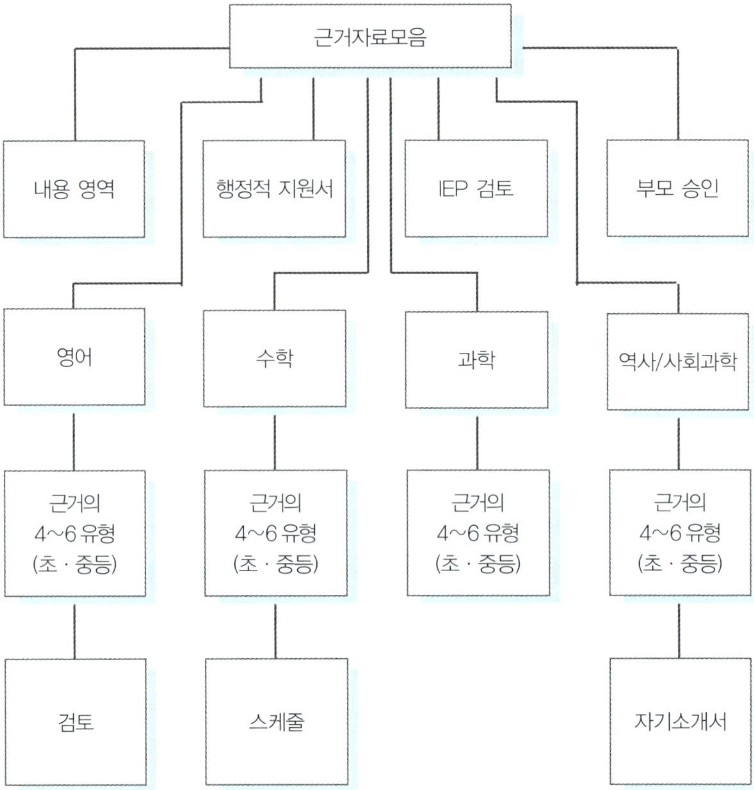

[그림 15-1] 근거자료모음(COE)에 대한 청사진

근거자료모음을 평가하는 데 있어 두 사람 이상의 의견이 일치해야 한다는 등의 규칙을 만들어 부과하는 것은 개별화된 학생과제물(예, 포트폴리오)을 수집하는 근본 목적에 어긋나는 것이라는 견해가 있다. 이러한 반대의견에도 불구하고, Virginia 주에서 채택된 통일된 체계는 준거설정을 위해서는 필수적이다.

근거자료모음이나 포트폴리오를 만드는 일반적인 청사진이 개발된 후 다음으로 만족되어야 할 조건은 일관성 있는 채점지침을 제정하는 일이다. [그림 15-2]에는 전국에서 사용되고 있는 여러 채점지침을 종합해서 제시하였다. 근거자료모음은 다섯 항목에 대하여 평가된다. 다섯 항목은 각각 3점 척도로 평가되어, 다섯 항목의 총 점수는 5점에서 15점까지 분포한다.

[그림 15-2]에 제시한 채점지침에서 5가지 채점 항목은 다음과 같이 정의된다. ① 준거와의 연계는 근거자료모음에서 추구하는 목적이 해당 주

채점 항목	점수별 설명		
	1	2	3
준거와의 연계	결과물이 제시된 내용 영역과 부합하지 않고, IEP의 목표와 과제(task)가 내용준거와 관련되지 않음.	결과물이 제시된 내용영역과 부합하고, 개별교육 목적 혹은 과제와 관련되어 있음.	결과물이 제시된 내용 영역과 부합하고, 개별교육 목적, 과제와 관련되어 있음.
수행능력	과제에 대한 학생 수행이 개별교육계획의 목적과 관련된 근거가 없음.	과제에 대한 학생의 수행이 개별교육계획의 목적과 관련된 근거가 약간 있음.	과제에 대한 학생의 수행이 개별교육계획의 목적과 관련한 상당한 근거가 있음.
환 경	사회적 상호작용이 제한되어 있는 교실에서 실시함.	동료와 다소간의 상호작용이 있는 조금은 제한된 상황에서 과제를 수행함.	다양한 범위의 동료와 상호작용이 있는 다양한 상황에서 과제를 수행함.
상황관계	의미 없는 과제를 수행하거나 연령에 맞지 않는 교수-학습자료를 사용함.	실제 생활에 활용할 수 있는 의미 있는 과제를 수행하기 위해 연령에 맞는 자료를 사용함.	실제 생활에 맞는 의미있는 과제를 수행하기 위해 연령에 맞는 자료를 사용함.
독립성	개별교육계획 문서에 명기되어 있는 적절한 지원을 거의 활용하지 못함.	개별교육계획 문서에 명기되어 있는 적절한 지원을 다소 활용함.	개별교육계획 문서에 명기되어 있는 적절한 지원을 꾸준히 활용함.

[그림 15-2] 근거자료모음(COE)에 대한 채점지침 예

에서 정한 교과내용준거와 어느 정도 연관성이 있는가. ② 수행능력은 목적을 얼마나 잘 숙달하였는지에 대한 근거가 있는가. ③ 환경은 학습한 내용을 다양한 환경과 사회적 상황에서 얼마나 일반화시킬 수 있는지에 대한 근거가 있는가. ④ 상황관계는 수행하는 과제가 얼마나 의미 있는 것이며 연령에 맞는 것인가. ⑤ 독립성은 성취를 위해 적절한 지원을 활용하는지에 대한 근거가 있는가.

두번째로 필요한 조건은 근거자료모음을 채점할 사람을 위한 질 높은 훈련의 제공이다. 준거설정 이전에, 근거자료모음은 훈련된 채점자에 의해 평가되어야 한다. [그림 15-2]에서 제시한 예를 보면, 총점의 점수범위는 5점에서 15점이다. 두 명의 채점자를 동원하고 점수를 합산한다 해도 점수범위는 10점에서 30점밖에 되지 않는다. 따라서 채점이 일관성 있고 정확하게 이루어지는 것이 매우 중요하다.

전형적으로, 채점자 훈련은 각 부문에 대해 점수 간의 경계를 규명하는 일에 초점을 맞춘다. 채점자를 교육하는 훈련관은 1, 2 혹은 3점으로 확실히 채점되리라 생각되는 근거자료모음을 채점자에게 제공하고, 그 이후에는 1과 2점 사이 혹은 2와 3점 사이의 경계선에 위치한 근거자료모음을 제공함으로써 채점자에게 분별력을 갖게 한다. 채점자격을 얻으려면, 채점자는 전형적으로 선별된 일련의 근거자료모음을 채점해야 하고 채점결과가 이미 산정되어 있는 점수(즉, 전문채점자 혹은 관리자들이 산정해 놓은 점수)와 정해진 범위 내에서 일치해야 한다.

[그림 15-2]를 보면 알 수 있듯이, 채점 항목 5가지 중에서 한 가지 항목, 즉 수행능력만이 학생이 실제로 행한 것이다. 나머지 4개 항목은 교사가 행한 일과 직접적으로 관련이 있다(즉, 학생이 배운 내용을 시연할 수 있도록 다양한 세팅을 제공하는 것 등). 더욱이, 5개 항목에 대한 가중치는 동일하다. 다시 말해, 각 항목이 총점에 기여하는 정도는 동일하다. 따라서 어떤 의미에서는 학생의 수행능력은 3점만 좌우하는 반면 교사의 행위는 12점

을 좌우할 수 있다. 근거자료모음을 채점하는 훈련 동안에, 이와 같은 문제를 설명하고 채점자들이 지나치게 보상채점하려는 경향이 없도록 하는 것이 중요하다. 예를 들면, 어떤 채점자들은 근거자료모음이 제대로 구성되지 못했을 수도 있고, 혹은 교사나 보조교사가 다양한 세팅과 환경을 학생에게 제공하고 학생에게 배운 내용을 시연할 수 있도록 하지 못했을 수도 있기 때문에 교사나 보조교사가 이 학생에게 불리하게 대하였다고 의심하여 학생에게 유리한 점수를 주려고 할지도 모른다. 채점자들에게(후에 준거설정자들) "내년에 근거자료모음을 개선하기 위해서 교사나 보조교사가 어떻게 해야 한다고 생각하는가?"라는 점에 대해 의견을 제시하라고 했을 경우 그들은 채점평가준거에 집착하는 경향을 강하게 보인다.

대안평가를 위한 근거자료모음은 다양한 매체를 사용한다. 하나의 근거자료모음은 비디오테이프, CD/DVD, 오디오테이프, 사진, 그림, 공예품, 연습장 및 종이로 된 자료를 보편적으로 포함한다. 따라서 채점자들이 이러한 매체 요소를 효율적이면서도 정확하게 평가하도록 훈련하는 자세가 필요하다. 최소한 각 채점자는 테이프를 녹음기에 넣고, 재생하고, 되감고, 원래 케이스에 다시 집어넣는 일을 제대로 할 줄 알아야 하고 CD나 DVD에 대해서도 유사한 작업을 할 줄 알아야 한다. 더 나아가 채점자는 사진, 비디오테이프 혹은 DVD에서 무엇을 보아야 할지를 파악하고, 테이프나 CD에서 무엇을 들어야 할지를 알아내는데, 그 이유는 이들 속에 포함되어 있는 내용이 주어진 과목 내에서 다른 여러 영역에 걸쳐 있을 수도 있고, 심지어 그 내용들이 다른 과목에 걸쳐 있을 수도 있기 때문이다.

대안평가에서의 준거설정을 위한 세 번째 필수조건은 근거자료모음을 정확하게 채점하는 일이다. 채점자들이 훈련을 받았고 자격을 얻었다면 채점을 시작할 수 있다. 채점하는 동안, 근거자료모음이 채점센터 내의 한 채점자에서 다른 채점자에게로 효율적으로 전달되도록 해야 한다. 또한 채점에 필요한 물리적 장치가 효율적으로 가동되어야 한다. 채점센터에 있는 채점자들이 각자 자신의 시청각 장비를 갖고 있는 경우는 드물고, 대개 여러 채점자가 장비를 공용으로 쓰게 된다. 따라서 병목현상을 피하기 위하여 장비 사용 순서의 작성도 필요하다. 다행히 근거자료모음은 오디오/비디오 매체 외에 다른 항목도 포함하기 때문에 채점자들은 시청각 장비를 기다리는 동안 다른 항목의 채점이 가능하다.

근거자료모음을 채점하는 도중에 '점수들이 실제 의미하는 바가 무엇인가?' 혹은 '숫자들이 무엇을 나타내는가?' 와 같은 질문이 자연스럽게 떠오르게 된다. 앞에서 언급했듯이 [그림 15-2]의 5개 항목 중에서 4개 항목의 점수는 학생들보다는 교사나 보조교사의 행동과 더 관련이 있다. 과제, 상황관계 그리고 환경을 선택하는 것은 교사다. 정규 교육과정 준거와의 연관성이 많거나 적을 수도 있고, 상황관계가 실제 상황이거나 일부러 만들어 낸 상황일 수도 있으며, 환경이 다양할 수도 있고 제한될 수도 있고, 지원이 잘 갖춰져 있을 수도 있고 전혀 없을 수도 있다. 결국, 학생들은 자신의 점수를 위해 이러한 항목에 영향을 줄 수 있는 기회가 전혀 없는 것이다. 이러한 채점 결과의 예를 들면, 50문항으로 되어 있는 읽기검사의 점수보다는 학생 수행과 교사 간의 상호작용을 잘 반영하는 것이 필요하다.

대안평가에서 성취준거를 설정하기 위한 마지막 필요조건은 성취수준명과 성취수준기술이 있느냐 하는 문제다. 성취수준기술을 개발하고 활용한다는 점에서 대안평가에서의 준거설정은 다른 준거설정 활동과 다르지 않다. 그러나 한 가지 중요한 차이점은 용어의 의미가 다르다는 것이다. 예를 들어, 많은 전국적인 평가에서 정규평가와 대안평가 모두 '우수'라는 수준이 있는데, 정규평가에서의 의미와 대안평가에서의 의미는 완전히 다르다. 정규평가 영어과목에서 우수 수행을 받았다면 이는 저자의 어조에서 미묘한 뉘앙스를 구별해 내는 능력과 논쟁적인 주제에서 설득의 위치에 있는 자신의 의견을 훌륭하게 변호하는 능력을 의미하는 것이다. 그러나 대안평가에서 우수 수행을 받았다면 이는 일과표에서 숙제할 시간, 과외활동할 시간, 집안일할 시간을 읽어 내는 능력을 의미한다. 그 밖의 상황에서는, 다른 성취수준기술이 대안평가에 적용된다. [그림 15-3]에는 Arkansas 주의 한 대안평가 프로그램에 대한 성취수준명과 성취수준기술을 제시하였다.

이러한 성취수준명과 성취수준기술은 읽고, 쓰기, 혹은 셈법의 수행범주를 설명하기 위하여 고안되었다. 정규평가와 대안평가에 공통적으로 사용되는 용어의 혼란을 피하기 위해 정규평가에서 쓰는 기본, 숙달, 우수 등과 다른 용어로 성취수준명을 구성하였다. 그러나 이 경우 전체 보고서 작성을 하기 위해 정규평가의 결과와 대안평가의 결과를 어떻게 결합할 것인가 하는 문제가 발생된다. 이러한 차이점과는 상관없이 모든 대안평가를 위한 준거설정의 공통된 특성은 성취수준기술이 요구된다는 점이며, 대안평가의 결과에 대한 해석은 전적으로 이 성취수준기술에 달려 있다.

성취수준명	성취수준기술
미수행	글을 읽고 쓰거나 셈법을 하지 못한다.
지도 요청	읽고 쓰기, 셈법을 이해하고 사용하기 시작하지만 누군가 계속 도와주지 않으면 제대로 하지 못한다.
지도가 필요한 독립	연령에 맞는 문제를 풀려고 시도하지만 성공하기가 쉽지 않다. 읽고 쓰기와 셈법을 부분적으로 해내지만 누군가 자주 도와주지 않으면 안 된다. 틀리기도 하지만 종종 정확하게 해내기도 한다.
기능적 독립	종종 연령에 맞는 문제를 풀어 낸다. 여러 세팅 중에서 상당한 수행능력을 보이며 더 어려운 과제를 해낼 준비가 되어 있다. 읽고 쓰기, 셈법을 실제 생활에 적용할 줄 알지만 누군가 가끔 도와주어야 한다. 대개의 경우 정확하게 해내지만 가끔 틀리기도 한다.
독 립	기능적인 독립보다는 훨씬 나은 수행능력을 보인다. 여러 세팅 가운데 연령에 맞고, 어려운 과제를 잘 해낸다. 읽고, 쓰기, 셈법을 그들 자신의 실생활에 적용할 줄 안다. 새로운 문제를 풀기 위해 배운 기술을 일반화할 줄 안다.

[그림 15-3] 대안평가를 위한 일반화된 성취수준기술

일반화된 총체적 방법

여기서는 대안평가에 대한 준거설정을 위한 일반화된 총체적(generalized holistic: GH) 방법을 설명하고자 한다. 이 방법은 Virginia 주의 한 대안평가 프로그램에 처음 적용된 이후 다른 주에서도 성공적으로 활용하고 있다. 이 방법은 한 세트의 분명한 성취수준기술에 의존하며, 또한 이 방법의 성공적인 실행을 위해 잘 정의되었으며, 일정하게 적용되는 채점평가 준거에 의존한다.

이 방법은 집단비교 방법(제8장 참조), Bookmark 방법(제10장 참조), Bow 방법과 AJ 방법(제9장 참조)의 요소를 결합하였다. Bow 방법과 유사하게, 일반화된 총체적 방법은 학생의 전체 학습결과물에 대한 총체적 판단에 의존한다. Bookmark 방법과 마찬가지로 이 방법에서는 준거설정 진행자가 이미 점수가 부여된 많은 근거자료모음 중에서 대표적인 몇몇을 선별하여 점수 순서로 배열하여(낮은 점수에서 높은 점수로 배열) 채점자에게 제공함으로써 준거설정자의 판단과정을 쉽게 해 준다. 이 점에서 일반화된 총체적 방법은 분석적 판단 방법과 닮아 있는데 준거설정자들은 근거자료모음을 평가하고, 그들이 발견한 내용을 토의하고, 동일한 근거자료모음에 대한 재검토를 위해 두 번째 라운드에 들어가게 된다. 자료분석 방법은 집단비교 방법에서의 자료분석법과 유사하다. 각 집단에 대한 평균을 계산한 후 준거설정 진행자는 이웃한 집단평균의 중간값을 계산한다. 이 중간값이 분할점수 역할을 하게 된다.

일반화된 총체적 방법 응용의 개관

2001년 9월 18일부터 21일까지 Virginia 주의 교육학자 41명이 Richmond에

모여 Virginia 대안평가 프로그램(virginia alternate assessment program: VAAP)의 4개 수준에 대한 피험자 근거자료모음을 검토하였다. 4개의 수준과 그것의 응용성은 해당 학생들의 연령인 초등 I(8세 초등학생), 초등 II(10세 초등학생), 중등(13세 중학생), 그리고 고등(졸업 1년 전 고등학생)과 부합한다. 각 수준에 대하여 이루어진 평가는 학생들이 해당 연령에 도달하는 그 학년도 중에, 즉 9월 30일 이전에 완료되었다.

학생들의 수행을 3개의 수행 수준 중 하나로 분류하기 위하여 VAAP의 각 수준에 대해서 3개씩의 분할점수가 필요하였다. 그것은 향상 요구, 숙달, 그리고 우수다. 수행 수준을 정의하기 위하여 초기에 쓰인 성취수준기술은 [그림 15-4]에 제시되었다.

준거설정자는 초등 I, 중등, 고등의 세 집단에 대해서는 10명씩 배정되었

성취수준명	성취수준기술
향상 요구	수행자료가 특정한 개별교육계획 교육내용 목적과 연관성이 없거나, 혹은 개별교육계획 목적이 SOL 교육내용 목적과 연관성이 없다. 개별교육계획 목적과 관련한 수행을 거의 혹은 전혀 보여 주지 못한다. 제한된 내용에서만 과제를 수행하며, 의미가 없거나 연령에 맞지 않는 과제를 수행하며, 적절한 지원을 활용하지 못한다.
숙 달	관련 있는 개별교육계획 목적에 대한 근거가 있다. 개별교육계획 목적이 SOL 교육내용 목적과 연관성이 있다. 목적을 수행하는 약간의 근거를 보이며, 동료와 다소 상호작용을 하는 세팅에서 과제를 수행하며, 실생활에 적용되는 몇몇 의미 있는 과제를 수행하기 위해 연령에 맞는 자료를 활용하며, 적절한 지원을 다소 활용한다.
우 수	관련 있는 개별교육계획 목적에 대한 충분한 근거가 있으며, 개별교육계획 목적은 SOL 교육내용 목적과 분명한 연관성이 있다. 목적을 수행하는 상당한 근거를 보이며, 다양한 세팅에서 과제를 수행하고, 다양한 유형의 동료와 사회적 상호작용을 하며, 실생활에 적용되는 의미 있는 과제를 수행하기 위해 연령에 맞는 자료를 활용한다. 적절한 지원을 꾸준히 활용한다.

[그림 15-4] VAAP 준거설정을 위하여 사용된 초기 성취수준기술

고, 초등 II 집단에 대해서는 11명이 배정되었다. 초등 I 집단과 초등 II 집단은 9월 18~19일에 만났다. 중등 집단과 고등 집단은 그다음 날인 9월 20~21일에 만났다. 2일간의 회의를 위한 예시 안건은 [그림 15-5]에 제시되었다. 각 집단의 준거설정자들은 훈련, 연습 라운드, 2라운드의 평정, 잠정적 분할점수에 대한 최종 토의 등에 참가하였다. 또한 과정의 마지막에 가서는, 앞으로의 성취수준기술과 근거자료모음에 관한 권고를 만들었다.

2000~2001학년도에 교육자들은 Virginia 주 내 2,000명 이상의 학생에 대한 근거자료모음을 완성하였다. 2001년 6월과 7월 동안, 계약자에 의해 고용되고 Virginia 주 교육자들의 도움으로 훈련받은 한 팀의 채점자들이 [그림 15-2]에 제시한 채점표를 가지고 근거자료모음을 채점하였다. 근거자료모음이 채점된 후, 준거설정 진행자들이 대표적인 근거자료모음을 선별하여 준거설정자들에게 제공하였다. 선별된 근거자료모음은 전체 근거자료모음과 동일한 일반적 점수 분포를 나타내며 동일한 내용을 담고 있었다.

1일		2일	
오전 08:30	등록 및 아침 식사	오전 08:30	아침 식사
09:00	환영 및 소개	09:00	1라운드 토의
09:15	오리엔테이션	09:45	2라운드
10:15	휴식	12:00	점심 식사
10:30	실습	오후 01:30	2라운드 토의
12:00	점심 식사	02:00	최종 권고 분할점수 결정
오후 01:00	1라운드	03:00	기타 권고사항
03:45	마무리	03:45	마무리
04:00	폐회	04:00	폐회

[그림 15-5] 대안평가 준거설정 회의에 대한 예

일반화된 총체적 방법에 권한을 주는 절차

준거설정자들의 임무는 조금 더 보편적인 준거로, 이미 채점된 근거자료모음을 평가해 [그림 15-4]에 서술된 세 가지 수준으로 근거자료모음을 분류하는 일이었다. 이렇게 평가된 수준은 이미 채점된 점수에 의하여 10점부터 30점으로 채점된 근거자료모음에 세 가지 수준 중 하나의 평점을 부여받게 된다. 패널들은 근거자료모음을 한 번에 하나씩 평가한 뒤 총체적 판단(즉, 향상 요구, 숙달, 우수) 결과를 특정한 양식지에 기록하였다. 양식지의 예를 [그림 15-6]에 제시하였다.

이 준거설정 작업에 사용된 개별적 근거자료모음은 학생들의 많은 학습량을 필요로 하는 다양한 자료를 4인치 두께의 바인더에 모은 것이다. 대안평가의 개별화된 성격상 근거자료모음은 그 길이와 복잡성에서 다양성을 띤다. 어떤 것은 다양한 비인쇄물(비디오테이프, 오디오테이프 혹은 다른 매체 등)을 포함하였고, 어떤 것은 이런 것을 전혀 포함하지 않았다.

정보량이 방대하기 때문에 각 준거설정자가 모든 근거자료모음을 다 검토하지는 않도록 결정하였다. 대신, 각 근거자료모음마다 비슷한 숫자의 준거설정자들이 채점할 수 있도록 진행자들이 근거자료모음을 배분하였다. 한 라운드에서 각 준거설정자는 조금 더 많거나 혹은 조금 더 적게 검토할 수도 있지만, 평균 8~9개의 근거자료모음을 검토하였다. 초등 I, 초등 II, 중등 집단의 각 근거자료모음은 평균 세 차례 검토되었고, 고등 집단의 근거자료모음은 평균 두 차례 검토되었다. 총점의 범위가 좁았기 때문에 모든 점수에 대하여 근거자료모음이 있었다. 따라서 하나의 근거자료모음에 대한 검토 횟수는 비교적 적었지만, 하나의 점수 값에 대한 검토 횟수는 충분하였고 매우 좁은 점수범위지만 안정적인 분할점수 추정값을 도출할 수 있었다.

두 명의 준거설정 진행자들은 모든 참가자를 훈련시켰는데, 대안평가 프

준거설정자 ID ____________ 라운드: 1 2

지시사항: 4개의 내용 영역의 근거자료모음을 평가하십시오. 평가 시 아래의 약자를 사용하여 기입하십시오.

N (향상 요구) P (숙달) A (우수)

근거자료모음 번호	영어	수학	과학	역사/사회과학
15				
23				
28				
31				
49				
53				
56				
59				
101				
110				
132				
140				
153				
157				
192				
284				
301				
317				
322				
340				
399				
406				
410				
466				
471				
507				
523				
541				
548				
551				
556				
572				

[그림 15-6] 일반화된 총체적 평정 양식지 예

로그램의 개관, 평정과제, 사용될 준거설정 방법에 대하여 설명하였다. 다른 응용 프로그램에 채택하여 쓸 수 있도록 샘플 자료를 www.sagepub.com/cizek의 ghm에서 제공하고 있다. 훈련의 마지막에 가서, 패널들은 연습 훈련에 참가하였는데, 3개의 다른 근거자료모음의 성분에 대해 평가한 후 그들의 평정을 서로 비교해 보도록 하였다. 전체 근거자료모음을 평정할 준비가 다 되었다고 판단되었을 때 준거설정자들은 특정한 양식지에 평정을 기록하며 1라운드를 시작하였다([그림 15-6] 참조).

1라운드를 위하여 진행자들은 준거설정자들을 학년 수준에 따라 두 집단으로 나누었다(초등 I과 초등 II는 첫 2일간에, 중등과 고등은 나머지 2일간에). 각 집단은 각각 다른 방에서 모였다. 진행자들은 방 뒤편 테이블 위에 근거자료모음을 진열하였다. 각 준거설정자는 평정지 한 장을 받고, 근거자료모음 하나를 고르고, 그것을 평가하여 평가지에 기록한 후 근거자료모음을 원래 자리에 갖다 놓고, 다른 근거자료모음을 고르는 과정을 반복하였다. 준거설정 회의 첫째 날 오후 내내 준거설정자들은 개별적으로 임무를 수행하였다. 각 방에는 준거설정자들이 근거자료모음에 포함된 오디오테이프를 듣고 비디오테이프를 볼 수 있는 시설을 갖추었다. 혼잡과 소음을 줄이기 위하여 오디오/비디오 장비에는 이어폰을 달았다. 오후 내내 진행자들은 준거설정자들이 어떤 근거자료모음을 선택하는지 지켜보면서 모든 근거자료모음이 적어도 한 번은 검토되도록 하였다. 오후 시간 끝에 가서 준거설정자들은 모든 자료를 원위치하고 폐회하였다.

1라운드에서 얻은 자료분석을 통해 점수분포를 얻었고, 둘째 날 아침 준거설정자들에게 표 형식과 그래프 형식으로 점수분포를 알려 주었다. 숙달과 우수 사이의 분할점수는 각각의 평균점수의 중간값을 계산함으로써 얻어졌다. 즉, 향상 요구와 숙달 사이의 중간값은 숙달 수준에 대한 분할점수를 추정하는 데 사용되었고, 숙달과 우수 사이의 중간값은 우수 분할점수를 추정하는 데 사용되었다. 둘째 날 아침, 준거설정자들에게는 첫째 날에서 얻은 분할점수뿐만 아니라 같은 집단의 다른 준거설정자들의 평가에 비해 자신의 평가가 어떠했는지에 대한 피드백이 주어졌다.

2라운드는 1라운드의 결과에 대한 토의로 시작되었는데, 동일한 근거자료모음에 대한 평정이 얼마나 서로 다른지, 그리고 비슷한 점수를 받은 근거자료모음에 대한 평정이 얼마나 서로 다른지를 강조하였다. 예상대로, 학생들의 성취도와는 매우 다른 학습자료를 선택하고 상호 간 얼마나 다른가 하는 데 대한 진지한 토의가 이루어졌다. 진행자들은 준거설정자들에게 근거자료모음이 원래 학생과 교사의 합작품이란 사실을 상기시켰고, 준거설정자들이 근거자료모음을 평정할 때 근거자료모음을 전체로 봐야지 학생의 성취와 교사나 보조교사의 성취도를 구분하려고 해서는 안 된다고 주의를 주었다. 이러한 토의를 거친 후, 준거설정자들은 첫째 날에 했던 것과 같은 방식으로 근거자료모음을 평가하였다. 준거설정자들은 첫째 날 오후에 했던 대로 둘째 날 오전 내내 평정 작업을 하였고, 모든 자료를 제출한 후 점심 식사를 하였다.

준거설정자들이 점심 식사를 하는 동안 준거설정 진행자들은 2라운드의 자료를 분석하여 분할점수를 계산하였고, 평정점수분포를 그렸다. 예를 제시하기 위해, 중등 집단의 역사/사회과학에 대한 평가 2라운드의 분할점수를 〈표 15-2〉에 제시하였다. 이 표는 다양한 점수의 근거자료모음에 대하여 준거설정자들이 어떤 수행 수준으로 분류하였는지 그 빈도 수를 보여 준다. 예를 들면, 총점 15점을 받은 2개의 근거자료모음 중 하나는 숙달로, 다른 하나는 향상 요구로 분류되었다. 총점 19점을 받은 7개의 근거자료모음은 준거설정자들에 의해 전부 향상 요구로 평정되었다.

점심 식사 후, 진행자들은 준거설정자들에게 2라운드의 결과와 영향 정보를 제공하였다. 이 시점에서는 토의 내용이 준거설정자 상호 간의 평정 차이보다는 학생 개인과 프로그램에 대한 것으로 이동되었다.

〈표 15-2〉를 보면 중등 집단의 역사/사회에 대한 숙달의 분할점수가

〈표 15-2〉 중등 집단의 역사/사회과학에 대한 2라운드 결과

	점수 및 평정 횟수															
점수 / 수행범주	15	19	20	21	22	23	24	25	26	27	28	29	30	계	평균	중간값
우수					2		1	1	4	2	1	1	3	15	26.5	26.0
숙달	1		1	1	3	5	2	4	6	2	2	6	4	37	25.5	22.9
향상 요구	1	7	6	3	4	3								24	20.3	
근거자료 모음 수	2	7	7	4	9	8	3	5	10	4	3	7	7			

22.9점(이후 23점으로 반올림), 우수에 대한 분할점수가 26.0점이다. 그러나 〈표 15-2〉를 잘 살펴보면 이들 두 분할점수는 상당한 변동 폭을 갖고 있는 것을 알 수 있다. 예를 들어, 22점에서 근거자료모음 9개 가운데 2개가 우수를 받았다. 그리고 23점보다 큰 점수에서는 향상 요구는 나오지 않았지만, 24점부터 최고점인 30점까지에 걸쳐 준거설정자들이 숙달과 우수를 구분하는 데 있어 두 가지 부류로 나뉜다는 것을 알 수 있다. 두 평균의 중간값이 기술적으로 수용할 수 있는 분할점수 역할을 하기는 했지만, 두 평균값은 1점밖에 차이가 나지 않았다.

준거설정자들이 최종 투표를 할 수 있도록 사전에 동의를 얻음으로써, 진행자들은 이 문제를 해결할 수 있었다. 준거설정자들은 24점 이상 30점까지의 근거자료모음에 대해 숙달 혹은 우수의 평정 이유를 서로 토의하였다. 모든 준거설정자가 자신의 분류 근거에 대해 설명할 기회를 가진 후에, Plake 등(1997)이 제안한 대로 이 문제를 투표에 부치기로 합의하였다. 거수에 의해, 준거설정자들은 22점을 숙달의 분할점수로, 27점을 우수의 분할점수로 결정하였다.

〈표 15-2〉를 검토해 보면 이러한 결정이 합리적이란 것을 알 수 있다. 첫째, 두 분할점수는 계산을 통해 얻은 분할점수에서 1점 정도밖에 차이가 나지 않는다. 준거설정자들은 숙달 수준의 분할점수로 세 가지 수준이 교차하는 위치인 22점을 선택하였다(22점을 받은 9개의 근거자료모음 중에서 2개는 우수를, 3개는 숙달을, 4개는 향상 요구를 받았다). 이 외 다른 점수에서는 2개 이상의 수행범주가 나오지 않았다. 준거설정자들은 일종의 절충안으로 분할점수 22점에 대해 만족하는 듯하였다. 유사하게, 27점에서는 정확히 2개씩 숙달과 우수가 나왔다. 놀랍게도 27점 이상에서는 모든 점수에서 우수보다는 숙달이 더 많았다. 따라서 준거설정자들은 또 하나의 절충안으로서 27점을 선택한 듯하였다.

다른 학년 수준과 내용 영역에 대해서도 같은 방식으로 분할점수를 설정하였다. 나머지 다른 모든 평가에서도 숙달과 우수를 구분하는 분할점수를 설정하는 것이 항상 더 어려웠다. 대부분의 경우 평정오류의 비율(Emrick, 1971)에 대한 토의가 있었다. 평정오류의 비율이란 우수를 받아야 될 근거자료모음에 숙달을 평정하는 것의 심각성과 숙달을 받아야 될 근거자료모음에 우수 수행 수준으로 평정하는 것의 심각성을 비교하는 문제다. 궁극적으로 준거설정 참가자들은 이와 같은 구분이 가능하였는데, 대개의 경우 그들이 검토한 근거자료모음의 질에 바탕을 두어 이루어졌다. 그러나 때로는 채점과정의 논리에 의존하거나 점수와는 직접적인 상관이 없는 공정성과 형평성을 고려함으로써 이러한 구분이 이루어지기도 하였다. 모든 최종 권고 점수는 만장일치 합의에 기초하여 이루어졌다.

GH 방법에 대한 결론과 논의

Virginia 대안평가 프로그램에서 채택된 일반화된 총체적 방법은 다음과 같은 특수상황에 대처하기 위해 고안되었다. 준거설정을 위한 2일간의 일정, 패널이 검토해야 할 방대한 양의 자료, 학생에 의한 영향과 교사에 의한 영향이 완전히 혹은 거의 혼재되어 있다는 점이다. 긍정적인 측면에서, 이 방법의 성공을 위해 도움이 된 내용은 다음과 같다. 분명한 성취수준기술과 근거자료모음을 만들기 위한 간단하고도 실행 가능한 계획, 근거자료모음을 만든 교사와 보조교사에 대한 주단위 차원의 훈련, 근거자료모음에 있을 수 있는 다양성을 고려한 분명하고도 일관성 있는 채점표 등이다. 준거설정 참가자들이 대부분 특수교육 전공자였기에 근거자료모음 과제를 신속히 평정할 수 있었다.

대안평가에 대하여 여기에서 설명한 준거설정 작업이나 혹은 어떠한 다른 방법에 대한 준거설정에서 가장 어려운 점은 어떠한 방법을 선택하느냐 하는 문제와는 상관없다. 대안평가 상황에서 준거를 설정하는 일은 교사의 영향과 학생의 영향이 혼재되어 있다고 하는 난제에 부딪치게 된다. 한 학생은 숙달 수준을 받는데 또 다른 학생은 우수나 향상 요구 수준을 받는다면 이것이 실제 의미하는 바는 무엇일까? 거의 모든 주에서 대안평가 체계가 운영되는 방식을 염두에 두었을 때 그 평가는 대부분이라고 하기는 어렵겠지만, 부분적으로 교사나 보조교사에 의한 차이다.

어느 의미에서는, 이러한 상황은 전적으로 적합할 수 있다. NCLB가 2001년에 통과되기 이전에는 대안평가가 큰 관심을 받지 못하였다. NCLB에 의해 특수학생과 특수교사에 관심을 갖기 시작하였다. 결국, 특수교육에서 학생들보다는 교사들에게 더 큰 책임이 있음을 의미한다. 따라서 근거자료모음에 교사들의 노력이 분명하게 반영되는 것은 적절하다. 어느 지역에서 높은 비율의 학생들이 숙달 목표에 도달하였다는 것을 우리가 알았다면, 우리는 그 지역의 교사들이 특수학생에 대한 그들의 책무를 훌륭하게 해냈다고 말할 것이다. 학생들의 숙달 목표에 도달 비율이 낮은 지역이 있다면, 그곳의 교사들도 어떠한 교육적 결과를 낼 것인지 선택하고, 그 결과에 알맞은 과제를 고안하는 것은 물론, 학생들의 성취도를 제시해야 한다.

대안적 절차와 한계점

이 장을 시작하면서 대안평가의 몇몇 난제에 대해 설명하였다. 구체적으로 말하면, 이는 대안평가의 결과와 정규평가의 결과를 합성하는 문제다. 아직 답변되지 않은 그 질문은 "대안평가에서 숙달로 분류된 비율에 대한 자료와 정규평가에서 숙달 수준을 받은 비율을 어떻게 합성하면 논리적으로, 그리고 심리측정학적으로도 일리가 있을 것인가?" 하는 것이다. 이 질문에 대한 반응으로 매우 다른 답변들이 있다. 측정의 정확성과 점수 추론의 타당성이라는 관점에서 본다면 그 두 체계로부터 산출된 자료는 합성할 수도 없고 합성해서도 안 된다. 그러나 다른 사람은 이와는 정반대의 결론을 내릴 수도 있다. 즉, 추론적인 관점에서 본다면 그 두 체계의 평정은 정확하게 동일하며, 그 자료들을 합성하지 못할 이유가 없는 것이다.

혹은 조금 더 정책적인 관점에서 본다면, NCLB의 목적에 비추어 볼 때 정규평가와 대안평가의 결과를 합성하는 것이 합당하다. 이 법령에서 중요한 것은 얼마나 많은 학생이 특정한 숙달 목표를 달성했느냐 하는 것이다. 만일 정규평가에서 1,000명의 학생 중 800명이 숙달을 받았고 대안평가에서는 20명 중 12명이 숙달받았다면, 이 둘을 결합한 비율은 1,020명 중 812명으로 80%에 약간 못 미치는 비율이다(정규평가에서는 정확하게 80%, 대안평가에서는 정확하게 60%). 이러한 관점을 가진 사람들은 숙달 수준만 같으면 척도점수 혹은 다른 점수를 서로 합성하기 위하여 애쓸 필요는 없다고 생각할 것이다. 목적이 달성되었으면 달성된 것이라 보기 때문이다.

합성의 문제에서 서로 다른 관점이 있더라도, 대안평가의 준거설정에 있어 다른 제한점은 더 명확하다. 현재 모든 대안평가 프로그램에서 검토할 수 있는 자료의 종류가 제한되어 있다. 대안평가의 성격상 준거설정의 근거자료가 되는 것은 개별적으로 모아진 천차만별의 근거자료모음이지, 모든 학생에 대해 통일성 있게 모아진 선다형 혹은 서답형 문항의 표준화된 조합이 아니다. 따라서 대안평가를 위한 어떠한 준거설정 방법도 필연적으로 그 성격이 총체적일 수 밖에 없다. 이러한 제한점을 조금이라도 개선하려면, 대안평가의 준거설정 작업이 분명히 명시된 측정 중심 원리에 따라 이루어져야 하고 잘 훈련되고 동기 부여가 확실한 전문인력에 의해 수행될 필요가 있다. 교사가 학생의 성취를 오랜 시간 동안 여러 상황에서 얼마나 잘 관찰해 왔는지에 대한 정량적인 고려 없이는, 어떠한 방법을 사용하든지 간에 준거설정자들이 이룰 수 있는 것은 극히 제한적일 수밖에 없다.

대안평가에 대한 성취준거설정을 하기 위한 일반화된 총체적 방법 역시 다른 총체적 방법과 동일한 제한점을 갖는다. 예를 들면, 평가해야 할 학생의 학습결과물 양이 지나치게 방대하거나, 학생 수행의 패턴이 일정하지 않다거나, 준거설정자들의 의견 차이가 해소될 수 없을 정도로 크다거나 하는 점들이다. 그러나 여기에 설명된 일반화된 총체적 방법은 준거설정 진행자들이나 기획자들이 그 상황을 이해하고 있다고 가정한다면, 그 일반화된 성격으로 인해 주어진 특수한 상황에 맞추어 다양하게 쓸 수 있다. 이 장에서 인용한 예에서 보듯이 분할점수는 수학적으로 얻을 수도 있고(예, 로지스틱 회귀분석을 사용하여 얻는다. 제10장 참조), 혹은 다수결에 의해 덜 수학적인 방법으로도 얻을 수 있다.

그러나 이러한 제한점을 완화할 수도 있다. 학생 학습결과물 양의 방대한 문제는 준거설정자 수를 늘림으로써 완화시킬 수 있는데, 그 결과 근거자료모음 하나에 대한 검토 횟수를 늘릴 수 있게 되고, 혹은 근거자료모음당 검토 횟수는 그대로 둔 채 더 많은 수의 근거자료모음을 검토 대상으로 삼을 수도 있다. 준거설정자들 간의 의견 차이 같은 문제는 조금 더 해결하기가 어려울 수도 있다. 역으로, 준거설정자들에게 분할점수를 투표에 부치도록 했을 때 준거설정자들은 거의 매번 적절한 절충안을 수용하면서 매우 신사적이었는데 이러한 경험은 다른 집단에서도 마찬가지라고 생각된다. 이러한 접근법은 일반화된 총체적 방법뿐만 아니라 다른 일반적인 준거설정 방법에도 가능성을 준다. 다른 준거설정 방법을 사용하여 진행되는 다른 모임에서도 준거설정자들에게 최종 라운드에서 투표를 하게 하였는데 유사한 결과를 얻었다. 준거설정자들이 합의를 위해 기꺼이 절충하는 현상에는 적어도 세 가지 이유가 있다. 첫째, 평정의 최종 라운드에 즈음해서는 차이의 크기가 별것 아니라는 점을 준거설정자들이 깨닫는다. 둘째, 준거설정자들은 외부인에 의해 설정된 분할점수보다는 자신들의 의견이 반영된 최종 분할점수를 제시하기 더 선호한다. 셋째, 준거설정자들은 자신들이 만장일치로 분할점수를 제시했을 때 외부인이 이를 변경하거나 무시할 가능성이 더 낮아진다고 생각한다.

이 방법은 일반화된 것이기 때문에, 어떠한 변형도 표준절차의 일부로 간주될 수 있고, 의미 있는 변형을 쉽게 찾을 수 있다. 쉬운 예로, 앞에서 예를 들어 설명한 근거자료모음은 모두 점수 순서로 제공되었다. 제9장에서 지적했듯이 학습결과물은 임의의 순서로 제공되기도 한다. 다른 변형으로는 학습결과물을 조금 더 폭넓게 검토하기 위해 가능하다면 시간을 늘릴 수도 있고, 라운드 내에서 토의를 하거나, 소집단 활동을 할 수도 있다. 전체 패널 수가 많은 경우 소집단 활동이 바람직할 것이다.

보다 일반적인 수준에서, 대안평가에 대한 준거설정 방법의 종류는 그리 많지 않은 것처럼 보일 수도 있다. 경계선집단 방법 혹은 집단대조 방법이나 어떠한 총체적 방법도 괜찮을 것이다. 여러 총체적 방법의 요소를 다른 식으로 결합한 방법도 유용하다. 여기서 대안평가의 준거설정 방법으로서 설명한 일반화된 총체적 방법은 사실 여러 총체적 방법을 혼합한 것이다. 대안평가의 준거설정을 성공적으로 해내려면 총체적 방법을 또 다른 방식으로 결합하는 것이 좋을지, 아니면 완전히 새로운 방법이 있을지에 대해 보다 많은 연구와 노력이 요구된다.

제16장

특별한 주제와 다음 단계

앞선 15개의 장에서 자세히 기술하였던 여러 준거설정 방법을 놓고 볼 때, 예상보다 많은 주제를 다루지 못했다. 이 책에서 설명이 부족한 주제, 각별한 주의가 필요한 주제 등을 포함하여 실제 준거설정의 실행에는 다양한 측면을 고려해야 한다. 이를 반영하여 앞으로 새로운 방법이 더 복잡한 평가 맥락을 통해 소개될 것으로 보인다. 예를 들어, 제14장에서 기술한 VMSS는 여러 등급 간 의미 있는 기준을 제시하기 위하여 성취준거를 조정하는 절차로 준거설정에서 상대적으로 새로운 영역이다. VMSS는 독립적인 준거설정 방법은 아니지만 해당 상황에 적절한 방법을 사용하여 개별 성취준거를 조정하는 현실적인 방법이다.

VMSS의 개념은 아직도 논의가 진행 중인 주제로 추가 연구가 필요하다. 따라서 VMSS와 관련한 후속연구들이 진행되기를 희망한다. 물론 정책 결정자들과 관계자들은 때때로 각 등급의 개별 분할점수를 조정하기도 하지만 긍정적 또는 부정적 판정오류에 따른 문제를 해결할 수 있는 마땅한 과학적 · 절차적 근거를 가진 방법은 아직 개발되지 않았다.

이 책을 통해 독자들이 준거설정에 대해 실질적인 도움을 받았으면 한다. 솔직히 현재의 기술로는 아직 명확한 방법을 찾지 못하였지만 현장에서 유용할 준거설정의 실용적 측면에 초점을 두고자 한다. 따라서 분할점수를 조정하는 방법과 측정의 불확실성을 해결하는 방법, 결과값의 소수점 처리 문제, 준거설정에 다양한 방법을 적용하는 문제, 준거설정자 훈련의 질을 향상시키는 문제 등이 포함된다.

준거설정에 경험 있는 독자라면 이 장에 소개될 만한 또 다른 이슈를 제안할 수 있을 것이다. 비록 이 장을 마지막으로 이 책의 내용은 마무리 되지만 준거설정에 대한 독자들의 지속적인 관심과 논의, 제안을 기대하는 바다.

소수점 처리

준거설정의 특별한 주제를 다루기에 앞서 가장 단순한 문제인 소수점 처리 문제부터 논의하고자 한다. 소수점 없이 정수로 분할점수가 산출되는 준거설정 방법은 드물다. 대부분 평균정답률, 평균능력척도 추정값, 원점수의 변환척도점수 등으로 분할점수를 산출하며 변환점수의 대상이든 변환 결과든 대부분 소수점을 포함하는 값이 산출된다.

예를 들면, 40문항으로 구성된 검사의 분할점수 산출 결과, Angoff 방법에서는 27.4점으로 산출되었고, Bookmark 방법에서는 평균능력척도 1.19(이미 반올림된 값)로 이는 원점수 27점과 28점 사이에 존재한다(정확히는 27.36점이며, 이 역시 반올림된 값이다). 그렇다면 어떤 점수를 분할점수로 채택해야 할까? 0.5점 단위를 허용하면 27점, 27.5점, 28점이 모두 가능하다. 가장 일반적인 방법인 가까운 수로 반올림하면 두 방법에서 모두 27점이 분할점수가 된다. 그러나 만약 엄격하게 적용하면 27점은 27.4점에 못 미치는 값이므로 28점이 분할점수가 된다.

반올림은 수학적으로 명확하게 잘 알려진 방법이다. 하지만 준거설정의 상황에서 분할점수 채택은 단순한 수리적 판단을 넘어 '소수점 처리 방법에 따라 결과의 차이가 얼마나 커지는가?'를 고려해야 한다.

경험적으로 소수점 처리 방식에 따라 결과는 상당한 차이가 나타날 수 있다. 7만 5,000명 정도의 대규모 집단의 점수 분포를 보면 원점수 ±1점 사이에 약 1,000명이 분포되어 있으므로 소수점 처리 방법에 따라 1,000명 이상의 학생과 부모까지 포함했을 경우 많은 인원이 영향을 받게 된다. 뿐만 아니라 반올림 덕분으로 간신히 합격한 6명의 흉부외과 의사는 환자의 삶과 죽음에까지 영향을 끼칠 수 있다.

삶과 죽음의 문제까지 연결하는 것이 다소 과장일 수 있지만 이는 소수점 처리 문제가 사소한 문제가 아니라는 것을 보여 주기 위함이다. 어느 시점에서 어떻게 소수점을 처리하느냐의 문제를 단순한 작업으로 경시해서는 안 된다. 이렇듯 소수점 처리에 대한 명백한 지침과 논리가 명시되어야 하며, 이는 준거설정과정에서 논의되어야 하고, 최종 결과가 타당하게 해석될 수 있도록 그 결과는 문서화되어야 한다.

분할점수를 조정하는 방법

다음과 같은 여러 이유로 준거설정에 책임 있는 주체는 준거설정자가 제안한 분할점수가 불만족스럽다고 여겨지면 조정을 원할 수 있다.

첫째, 정보가 제한된 경우다. 준거설정 담당 기관에서 검사의 다양한 정보를 보유하고 있으나 복잡한 준거설정 절차에서 이들 정보를 다루는 준거설정자들의 능력에 대한 불신으로 한정된 정보만 제공하게 된다.

둘째, 준거설정과 검사 시행 사이의 큰 시간 차로 인해 검사 환경과 상황이 변한 경우다. 검사 소요시간이나 시행 환경(PBT vs CBT)이 변하였거나, 그 밖에 여러 요소가 분할점수에 영향을 주게 된다.

셋째, 준거설정자의 개인적 성향에 따라 편차가 발생하거나, 패널 구성원이 바뀐 경우다. 준거설정자 집단에서 적합한 리더가 없을 경우 자신의 의견을 강하게 주장하는 준거설정자가 집단 토의를 주도하면, 전체 준거설정자의 의견이 원래 의도에서 벗어나거나 준거참조 방법을 사용하는 대신 규준참조 방법으로 평정하게 된다.

마지막으로검사 주체가 정책적 · 정치적 · 경제적 배경에 의해 조정을 원할 경우다. 물론 측정전문가들도 분할점수의 조정 방법의 필요성을 인식하였으며, 이 책에서는 모든 준거설정 방법의 조정 방법을 함께 제시하고 있다. 예를 들어, Angoff(1971), Ebel(1972), Nedelsky(1954) 방법에 의한 분할점수는 개별 평가자가 제시한 분할점수 추정값의 표준편차를 계산해서 조정한다. 이와 유사하게, 경계선집단 분포의 표준편차를 이용하기도 한다.

최근에 소개된 준거설정 방법은 종종 오차추정절차를 포함한다. Bookmark 방법에서는 개별 능력척도 추정값의 평균을 계산해 분할점수를 산출하는데, 이 값을 통해 능력척도의 표준편차를 구해서 분할점수 조정에 사용하기도 한다. Bow 방법에서는 보편적으로 두 가지 조정 정보를 근거로 사용하는데, 두 가지 근거란 준거설정자 판단의 다양성과 로지스틱 회귀계수 추정의 표준오차다. AJ 방법 및 그와 유사한 방법은 표준오차를 고려한 후 분할점수를 조정한다.

대부분의 준거설정 방법에 의해 산출한 분할점수는 추정값이다. 추정값은 모집단의 모수가 아닌 통계값이므로, 이는 비슷한 조건이라도 준거설정자 집단의 구성을 달리하여 반복적으로 준거설정을 시행할 경우 그 결과는 무선적으로 변동할 수 있다. 분할점수는 개별 준거설정자가 제시한 평정의 평균이나 중간값 등의 통계치이며, [공식 16-1]과 같은 표준오차가 발생한다.

$$SE = S_x / \sqrt{n} \qquad \text{[공식 16-1]}$$

S_x: 관찰점수 x의 표준편차,

n: 사례 수

가령, 표준오차를 사용하는 예로 준거설정자 16명이 수정된 Angoff 방법으로 설정한 분할점수가 50점 만점에 32점이라고 가정해 보자. 전체 준거설정자의 점수범위는 29.0점에서 35.0점 사이였으며, 표준편차 S_x가 4.0일 때, 앞의 공식을 적용하면 준거설정의 표준오차는 1.0이 된다. 반복적으로 같은 절차를 여러 번 수행한다면 그중 2/3는 31~33점 사이의 결과를 나타낼 것이므로 검사시행기관과 같은 검사의 주체는 표준오차 1.0을 고려하여 32점을 분할점수로 채택할 것이다.

비슷한 개념으로 측정의 표준오차(standard error of measurement: SEM)도 분할점수를 조정하는 기본 자료가 된다. 평균의 표준오차가 준거설정자들의 점수 분산에 초점을 맞췄다면, 측정의 표준오차는 분할점수를 결정할 때 검사점수의 신뢰도를 고려한다. 어떤 검사의 점수도 완벽하게 신뢰할 수 없으며 신뢰하지 못한 정도를 측정할 수 있을 뿐이다. 고전검사이론에 의한 측정의 표준오차는 [공식 16-2]와 같이 구한다.

$$SEM = S_x \sqrt{1 - r_{xx'}} \qquad \text{[공식 16-2]}$$

S_x: 피험자들의 관찰점수 표준편차

$\sqrt{1 - r_{xx'}}$: 검사점수의 신뢰도

이것은 측정의 표준오차를 가장 간단하게 표현한 것이며, 관찰점수범위 내에서 불확실성 정도의 평균값으로 간주할 수 있다. 문항반응이론에 기초한 검사와 점수의 특정 능력에서 측정의 오차(더 정확하게 능력척도 추정의 표준오차)는 [공식 16-3]과 같다.

$$SE(\theta) = 1/\sqrt{I(\theta)} \qquad \text{[공식 16-3]}$$

$I(\theta)$: 능력척도 θ에서의 검사 정보, 각 문항 정보의 합

$I(\theta)$는 주어진 능력척도 θ에서의 검사 정보로서 주어진 능력척도 θ에서 각 문항 정보의 합이다. 문항 정보는 문항반응이론 입문서에서 공식을 참고하여 계산하거나(Hambleton & Swaminathan, 1985), 문항반응이론 소프트웨어 프로그램(Bilog, WINSTEPS)을 통해 산출할 수 있다. 문항반응이론에 근거한 추정의 오차는 피험자의 능력수준에 따라 다른 조건부 표준오차(conditional standard of error of measurement: CSEMs)를 의미한다. 조건부 표준오차는 고전검사이론의 방법으로도 얻을 수 있으며, 이에 대해서 더 자세한 내용이 궁금한 독자는 검사의 신뢰도와 판정의 일관성에 대해 심도 있게 다룬 ACT 연구보고를 참고하기 바란다(Colton, et al., 1997).

어떤 방법을 사용하든지 간에 *Standards for Educational and Psychological Testing*에 의하면 분할점수 조정과 관련한 중요 정보는 분할점수가 사용될 때 반드시 함께 보고되어야 하는데(AERA/APA/NCME, 1999, Standard 2.14) 그 이유는 다음과 같다. 피험자가 검사에서 받은 관찰점수는 그 피험자의 진점수 또는 진짜 능력을 추정한 값이다. 추정값은 측정의 표준오차에 의해 정의되고 검사의 신뢰도와 관계되는 구간 사이에 존재한다. 분산이 같은 검사의 경우, 이 구간이 좁을수록 더 신뢰할 만한 점수를 가진다. 예컨대, 각각 50개의 문항으로 구성된 검사 A와 검사 B의 신뢰도가 각각 0.91, 0.84이고, 두 검사 모두 표준편차는 6.0으로 동일하다고 가

정해 보자. 그리고 두 검사에서 31점을 받은 두 피험자를 가정할 때, [공식 16-2]에 의해 검사 A와 B의 측정의 표준오차를 계산하면 각각 1.8, 2.4가 된다. 어떤 신뢰수준에서든 검사 B의 신뢰구간이 더 넓기 때문에, 같은 관찰점수 31점을 받은 피험자라도 진점수는 검사 B에서 더 높을 가능성이 크다. 이러한 결과는 서로 다른 검사의 동일한 관찰점수가 과연 동일하게 취급될 수 있는가를 돌아보게 하며, 검사의 신뢰도가 준거설정의 의사결정에서 반드시 고려되어야 함을 보여 준다.

불확실성 처리에 대한 결정

준거설정과정은 불확실성이 다양하게 내재하는데, 이때 불확실성의 정도를 측정하는 방법 역시 존재한다. 그러면 이제 '이 정보로 무엇을 할 것인가?' 에 대해 자세히 서술하고자 한다.

첫째, 준거에 책임이 있는 사람뿐만 아니라 점수를 활용하는 사람에게까지 분할점수와 불확실성의 정보를 함께 보고해야 한다. 둘째, 불확실성 정보를 이용하여 분할점수를 조정할 수 있다. 분할점수 추정의 다양성 또는 준거설정자 간의 일치 정도에 대해 아는 것은 분할점수를 채택하거나 정책을 결정하는 주체에게 매우 중요하다. 또한 측정전문가들은 신뢰도뿐만 아니라 측정의 표준오차도 보고해야 할 의무가 있다. 자격검증기관처럼 정보를 받은 기관이나 주체는 표준오차가 작은 분할점수를 표준오차가 큰 분할점수와 다르게 인식할 것이다.

두 번째 대안인 불확실성 정보를 분할점수 조정에 이용하는 방안을 탐구해 보자. 이때 어떤 조정이 고려되어야 할지를 파악해야 한다. 고부담 검사인 미국의 주단위 학업성취도평가에서 교육국은 학생들이 선의의 피해를 입지 않도록 측정의 표준오차(또는 일부)만큼 분할점수를 낮추었다.

어떻게 보면 이것은 관대하게 분할점수를 조정하는 것처럼 보이지만, 사실 긍정적 판정오류를 줄이고자 하는 명확한 정책이다.

물론, 분할점수를 적용하고 조정하는 결정 그 자체가 정책적 결정이 된다. 우리 주변에서 흥미롭고 흔히 볼 수 있는 예를 들어 보자. 어떤 주정부에서 같은 프로그램 안에서 내용이 다른 읽기와 수학 과목에 대해 준거를 채택하였다. 두 과목의 준거설정에서 다른 점은 준거설정의 시기가 일 년 정도 차이가 있었고, 그사이 담당자가 바뀌었다는 것이다. 초기 담당자는 준거설정자가 제안한 분할점수에서 측정의 표준오차의 1/2만큼 분할점수를 낮추어서 조정하였고, 조정된 준거를 주교육국에 보고하여 이 점수가 최종 분할점수로 채택되었다. 일 년 후 다음 담당자는 전년도 담당자가 분할점수를 조정한 것을 알고 있었지만, 준거설정자가 제시한 분할점수를 조정하지 않고 주교육국에 보고하였으며, 이 점수가 최종 분할점수로 채택되었다. 몇 년이 지난 후 두 검사의 합격률 차이는 놀랄 만큼 커졌다.

어떤 담당자가 옳았을까? 두 담당자 모두 합법적인 권한 내에서 책임 있게 행동했으나 의사결정의 영향은 달랐다. 나아가, 검사 프로그램이 학업성취도가 아닌 의사자격 프로그램이나 핵시설 종사자에 대한 것일 경우, 이 결정의 영향력은 더욱 클 것이다. 만약 이런 상황이라면 분할점수의 변동폭과 검사의 신뢰도 정보를 이용해서 분할점수를 내리기보다는 올리는 것이 더 적절할 것이다. 또는 준거설정자의 권고에서 더는 조정하지 않는 것이 나을 수 있다. 그렇다면 무엇이 옳은지 어떻게 알 수 있을까?

절차상으로 적합한 방법은 Nedelsky(1954)의 준거설정 방법에 뿌리를 두고 있다. 이 방법은 분할점수를 조정하는 요소를 포함하고 있다. Nedelsky의 용어를 쓰면 두 집단(Nedelsky 방법에서 F와 D로 불렀던 집단)을 구별하는 최소합격수준(minimum passing level: MPL)은 [공식 16−4]와 같다.

$$\text{MPL} = M_{FD} + k\,S_{FD} \qquad \text{[공식 16-4]}$$

M_{FD}: 준거설정자가 제안한 분할점수의 평균

S_{FD}: 표준편차

k: 상수

k는 분할점수를 상향 혹은 하향시키기 위한 조정 변수다. 오늘날 이러한 개념은 준거참조검사에서 잘 사용되지는 않지만, Nedelsky는 원하는 수준의 합격자 비율을 조정하기 위한 방법으로 상수 k를 제안하였다.

이와 비슷하게 Emrick(1971)은 판정오류의 비율 개념을 도입해 분할점수를 계산하는 [공식 16-5]를 제안하였다.

$$C_x = \frac{\log[\beta/(1-\alpha)] + [1/n \times (\log(RR)]}{\log[\alpha\beta/(1-\alpha)(1-\beta)]} \qquad \text{[공식 16-5]}$$

α: 일종오류(Type I error),

β: 이종오류(Type II error),

n: 문항 수,

RR: 판정오류의 비율

β는 이종오류, 즉 부정적 판정오류이고, α는 일종오류, 즉 긍정적 판정오류일 때, 판정오류의 비율은 앞의 공식에서와 같이 분할점수를 낮추려고 하면 log(RR)는 음수값을 갖고, 분할점수를 올리려고 하면 log(RR)는 양수값을 갖는다. 분할점수를 조정하는 기준은 어떤 종류의 오류를 더 심각한 것으로 판단하는가에 달려 있다. 오류로 인해 불합격하는 것이 더 심각하다면 RR은 음수값이 될 것이고, 오류로 인해 합격하는 것이 더 심각하다면 RR은 양수값이 될 것이다. Emrick의 공식은 간단한 진단검사의 개별 문항수준에 적용하여 총합하는 방법으로 사용하였다. 또한 이 공식은 사

실 분할점수를 조정하는 방법이라기보다 분할점수 그 자체를 산출하는 방법으로 보는 것이 더 정확하다.

Emrick 방법은 짧은 검사만을 대상으로 하여, 검사문항이 많고 복잡한 검사에는 실용적이지 않다. 또한 이 방법이 고안된 1971년보다 지금은 분할점수를 계산하는 더 효율적인 방법이 개발되었다. 그러나 아직까지도 Nedelsky와 Emrick의 방법이 주는 정보를 준거설정 조정에 활용할 수 있으며, 판정오류의 비율(RR) 개념은 여전히 의미 있게 사용되고 있다.

앞서 언급한 주정부 감독자가 준거설정자가 제안한 분할점수를 측정의 표준오차의 1/2만큼 조정해서 주교육국에 보고한 예로 돌아가, 측정의 표준오차의 1/2만큼 분할점수를 낮춘 논리는 통상적으로 같은 방식으로 조정해 온 관리자의 관습이다. 따라서 그러한 분할점수 조정에 관한 결정은 더욱 명확하고 이해관계자들의 의견을 포괄해야 한다.

분할점수를 조정할 때, 설득력 없는 논리는 문제를 야기할 수 있다. 예를 들면, Pennsylvania 주의 주단위 성취도평가에서는 분할점수에서 측정의 표준오차 1/4만큼 올리는 방법을 선택하였는데, 이는 많은 논쟁을 불러일으켰으며 이에 대중은 부정적인 반응을 보였다. Pennsylvania 주의 분할점수 조정 방법의 근거는 명확하였으나 준거설정 절차 이전에 미리 방침이 정해지지 않아 논쟁이 야기되었다. 측정의 표준오차의 1/4은 매우 작은 값으로 생각되지만 실질적으로 이 조정에 따라 8,000명의 당락이 걸려 있으므로 이는 실로 매우 큰 문제다.

다양한 준거설정에서 나타나는 이와 같은 상황을 통해 준거설정 방법에 대한 연구로 인해 분할점수를 산출하는 방법은 발전을 거듭한 반면, 분할점수를 조정하는 방법과 절차는 그다지 발전되지 않았음을 알 수 있다. 따라서 준거설정 작업에 참여하는 의사결정자나 이해관계자들의 수를 결정하기 위해 판정오류에 대한 비율의 개념과 관련한 논의 내용의 공개를 제안한다.

판정오류의 비율은 검사상황에 따라 다양할 수 있다. 다시 말해, 판정오류의 비율을 고려할 때, 해당 의사결정을 통해 발생할 수 있는 이점에 대한 관련 연구를 참조하는 것이 필요하다. 초등학생 유급제도에 대한 연구결과 3학년의 유급제도를 통해 얻을 수 있는 이점이 거의 없다고 밝혀졌다면, 판정오류의 비율을 크게 고려할 필요는 없다. 그러나 만약 이 검사가 4학년 초에 추가학습이 필요한 학생을 선별하기 위한 것이고, 추가학습 프로그램의 효과가 입증되었다면 판정오류를 고려해야 한다.

분할점수 조정에 관한 초기연구의 범위를 벗어나, 최종 분할점수를 조정하거나 채택하는 권한을 가진 담당자들은 자신이 판단하는 판정오류의 비율을 준거설정의 초기 절차에서부터 공식적으로 제시하는 것이 필요하다. 이는 준거설정에서 준거설정자들이 분할점수를 제안하는 단계와 유사하게 담당자들은 자신이 판단하는 판정오류의 비율을 한 번 이상의 라운드를 통해 제안하고 이 값을 요약하여 공식적으로 제시하는 단계를 거친다. 이와 같은 분할점수 조정에 대한 제안을 통해 보다 철저하고 체계적인 방법과 절차에 대한 공식적인 연구와 개발이 진행되기를 희망한다.

준거의 일반화 가능도

성취준거의 일반화 가능성을 검증하는 몇 가지 방법이 제안되었다. 그러나 준거설정 방법의 적용이 대부분 일회적인 측정상황이었기 때문에 의존도(dependability)에 대해서는 연구되지 못하였다. 왜냐하면 준거설정의 결과는 한 번의 측정(즉, 단일한 준거설정자 집단의 판정)에 기초한 값이기 때문이다.

그러나 몇몇 준거설정 상황에서는 하나의 준거설정자 집단을 두 개의 동등한 집단으로 나누는 것이 가능할 수도 있다. 예를 들어, 20명이 전체 준거설정자인 경우, 10명씩 무선적으로 나누어 두 집단이 독립적으로 토의하고 평정한 결과는 두 독립집단을 통해 얻은 자료로 간주되어, 준거설정 결과의 표준오차를 추정할 수 있다.

Brennan(2002)은 다음과 같은 공식으로 간단히 추정의 표준오차를 계산하는 방법을 제안하였다. Brennan의 접근은 두 번의 관찰값의 평균을 계산하여 표준오차를 산출하는 방식이다. 표준오차는 독립적인 두 집단의 관찰점수를 이용하여 [공식 16-6]과 같이 계산된다.

$$\sigma'_x = |x_1 - x_2|/2 \qquad \text{[공식 16-6]}$$

x_1과 x_2: 각각 독립적인 두 집단에 의해 제안된 분할점수

σ'_x: 분할점수 추정의 표준오차

분할점수의 의존도를 추정하는 정교한 방법으로 일반화가능도이론(Brennan, 1983)이 있으며, 이 이론은 매우 설득력 있다(Brennan, 1983; Shavelson & Webb, 1991). 그러나 일반화가능도이론은 측정 횟수가 두 번 이상인 경우에 가장 적합한 방법이지만, 준거설정의 경우 두 번 이상의 측정은 흔하지 않은 경우다.

판정의 일치성과 정확성

한 피험자가 고등학교를 졸업하기 위해 또는 전문자격증을 얻기 위해 검사에 응시한다고 생각해 보자. 분명히 졸업이나 자격을 결정하는 점수는 완벽하게 신뢰할 만한 점수는 아닐 것이다. 또한 피험자가 도달해야 할 성취수준, 즉 분할점수는 모든 준거설정자가 전적으로 동의한 기준이 아니라 개별 준거설정자들이 평정한 분할점수의 평균일 뿐이다. 그러므로

검사점수 측정의 오차와 준거설정자들이 제안하는 분할점수의 다양성으로 인해 여러 분할점수의 존재가 가능한 상황에서 피험자는 하나로 채택된 분할점수에 의해 판정된다.

지금까지는 피험자에게 영향을 주는 측정의 두 가지 측면에서 가능한 분할점수의 조정에 관해서 다루었다. 이번에는 판정의 일치도에 관한 최근의 동향을 탐구해 보고 판정의 불안정성의 원인이 무엇인지 생각해 보고자 한다. 판정의 일치성에 대한 초기의 접근은 검사-재검사 방법으로 하나의 검사를 동일한 조건의 피험자 집단에게 두 번 시행하였다고 가정해 보자. 그리고 두 번의 검사시행을 한 후 각각 피험자를 성취준거에 따라 합격과 불합격으로 분류한다면 그 분류일치도(P_o)로 계산할 수 있다. 〈표 16-1〉은 가상의 분류 결과로 100명의 피험자를 두 번 판정하므로 총판정 횟수는 200회가 된다. 두 번의 판정에서 동일하게 합격으로 분류된 피험자는 142명, 두 번 모두 불합격으로 분류된 피험자가 28명이라면, 두 번의 판정에서 동일하게 합격 또는 불합격으로 분류할 비율은 (28+142)/200로 계산할 수 있다. 이것이 일치도 계수(P_o)이며, 계산 결과는 0.85이다.

그러나 우연에 의해 일치할 가능성을 근거로 P_o를 조정하는 것이 바람직하다. 우연에 의해 일치할 비율 P_c를 〈표 16-1〉에서 계산해 보면 약 .15[$P_c=\sum(P_{k\cdot})(P_{\cdot k})=(.21)(.22)+(.14)(.71)$]가 된다. 일치도 계수에서 우연에 의해 일치할 비율을 조정해 준 것을 Kappa 계수라고 하고, k로 표기

〈표 16-1〉 가상적인 판정 행렬과 판정의 일치도 추정

	두 번째 시행의 판정		
첫 번째 시행의 판정	불합격	합 격	합 계
불합격	28(.14)	14(.07)	42(.21)
합 격	16(.08)	142(.71)	158(.79)
합 계	44(.22)	156(.78)	200(1.00)

한다. Kappa 계수는 Cohen(1960)이 제안한 것으로 〈표 16-1〉의 자료를 사용해 계산해 보면 약 .82[(k=(P_o − P_c)/(1−P_c)=(.85−.15)/(1−.15)= .70/.85)]가 된다.

앞에서 언급한 판정의 일치도 계수를 구하는 방법은 동일 피험자를 대상으로 같은 검사로 두 번 실시해야 한다는 현실적인 한계가 있다. Subkoviak(1976, 1988)는 한 번의 검사 시행에서 합격 또는 불합격으로 분류된 피험자가 다음 검사에서도 유사하게 분류될 가능성을 추정하는 방법을 고안하였다.

Subkoviak(1988)는 총점에 대한 신뢰도 값과 *Z*의 절댓값을 사용하여 한 번의 검사로 일치도 계수와 Kappa 계수를 추정하는 방법을 제안하였으며, 이는 [공식 16-7]과 같다.

$$Z = (C_x - M - 0.5)/(S_x) \qquad \text{[공식 16-7]}$$

C_x: 분할점수,

M: 검사의 평균점수,

S_x: 표준편차

*Z*의 절댓값은 〈표 16-2〉, 〈표 16-3〉에서 일치도 계수와 Kappa 계수를 계산하는 데 이용된다. 이 표의 이용법을 설명하기 위해 예를 들면, 100문항의 검사를 시행한 결과 평균 85.5, 표준편차 8.0, 분할점수는 74점으로 결정하였고, 검사의 신뢰도는 .70이다. 이 경우 *Z*값은 −1.50[(74−85.5−0.5)/8.0]이 된다. 〈표 16-2〉에 의하면, 신뢰도 .7과 $|Z|$=1.50가 만나는 지점인 .92가 일치도 계수가 되며, 여러 번 반복하여 시행했을 때 분류의 일치도가 매우 높을 것으로 예상된다. 그러나 마찬가지로 〈표 16-3〉에서 Kappa 계수를 찾으면 .38인데, 합격/불합격의 판정의 일치도는 낮은 수준이다. 이러한 원인으로는, 첫째 분할점수가 관찰점수 분포에서 빈도가 높

〈표 16-2〉 검사의 신뢰도에 따른 일치도 계수

	일치도 계수의 근사값(Po)								
	신뢰도($r_{XX'}$)								
$\|Z\|$	.10	.20	.30	.40	.50	.60	.70	.80	.90
.00	.53	.56	.60	.63	.67	.70	.75	.80	.86
.10	.53	.57	.61	.63	.67	.71	.75	.80	.86
.20	.54	.57	.61	.64	.67	.71	.75	.80	.86
.30	.56	.59	.62	.65	.68	.72	.76	.80	.86
.40	.58	.60	.63	.66	.69	.73	.77	.81	.87
.50	.60	.62	.65	.68	.71	.74	.78	.82	.87
.60	.62	.65	.67	.70	.73	.76	.79	.83	.88
.70	.65	.67	.70	.72	.75	.77	.80	.84	.89
.80	.68	.70	.72	.74	.77	.79	.82	.85	.90
.90	.71	.73	.75	.77	.79	.81	.84	.87	.90
1.00	.75	.76	.77	.77	.81	.83	.85	.88	.91
1.10	.78	.79	.80	.81	.83	.85	.87	.89	.92
1.20	.80	.81	.82	.84	.85	.86	.88	.90	.93
1.30	.83	.84	.85	.86	.87	.88	.90	.91	.94
1.40	.86	.86	.87	.88	.89	.90	.91	.93	.95
1.50	.88	.88	.89	.90	.90	.91	.92	.94	.95
1.60	.90	.90	.91	.91	.92	.93	.93	.95	.96
1.70	.92	.92	.92	.93	.93	.94	.95	.95	.97
1.80	.93	.93	.94	.94	.94	.95	.95	.96	.97
1.90	.95	.95	.95	.95	.95	.96	.96	.97	.98
2.00	.96	.96	.96	.96	.96	.97	.97	.97	.98

출처: Subkoviak(1988).

은 곳에서 멀리 떨어져 있기 때문이다. 둘째, 검사점수의 신뢰도가 낮기 때문이다.

최근에는 두 개 이상의 분류범주를 가지는 경우의 판정일치도를 산출하는 연구로 발전되고 있다. Livingston과 Lewis(1995)는 한 번의 측정으로 판

〈표 16-3〉 검사의 신뢰도에 따른 Kappa 계수

Kappa 계수 근사값(k)									
	신뢰도($r_{xx'}$)								
$\|Z\|$	.10	.20	.30	.40	.50	.60	.70	.80	.90
.00	.06	.13	.19	.26	.33	.41	.49	.59	.71
.10	.06	.13	.19	.26	.33	.41	.49	.59	.71
.20	.06	.13	.19	.26	.33	.41	.49	.59	.71
.30	.06	.12	.19	.26	.33	.40	.49	.59	.71
.40	.06	.12	.19	.25	.32	.40	.48	.58	.71
.50	.06	.12	.18	.25	.32	.40	.48	.58	.70
.60	.06	.12	.18	.24	.31	.39	.47	.57	.70
.70	.05	.11	.17	.24	.31	.38	.47	.57	.70
.80	.05	.11	.17	.23	.30	.37	.46	.56	.69
.90	.05	.10	.16	.22	.29	.36	.45	.55	.68
1.00	.05	.10	.15	.21	.28	.35	.44	.54	.68
1.10	.04	.09	.14	.20	.27	.34	.43	.53	.67
1.20	.04	.08	.14	.19	.26	.33	.42	.52	.66
1.30	.04	.08	.13	.18	.25	.32	.41	.51	.65
1.40	.03	.07	.12	.17	.23	.31	.39	.50	.64
1.50	.03	.07	.11	.16	.22	.29	.38	.49	.63
1.60	.03	.06	.10	.15	.21	.28	.37	.47	.62
1.70	.02	.05	.09	.14	.20	.27	.35	.46	.61
1.80	.02	.05	.08	.16	.18	.25	.34	.45	.60
1.90	.02	.04	.08	.12	.17	.24	.32	.43	.59
2.00	.02	.04	.07	.11	.16	.22	.31	.42	.58

출처: Subkoviak(1988).

정의 일치도를 계산할 수 있는 4단계를 제안했다. 이 방법은 검사의 최소, 최대 점수, 검사의 신뢰도, 검사의 전체 문항 수, 그리고 분할점수를 이용한다. 이들이 제안하는 4단계는 다음과 같다.

① 검사의 전체 문항 수(n)를 추정한다.

② 진점수(T_p)의 분포를 추정한다.

③ 각 진점수에서 한 검사에 대한 다른 검사의 판정에 대한 조건 분포를 추정한다.

④ 두 검사의 진점수에 대한 판정결합분포를 추정한다.

이 단계는 검사의 내용 및 평균, 표준편차가 동일한 2개의 동형검사에서 적용할 수 있다.

판정일치도를 산출하기 위해 이 절차를 따른 예를 살펴보자. 총점이 80점인 검사에서 숙달 또는 합격을 판정하는 분할점수가 50점으로 결정되었다고 하자. 이 검사를 각 총점이 40점인 2개의 동형검사로 나누고, 검사의 분할점수를 정하기 위해 전체 검사점수에서 분할점수의 백분위수 순위(percentile rank)를 구한다. 총점이 80점인 검사에서 분할점수가 50점이라고 해서 총점이 40점인 검사의 분할점수는 25점일 필요는 없다. 총점이 80점인 검사에서 50점의 백분위수 순위는 63퍼센타일이므로 반분 검사에서도 63퍼센타일인 점수를 찾으면 이 점수가 반분된 검사의 분할점수가 된다.

다음 단계로, 두 검사의 판정을 2×2 행렬로 나누어 판정의 일치도를 계산한다(합격과 불합격으로 이분할 때 2×2 행렬이며, 분류범주의 수에 따라 n×n 행렬이 된다). Livingston과 Lewis(1995)는 2개로 반분한 검사의 각 판정행렬에서 전체 판정 수 중 대각선의 분류 비율을 합하는 단순한 일치율을 구하였다. 그러나 Cohen(1960)의 Kappa 계수와 같은 다른 일치도 계수도 사용할 수 있다.

복잡한 검사에서 판정일치도와 정확도 계산

Brennan(2004a)은 두 개 이상의 분할점수를 가지는 검사와 다분문항을 가지는 검사(선택형과 구성형 문항이 혼재한 검사, 구성형 문항만 있는 검사, 수행과제, 기타 부분 점수를 부여하는 검사 유형)에 대해 판정의 일치도와 정확도를 추정하는 BB-CLASS라는 소프트웨어를 개발하였으며, 이는 http://www.education.uiowa.edu/CASMA/DecisionConsistencyPrograms.htm에서 다운로드 받을 수 있다. 압축파일 패키지 bb-class.zip에는 설치 프로그램, 매뉴얼, 샘플자료와 결과 등이 포함되어 있다. BB-CLASS는 앞서 기술한 Livingston과 Lewis(1995)의 절차에 따라 결과를 산출하며, 2-모수 또는 4-모수 베타이항모형에 기초한다. 또한 Hanson와 Brennan(1990)의 방법으로도 결과를 제공하는데, 이 방법은 다분문항으로 구성된 검사에 적용하는 방법이다. 판정의 일치도와 판정의 정확도를 Livingston과 Lewis 절차에 근거하여 추정하기 위해 BB-CLASS를 실행한다. 그러기 위해서는 검사의 신뢰도와 분할점수를 입력하고, 모수의 수를 결정해야 한다. 또 하나의 프로그램 IRT-CLASS도 같은 사이트에서 다운로드하여 사용이 가능한데, 사용자가 IRT 점수(능력모수, θ) 를 입력하여 사용할 수 있다.

BB-CLASS의 입력파일은 원점수의 리스트 또는 원점수의 빈도분포로 구성된다. 〈표 16-4〉는 BB-CLASS의 기본적인 입력 컨트롤 파일(input control cards)의 예를 보여 주는 것으로 여기에 추가 옵션도 가능하다. BB-CLASS의 컨트롤 파일은 DOS-TEXT 또는 ASCII 형태의 .txt 파일로 저장해야 한다. 〈표 16-4〉의 왼쪽에 표기된 'Column No.' 'Line 1' 'Line 2' 'Line

〈표 16-4〉 결정의 일치성과 정확성을 추정하기 위한 입력 콘트롤 파일의 예

	11111111112
Column No.	12345678901234567890
Line 1	LL .9 4
Line 2	"LL DATA" F 1 2
Line 3	3 140.0 160.0

출처: Adapted from Brennan(2004b).

3' 등은 설명을 위해 표시한 것일 뿐, 실제 컨트롤 파일에는 입력하지 않는다.

첫 번째 줄은 세 개의 정보를 보여 주는데, LL은 Livingston과 Lewis(1995) 방법을 사용한다는 것을 의미한다. 만약 Hanson과 Brennan 방법을 선택하려면 HB라고 입력하면 된다. .9는 검사의 신뢰도이고 4는 모수의 수를 의미한다. 두 번째 줄은 자료파일의 정보로 LL DATA는 자료파일의 이름이며, F는 자료가 빈도임을 의미하는데, 만약 자료파일이 원점수로 구성되었을 때는 R을 입력하면 된다. 그 뒤 1과 2는 각각 자료파일의 첫 번째 열에는 점수가 나오고, 두 번째 열부터 빈도임을 의미한다. 마지막 줄은 범주수와 분할점수에 관한 정보로 3은 분류범주가 3개임을 의미하고 140.0과 160.0은 각각 2개의 분할점수를 의미한다.

〈표 16-5〉는 BB-CLASS의 결과파일로 두 부분으로 구성되어 있다. 〈표 16-5a〉는 판정의 정확도를 제공하고, 관찰된 점수에 따른 판정과 추정된 진점수에 의한 판정 결과를 비교한다. 주요한 정보는 표 아래 진하게 기술된 부분이다. 〈표 16-5a〉에 따르면 전체적인 판정의 정확도는 0.83988이며, 긍정적 판정오류의 비율은 0.07695, 부정적 판정오류의 비율은 0.08318이다. 〈표 16-5b〉는 판정의 일치도를 제공하며, 관찰된 분류와 기대되는 분류 결과를 비교한다. 〈표 16-5b〉에 따르면 전체적인 판정의 일치도는 0. 77634, 우연에 의한 일치도는 0.36667, 따라서 Kappa 계수는 0.64685, 잘못 분류할 확률은 0.22366으로 계산되었다.

판정의 일치도를 계산하는 다른 절차

Brennan과 Wan(2004)은 판정의 일치도를 계산하는 다른 직접적인 방법을 제안하였다. 이 방법은 한 번 시행된 복잡한 검사의 결과에 적용되고, 부트스트랩 기술(bootstrap technique)을 사용한다. 검사의 모든 문항에 대한

〈표 16-5〉 BB-CLASS의 아웃풋 예

〈표 16-5a〉 실제 관찰점수의 판정 정확도

	관찰된 점수에 따른 분류			
실제 분류	하	중	상	합 계
하	0.17639	0.02541	0.00002	0.20182
중	0.03759	0.24202	0.05152	0.33113
상	0.00002	0.04557	0.42146	0.46705
합 계	0.21400	0.31300	0.47300	1.00000

전체 분류 정확도 = **0.83988**
긍정적 판정오류 비율 = **0.07695** 부정적 판정오류의 비율 = **0.08318**

〈표 16-5b〉 실제점수와 기대점수 간의 분류 일치도

	실제 분류			
예상 분류	하	중	상	합 계
하	0.16806	0.04193	0.00068	0.21068
중	0.04527	0.20712	0.07116	0.32355
상	0.00066	0.06395	0.40116	0.46577
합 계	0.21400	0.31300	0.47300	1.00000

전체 판정의 분류일치도 = **0.77634**
우연에 의해 일치할 확률 = **0.36667**
Kappa 계수 = **0.64685**
잘못 분류할 확률 = **0.22366**

출처: Adapted from Brennan(2004b).

피험자의 정답 반응을 기본으로 하며, 전체 응답자료에서 부분 반응 벡터를 반복적으로 추출하여, 이미 관찰된 정답률과 비교하여 정답률을 계산한다. 추출한 표본에서의 합격 혹은 불합격 판정이 원래의 판정과 일치하

면 두 점수가 일치할 것이다. 무수한 반복 추출을 통해 표본을 비교하면 그 피험자에 대한 일치도 지수가 계산된다. 이러한 과정이 모든 피험자에 대해서 반복되고, 전체적인 일치도 지수가 산출된다. 이 Brennan과 Wan(2004)의 방법은 부트스트랩 기술을 수행할 수 있는 컴퓨터 프로그램의 개발로 실용성이 높아졌다. 초기에 이 방법이 사용된 표본 크기는 대규모 평가의 표본보다 훨씬 작은 수준이었지만(피험자 수가 10만 명이 되는 주정부 평가와 비교하면 129개의 케이스는 작은 표본), 이 방법은 큰 모집단에도 적합한 것으로 밝혀졌다. Brennan과 Wan은 합격 혹은 불합격 판정만 언급하였지만, 이 방법은 여러 개의 분할점수를 갖는 상황에도 적합하며, 이분판정을 반복하는 것으로 쉽게 이해할 수 있다. 이전의 다른 방법에 비해 부트스트랩 접근의 가장 큰 장점은 새로운 검사를 구성할 필요가 없다는 점이다. 시간을 절약하는 것도 큰 장점이지만, 동형의 반분검사를 개발하는 것은 반분검사의 신뢰도를 추정할 때 발생하는 것과 유사한 오차를 발생시키므로 진정한 동형검사를 개발하기가 어렵다. 또한 판정의 일치도는 검사를 2개로 나누는 방식에 따라 달라질 것이다.

Lee(2005)도 Brennan 및 그의 동료들과 Iowa 대학의 CASMA(Center for Advanced Studies in Measurement and Assessment)에서 판정일치도에 대하여 연구하였으며, 다항모형에 대해서 MULT-CLASS라는 프로그램을 개발하여 판정일치도를 계산하는 절차를 개발하였다. CASMA에서 이루어진 성과들이 향후 판정일치도의 발전에 많은 기여를 하였다.

요약 및 미래의 방향

결론적으로, 한 번의 검사 시행으로 판정일치도를 산출하는 합당한 절차가 있더라도 이러한 절차는 측정문제에서 검사의 신뢰도, 더 자세히 말하면 정해진 분할점수에 따라 피험자들을 분류하는 것에 대한 신뢰도에만 초점을 맞추고 있음이 확실하다. 이것은 분할점수 자체의 안정성 또는 판정의 일치도 추정에 의해 산출된 정보와 관련 있는 것에 대해서는 다루지 않는다. 이러한 이슈는 앞서 기술했던 가상의 피험자와 관련하여 생각할 수 있다. 피험자는 여전히 검사와 준거설정 절차의 모호함을 지닌 고정된 분할점수에 의해 판정된다. Livingston과 Lewis(1995), Brennan과 Wan(2004), Lee(2005)는 최소한 판정의 한 측면의 변동성을 추정하는 방법을 제안하였고, Nedelsky(1954), Emrick(1971) 등은 그 밖의 다른 차원의 변동성을 추정하는 방법을 제안하였다. 이 두 종류의 변동성 추정을 결합하여 얻은 정보를 사용할 수 있는 방법의 개발이 필요하다.

간단하면서 타당한 예를 들어 보면, 분할점수는 50점, 측정의 표준오차가 2점인 검사가 있다고 하자. 어떤 피험자가 이 검사에서 49점을 받았다면, 이는 만약 이 피험자가 이 검사에 반복적으로 응시할 경우 그 횟수의 68%는 47~51점 사이에서 점수를 얻을 수 있음을 의미한다. 이 점수범위에는 분할점수 50점이 포함되지만, 분할점수 또한 준거설정자들이 몇 번의 라운딩을 거쳐서 최종 평균 50점, 표준편차 5점으로 도출된 결과다. 준거설정위원회가 25명으로 구성되었기 때문에 평균의 표준오차는 1점이 된다.

이 상황을 조금 다른 측면에서 검토해 보자. 분할점수는 50점이고 피험자가 49점을 받아 동일한 68%의 신뢰구간을 가지지만, 분할점수도 68%의 신뢰구간을 가진다. 이것은 준거설정위원의 만장일치를 통한 결과가 아니라는 점 또는 피험자의 진점수가 51점이 될 수도 있다는 점을 감안한다면 분할점수를 49점으로 내려야 할 것인지 또는 51점으로 올려야 할 것인지에 대한 논쟁이 야기된다. 〈표 16-6〉에서 이러한 상황을 잘 보여 준다.

〈표 16-6〉의 정보를 실질적으로 사용하는 방법에 대한 연구가 필요하다. 판정의 안정성을 계산할 수는 있으나 그 결과를 통해 정확하게 무엇을 해야 하는지에 대해서는 큰 관심을 갖지 않았다. 분명히 이는 현실적으로 긴급한 문제지만 그동안 측정학적 문헌에서 소홀히 다루었던 문제로 향

〈표 16-6〉 의사결정 매트릭스의 예

관찰점수	분할점수		
	49(-1 SE)	50(Observed)	51(+1 SE)
47(-1 SEM)	불합격	불합격	불합격
49(Observed)	합격	불합격	불합격
51(+1 SEM)	합격	합격	합격

주: 분할점수 = 50; 피험자 점수 = 49
(분할점수의 표준오차=1점, 원점수의 측정의 표준오차=2점)

후 준거설정의 연구와 개발 과제다.

다양한 방법 적용

준거설정의 다양한 방법을 동시에 적용해 보는 것은 매력적인 아이디어이며 종종 제안되는 방법이다. 이러한 아이디어는 단일한 방법으로 준거를 설정할 때 있을지도 모를 잠재적인 문제를 해결하는 좋은 방법이 될 것으로 보인다. 다수의 방법으로 참가자들을 교육시키고 그들에게 동일한 자료를 통해 각 방법을 사용하도록 요구하여 다양한 준거설정의 결과를 도출할 수 있다. 또한 다양한 준거는 최종 준거를 채택할 주체에게 전달되어 그들의 선택 폭을 넓혀 줄 것이다.

그러나 이 아이디어는 표면적으로는 매력적이나 실질적으로는 많은 문제점을 가지고 있다. 첫 번째 문제는 한 가지 방법의 준거설정 절차를 수행하는 데에도 막대한 비용이 들어갈 뿐만 아니라 준거설정자들은 하나의 검사문항을 평정할 때에도 여러 차례의 라운드를 거쳐 많은 시간과 노력이 필요하다는 점이다. 또한 준거설정자들은 이동, 숙식, 회의 장소, 자료 등 몇 가지만 나열해도 많은 비용이 든다. 뿐만 아니라 검사를 시행하고 준거를 설정하는 주체도 한정된 자원을 가지고 있으므로 그 자원을 모두 준거설정의 노력에만 쏟을 수 없다. 오히려 여기에 소모되는 노력을 양질의 검사개발에 사용하는 것이 나을지도 모른다.

둘째, 하나의 준거설정 방법을 선택한 것은 특정 검사의 유형과 목적, 준거설정자들의 능력 등 다른 여러 요소를 고려하였을 때 해당 방법이 적합하기 때문이다. 그러므로 주어진 상황에서 하나의 준거설정 방법은 다른 방법보다 최적의 접근 방법일지도 모른다.

마지막으로, 다수의 준거설정 방법이 사용된 경우는 매우 드물며 다수의 절차가 사용되었을 때 그 결과를 종합하는 체계적인 절차에 관한 연구는 아직 제시되지 않았다. 예를 들면, Kentucky 주에서는 주단위 학업성취도평가의 성취준거를 설정하는 상황에서 다중 준거설정 방법을 사용하였다. Bookmark 방법, 대조집단 방법, Jaeger-Mills 방법을 사용하여 막대한 비용을 사용하였다(CTB/McGraw-Hill, 2001). 그러나 각 방법별 절차와 결과의 기술은 제시되었지만, 서로 상충되는 결과를 하나의 준거로 통합하기 위해 어떤 방법을 사용했는지에 대한 세부적인 내용은 제시되지 않았다. 단지 세 가지 방법을 기술하는 것에서만 그쳤을 뿐, 특정 결과에 무게를 두거나 어떤 정보가 가장 믿을 만한 것인지 고려하는 지침을 제공하지는 못했다.

Kentucky 주의 사례 이후, 다수의 준거설정 방법을 적용한 결과를 종합하는 방법에 대한 연구와 개발이 거의 이루어지지 않았다. 다수의 준거설정 방법이 서로 다른 결과를 도출할 때, 만족스러운 해결책에 대한 방법론이 전무한 실정이다.

따라서 이러한 문제에 대한 좀 더 명확한 연구가 필요하다. 앞서 제시한 문제들로 인해 다중 방법을 사용하는 것은 현재까지는, 또는 가까운 미래에도 어려운 문제다. 그러나 이러한 문제를 긍정적으로 다룰 수 있는 연구가 곧 결실을 맺을 것이라고 기대한다. 다양한 준거설정 방법을 동시에 적용하는 것은 "Segal's law"에 비유할 수 있다. Segal에 따르면, 한 개의 시계를 가진 사람은 정확한 시간을 알지만, 2개의 시계를 가진 사람은 결코 정확한 시간을 알지 못한다고 하였다. 이러한 관점에서 준거설정 담당자들에게 할 수 있는 조언은 한정된 자원을 양질의 하나의 시계에 투자하라는 것이다.

준거설정자 훈련 발전시키기

1990년대, NAEP의 NAGB(National Assessment Governing Board)에서는 설정한 성취수준이 비현실적으로 높아서 많은 논쟁이 있었다. 이 성취수준의 대상이 되었던 집단에서는 준거설정 방법에 대해 널리 알려진 보고서를 인용하면서 공격하였다. 그 보고서에서는 NAEP의 준거설정 방법으로 사용된 Angoff 방법은 근본적으로 문제가 있는 방법이고, 이 방법은 준거설정자들에게 거의 불가능한 인지과제를 제시하였다(Shepard, et al., 1993, p. xxiv)고 주장하였다. 결국 NAEP의 성취수준은 철회되었으나 Shepard 등의 의견 역시 과학적인 근거보다는 정치적인 근거에 기초하였으므로 성취기준과 함께 철회되었다. Hambleton 등(2000) 일련의 심리측정전문가들에 의해 Shepard 등(1993)의 보고서에 대해 전례 없는 신랄한 반박이 제기되었다. 이때 주된 반박 내용은 Shepard 등(1993)의 연구는 논리적으로 부족하며, 과학적 접근 방법이 부족하고 일면만을 본 부정확함을 지녔으며, 나아가 NAGB와 교육정책 결정자들과 대중에게 피해를 주었다는 점 등이었다.

논란을 일으킨 보고서는 강력한 비난을 받았으나, 준거설정 절차에 참여하는 사람들의 인지과정에 주의를 기울이도록 하는 의도하지 않았거나 혹은 의도한 결과가 있었을 것이다.

이 사건을 통해 준거설정자들이 특정한 방법으로 어떤 판단을 내릴 때 고려해야 할 요소에 대한 연구를 활성화시키는 동기가 되었다. 또한 연구자들은 준거설정자들이 준거를 설정하는 과정에서 어떤 정보를 고려하고 각 정보의 비중을 어떻게 두고 판단하는지 등에 대한 연구를 진행하기 시작하였다. 이와 관련한 선행연구에서는 준거설정자들의 인지절차는 매우 복잡하고 특이하므로 향후 연구에서 반드시 다루어야 하는 주제임을 보고하고 있다.

예컨대, 최근의 한 연구에서 준거설정자들은 준거설정의 목적과 수행 수준에 대해 서로 다르게 이해하며, 제공된 피드백 사용법 역시 다르다는 결과가 보고되었다(Skorupski & Hambleton, 2005). 또 다른 연구는 Angoff 방식으로 평정하거나 다른 준거설정자에 비해 다소 낮게 평정하는 준거설정자들은 문항을 평정하는 데 있어 보다 규준참조적 시각을 보이는 반면 다른 준거설정자들에 비해 다소 높게 평정하는 사람들은 준거참조적 시각을 나타내는 경향이 있다고 보고하였다(Ferdous & Plake, 2005).

준거설정자들에게 언제 피드백 정보를 제공하는가에 대한 문제도 중요한데, 이때 피드백 정보란 준거설정자들이 제시한 분할점수에 따른 판정의 결과(피험자들의 합격과 불합격 비율, 수행 수준별 비율)를 말한다. 3라운드를 거칠 때, 영향 정보는 1라운드 후에 바로 제공할 수도 있고 늦게는 3라운드 후에 제공할 수도 있으며, 또는 각 단계마다 제공할 수도 있다. 따라서 일반적으로 규준 정보를 먼저 제공하고 영향 정보를 나중에 제공하는 경향이 있다. 이는 영향력 있는 정보가 준거설정자의 판단에 더 큰 영향을 끼치기 때문이다.

그러나 최근 연구는 어떻게 준거설정자들이 영향 정보를 다루는지 또는 여러 정보가 동시에 제공될 때 어떤 상호작용이 있는지에 따라 정확한 지침을 제시하지 않는다. 결론적으로 지난 수십 년간 준거설정 절차를 연구한 만큼, 앞으로는 준거설정자들의 의사결정 과정에 대한 연구에도 관심을 가질 것을 제안한다. 이제 준거를 어떻게 설정해야 하는지에 대해서는 많이 알고 있지만 상대적으로 사람들이 준거를 설정하는 일을 하면서 무엇을 생각하고 있는지는 잘 모르는 것이 현실이다.

그리고 이러한 연구 주제를 준거설정자들에게 확대시켜 본다면 실제 준거를 설정하는 사람들이 자격검사 담당기관의 관계자나 정책결정자들로부터 받은 정보를 어떻게 처리하는지에 관해서는 실제적으로 밝혀진 것이 없다. 분할점수의 조정 방법이나 결정이론 등이 준거설정을 위해 효율적인 도구가 된다는 것은 잘 알고 있으므로, 이제는 준거설정자들이 결정을 내리는 방식을 잘 이해할 수 있는 연구를 진행해야 한다. 또한 준거설정자들과 정책 결정자들이 준거설정에서 자신에게 부여된 중요한 임무를 본래의 준거설정 목적과 방법에 적합하게 수행할 수 있도록 효율적인 훈련을 제공할 수 있는 기술적 설계나 모형을 개발해야 한다.

용어 설명

개별교육계획 individualized education plan(IEP) 특수교육을 필요로 하는 학생에 대하여 적절한 교육적 개입을 구체적으로 제시하고 학생의 교육적 성취를 목표한 수준까지 달성하기 위하여 취해야 할 일련의 행동을 명문화한 것이다. 특정한 교육적 개입은 적절한 검사 유형 혹은 조정을 포함한다. 개별교육계획은 「초·중등교육법」(1965)에 근거한 여러 연방법에서 필수조항이다. 개별교육계획에 명시되는 일련의 행동은 학급교사, 상담교사, 학교심리학자, 행정관리자, 부모 혹은 보호자로 이루어지는 팀에 의해 개발된다.

결합(통합) conjunctive 2개 이상의 구성요소(문항, 수행과제, 하부 검사 등)를 포함한 검사에서 합격 여부나 성취수준을 결정하는 모형의 하나로서 전체 검사에서 합격하기 위해서는 각 개별 요소에 대한 특정 수준의 수행능력이 요구되는 모형이다.

구성형 응답 constructed-response 검사를 치르는 피험자가 문항에 대한 응답을 직접 만들어야 하는 문항 유형이다. 구성형 응답 유형의 예로는 에세이, 단답형 문항, 연설, 프로젝트 등이 있다.

구인 construct 사회과학에서 개인마다 다양하게 관찰된 행동의 특성을 기술하기 위해 사용하는 명칭이다. 많은 검사에서 측정되는 특성을 구인이라고 하는데, 그 이유는 이들 특성이 보통 직접적으로 관찰할 수 있는 것이 아니고 구성되는 것이기 때문이다. 예를 들어, 정직이라는 특성은 실제적 의미에서 볼 때 실존하는 것은 아니지만, 어떤 사람은 보다 윤리적으로 행동하는 성향을 보이고 또 다른 사람은 덜 윤리적으로 행동하는 성향을 보이는 식으로, 사람들이 보이는 성향을 연속적인 측면으로 나타내는 하나의 특성이며, 정직이라는 명칭은 그것에 대한 명확한 의사소통과 측정의 목적을 일괄적으로 기술하기 위해 사용하는 것이다.

규준 norms 규준집단이라고 지칭되는 어떤 모집단의 대표적인 표본에서 얻은 검사 결과나 다른 특성이다. 규준집단의 검사 결과나 특성은 추후에 동일한 검사 혹은 동형검사를 시행한 피험자의 수행능력을 해석하기 위한 비교 자료를 생성하는 데 쓰인다. 추후에 시행된 검사 결과를 규준집단의 자료와 비교함으로써 규준집단에 대한 개인 혹은 피험자 집단 전체의 상대적 위치와 관계를 결정하게 된다.

규준참조 norm-referenced 피험자의 상대적 위치에 관한 추론을 도출하기 위하여 제작된 추론의 일종 혹은 검사의 한 유형이다. 규준참조 추론을 도출하고자 제작된 검사(norm-referenced test: NRT)는 준거참조검사(CRT)와 비교했을 때 난이도나 변별력을 더 다양하게 반영하여 구성할 수 있으며 보다 불균일한 내용을 평가하도록 구성할 수 있다. NRT의 일차적인 목적은 피험자의 수행능력이 참조 피험자 집단과 어떻게 비교되는지에 대한 정보를 제공하는 데 있다. 참조집단은 종종 규준집단이라고 지칭하며, 규준집단의 수행능력에 대한 자료를 규준(norm)이라 지칭한다. 규준참조 추론을 도출하고자 제작된 검사(NRT)의 예로는 SAT, WAIS(wechsler adult intelligence scale), GRE(graduate record examinations) 등이 있다.

근거자료모음 collection of evidence(COE) 개념상으로 보면 이 용어는 어떤 종류의 포트폴리오 평가든 사용할 수 있지만, 일반적으로 대안평가에서 피험자의 성취 혹은 성장(발전)을 증빙하기 위해 수집한 전체 자료를 의미한다. 근거자료모음은 일련의 내용준거에 대한 피험자의 성장이나 성취를 기록하기에 적절하다고 판단되는 쓰기과제, 피험자의 특정 수행 작업에 대한 비디오 또는 오디오테이프, 점검표, 평가지 그리고 그 외 어떠한 근거자료도 포함할 수 있다.

긍정적 판정오류 false positive 분할점수를 사용하여 피험자를 분류할 때, 실제로는 통과되지 못할 수준의 지식, 기술, 능력을 가진 피험자가 통과로 분류되는 경우 발생하는 분류오류다.

기술자문위원회 technical advisory committee(TAC) 검사 프로그램에 책임 있는 단체에 의해 구성된 독립적인 평가자문집단이다. 일반적으로 패널은 심리측정학,

검사 정책, 통계학, 연구 방법론 그리고 평가에서 다양한 측면의 전문가들로 구성된다. 기술자문위원회는 프로그램 계획과 관련해 해당 기관에 중요한 검토, 정보, 조언을 제공하며 또한 해당 기관과 외부 인사 혹은 단체가 계약한 과제에 대한 검토 혹은 질 관리를 제공한다.

내용준거 content standards 특정 영역의 검사를 통해 해당 성취수준에서 피험자가 달성하였을 것이라고 기대되는 지식, 기술, 능력에 대해 구체적으로 기술한 진술문이다.

대안평가 alternate assessment 학생의 심각한 인지적 혹은 신체적 장애로 인해 표준(정규)평가가 부적절하다고 판단되는 피험자를 위해 제작된 평가. 대안평가는 표준평가와 동일하거나 유사한 내용준거를 바탕으로 하지만, 때로는 내용준거를 하향 확장하거나(초보단계 기술) 표준평가의 내용준거를 대체할 만한 실생활 기술을 사용하기도 한다(동전 계산법으로 5학년 연산법 내용준거를 대체함). 표준평가와 대안평가가 구조적으로 동형이라고 가정할 수 없다는 점에서 대안평가는 수정된 평가(점자 또는 큰 글자 크기)나 조정된 평가(시간 연장)와는 다르다.

로지스틱 회귀분석 logistic regression 한 개 혹은 그 이상의(대개 연속적인) 독립변수와 한 개의 이분적 종속변수를 포함하는 비선형 회귀 함수모형이다. 모든 피험자를 두 범주로 나누며(합격과 불합격), 나누는 기준이 자격시험 결과 얻은 피험자의 점수라고 할 때, 이러한 관계는 로지스틱 함수로 나타낼 수 있다. 로지스틱 함수는 어떤 검사점수를 받았을 때 두 범주 중 하나에 속할 확률을 표현한다[예, $pQ|x$는 점수가 x일 때 합격자 집단(Q)에 속할 확률]. 이러한 확률은 승산비(odds ratio)의 로그값인 $\ln[pQ/(1-pQ)]$으로 표현되며 로지스틱 회귀분석의 기본을 이룬다. 이때, 검사점수(x)는 예측변수로 취급되고 승산비(odds ratio)의 로그값(y)은 준거로 취급된다.

범위 확인 rangefinding 총체적 준거설정(예, Body of Work) 과정의 맥락에서 1차 분할점수의 범위를 도출하기 위하여 행하는 피험자 평정의 첫 번째 라운드. 이 라운드에서 패널은 피험자 수행의 전체 범위에 대한 워크 샘플을 평가하게 되지만 종종 약간의 간격을 둘 수도 있다(예, 100점 만점 채점에서 5점 간격으로 20개의 표본). 이 라운드의 마지막 시점에서 패널은 한 개 혹은 그 이상의 분할점수 범위를 설정하게 되며(예, 20~5점, 45~0점 그리고 75~0점), 그다음 라운드에서는 좀 더 좁은 점수 범위의 샘플을 검토하게 된다.

보상 compensatory 2개 이상의 구성요소(문항, 수행 과제, 하위 검사 등)를 포함한 검사의 점수를 산출하기 위해 총점만 고려하여 합격 여부나 성취수준을 결정하는 모형이다. 보상적 모형을 사용할 경우의 실제적인 효과는 피험자가 하나의 평가요소에서 상대적으로 뛰어난 수행을 보일 경우 다른 요소에서 상대적으로 약해 보이는 수행을 보완할 수 있다는 점이다.

부정적 판정오류 false negative 분할점수를 사용하여 피험자를 분류했을 때, 실제로는 통과될 수준의 지식, 기술, 능력을 가진 피험자가 미통과로 분류되는 경우 발생하는 분류오류다.

분할점수 cut score 수행 정도를 둘 이상의 수준으로 분류하기 위한 점수로 준거설정 절차를 통해 정의되며, 수치화된 성취준거다.

선택형 응답 selected-response 피험자가 주어진 답 중에서 옳은 것을 선택해야 하는 문항 형식이다. 선택형 문항의 예로는 선다형 문항, 연결형 문항, 진위형 문항이 있다.

성취도 검사 achievement test 구체화된 관심 영역에 대한 피험자의 지식, 기술, 혹은 능력의 습득 정도를 측정하고자 하는 목적을 가진 검사의 한 종류다.

성취수준기술 performance level description(PLD) 피험자를 검사 결과에 따라 어느 단계의 성취수준으로 분류할 것인가를 결정하기 위해 피험자에게 기대되는 구체적 지식, 기술 혹은 능력에 대한 조작적 정의다. 성취수준명에 제시된 각 수준에 대하여 기대되는 성취 내용을 나열한 것이다.

성취수준명 performance level label(PLL) 검사를 통해 얻은 피험자의 성취 정도에 분할점수를 적용함으로써 만들어진 둘 이상의 위계적 범주를 명명하는 단어 혹은 짧은 문구다.

성취준거 performance standard 피험자를 어떤 범주로 분류하거나 혹은 다른 특정한 목적에 의해, 일정 수준의 지식, 기술, 혹은 능력을 소유한 피험자와 그렇지 못한 피험자를 구별하는 데 필요한 수행의 최소 수준에 대한 추상적 개념화다. 또한 때로는 분할점수와 상호 교환적으로 사용된다.

수직 동등화 vertical equating 두 검사를 단일화된 공통의 척도상에서 비교할 수 있도록 하기 위한 가장 강력한 연계 방법이다. 수직 동등화는 두 검사가 동일한 구인(예, 독해력)을 측정하지만 다른 수준(예, 3학년과 4학년)을 측정할 때 사용된다.

수직적 준거설정 vertical articulation 수직적 준거설정 방법 참조.

수직적 준거설정 방법 vertically-moderated standard setting (VMSS) 각 개별 검사에 대하여 독립적인 준거설정자들이 각각의 준거를 설정한 이후에 시행되는 절차 혹은 일련의 절차를 말한다. VMSS는 여러 수준 간 혹은 여러 영역 간의 검사 결과가 불일치할 때 적용된다. 기술적으로, VMSS는 전통적인 의미에서 준거설정이 아니라, 개별 준거설정 패널에 의해 권고된 개별 성적 혹은 내용 영역 준거를 조정하는 방법이다. VMSS는 개별 준거에서 나타나는 예기치 않거나, 일정하지 않은 혹은 적절하지 못한 변동성을 조정하기 위한 절차를 제공한다. VMSS의 목적은 수준 및 내용 영역 간 일정한 성취준거의 체계를 도출하는 것이다. 때때로 VMSS는 준거의 수직적 연계성으로 지칭되기도 한다.

신뢰도 reliability 신뢰할 만한 것인지에 대한 검사점수의 특성이다. 검사나 수행평가 혹은 관찰은 다만 질문의 표본이나 과제의 표본으로 구성되기 때문에 그리고 피험자나 채점자 모두 다양한 불예측성을 보일 수 있기 때문에(무선오차), 어떠한 점수도 피험자의 지식, 기술 혹은 능력을 완전하게 대표한다고 볼 수는 없다. 학생들의 점수에 줄 수 있는 신뢰도를 정량화할 수 있는 다양한 방법이 있다. 이러한 모든 방법은 신뢰도 계수라고 하는 0과 1 사이 범위의 숫자를 생성하게 되는데, 신뢰도 계수 1은 완전한 신뢰성(무선오차가 전혀 없음)을 의미하고 의사결정을 위하여 확신을 가지고 검사점수를 활용할 수 있다는 의미이며, 신뢰도 계수 0은 전혀 신뢰할 수 없는 자료를 의미한다.

응답확률 준거 response probability(RP) criterion Bookmark 방법이나 이와 유사한 문항연계 준거설정 과정의 맥락에서, 정답을 맞힐 확률(맞고 틀리고의 이분문항에 대하여) 혹은 주어진 점수나 그 이상을 얻을 확률(부분 점수가 부여되는 다분문항에 대하여)과 관련하여 준거설정자의 판단을 구체화하기 위하여 쓰이는 준거다. 실제 응용에서 두 가지 RP 준거(RP50과 RP67)가 널리 사용되고 있으며, 그 빈도에서는 현저히 떨어지지만 다른 RP 준거도 사용되고 있다.

절충적 방법 compromise method 규준참조와 준거참조 방법을 모두 통합하여 분할점수를 산출하는 준거설정 방법의 한 유형이다.

정밀측정 pinpointing 총체적 준거설정(예, Body of Work) 과정의 맥락에서 최종 분할점수를 도출하기 위해 행하는 피험자 평정의 두 번째 라운드 혹은 그 이후의 라운드다. 이 라운드 동안에는 첫 번째 라운드(즉, 범위 확인)에서 얻은 1차 분할점수 범위 내의 점수를 받은 작업 견본(work samples)에 대한 추가 검토를 한다.

조정 accommodations 측정하고자 하는 검사의 구인을 변경하거나 피험자 점수에 구조적으로 부적절한 변인을 일으키지 않으면서 검사의 시행 방법이나 채점방식에 변화를 주는 것이다.

준거설정 standard setting 검사에 대하여 한 개 이상의 분할점수를 설정하기 위하여 인간의 판단을 체계적으로 수집하고 분석하는 절차다.

준거참조 criterion-referenced 피험자가 특정 내용을 아는지 또는 수행할 수 있는지에 대하여 추론할 수 있도록 제작된 검사다. 매우 구체적인 내용을 평가하기 위해 제작된 준거참조검사(CRT)는 세부적인 목표 및 결과와 연결되며, 피험자의 성공적인 수행을 판정하기 위해 선험적으로 구체화된 준거와 연관된다. 준거참조검사의 가장 기본적인 예로 운전면허시험 도로 주행을 들 수 있다. 평행 주차 부분에서 응시자는 반드시 특정 준거(예를 들어, 하나 이상의 원추형 표지판으로 표기 방법 수정 접촉 없이 4분 이내에 선 안에 주차하는 것)에 도달해야 한다. 개인의 성공 또는 실패(운전면허시험 획득 여부)는 다른 응시자가 얼마나 잘 했는가와 무관하다. 즉, 규준참조가 아니다. 준거참조검사에서는 모든 응시자가 성공하거나 실패할 수 있다. 원추형 표지판을 하나도 쓰러뜨리지 않고 2분 만에 선 안에 완벽하게 주차한 응시자와 원추형 표지판 한 개를 쓰러뜨리면서 4분을 거의 다 쓴 후 선 안에 간신히 주차한 응시자 사이에는 아무런 차이가 없다. 두 응시자 모두 준거를 만족했기 때문이다.

준거참조 standards-referenced 일련의 내용준거에 대한 피험자의 위치를 결정하기 위하여 제작된 일종의 추론 혹은 검사의 한 유형이다. 준거참조검사(standards-referenced test: SRT)는 피험자가 보유해야 할 지식, 기술 혹은 능력을 기술하고자 하는 점에서 CRT(criterion-referenced test)와 유사하다. CRT는 준거를 양과 범주(예로 정답률, 합격과 불합격)로 표현하는 반면, SRT는 피험자의 점수와 다양한 수준에서 각 수행이 의미하는 바에 대한 구체적 진술을 연결한다. K-12학년의 영어 영역과 수학 영역이 이 과목들에 대한 주의 내용준거에 부합하는 한 이들 검사가 SRT의 예가 된다.

채점표 rubric 다분문항 채점체계에서 각 부분 점수를 부여하는 준거를 간단히 설명한 채점 개요다. 채점표는 공통적(한 부류의 검사문항에 적용 가능)이거나 한 개의 검사문항에만 특정적일 수 있다. 채점표는 채점체계의 기초를 제공할 뿐 채점체계 전반을 기술하는 것은 아니다. 완전한 채점체계는 실제 채점된 표본과 특정 응답에 대하여 왜 특정한 점수를 부여했는지를 설명한 주석을 포함해야 할 것이다.

추론 inference 관찰된 정보, 행동, 활동 혹은 응답 표본에 근거하여 어떤 내재된, 보통 관찰할 수 없는 특성에 관하여 도출해 낸 해석이나 결론 혹은 의미다. 종종 정보의 표본은 검사를 통하여 수집된다.

타당도 validity 어떤 행위(예, 검사, 관찰, 면접 등)의 표본에 의해 도출된 결론이 의미 있고, 정확하고, 유용한 정도를 말한다. 타당도는 피험자의 수행 결과에 따라 피험자에게 내려진 결론이 옳고 설득할 만한 정도이며 혹은 피험자의 검사 수행에 따라 내려진 피험자의 지식, 기술 혹은 능력 수준에 대한 추론을 이론적이고 경험적 근거가 지지하는 정도다.

포트폴리오 평가 portfolio assessment 특정 기간 동안에 구성형 응답 혹은 수행과제로 이루어진 작업 견본을 수집하고 분석하는 평가 방법으로, 그 목적은 일반적으로 선택형 응답 평가 방법으로는 잘 측정할 수 없는 일련의 기술에 대한 피험자의 성장에 대한 추론을 얻는 데 있다. 유용한 포트폴리오 평가는 모든 피험자가 다른 환경과 다른 시기라 할지라도 공통적으로 의미 있는 어떤 고정된 척도에서 점수를 받을 수 있도록 하기 위하여 학습물의 분류에 따라 잘 규정된 채점지침 혹은 채점표를 갖추고 있어야 한다.

항목 점수 준거 item scoring criteria 항목 점수 준거는 부분 점수가 부여되는 다분문항이나 수행과제에서 피험자가 특정한 점수를 얻기 위하여 수행해야 하는 내용을 규정한다. 항목 점수 준거는 한 집단의 구성형 응답 항목 전체에 공통적으로 적용될 수도 있고 혹은 한 개의 항목에만 적용될 수도 있다. 준거는 하향식으로 개발될 수도 있고(즉, 최고 점수를 얻기 위해 필요한 요구사항을 기술하고 그중 빠진 부분이 있으면 감점함) 혹은 상향식으로 개발될 수도 있다(즉, 영점이 아닌 가장 낮은 점수를 받기 위한 요구사항을 기술하고, 그 이상의 점수를 받기 위해서 추가로 필요한 지식이나 기술을 서술함). 채점표는 종종 항목 점수 준거와 동의어로 사용되기도 하나, 항목 점수 준거는 성취수준기술(PLD)과는 동의어가 아니다.

참고문헌

American Educational Research Association, American Psychological Association, National Council on Measurement in Education. (1999). *Standards for educational and psychological testing.* Washington, DC: American Psychological Association.

Andrew, B. J. & Hecht, J. T. (1976). A preliminary investigation of two procedures for setting examination standards. *Educational and Psychological Measurement, 36,* 45-50.

Angoff, W. H. (1971). Scales, norms, and equivalent scores. In R. L. Thorndike (Ed.), *Educational measurement* (pp. 508-600). Washington, DC: American Council on Education.

Angoff, W. H. (1988). Proposals for theoretical and applied development in measurement. *Applied Measurement in Education, 1*(3), 215-222.

Applied Measurement in Education. (2005). Special issue on vertically-moderated standard setting. *18*(1).

Atkins v. Virginia. (2002). 536 U.S. 304.

Berk, R. A. (1976). Determination of optimal cutting scores in criterion-referenced measurement. *Journal of Experimental Education, 45,* 4-9.

Berk, R. A. (1984). *A guide to criterion-referenced test construction.* Baltimore, MD:

Johns Hopkins University Press.

Berk, R. A. (1986). A consumer's guide to setting performance standards on criterion-referenced tests. *Review of Educational Research, 56,* 137-172.

Beuk, C. H. (1984). A method for reaching a compromise between absolute and relative standards in examinations. *Journal of Educational Measurement, 21,* 147-152.

Bloom, B. S. (1974). An introduction to mastery learning. In J. H. Block (Ed.), *Schools, society, and mastery learning* (pp. 3-4). New York: Holt, Rinehart & Winston.

Brennan, R. L. (1983). *Elements of generalizability theory.* Iowa City, IA: ACT.

Brennan, R. L. (2002, October). *Estimated standard error of a mean when there are only two observations* (Center for Advanced Studies in Measurement and Assessment [CASMA] Technical Note Number 1). Iowa City: University of Iowa, CASMA.

Brennan, R. L. (2004a). *BB-CLASS v. 1.1* [Computer program]. Iowa City: Center for Advanced Studies in Measurement and Assessment, University of Iowa.

Brennan, R. L. (2004b). *Manual for BB-CLASS: A computer program that uses the beta-binomial model for classification consistency and accuracy, Version 1.1.* Iowa City: Center for Advanced Studies in Measurement and Assessment, University of Iowa.

Brennan, R. L. & Wan, L. (2004). *Bootstrap procedures for estimating decision consistency for single-administration complex assessments* (CASMA Research Report No. 7). Iowa City: University of Iowa.

Buckendahl, C. W., Huynh, H., Siskind, T., & Saunders, J. (2005). A case study of vertically moderated standard setting for a state science assessment program. *Applied Measurement in Education, 18,* 83-98.

Buckendahl, C. W., Smith, R. W., Impara, J. C., & Plake, B. S. (2002). A comparison of Angoff and Bookmark standard setting methods. *Journal of*

Educational Measurement, 39, 253-264.

Bunch, M. B. (1978, April). *Making decisions about adult learners based on performances on functional competency measures.* Paper presented at the annual meeting of the Adult Education Research Conference, San Antonio, TX.

Burton, N. (1978). Societal standards. *Journal of Educational Measurement, 15,* 263-271.

Cizek, G. J. (1993). Reconsidering standards and criteria. *Journal of Educational Measurement, 30*(2), 93-106.

Cizek, G. J. (1996a). Setting passing scores. *Educational Measurement: Issues and Practice, 15*(2), 20-31.

Cizek, G. J. (1996b). Standard setting guidelines. *Educational Measurement: Issues and Practice, 15*(1), 12-21.

Cizek, G. J. (2001a). Conjectures on the rise and call of standard setting: An introduction to context and practice. In G. J. Cizek (Ed.), *Setting performance standards: Concepts, methods, and perspectives* (pp. 3-17). Mahwah, NJ: Lawrence Erlbaum.

Cizek, G. J. (2001b). More unintended consequences of high-stakes testing. *Educational Measurement: Issues and Practice, 20*(4), 19-27.

Cizek, G. J. (2005). Adapting testing technology to serve accountability aims: The case of vertically-moderated standard setting. *Applied Measurement in Education, 18*(1), 1-10.

Cizek, G. J. (2006). Standard setting. In T. Haladyna & S. Downing (Eds.), *Handbook of test development* (pp. 225-258). Mahwah, NJ: Lawrence Erlbaum.

Cizek, G. J., Bunch, M., & Koons, H. (2004). Setting performance standards: Contemporary methods. *Educational Measurement: Issues and Practice, 23*(4), 31-50.

Cizek, G. J. & Fitzgerald, S. M. (1999). An introduction to logistic regression.

Measurement and Evaluation in Counseling and Development, 31, 223-245.

Cizek, G. J., Kenney, P. A., Kolen, M. J., Peters, C., & van der Linden, W. J. (1999). *An investigation of the feasibility of linking scores on the proposed Voluntary National Tests and the National Assessment of Educational Progress.* Washington, DC: National Assessment Governing Board.

Cohen, J. (1960). A coefficient of agreement for nominal scales. *Educational and Psychological Measurement, 20,* 37-46.

Colton, D. A., Gao, X., Harris, D. J., Kolen, M. J., Martinovich-Barhite, D., Wang, T., & Welch, C. J. (1997). *Reliability issues with performance assessments: A collection of papers* (ACT Research Report Series 97-3). Iowa City, IA: ACT.

Colton, D. A. & Hecht, J. T. (1981, April). *A preliminary report on a study of three techniques for setting minimum passing scores.* Symposium presentation at the annual meeting of the National Council on Measurement in Education, Los Angeles, CA.

Crocker, L. & Algina, J. (1986). *Introduction to classical and modern test theory.* Fort Worth, TX: Holt, Rinehart and Winston.

Cronbach, L. J. (1971). Test validation. In R. L. Thorndike (Ed.), *Educational measurement* (2nd ed., pp. 443-507). Washington, DC: American Council on Education.

Cronbach, L. J. & Meehl, P. E. (1955). Construct validity in psychological tests. *Psychological Bulletin, 52,* 281-302.

CTB/McGraw-Hill. (2001). *Kentucky core content tests: Standard setting technical report.* Lexington: Kentucky State Department of Education.

Downing, S. M., Lieska, N. G., & Raible, M. D. (2003). Establishing passing standards for classroom achievement tests in medical education: A comparative study of four methods. *Academic Medicine, 78*(10), S85-S87.

Ebel, R. L. (1961). Must all tests be valid? *American Psychologist, 16,* 640-647.

Ebel, R. L. (1972). *Essentials of educational measurement.* Englewood Cliffs, NJ:

Prentice Hall.

Emrick, J. A. (1971). An evaluation model for mastery testing. *Journal of Educational Measurement, 8,* 321-326.

Ferdous, A. A. & Plake, B. S. (2005). Understanding the factors that influence decisions of panelists in a standard-setting study. *Applied Measurement in Education, 18,* 257-267.

Ferrara, S., Johnson, E., & Chen, W. L. (2005). Vertically articulated performance standards: Logic, procedures, and likely classification accuracy. *Applied Measurement in Education, 18,* 35-60.

Ferrara, S., Perie, M. & Johnson, E. (2002a, December). *Matching the judgmental task with standard setting panelist expertise: The item-descriptor (ID) matching procedure.* Washington, DC: American Institutes for Research.

Ferrara, S., Perie, M., & Johnson, E. (2002b, April). *Setting performance standards: The item descriptor (ID) matching procedure.* Paper presented at the annual meeting of the American Educational Research Association, New Orleans, LA.

Giraud, G., Impara, J. C., & Plake, B. S. (2005). Teachers' conceptions of the target examinee in Angoff standard setting. *Applied Measurement in Education, 18,* 223-232.

Hambleton, R. K. (1998). Setting performance standards on achievement tests: Meeting the requirements of Title I. In L. N. Hansche (Ed.), *Handbook for the development of performance standards* (pp. 87-114). Washington, DC: Council of Chief State School Officers.

Hambleton, R. K. (2001). Setting performance standards on educational assessments and criteria for evaluating the process. In G. J. Cizek (Ed.), *Setting performance standards: Concepts, methods, and perspectives* (pp. 89-116). Mahwah, NJ: Lawrence Erlbaum.

Hambleton, R. K., Brennan, R. L., Brown, W., Dodd, B., Forsyth, R. A., Mehrens, W. A., Nellhaus, J., Reckase, M. D., Rindone, D., van der Linden, W. J., &

Zwick, R. (2000). A response to "Setting Reasonable and Useful Performance Standards" in the National Academy of Sciences' Grading the Nation's Report Card. *Educational Measurement: Issues and Practice, 19*(2), 5-14.

Hambleton, R. K. & Pitoniak, M. J. (2006). Setting performance standards. In R. L. Brennan (Ed.), *Educational measurement* (4th ed., pp. 433-470). Westport, CT: American Council on Education/Praeger.

Hambleton, R. K. & Plake, B. S. (1995). Using an extended Angoff procedure to set standards on complex performance assessments. *Applied Measurement in Education, 8,* 41-56.

Hambleton, R. K. & Slater, S. C. (1997). Reliability of credentialling examinations and the impact of scoring models and standard setting policies. *Applied Measurement in Education, 10*(1), 19-38.

Hambleton, R. K. & Swaminathan, H. (1985). *Item response theory: Principles and applications.* Boston: Kluwer.

Hanson, B. A. & Brennan, R. L. (1990). An investigation of classification consistency indexes estimated under alternative strong true score models. *Journal of Educational Measurement, 27,* 345-359.

Helfman, D. E. (2002). Memorandum to Dr. Carolyn C. Dumaresq re: PDE's Response to PSEA Cut Score Analysis. PSEA Interactive. Retrieved November 26, 2005, from http://league.psea.org/article.cfm.SID=145.

Hofstee, W. K. B. (1983). The case for compromise in educational selection and grading. In S. B. Anderson & J. S. Helmick (Eds.), *On educational testing* (pp. 109-127). San Francisco: Jossey-Bass.

Huynh, H. (2000, April). *On item mappings and statistical rules for selecting binary items for criterion-referenced interpretation and Bookmark standard setting.* Paper presented at the annual meeting of the National Council on Measurement in Education, New Orleans, LA.

Huynh, H. (2006). A clarification on the response probability criterion RP67 for standard settings based on Bookmark and item mapping. *Educational Measurement: Issues and Practice, 25*(2), 19-20.

Impara, J. C. & Plake, B. S. (1997). Standard setting: An alternative approach. *Journal of Educational Measurement, 34,* 353-366.

Impara, J. C. & Plake, B. S. (1998). Teachers' ability to estimate item difficulty: A test of the assumptions in the Angoff standard setting method. *Journal of Educational Measurement, 35*(1), 69-81.

Individuals with Disabilities Education Act. (1997). Public Law 105-17. (20 U.S.C. 1412a, 16-17).

Individuals with Disabilities Education Improvement Act. (2004). Public Law 108-446.

Jaeger, R. M. (1989). Certification of student competence. In R. L. Linn (Ed.), *Educational measurement* (3rd ed., pp. 485-514). New York: Macmillan.

Jaeger, R. M. (1991). Selection of judges for standard-setting. *Educational Measurement: Issues and Practice, 10*(2), 3-6, 10, 14.

Jaeger, R. M. (1995). Setting performance standards through two-stage judgmental policy capturing. *Applied Measurement in Education, 8,* 15-40.

Jaeger, R. M. & Mills, C. N. (2001). An integrated judgment procedure for setting standards on complex, large-scale assessments. In G. J. Cizek (Ed.), *Setting performance standards: Concepts, methods, and perspectives* (pp. 313-338). Mahwah, NJ: Lawrence Erlbaum.

Kane, M. (1994a, October). *Examinee-centered vs. task-centered standard setting.* Paper presented at the Joint Conference on Standard Setting for Large-Scale Assessments, Washington, DC.

Kane, M. (1994b). Validating the performance standards associated with passing scores. *Review of Educational Research, 64*(3), 425-461.

Kane, M. (2001). So much remains the same: Conception and status of validation in setting standards. In G. J. Cizek (Ed.), *Setting performance standards:*

Concepts, methods, and perspectives (pp. 53-88). Mahwah, NJ: Lawrence Erlbaum.

Kane, M. (2006). Validation. In R. L. Brennan (Ed.), *Educational measurement* (4th ed., pp. 17-64). Westport, CT: American Council on Education/Praeger.

Karantonis, A. & Sireci, S. G. (2006). The bookmark standard setting method: A literature review. *Educational Measurement: Issues and Practice, 25*(1), 4-12.

Kingston, N. M., Kahl, S. R., Sweeney, K., & Bay, L. (2001). Setting performance standards using the body of work method. In G. J. Cizek (Ed.), *Setting performance standards: Concepts, methods, and perspectives* (pp. 219-248). Mahwah, NJ: Lawrence Erlbaum.

Langsley, D. G. (1987). Prior ABMS conferences on recertification. In J. S. Loyd & D. G. Langsley (Eds.), *Recertification for medical specialists* (pp. 11-30). Evanston, IL: American Board of Medical Specialties.

Lee, W. (2005). *A multinomial error model for tests with polytomous items* (CASMA Research Report No. 10). Iowa City: University of Iowa, Center for Advanced Studies in Measurement and Assessment. (Available from www.education.uio wa.edu/casma).

Lerner, B. (1979). Tests and standards today: Attacks, counterattacks, and responses. In R. T. Lennon (Ed.), *New directions for testing and measurement: Impactive changes on measurement* (pp. 15-31). San Francisco: Jossey-Bass.

Lewis, D. M. & Green, D. R. (1997, June). *The validity of performance level descriptors.* Paper presented at the annual CCSSO Conference on Large Scale Assessment, Colorado Springs, CO.

Lewis, D. M. & Haug, C. A. (2005). Aligning policy and methodology to achieve consistent across-grade performance standards. *Applied Measurement in Education, 18,* 11-34.

Lewis, D. M., Mitzel, H. C., & Green, D. R. (1996, June). Standard setting: A bookmark approach. In D. R. Green (Chair), *IRT-based standard setting procedures utilizing behavioral anchoring.* Symposium conducted at the Council of Chief State School Officers National Conference on Large-Scale Assessment, Phoenix, AZ.

Linn, R. L. (2006). The *Standards for Educational and Psychological Testing:* Guidance in test development. In S. M. Downing & T. M. Haladyna (Eds.), *Handbook of test development* (pp. 27-38). Mahwah, NJ: Lawrence Erlbaum.

Lissitz, R. W. & Huynh, H. (2003a). Vertical equating for state assessments: Issues and solutions in determination of adequate yearly progress and school accountability. *Practical Assessment, Research & Evaluation, 8*(10). Available online at http://www.pareonline.net/getvn.asp-v=8&n=10.

Lissitz, R. W. & Huynh, H. (2003b). *Vertical equating for the Arkansas ACTAAP assessments: Issues and solutions in determination of adequate yearly progress and school accountability.* Little Rock: Arkansas Department of Education.

Livingston, S. A. & Lewis, C. (1995). Estimating the consistency and accuracy of classifications based on test scores. *Journal of Educational Measurement, 32,* 179-197.

Livingston, S. A. & Zieky, M. J. (1982). *Passing scores.* Princeton, NJ: Educational Testing Service.

Loomis, S. C. Bay, L., Yang, W. L., & Hanick, P. L. (1999, April). *Field trials to determine which rating method(s) to use in the 1998 NAEP achievement levels setting process for civics and writing.* Paper presented at the annual meeting of the National Council on Measurement in Education, Montreal, Canada.

Loomis, S. C. & Bourque, M. L. (2001). From tradition to innovation: Standard setting on the National Assessment of Educational Progress. In G. J. Cizek (Ed.), *Setting performance standards: Concepts, methods, and perspectives* (pp. 175-218). Mahwah, NJ: Lawrence Erlbaum.

Loomis, S. C., Hanick, P. L., Bay, L., & Crouse, J. D. (2000). *Setting achievement levels on the 1998 National Assessment of Educational Progress in Writing: Field trials final report.* Iowa City, IA: ACT.

Meara, K. P., Hambleton, R. K., & Sireci, S. G. (2001). Setting and validating standards on professional licensure and certification exams: A survey of current practices. *CLEAR Exam Review, 12*(2), 17-23.

Mehrens, W. A. & Cizek, G. J. (2001). Standard setting and the public good: Benefits accrued and anticipated. In G. J. Cizek (Ed.), *Setting performance standards: Concepts, methods, and perspectives* (pp. 477-485). Mahwah, NJ: Lawrence Erlbaum.

Mehrens, W. A. & Lehmann, I. J. (1991). *Measurement and evaluation in education and psychology.* Fort Worth, TX: Holt, Rinehart and Winston.

Messick, S. (1989). Validity. In R. L. Linn (Ed.), *Educational measurement* (3rd ed., pp. 13-104). New York: Macmillan.

Millman, J. (1989). If at first you don't succeed: Setting passing scores when more than one attempt is permitted. *Educational Researcher, 18*(6), 5-9.

Mills, C. N. & Jaeger, R. M. (1988). Creating descriptions of desired student achievement when setting performance standards. In L. Hansche (Ed.), *Handbook for the development of performance standards* (pp. 73-86). Washington, DC: Council of Chief State School Officers.

Mills, C. N. & Melican, G. J. (1988). Estimating and adjusting cutoff scores: Features of selected methods. *Applied Measurement in Education, 1,* 261-275.

Mitzel, H. C., Lewis, D. M., Patz, R. J., & Green, D. R. (2001). The bookmark procedure: Psychological perspectives. In G. J. Cizek (Ed.), *Setting performance standards: Concepts, methods, and perspectives* (pp. 249-281). Mahwah, NJ: Lawrence Erlbaum.

National Research Council. (1999). *Uncommon measures: Equivalence and linkage among educational tests.* Washington, DC: Author.

Nedelsky, L. (1954). Absolute grading standards for objective tests. *Educational and Psychological Measurement, 14,* 3-19.

No Child Left Behind Act. (2001). Public Law 107-110. (20 U.S.C. 6311).

O' Connell, A. (2006). *Logistic regression models for ordinal response variables.* Thousand Oaks, CA: Sage.

Pitoniak, M. J. (2003). *Standard setting methods for complex licensure examinations.* Unpublished doctoral dissertation, University of Massachusetts, Amherst.

Plake, B. S. & Hambleton, R. K. (2001). The analytic judgment method for setting standards on complex performance assessments. In G. J. Cizek (Ed.), *Setting performance standards: Concepts, methods, and perspectives* (pp. 283-312). Mahwah, NJ: Lawrence Erlbaum.

Plake, B. S., Hambleton, R. K., & Jaeger, R. M. (1997). A new standard-setting method for performance assessments: The dominant profile judgment method and some field-test results. *Educational and Psychological Measurement, 57,* 400-411.

Popham, W. J. (1978). As always, provocative. *Journal of Educational Measurement, 15,* 297-300.

Putnam, S. E., Pence, P., & Jaeger, R. M. (1995). A multi-stage dominant profile method for setting standards on complex performance assessments. *Applied Measurement in Education, 8,* 57-83.

Raymond, M. R. & Reid, J. B. (2001). Who made thee a judge? Selecting and training participants for standard setting. In G. J. Cizek (Ed.), *Setting performance standards: Concepts, methods, and perspectives* (pp. 119-157). Mahwah, NJ: Lawrence Erlbaum.

Reckase, M. D. (2001). Innovative methods for helping standard-setting participants to perform their task: The role of feedback regarding consistency, accuracy, and impact. In G. J. Cizek (Ed.), *Setting performance standards: Concepts, methods, and perspectives* (pp. 159-174). Mahwah, NJ: Lawrence Erlbaum.

Schulz, E. M., Kolen, M., & Nicewander, W. A. (1999). A rationale for defining achievement levels using IRT-estimated domain scores. *Applied Psychological Measurement, 23,* 347-362.

Schulz, E. M. & Lee, W. (2002, April). *Describing NAEP mathematics achievement using domain scores.* Paper presented at the annual meeting of the National Council on Measurement in Education, New Orleans, LA. (ERIC Document Reproduction Service No. ED464917).

Schulz, E. M., Lee, W., & Mullen, K. (2005). A domain-level approach to describing growth in achievement. *Journal of Educational Measurement, 42,* 1-26.

Shavelson, R. J. & Webb, N. M. (1991). *Generalizability theory: A primer.* Newbury Park, CA: Sage.

Shepard, L. (1979). Setting standards. In M. A. Bunda & J. R. Sanders (Eds.), *Practices and problems in competency-based education* (pp. 59-71). Washington, DC: National Council on Measurement in Education.

Shepard, L. (1980). Standard setting issues and methods. *Applied Psychological Measurement, 4,* 447-467.

Shepard, L., Glaser, R., Linn, R., & Bohrnstedt, G. (1993). *Setting performance standards for student achievement.* Stanford, CA: National Academy of Education.

Shimberg, B., Esser, B. F., & Kruger, D. H. (1973). *Occupational licensing and public policy.* Washington, DC: Public Affairs Press.

Sireci, S. G. & Biskin, B. J. (1992). Measurement practices in national licensing examination programs: A survey. *CLEAR Exam Review, 3*(1), 21-25.

Sireci, S. G., Hambleton, R. K., & Pitoniak, M. J. (2004). Setting passing scores on licensure examinations using direct consensus. *CLEAR Exam Review, 15*(1), 21-25.

Skorupski, W. P. & Hambleton, R. K. (2005). What are panelists thinking when they participate in standard-setting studies? *Applied Measurement in*

Education, 18, 233-256.

Subhiyah, R. G., Featherman, C. M., & Hawley, J. L. (2002, November). *How to set pass/fail standards on examinations.* Presentation at the annual meeting of Generalists in Medical Education, San Francisco.

Subkoviak, M. J. (1976). Estimating reliability from a single administration of a criterion-referenced test. *Journal of Educational Measurement, 13,* 265-276.

Subkoviak, M. J. (1988). A practitioner' s guide to computation and interpretation of reliability for mastery tests. *Journal of Educational Measurement, 25,* 47-55.

Thorndike, R. L. (Ed.). (1971). *Educational measurement* (2nd ed.). Washington, DC: American Council on Education.

Thurlow, M. L. & Thompson, S. J. (2004). Inclusion of students with disabilities in state and district assessments. In G. Walz (Ed.), *Measuring up: Assessment issues for teachers, counselors, and administrators* (pp. 161-176). Austin, TX: Pro-Ed.

Trent, E. R., & Roeber, E. (2006). Contracting for testing services. In T. Haladyna & S. Downing (Eds.), *Handbook of test development* (pp. 39-60). Mahwah, NJ: Lawrence Erlbaum.

Wainer, H. (2006). Review of *Defending standardized testing. Journal of Educational Measurement, 43,* 77-84.

Wang, N. (2003). Use of the Rasch IRT model in standard setting: An item mapping method. *Journal of Educational Measurement, 40,* 231-253.

Wright, B. D. & Masters, G. N. (1982). *Rating scale analysis.* Chicago: MESA.

Wright, B. D. & Stone, M. H. (1979). *Best test design.* Chicago: MESA.

Zieky, M. J. (2001). So much has changed: How the setting of cut scores has evolved since the 1980s. In G. J. Cizek (Ed.), *Setting performance standards: Concepts, methods, and perspectives* (pp. 19-52). Mahwah, NJ: Lawrence Erlbaum.

Zieky, M. J. & Livingston, S. A. (1977). *Manual for setting standards on the Basic Skills Assessment Tests.* Princeton, NJ: Educational Testing Service.

찾아보기

인명

Angoff, W. H. 17, 60, 105

Beuk, C. H. 248
Brennan, R. L. 356, 361, 363
Buckendahl, C. W. 303

Cizek, G. J. 31, 292, 294
Cronbach, L. J. 34, 64

Downing, S. M. 114

Ebel, R. L. 34, 99
Emrick, J. A. 353

Ferrara, S. 230, 304

Hambleton, R. K. 53, 123, 151
Hofstee, W. K. B. 245
Huynh, H. 296

Impara, J. C. 114

Jaeger, R. M. 35, 133

Kane, M. 34, 55
Kingston, A. 154

Lewis, D. M. 65, 302, 359
Linn, R. L. 78
Lissitz, R. W. 296
Livingston, S. A. 141, 359

Messick, S. 34
Mitzel, H. C. 202

Nedelsky, L. 25, 91, 352

Plake, B. S. 114

Reckase, M. D. 190

Sireci, S. G. 123
Subhiyah, R. G. 116
Subkoviak, M. J. 358

Wan, L. 363
Wright, B. D. 197

Zieky, M. J. 141

내 용

50% 법칙 163

AJ 방법 151
Angoff 방법 105

BB-CLASS 362
Beuk 방법 248
Bookmark 방법 192
BoW 방법 154

DP 방법 149

Ebel 방법 99

F-D 학생 92

Hofstee 방법 245

IDEA 19, 27
IDM 방법 230
IRT-CLASS 362

JPC 방법 148

mapmark 방법 239

NCLB 19, 27
Nedelsky 방법 91

Perie 230
Pitoniak 80, 123
Plake 149, 150, 151

Reckase 도표 190

Tucker 방법 105

Yes/No 방법 114

개별교육계획 323
검사 중심 24
결합모형 38
경계선 피험자 92
경계선집단 방법 141
경계지역 235
구성형 응답 27
규준적 피드백 75
규준참조 24
근거자료모음 323
긍정적 판정 오류 43
기술자문위원회 261
기준참조 25

내용준거 30

대안평가 321
대조집단 방법 134

로지스틱 회귀분석 161, 170

문항순서집 194, 212
문항연계전략 189
문항지도 189

범위 확인 156, 177
보상모형 38
부분적 보상모형 40
부정적 판정오류 40
분류일치도 357
분석적 유형 24
분할점수 19, 210
분할점수의 조정 방법 348

성장모형 301
성취수준기술 17, 48, 65
성취수준명 63
성취수준의 수 294
성취준거 33
소수점 처리 41, 346

수직 동등화 293
수직연계화 293
수직적 준거설정 27, 295, 297
수직척도화 293
수행범주 20
실질적 피드백 76

연간적정성장 292
영향 피드백 77
완곡화 절차 135
응답확률값 195
응답확률준거 67
의사결정 22
일반화가능도이론 356
일반화된 총체적 방법 332
일정 계획 257

작업 견본 155
절충적 방법 244
점수화 모형 38
정밀측정 161
정치적 논쟁 37
준거 30
준거설정 19
준거설정자 29, 68, 263
준거설정자 훈련 70, 174, 212
준거참조 23, 25
중심경향오류 143
직접 경계선 방법 114
직접합의 방법 123

채점표 48
총체적 유형 24
최소 능력 보유자 17
최소 자격 보유자 124
추론 33

타당도 34

판정오류의 비율 353
판정의 일치도 363
평정오류의 비율 340
포트폴리오 평가 323
피드백 제공 73
피험자 중심 24

학업성취도평가 27
합격점 25
항목점수준거 48
핵심개념화 67
확장된 Angoff 방법 112

저자 소개

Gregory J. Cizek

Cizek은 Michigan State University에서 측정 · 평가 · 연구설계를 전공하여 박사학위를 받았고, 현재 North University of Carolina-Chapel Hill에서 교수로 재직하며 심리측정, 통계법, 연구 방법론 등을 가르치고 있다. 주요 관심 분야는 준거설정, 검사보안, 평가정책 등이며 관련 분야의 서적 출간, 개인 논문 발표, 학술대회에서의 구두 발표 등 약 250여건 이상의 연구활동 경력이 있다. 또한 *Handbook of Classroom Assessment*(1998), *Handbook of Educational Policy*(1999), *Setting Performance Standards: Concepts, Methods, and Perspectives*(2001)의 공저자로 참여하였다. 그의 대표적인 저서로는 *Filling in the Blanks*(1999), *Cheating on Tests: Howto Do it, Detect it, and Prevent it*(1999), *Detecting and Preventing Classroom Cheating*(2003) 등이 있다. 그는 준거설정, 국가 또는 주 단위 대규모 학업성취도검사, 검사정책 분야에서 많은 전문적인 조언을 하고 있다. UNC에 임용되기 전, Cizek은 ACT에서 국가수준 자격검사 관리와 Michigan 주의 주단위 검사 개발에 참여하였고, University of Toledo(OH)에서 8년간 재직하였다.

Michael B. Bunch

Bunch는 University of Georgia에서 심리측정학을 전공하여 박사학위를 받았으며, 현재 주 단위 검사 개발 및 채점 업체인 Measurement Incorporated의 수석부사장으로 재직중이다. 1982년 Measurement Incorporated에 입사하여 80명 이상의 심리측정학자, 내용전문가, 편집자, 프로젝트 진행자들로 구성된 연구 개발 부서를 조직하여 주 교육청에서 실시하는 대규모 검사 프로젝트 감독, 검사 시행 및 준거설정 등의 업무를 담당하고 있다. Measurement Incorporated에 입사하기 전에는 1976년부터 1978년까지 ACT에서 연구원으로 근무하였으며, 준거설정 분야에서 수십 건 이상의 다양한 주제에 대한 전문적이고 기술적 연구보고서를 작성하였다. 그리고 American Educational Research(AERA), National Council on Measurement in Education(NCME), American Psychological Association(APA), Council of Chief State School Officers(CCSSO), Education Commission of the States(ECS), Adult Education Research Conference(AERC) 등 다양한 학술기관에서 주최하는 국제 학술대회에 참여하여 다양한 연구를 발표하고 있다.

역자 소개

성태제(成泰濟)
이메일: tjseong@ewha.ac.kr

학력

고려대학교 사범대학 교육학과
Univ. of Wisconsin-Madison 대학원 M.S
Univ. of Wisconsin-Madison 대학원 Ph.D

주요 경력

현재 이화여자대학교 교육학과 교수
1998 ~ 1999 이화여자대학교 교육학과 학과장
1999 ~ 2001 한국교육과정평가원 대수능시험 출제 부위원장
2002 ~ 2004 이화여자대학교 입학처장
2003 입학처장협의회 회장
2004 ~ 2005 이화여자대학교 교무처장
2004 ~ 2006 한국교육평가학회 부회장
2005 ~ 2006 국무조정실 정부정책평가 위원회 평가위원
2006 ~ 2008 한국교육평가학회 회장
2006 ~ 2008 국무조정실 정부업무평가위원회 정부업무평가위원
2007 ~ 2008 교육인적자원부 정책자문위원
2007 ~ 2009 경제 · 인문사회연구회 기획평가위원회 위원장
2007 ~ 2009 경제 · 인문사회연구회 기획평가위원회 2007년도 연구기관 평가단장
2007 ~ 현재 한국간호평가원 이사
2007 MARQUIS 「Who's who」 세계인명사전 등재
2008 홍조근정 훈장 수훈
2009 국가교육과정 개정자문위원회 위원장

2009 ~ 2010 청와대 교육과학문화수석실 정책자문위원
2010 ~ 2014학년도 대학수학능력시험 개편 자문위원회 위원장
2009 ~ 현재 한국창의재단 이사
2009 ~ 현재 한국교육신문 논설위원
2009 ~ 현재 교육과학기술부 대학운영자율화위원회 위원
2009 ~ 현재 한국교육과정 평가원 연구자문위원
2010 ~ 현재 한국의학교육평가원 이사
2010 ~ 현재 청년고용촉진특별위원회 위원
2010 ~ 현재 유네스코한국위원회 위원
2010 ~ 현재 Global Korea Scholarship위원회 위원
2010 ~ 현재 미래인재포럼 위원
2010 ~ 현재 한국대학교육협의회 사무총장

저서 및 역서

문항반응이론 입문(편역, 양서원, 1991)
타당도와 신뢰도(양서원, 1995)
현대 기초통계학의 이해와 적용(양서원, 1995)
교육측정평가의 새로운 지평(공저, 교육과학사, 1998)
한국교육평가의 쟁점과 대안(공저, 교육과학사, 2000)
문항반응이론의 이해와 적용(교육과학사, 2001)
현대 기초통계학의 이해와 적용(개정판, 교육과학사, 2001)
타당도와 신뢰도(개정판, 학지사, 2002)
문항제작 및 분석의 이론과 실제(개정판, 학지사, 1996, 2004)
교육연구방법의 이해(개정판, 학지사, 1998, 2005)
현대교육평가(3판, 학지사, 2002, 2005, 2010) (★ 문화관광부 우수학술도서상 수상)
연구방법론(공저, 학지사, 2006)
최신 교육학개론(공저, 학지사, 2007)
SPSS/AMOS 이용한 알기 쉬운 통계분석(학지사, 2007)
교육평가의 기초(학지사, 2009)
현대 기초통계학–이해와 적용(6판, 학지사, 2011)

준거설정
Standard Setting

2011년 2월 15일 1판 1쇄 인쇄
2011년 2월 20일 1판 1쇄 발행

지은이 • Gregory J. Cizek · Michael B. Bunch
옮긴이 • 성태제

펴낸이 • 김진환
펴낸곳 • (주) 학지사
121-837 서울특별시 마포구 서교동 352-29 마인드월드빌딩 5층
대표전화 • 02)330-5114 팩스 • 02)324-2345
등록번호 • 제313-2006-000265호

홈페이지 • http://www.hakjisa.co.kr
커뮤니티 • http://cafe.naver.com/hakjisa

ISBN 978-89-6330-616-2 93370

정가 18,000원

역자와의 협약으로 인지는 생략합니다.
파본은 구입처에서 교환해 드립니다.